당률각론 I (황제·국가법익편)

이 저서는 2016년 대한민국 교육부와 한국연구재단의 지원을 받아 수행된 연구임 (NRF-2015S1A5B1012114)

당률각론 I (황제·국가법익편)

김 택 민

경인문화사

　본 『당률각론』과 함께 출간하는 『당률총론』에서는, 당률의 총칙의 핵심은 황제지배체제와 가부장제질서를 위해하는 범죄를 용서하지 않는다는 것을 천명한 십악과, 황제의 친속과 관인 및 관인의 친속이 죄를 범한 경우 사형을 면하고 죄를 감한다는 규정 및 관인이 죄를 범한 경우 특별 처분한다는 규정이라는 점에 대해서 설명했다. 또한 당률의 모든 죄행은 객관적인 해악의 정도가 동등할지라도 관품의 고하, 양인과 천인, 친속의 존비장유와 친소와 같은 신분에 따라 죄의 경중이 다르게 규정되어 있다는 점에 대해서도 설명했다. 그리고 이러한 원칙들은 황제의 전제적 지배체제와 가부장제적 사회질서를 유지하기 위한 형법적 장치라는 점, 그리고 이 규정들이야말로 당대 내지 전체 중국의 역사상을 새롭게 그릴 수 있는 자료가 될 수 있다는 점에 대해서 언명하였다.

　당률의 각칙 445조는 총칙에서 정한 이러한 원칙들을 구체적으로 규정한 조문들이다. 따라서 본 『당률각론』은 각칙을 현행 『형법각론』의 체계에 따라서 재구성하여 법익의 서열과 상호관계를 밝히고 보호되는 가치와 내용을 서술함으로써, 각칙이 가진 황제의 전제적 지배체제와 가부장제적 사회질서를 유지하기 위한 형법적 장치로서의 기능을 설명하고자 하였다. 필자가 『당률각론』을 이 같이 서술한 것은, 당률의 각칙들이 가진 기능에 대한 이해를 통해서 당 제국은 물론 중국 역사를 관통해서 유지되어 온 황제의 전제적 지배체제와 가부장제적 질서의 실상과 작동원리를 조망할 수 있게 되기를 기대하기 때문이다. 아울러 각칙의 규범들이 지금 우리가 향유하고 있는 그것과 다른 점을 파악해서 기존의 역사서에서 제공하는 것과는 다른 새로운 역사상을 얻게 되기를 기대한다.

　지금까지 나온 당률의 각론은 타이완의 다에엔후이[戴炎輝]의 『당률각론(唐律各論)』이 유일하다. 단 다이엔후이의 책은 당률 각칙의 배열 순서에 따라 조문들을 사항별로 묶어서 서술하고 있다. 당률의 각칙은 2편 위금률부터 12편 단옥률까지 황제의 경위를 방해한 죄부터 시작해서 죄인의 재판으로 종결되는 국가 행정의 진행 순서에 따라 배열되어 있는데, 다이엔후이는 이 순서에 따라 『당률각론』을 서술한 것이다. 아마도 다이엔후이는 이 순서에 따르는 것이 당률의 본래적 성격을 충실히 구현하는 방법이라고 생각해서 이 같이 집필했을 것이다. 그러나 이러한 서술 방법은 국가 행정의 진행 순서에 따라 각 부문에서 발생하는 죄들이 어떻게 처단되는가에 대한 이해에는 도움이 되겠지만, 그 법이 누구의 법익을 중시했는지, 보호하고자 하는 핵심 가치는 무엇인지를 이해하는 데는 그다지 도움이 되지 않는다. 달리 말하면 거시적 관점에서 어떠한 체제와 질서를 보호하고 유지하려는 목적을 가진 법인지 이해하는 데는 전혀 도움이 되지 못한다. 따라서 당률이 보호하고 했던 국가체제와 사회질서와 같은 역사성이 있는 주제를 이해하려면 그 법에 의하여 보호되는 가치와 내용, 그리고 법익의 서열과 상호관계를 밝혀야 한다.

　본 『당률각론』은 이러한 문제의식을 가지고 보호되는 가치를 계열화하고 법익의 서열과 상호관계를 밝히는 것을 주안으로 하여 집필되었다. 그 결과 본서의 체제는 현행 『형법각론』들과는 달리, 1편 국가적 법익에 대한 죄, 2편 사회적 법익에 대한 죄, 3편 개인적 법익에 대한 죄의 순서로 구성하였다. 현행 『형법각론』들은 인간의 존엄과 가치가 최고의 규범이며 개인이 사회에 있어서 모든 가치의 근원이 된다는 자유사회의 이념에 따라, 개인적 법익에 대한 죄를 사회적·국가적 법익에 대한 죄보다 먼저 서술하고 있다. 그러나 당률이 우선적으로 보호하고자 하는 가치, 즉 법익의 서열 면에서 볼 때 황제 및 국가의 법익이 개인 및 사회적 법익에 비해 절대적으로 중시되었다는 것은 분명한 사실이므로, 이를 고려하여 순서를 바꾼 것이다.

당률의 각칙을 자료로 삼아 역사서로『당률각론』을 집필하였으나, 생소하게 여길 독자가 적지 않을 것이므로 대강의 내용을 정리하여 안내하기로 한다.

〈제1편 국가적 법익에 대한 죄〉

1편은 1장 황제·국가의 존립과 권위에 대한 죄, 2장 황제·국가의 명령·보고체제에 대한 죄, 3장 국가의 일반적 기능에 대한 죄, 4장 국가의 사법적 기능에 대한 죄의 4장으로 구성하였다.

제1장 황제·국가의 존립과 존엄에 관한 죄

『형법각론』의 3편 1장 국가의 존립과 권위에 대한 죄는, 1절 내란의 죄, 2절 외환의 죄, 3절 국기에 관한 죄, 4절 국교에 관한 죄로 구성되어 있다. 당률에서 국가의 존립과 권위에 대한 죄에 포함될 수 있는 죄는 내란의 죄에 상당하는 모반(謀反)과 대역(적1), 외환의 죄에 상당하는 모반(謀叛)(적4), 기밀누설죄(적19), 간첩죄(천9) 정도를 들 수 있다. 당률에서 국기에 관한 죄에 상당하는 조문은 찾을 수 없는데, 전통시대 중국에서는 아직 국가의 상징인 국기가 없었기 때문에 이를 보호하기 위한 법도 없었던 것이다. 당시에는 현대와 같은 국제적인 외교관계가 성립하지 않았기 때문에 외교와 관련된 형법을 제정할 필요도 없었다.

당률의 모반은 내란의 죄에 상당하지만 현행 형법에서 정의하고 있는 바와 같이 국토를 참절한다든지 국헌을 문란할 목적으로 하는 폭동을 일으킨 범죄가 아니고 황제를 위해하려고 모의한 죄이다. 즉 죄의 객체로 국가가 아니라 곧바로 황제를 지칭하고 있는 점에서 현행 형법의 내란죄와는 차이가 크다. 뿐만 아니라 황제에 대한 직접적인 위해가 아니고 종묘·산릉·궁궐과 같이 황제의 권위를 상징하는 구조물을 훼손한 죄를 의미하는 대역도 모반과 같은 등급의 무거운 죄로 처벌한다. 이로 보면 황제의 권위 손상 역시 황제의 신체를 위해한 것과 같은 정도의 의미를 갖는 행위로 간주하므로, 내란의 죄에 상당한다고 볼 수 있다. 따라서 당률에서 현행 형법의 국가의 존립을 위협하는 내란의 죄에 상당하는 죄는 모반과 대역이며, 그것은 황제의 위해 및 황제의 권위 손상의 죄에 해당하는 것으로 이해해도 좋을 듯하다. 황제의 위해 및 권위 손상의 죄가 곧바로 국가의 존립에 대한 죄로 간주되는 만큼, 황제의 시봉, 황제의 신변 안전, 황제 및 황실의 존엄에 관한 위법행위도 매우 중대한 죄로 규정되어 있고, 율의 배열순서에서도 우선적으로 편제되어 있다. 그러므로 이 같은 위법행위들을 국가적 법익에 대한 죄에 포함시켜 서술한다.

제2장 황제·국가의 명령·보고체제에 대한 죄

당률에는 황제의 명령서인 제·칙 및 관문서의 작성과 그것의 유통에 관한 죄가 적지 않다. 또한 그 문서들이 진품임을 보증하는 신표인 보·인·부·절에 관한 죄들과 문서의 신속한 전달을 위해 마련된 역전제도에 관한 죄들도 많다. 이는 황제의 명령을 담은 제·칙 및 기타 관문서의 정확한 작성과 그것의 신용 보증 및 신속한 전달이 당률이 보호하자고자 하는 핵심 가치임을 의미한다. 달리 말하면 제·칙 및 관문서의 정확한 작성과 유통이 국정 운영에 있어서 핵심적인 요소였고, 황제의 전제적 지배체제의 원활한 작동과 유지를 위한 기제였기에, 이와 관련된 규정들이 치밀하게 갖추어진 것으로 이해할 수 있다.

제3장 국가의 일반적 기능에 대한 죄

국가의 일반적 기능에 대한 죄는 관리의 직무에 관한 죄와 관리가 수행하는 각 분야의 공무 방해에 관한 죄로 구분할 수 있다. 관리의 직무에 관한 죄는 근무 태만죄와 기밀누설죄 및 탐오죄 등이 포함된다. 관리가 수행하는 각 분야의 공무 방해에 관한 죄는 관리의 임용 및 고과에 관한 죄, 민의 통제 및 치안, 토지 관리, 세역 관리 등등 모든 분야의 국가 기능을 방해한 죄가 포함된다. 이러한 죄들을 통해서 당시 국가 행정 및 제도가 운용되는 실상을 엿볼 수 있다.

제4장 국가의 사법적 기능에 대한 죄

당의 사법제도는 재판권을 독립적으로 행사하는 법원이나 검찰권을 독립적으로 행사하는 검찰청과 같은 기구가 없이 행정과 사법이 일체화되어 있었다. 사법이 행정과 분리되지는 않았지만, 당의 사법제도에는 수사의 단서가 되는 고소·고발 및 탄핵에 관한 규정, 죄수의 관리 및 신문에 관한 규정, 재판에 관한 규정, 그리고 형벌의 집행에 관한 규정 등이 포함된 형사 관련 절차법이 제정되어 있다. 비록 피해자의 인권을 중시하는 현대의 형사소송법에 비할 수는 없지만, 이러한 절차법에는 무고를 최소화하기 위해 고소·고발을 정식화하는 규정과 정확한 수사와 엄정한 재판 및 형벌의 집행을 위한 세밀한 규정들이 포함되어 있다. 이 중에는 현대적 관점에서 보면 매우 불합리한 규정들도 있다. 예컨대 혐의가 있는 죄인의 신문 과정에서 고문을 허용하고, 증인도 죄인과 마찬가지로 신문하고 고문할 수 있었다. 형사절차법 가운데 사형의 집행에 관한 규정이 압도적으로 많다는 점도 당률의 특징이다. 또한 재판과 행형의 절차를 집행함에 위법이 있으면 처벌하고, 판관이 부당하게 재판하거나 죄의 처단을 위법하게 한 경우 역시 형사적 책임을 묻는다.

〈제2편 사회적 법익에 대한 죄〉

『형법각론』에서는 사회적 법익에 대한 죄를 ① 공공의 안전과 평온에 대한 죄, ② 공공의 신용에 대한 죄, ③ 공중의 건강에 대한 죄, ④ 사회의 도덕에 대한 죄로 나누고 있다. 당률의 사회적 법익에 대한 죄도 현행 『형법각론』을 기준으로 분류할 수 있다. 단 포괄되는 죄의 내용은 다른 점이 많다. 이 밖에 사회적 법익에 대한 죄로는 혼인에 관한 죄와 양자 및 상속에 관한 죄를 포함시켜야 한다. 현행법에서 혼인·양자·상속에 관한 법은 민법에 속하여 국가 공권의 제재 대상에서 제외되지만, 당에서는 민법을 별도로 제정해 두지 않고 율에 혼인·양자·상속에 관한 규범을 위반한 경우 처벌하는 규정을 두고 있다. 그런데 혼인·양자·상속에 관한 규범을 위반한 행위는 개인적 법익을 침해하거나 국가적 법익을 침해한 것으로 보기는 어렵고, 대체로 사회적 규범 내지 풍속 또는 도덕을 해치는 것으로 볼 수 있다. 그러므로 이 죄들을 사회적 법익을 침해한 죄에 포함시켰다. 단 그 내용이 방대하고 아울러 역사적 의미도 적지 않으므로, 혼인에 관한 죄는 제5장으로 구성하고, 양자 및 상속에 관한 죄는 제6장으로 구성하였다.

제1장 공공의 안전과 평온에 대한 죄

1장 공공의 안전과 평온을 해하는 죄에 포함할 수 있는 것으로는, 요서·요언에 관한 죄 등의 공안을 해하는 죄가 있고, 병기에 관한 죄를 하나의 절로 구성할 수 있을 만큼 많다. 역시 방화 및 실화의 죄와 물의 관리 및 절도에 관한 죄가 있다. 또한 수레·말의 과속 주행죄가 규정되어 있는 것도 흥미롭다.

제2장 공공의 신용에 대한 죄

2장 공공의 신용을 해하는 죄는 사사로이 전을 주조한 죄와 도량형에 관한 죄와 시장 질서를 교란한 죄를 들 수 있다. 이처럼 신용을 해하는 죄가 적다는 것은 그만큼 당시의 사회가 단순하다는 것을 의미한다.

제3장 공중의 건강에 대한 죄

3장 공중의 건강에 대한 죄에 포함할 수 있는 것으로는, 고독에 관한 죄와 독이 있는 육포에 관한 죄 및 오물을 버린 죄 정도만 들 수 있다.

제4장 사회의 도덕에 대한 죄

4장 사회의 도덕에 대한 죄에 포함할 수 있는 것으로는, 현행 형법과 마찬가지로 성 풍속에 관한 죄, 도박에 관한 죄와 신앙에 관한 죄, 예와 윤리를 위반한 죄 등이 있다. 다만 그 내용은 많이 다르다. 예컨대 간죄의 경우 친속 사이의 간죄와 감림관 및 도관·승니의 간죄는 처벌이 더욱 엄격하고, 양천 사이에 간통한 경우 천인은 양인보다 무겁게 처벌한다. 신앙에 관한 죄 가운데 시체·분묘 훼손죄의 처벌이 엄격한 점도 눈에 띤다. 예와 윤리를 위반한 죄는 상례 위반죄가 무겁다는 점, 조부모·부모·남편의 원수와 화해한 죄가 있다는 점이 특이하다. 당률에는 예의 절차적 규범과 금기를 위반한 행위에 대한 처벌 규정이 매우 많다. 그 예들은 현대에는 사라진 것이 많으므로 생소한 죄도 많고, 오늘의 관점에서 보면 납득하기 어려운 것도 많다. 그 중 몇 개의 예를 들면, 상례를 위반한 죄, 부·조의 이름을 범하는 관직에 나아간 죄, 조부모·부모를 시양하지 않고 관직에 나아간 죄, 복상 기간이 끝나기 전에 관직을 구한 죄, 조부모·부모 및 남편이 사죄를 범하여 갇혀 있는데 음악을 감상한 죄, 부모 상중에 자식을 낳거나 형제가 별도로 호적을 만들거나 재산을 나눈 죄, 부모·남편의 상중에 시집·장가간 죄, 조부모·부모가 구금되어 있는데 혼인한 죄, 부모·부모·남편 및 친속을 살해한 자와 사사로이 화해한 죄, 자·손이 조부모·부모의 교훈·명령을 위반한 죄, 조부모·부모에 대한 공양을 모자라게 한 죄, 국가의 기일 또는 사가의 기일에 악을 감상한 죄 등이 있다. 현대에는 이 같은 행위를 한다고 하더라도 죄가 성립할 수 없겠지만, 그 당시에는 그러한 행위를 하지 않는 것이 반드시 지켜야 하는 규범이자 사회의 질서를 유지하고 작동하게 하는 핵심적 가치였다는 사실을 확인하게 된다.

제5장 혼인에 관한 죄

당의 예와 영에는 혼인과 관련하여 지켜야 할 규범과 범해서는 안 되는 금지 사항이 많다. 예컨대 혼인이 성립하기 위해서는 일정한 절차를 거쳐야 하였다. 또한 일정 범위의 친속이나 친속의 처·첩과의 혼인 및 동성 사이의 혼인을 금하며, 다른 신분 사이의 혼인도 금한다. 부부 간에는 각각 지켜야 할 의무와 규범이 있는데, 특히 처가 지켜야 할 의무가 압도적으로 많다. 처는 남편을 하늘처럼 받들고 명령에 복종해야 하는 것이 원칙이고, 칠거지악을 범하면 남편은 처를 내쫓을 수 있었다. 특히 칠거지악 가운데 처가 50세까지 아들을 낳지 못하는 것이 포함되어 있는데, 여기에는 혼인의 목적과 처의 불리한 처지가 압축되어 있다. 당률은 이러한 규범들을 위반한 자를 처벌하는 규정을 치밀하게 갖추어 두고 있다. 이 죄들은 현대에는 성립할 수 없지만, 역시 당시의 사회질서를 유지하고 작동하게 하는 핵심적 가치였다는 사실을 확인할 수 있다.

제6장 양자 및 상속에 관한 죄

양자는 원칙적으로 동성에 한한다. 만약 이성을 입양한 자는 처벌한다. 단 3세 이하로 버려진 어린아이는 이성이라도 입양을 허용한다. 일단 입양되면 함부로 양부모를 떠날 수 없다. 단 양부모가 아들을 낳거나 친부모가 아들이 없는 경우 친부모에게 돌아가는 것을 허용한다. 천인을 입양하는 것도 금하며, 위반한 자는 처벌한다.

상속은 봉작의 상속과 가산의 상속으로 구분한다. 봉작의 상속은 적장자가 계승하며, 적장자가 계승할 수 없는 경우 상속의 순위가 상세하게 규정되어 있다. 이 규정을 위반한 경우 처벌한다. 재산의 상속은 호령에 규정되어 있다. 이 중 중요한 것은, 모든 아들이 균분하고 미혼의 딸에게도 상속권이 있다는 점이다. 이 규정들을 위반한 경우 처벌한다.

〈제3편 개인적 법익에 대한 죄〉

『형법각론』은 개인적 법익에 대한 죄를 ① 생명과 신체에 대한 죄, ② 자유에 대한 죄, ③ 명예와 신용에 대한 죄, ④ 사생활의 평온에 대한 죄, ⑤ 재산에 대한 죄로 나누고 있다. 당률의 개인적 법익에 대한 죄도 이를 기준으로 분류할 수 있다. 단 당률에서 개인의 명예와 신용을 보호하기 위한 법은 찾아보기 어렵다. 즉 명예훼손죄와 모욕죄, 그리고 신용훼손죄와 업무방해죄 등은 없다. 따라서 『당률각론』의 개인적 법익에 대한 죄는 1장 생명과 신체에 대한 죄, 2장 자유에 대한 죄, 3장 사생활의 평온에 대한 죄, 4장 재산에 대한 죄의 4장으로 구성하였다.

제1장 생명과 신체에 대한 죄

당률의 살인죄는 현행 형법의 그것과는 다르다. 현행 형법에서는 고의에 의한 살인을 살인죄의 기본적인 구성요건으로 삼고, 상해치사와 같이 고의에 의하지 않고 살인의 결과가 발생한 경우 살인죄에 포함시키지 않고 있다. 그러나 당률은 고의 살인만을 살인죄로 논하는 것이 아니라, 비록 고의가 개재되지 않고 단순히 싸움으로 인해 사망에 이르렀더라도 살인죄에 포함하고 있다. 이 밖에 위력에 의한 살인, 고의로 사람에게서 입고 쓰고 마시고 먹을 것을 제거한 것으로 인한 살인, 공갈·협박으로 인한 살인, 염매나 저주에 의한 모살이 있다. 또 특별한 살인죄명으로 한 집안에서 사죄에 해당하지 않는 3인을 살해한 것도 있다.

상해의 죄는 일반인 상해의 죄와 신분인 상해의 죄로 구분된다. 그러나 내용이 매우 많기 때문에, 일반인 상해의 죄는 상해의 죄와 오살상·희살상·과실살상의 죄로 구분하고, 신분인 상해의 죄는 친속을 살상한 죄, 관인을 살상한 죄, 양인과 천인 및 주인과 천인 사이의 살상죄로 구분하여 설명했다. 이처럼 상해의 죄는 정황과 신분에 따라 구분되어 있는데, 게다가 가해 수단의 위험성과 싸움·구타의 결과로 발생한 상해의 정도를 가중적 구성요건으로 삼아서 죄의 등급을 더한다. 따라서 두 가지 조건을 조합해 보면 죄의 구성요건이 헤아릴 수 없이 많게 된다. 당률의 각칙이 이처럼 죄행을 세분해서 정하고 있는 이유를 설명하는 것은 쉽지 않다. 단지 당률의 입법자들이 판관의 재량권을 최소화하기 위해 이 같이 구체적이고 세분화된 규정을 마련해 두었다고 짐작만 할 뿐이다. 아마도 당률의 입법자들은 판관에게 재량권을 부여하면 관리들이 황제의 명령을 일사불란하게 수행하지 않을 수 있고, 그렇게 되면 황제의 지배체제가 원활하게 작동되지 않을 수도 있다는 점을 염려해서 이같이 세분화된 규정을 두어 판관의 재량권이 발휘될 여지를 최소화한 것은 아닐까 생각할 뿐이다.

제2장 자유에 대한 죄

당률에서 자유에 대한 죄에 해당하는 것은 약취와 유인의 죄와 강요의 죄를 들 수 있다.

약취와 유인의 죄는 현행 형법에서도 11개 조항을 두고 있을 만큼 중요하게 취급하고 있다. 당률에도 이와 관련된 죄를 규정한 조항이 적지 않고, 또 유인의 죄와 유사하지만 성격이 다른 합의매매도 있어 양상이 복잡하다. 합의매매는 서로 합의하여 자신의 몸을 파는 행위로, 현대 형법에는 없는 죄이다. 당률의 약취·유인·합의매매의 죄는 객체에 따라서 양인·부곡·노비·친속으로 구분하여, 양인을 표준으로 하고 객체가 부곡인 경우 양인에서 1등을 감하며, 노비는 재물과 동일시하여 강도·절도로 논한다. 또한 행위의 목적에 따라서 노비로 삼은 경우와 부곡으로 삼은 경우 및 처·첩·자손으로 삼은 경우로 나누어 죄에 차등을 두고 있다. 이처럼 약취와 유인의 죄가 적지 않다는 것은 약취와 유인의 범행으로부터 인신을 보호해야 할 필요가 컸다는 것을 의미한다. 달리 말하면 당시 사회에 이 같은 범죄가 많이 발생했고, 그 목적도 다양했다는 것을 짐작하게 한다. 강요의 죄는 인질의 죄, 양인을 노비로 삼아 부채의 저당물로 사용한 죄, 방면한 부곡·노비를 다시 천인으로 삼은 죄를 들 수 있다. 이 같은 죄들을 통해서도 역시 당시의 사회상을 엿볼 수 있다.

제3장 사생활의 평온에 대한 죄

당률에서 사생활의 평온에 대한 죄에 해당하는 것은 무고의 죄, 친속·주인 또는 주인의 친속을 고·무고한 죄, 야간 주거침입의 죄를 들 수 있다.

『형법각론』에서 무고죄는 국가적 법익에 대한 침해의 죄에 포함하여 논하고 있다. 그러나 당률의 경우 무고한 자에 대해서는 무고한 죄를 되돌려 처벌하는 규정을 두고 있는 점으로 보면, 무고죄의 보호법익은 개인의 안전에 있다고 말할 수 있다. 무고는 타인으로 하여금 형사처분 또는 징계를 받게 할 목적으로 관에 허위의 사실을 신고한 것이다. 그러므로 허위 신고로 말미암아 피무고자가 받을 수 있는 형사처분 또는 징계의 고통과 위험을 허위를 신고한 자에게 그대로 돌려줌으로써 무고를 차단하여, 개인이 무단히 형사처분을 받거나 징계를 받을 위험으로부터 보호하려는 것이 이 죄의 일차적 목적이다. 따라서 무고죄는 개인적 법익에 대한 죄에 포함시켜야 한다.

당률은 친속을 관에 고하거나 부곡·노비가 주인 또는 주인의 친속을 고한 경우 죄를 과하고 무고한 경우 가중처벌하는 규정을 두고 있다. 뿐만 아니라 명례율 46조에는 동거자 또는 대공 이상 친속 및 외조부모·외손, 손부, 남편의 형·제 및 형·제의 처에게 죄가 있어 서로 숨겨주거나, 부곡·노비가 주인을 위하여 숨겨주어도 모두 죄를 논하지 않고, 사건을 누설하거나 소식을 은밀히 전하더라도 역시 처벌하지 않으며, 소공친 이하가 서로 숨겨주었다면 일반인이 서로 숨겨준 죄에서 3등을 감한다는 법례가 규정되어 있다. 이러한 규정들은 "아버지는 자식의 하늘이므로 숨김은 있으되 범함은 없어야 한다."는 유가사상에서 나온 것으로 당률의 중요한 특징 가운데 하나이다. 노비는 주인의 재물과 같고 부곡은 반드시 재물과 같지는 않지만 주인에게 예속된 자이므로 주인이 죄를 범했더라도 관에 고해서는 안 된다. 그러므로 주인을 관에 고한 천인은 무겁게 처벌한다. 단 조부모·부모나 친속이라도 모반·대역·모반을 범한 경우 관에 고해야 하고, 주인이나 주인의 친속이라도 마찬가지로 고해야 한다. 황제에 대한 충이 부모에 대한 효나 친속과의 화목 또는 주인에 대한 의리보다 우선하기 때문이다.

제4장 재산에 관한 죄

현행 형법은 재산에 관한 범죄로 절도와 강도의 죄, 사기와 공갈의 죄, 횡령과 배임의 죄, 장물에 관한 죄, 손괴의 죄 및 권리행사를 방해하는 죄를 두고 있는데, 이는 침해방법에 따라 분류한 것이다. 당률도 현행 형법과 마찬가지로 절도와 강도의 죄, 사기와 공갈의 죄, 횡령과 배임의 죄, 손괴의 죄 등을 두고 있다. 특이한 것은 절도라도 친속의 재물을 절도한 경우 친속의 등급에 따라 죄를 감하는 규정이 있고, 사기와 공갈의 경우도 마찬가지이다. 이는 친속공동체의 이념을 반영한 조문들이다. 또 타인의 매장물을 습득하고서 토지 주인의 몫을 보내지 않은 자는 처벌한다든지, 계약을 위반하고 부채를 상환하지 않은 자를 처벌하는 규정을 두고 있는 것은, 당률이 개인의 재산권을 보호하는 규정을 치밀하게 갖추어 두고 있다는 것을 알려주는 사례의 하나이다. 장물에 관한 죄 및 권리행사를 방해하는 죄에 대해서는 별도의 조항이 없다. 단 장물과 관련하여 별도의 조항은 없지만 재산에 관한 죄의 각 조항에서 불법적인 물건임을 알고 사거나 보관한 자는 가중해서 처벌한다는 규정을 두고 있다. 권리행사를 방해하는 죄로는 불법 점거로 타인의 토지를 몰래 경작하거나 공공의 산과 들의 물건을 공력을 들여 취한 것을 침해한 죄 같은 유사 규정이 없는 것은 아니나, 물권 또는 채권의 보호에 관한 규정은 없다. 당률에서 타인의 재물을 손괴하여 그 효용을 해하는 것을 내용으로 하는 범죄는 축산 살상의 죄와 재물 손괴의 죄의 두 가지를 들 수 있다.

본 『당률각론』은 현행 『형법각론』의 체계에 따라 집필된 최초의 책이라고 할 수 있다. 단 각 조문에 대한 해석은 다이엔후이[戴炎輝]의 『당률각론』에 따른 바가 많다는 점을 밝혀둔다.

본서는 한국연구재단의 지원을 받아 집필하였다. 『당률소의』를 본인과 함께 공동으로 역주한 동학 4인(이완석·이준형·임정운·정재균)은 본서의 어설픈 초고를 꼼꼼히 읽고 바로잡아주었다. 경인문화사는 상업성이 없는 본서를 기꺼이 출간해 주셨다. 모두에게 감사드린다.

|목 차|

머리말

제1편 국가적 법익에 대한 죄

제1장 황제·국가의 존립과 존엄에 관한 죄 17

Ⅰ. 당률 각칙의 내용과 배열

당률 12편 중 제1편 명례율은 총칙이고, 제2편 위금률부터 제12편 단옥률까지 11편은 각칙이다. 각칙은 사율(事律)과 죄율(罪律)로 구분된다. 사율은 국가 행정과 관련하여 위법한 행위를 처벌하는 규정이고, 죄율은 사회적·개인적 법익을 침해하는 행위를 처벌하는 규정이다. 사율에 포함되는 것은, 제2편 위금률(2권), 제3편 직제율(3권), 제4편 호혼율(3권), 제5편 구고율(1권), 제6편 천흥률(1권), 제11편 포망률(1권), 제12편 단옥률(2권)로 모두 13권 242조이다. 죄율에 포함되는 것은, 제7편 적도율(4권), 제8편 투송률(4권), 제9편 사위율(1권), 제10편 잡률(2권)로 모두 11권 203조이다.

1. 각 편의 내용

(1) 사율(事律)

제2편 위금률: 위(衛)는 궁을 경위하는 것이고, 금(禁)은 관(關)·문(門)의 출입을 통제하는 것이다. 궁궐·태묘 등의 경호와 숙위, 도성과 주·현의 성문 및 변방 성의 출입, 관(關)·진(津)·새(塞)의 보위와 출입에 관한 규정을 위반한 행위를 처벌하는 법이다.

제3편 직제율: 직(職)은 직무이며, 제(制)는 제도이다. 관리의 임용, 관리의 직무수행과 근무자세, 제사의 준비와 관리, 황제의 음식·

약·수레·배 등의 준비와 관리, 국가의 기밀 유지, 제·칙 및 관문서의 처리와 그 행정(行程), 예제를 위반한 자의 관직 취임 금지, 역전의 운영과 이용, 관리의 공무와 관련된 재물 수수, 감림·주수관의 부정 등에 관한 처벌 규정이다.

제4편 호혼율: 호(戶)는 호구이고, 혼(婚)은 혼인이다. 호적의 탈루, 사사로이 승려가 되는 것, 부모의 생존 중 및 상중에 호적을 달리하고 재산을 나누는 것, 부당한 양자, 가족 공동재산의 부당한 사용과 분배, 구분전의 매도 및 점전 한도 초과, 공·사전을 몰래 경작하거나 자기 것으로 삼는 것[妄認], 관사 및 이정의 토지 관리 부실과 부당한 세역 부과, 혼약 위반과 중혼 및 부모의 상중 또는 부모가 죄수로 감금 중인데 혼인한 것, 동성 및 근친과의 혼인, 기타 법에 위배되는 혼인, 양인과 천인 사이의 혼인, 이혼 명령에 대한 위반 등에 관한 처벌 규정이다.

제5편 구고율: 구(廐)는 가축우리이며, 고(庫)는 창·고이다. 국유축산의 관리 부실, 관이나 사인의 소와 말을 도살한 것, 타인의 축산을 물어 죽인 개나 사람을 물거나 찬 축산에 대한 관리 부실, 감림·주수의 관노비·축산 대차·대여, 축산의 관·사물 훼손, 창·고의 물품 관리의 부실과 부당한 출고 등에 관한 처벌 규정이다.

제6편 천흥율: 천(擅)은 함부로 월권하여 군사를 일으키는 것이고, 흥(興)은 흥조(興造)·수선(修繕)하는 것이다. 부당한 군대의 출동과 물자 조달, 식을 위반한 발병부(發兵符)의 발급, 공평치 못한 간점(揀占), 정행인(征行人)이 이름을 속이고 대리하는 것, 대집교열(大集校閱)의 도착 기한 위반 및 핍군흥(乏軍興), 적에게 군 기밀 누설, 수성 실패, 항복한 적군 살해, 군인의 탈영, 무기 및 장비의 부당한 방출, 부당한 흥조와 공작, 부당한 민정(民丁) 징발, 금병기 사유, 자원 낭비 등에 관한 처벌 규정이다.

제11편 포망율: 포(捕)는 체포이며, 망(亡)은 도망이다. 도망한 죄인의 체포를 즉시 그리고 적극적으로 하지 않은 관리들을 처벌하는 규정, 저항하는 도망 죄인에 대한 살상은 논하지 않는다는 포격법(捕格法), 이웃에서 발생한 강도 및 살인 사건을 구조하지 않은 것을 처벌하는 규정이 포함되어 있다. 도망한 정행인·방인·숙위인·정부·잡장과 공·악·잡호·관호·관노비를 처벌하고 이들에 대한 부적절한 관리·감독을 처벌하는 규정도 포함되어 있다. 도망이 아니라도 10일 이상 다른 지역에 부랑하는 자와 이들을 용납한 이정 등을 처벌하는 규정 및 죄인을 숨기고 도움을 주는 행위를 처벌하는 규정도 포함되어 있다.

제12편 단옥율(斷獄律): 단(斷)은 판결이고, 옥(獄)은 범인을 구금하여 사건이 판결될 때까지 관리하는 것이다. 죄수에 대해 적법하지 않은 감금과 관리, 병든 죄수에게 의약품을 법대로 지급하지 않거나 노약자를 보호하지 않는 행위, 주수가 재물을 받고 죄수를 도운 행위를 처벌하는 법이다. 죄수에 대해 적법하지 않은 고문, 부당한 형집행, 감림·주수의 공무 집행 중 살인 등에 대한 처벌 규정도 포함되어 있다. 또한 죄를 판결함에 율·영·격·식의 정문(正文)을 인용하지 않은 경우, 반드시 보고해야 하는 판결을 보고하지 않은 경우, 영구적으로 적용할 수 없는 격을 인용하여 판결한 경우, 관사가 부당하게 사람의 죄를 더하거나 덜한 경우, 판결을 받은 죄수의 부당한 처분, 임신한 부인을 사형에 처하거나 태·장형 및 고문하여 신문하는 것, 장형을 부당하게 집행한 경우, 금지된 시기의 사형 집행을 위한 복주 등에 관한 처벌 규정이 포함되어 있다.

(2) 죄율(罪律)

제7편 적도율(賊盜律): 적(賊)은 반역이나 비윤리적인 살상 행위 등

을 가리키며, 도(盜)는 타인의 재물을 부당하게 취하는 것이다. 모반·모대역·모반, 모살, 죄수 겁탈, 인질, 1가의 죄 없는 3인 살해, 부모 및 친속을 살해한 자와의 화해, 독극물 제조 및 이를 이용한 살상, 염매(厭魅) 및 부서(符書)로 저주하는 행위, 무덤 훼손 및 시체 잔해, 요망한 글이나 말을 지어내는 행위, 밤에 타인의 집에 침입하는 행위 등을 처벌하는 법이다. 또 대사(大祀)의 신에게 바칠 물품, 황제가 입고 쓰는 물품, 관문서·제서, 궁전문 등의 부와 열쇠, 사유 금지 병기, 천존상이나 불상 등의 절도 및 기타 절도, 강도, 방화, 공갈, 약취 등을 처벌하는 법이 포함되어 있다. 살인자는 사면되더라도 이향(移鄕) 처분한다는 규정도 포함되어 있다.

제8편 투송율(鬪訟律): 투(鬪)는 싸우다 때리는 행위이고, 송(訟)은 소송이다. 싸우다 때린 경우 사용한 도구는 손발부터 병장기의 날[刃]까지, 피해의 정도는 상해가 없는 것부터 살인까지 차등적으로 처벌하는 규정이 있다. 살상의 인과를 판단하는 시한을 정하는 보고(保辜) 규정도 포함되어 있다. 황제의 사인, 소속되어 섬겨야 하는 관부의 주인[本屬府主]과 자신이 속한 행정구역의 5품 이상 관장 및 그들의 조부모·부모·처자, 황제의 10촌 이내 친속[袒免親], 고위 관인, 주·현 이상의 사인을 살상한 경우 가중 처벌하는 규정도 있다. 또한 양인과 천인 사이, 주인 및 주인의 친속과 천인 사이, 남편과 처첩 사이, 처와 첩 사이, 형제 사이, 조부모·부모와 자·손 사이, 친속 존장과 비유 사이, 시부모와 처첩 사이의 구타와 살상은, 각각 전자가 후자를 범하면 죄가 없거나 가볍고 후자가 전자를 범하면 무겁게 처벌하는 규정을 두었다. 조부모·부모를 위한 정당방위, 오살상·희살상·과실살상에 대한 처벌 규정도 있다. 모반·모대역·모반 등의 중대 범죄의 불고와 무고, 조부모·부모 등 친속에 대한 고발·고소, 천인의 주인 및 주인의 친속에 대한 고발·고소를 처벌하는 법이 있고, 고발

절차를 위반하거나 고발 의무를 이행하지 않은 자를 처벌하는 법도 포함되어 있다.

제9편 사위율(詐僞律): 사(詐)는 거짓으로 사람을 속이는 것이고, 위(僞)는 위조이다. 황제의 인장, 관문서인·궁전문부·발병부·전부의 위조 및 위조된 것을 사용하거나 판매한 행위를 처벌하는 법이다. 또한 황제의 명에 대한 응대 및 아뢰는 일이나 상서를 사실대로 하지 않고 거짓으로 한 행위, 관문서를 거짓으로 증감한 행위, 거짓으로 관을 수여하거나 관인을 사칭한 행위, 사기하여 관사의 재물을 취득한 행위, 사기하여 양인을 자신의 천인·처첩·자손으로 주장한 행위, 거짓으로 서응(瑞應)을 만든 행위를 처벌하는 법이 포함되어 있다. 교사범, 사기하여 역마를 탄 행위, 사기하여 역을 면제받는 행위, 사기에 의한 의료 행위, 부모의 상을 속이고 관직을 사임하지 않거나 거짓으로 부모의 상을 빙자하여 휴가를 구한 행위, 사체 검시 및 질병 확인을 거짓으로 한 행위, 보증이나 증언을 부실하게 한 행위를 처벌하는 법도 있다.

제10편 잡율(雜律): 잡(雜)은 각양각색이어서 단일하지 않음을 가리킨다. 이 율의 내용은 다른 10편에 속하기 어려운 것이 모두 포함되어 있어 범위가 매우 광범위하다. 방화 등 공공안녕질서를 위해하는 행위, 사주전·간통·도박 등 사회질서를 해치는 행위, 관·사의 물품을 훼손하거나 망실하는 행위, 계약을 위반하고 부채를 갚지 않는 행위, 부정한 의료 행위, 도량형을 속이는 행위, 부정한 상행위와 노비나 소·말 등을 매매할 때 시권(市券)을 작성하지 않는 행위 등을 처벌하는 법이 포함되어 있다. 이 밖에 율 조문에는 처벌 규정이 없지만 '영을 위반한 행위[違令]'를 처벌하는 규정과, 담당관이 판단하여 '마땅히 행해서는 안 되는[不應得爲]' 행위를 처벌하는 규정도 있다.

2. 각 편의 배열순서

각칙 11편은 위금률부터 천흥률까지 사율 5편을 앞에 두고, 이어서 적도·투송·사위·잡률의 죄율 4편을 배열하고 그 뒤 포망·단옥률의 사율 2편을 배치하고 있다. 각칙을 이 같이 배열한 이유에 대해 각 편명의 소는 다음과 같이 밝히고 있다.

① 위금률을 명례율의 다음으로 하여 각칙편의 첫머리에 둔 것은, 황제를 공경하고 위법을 방비하는 것이 가장 중요한 사항이기 때문이다.
② 궁정의 호위에 관한 사항을 다 마치면 관직의 설치가 다음으로 중요하므로, 직제율을 위금률 다음에 둔 것이다.
③ 관인의 직무에 관한 사항을 모두 논한 뒤에는 호구와 혼인에 관한 사항을 논해야 하기 때문에 호혼율을 직제율 다음에 둔 것이다.
④ 호구와 혼인에 관한 사항을 마치면 축산과 창·고에 관한 사항이 다음이 되므로 구고율을 호혼율 다음에 둔 것이다.
⑤ 축산과 창·고에 관한 사항을 다 구비한 다음에는 반드시 뜻밖의 일에 대비하여야 하므로, 군사에 관한 천흥률을 구고율 다음에 둔 것이다.
⑥ 앞 편에서는 군대를 함부로 출동하는 것을 논하였으니 다음에는 도적을 방지해야 한다. 그러므로 적도율을 천흥률 다음에 둔 것이다.
⑦ 도적을 논한 이후에는 반드시 싸움과 송사를 방비해야 하기 때문에 투송률을 적도율 다음에 둔 것이다.
⑧ 싸움과 송사를 논한 뒤에는 사기와 위계를 방비해야 하므로 사위율을 투송률 다음에 둔 것이다.
⑨ 잡률은 남은 것을 주워 모으고 빠진 것을 보충하여 조문을 만들어서, 뒤섞여서 같지 않기 때문에 사위율 다음에 둔 것이다.

⑩ 앞의 편들에서 죄의 질에 따라 죄와 형의 등급을 정했다고 해도 만약 죄인이 도망하면 범죄가 만연될 것이 염려되는 까닭에, 반드시 체포하여 관대하지만 빠져나갈 수 없는 법망에 가두어야 하는 것이다. 그러므로 포망률을 잡률 다음에 둔다.

⑪ 앞의 모든 편의 죄명은 각각 유형별로 법례(法例)가 있어, 죄를 묻거나 면하거나 덜거나 더하는 것에 대해 각각 규정이 있다. 단옥률은 별도의 체례를 만들어 판결의 법으로 삼았으므로 뭇 편들의 다음에 둔다.

이상을 정리해 보면, 당률 각칙은 황제의 경위를 방해한 죄부터 관리의 직무상의 범죄, 호구와 혼인에 관한 죄, 가축과 재화의 관리에 관한 죄, 국가의 방위에 관한 죄, 도적과 살상의 죄, 송사와 사기 및 기타 잡다한 죄, 도망한 자의 체포에 관한 죄, 죄수의 관리와 재판 등에 관한 죄의 순으로 조문들이 배열되어 있다. 이는 황제를 경위하고, 세역을 징수하고, 이를 통해 형성된 국가의 재산을 관리하고, 군대를 관리하고, 도적·살상·송사·사기 및 잡다한 죄를 범한 자들을 처벌하고, 도망한 자를 체포하여 처벌하고, 죄인을 재판하는 등, 황제의 경위를 출발점으로 해서 재판으로 종결되는 국가 행정의 진행 순서에 따라 배열되어 있다는 것을 알 수 있다.

II. 『당률각론』의 체제

1. 다이옌후이[戴炎輝]의 『당률각론』

지금까지 나온 당률에 대한 각론은 타이완 학자 다이옌후이의 『당률각론(唐律各論)』이 유일하다. 다이옌후이는 위금률부터 단옥률까지 11편으로 책의 내용을 구성하고, 각 편은 죄의 내용별로 몇 개의 장으로 나누어 서술하였다. 이는 당률의 편제를 그대로 따르기 위한 것이었다고 판단되는데, 이 또한 의미가 없다고는 할 수 없다. 왜냐하면 위에서 설명한 바와 같이 당률 각칙은 황제의 경위부터 범죄의 판결과 형의 집행까지 왕조국가의 운영 체제가 원활하게 작동되고 유지될 수 있게 하기 위한 형법체계가 수미일관되게 잘 갖추어져 있는데, 다이옌후이의 『당률각론』은 당률의 체계를 충실히 반영한 당률 각론 교과서이기 때문이다.

그러나 형법의 가장 중요한 기능의 하나는 가치의 보호 즉, 법익의 보호라는 점으로 볼 때 다이옌후이의 『당률각론』은 충분하다고 할 수 없다. 다시 말하면 각칙에 규정된 범죄는 형법에 의하여 보호할 가치 있는 법익을 훼손한 행위를 의미한다고 할 수 있으며, 따라서 형법에 의하여 보호되는 가치와 그 내용 및 법익의 서열과 상호관계를 밝히는 것이 각론의 출발점이 된다는 점에서 그렇다. 달리 말하면 다이옌후이의 『당률각론』은 당률의 체제를 그대로 묵수함으로써 법익의 서열 및 상호관계가 거의 고려되지 않았다. 예컨대 당률의 법익 서열에서 가장 우선시되고 중시된 것은 황제의 안위이므로, 황제를 위해하려고 모의하는 모반이 가장 우선해서 서술되어야 할 죄인 셈이다. 그렇지만 다이옌후이의 책에서는 모반이 중간에 해당하는 제6편에 서술되어 있는 반면, 황제의 거주 공간인 궁궐에 대한 경위가 제1편에 서술되어 있다. 이는 하나의 예일 뿐이지만, 다이옌후이의 『당률각론』은 전체적으로 법익의 서열이 전혀 고려되지 않았다. 따라서 당률을 실체적으로 이해하고 그 역사성을 파악하기 위해서는 당률이 보호하고자 하는 가치와 그 내용 및 법익의 서열과 상호관계를 밝히는 새로운 『당률각론』이 절실하게 요구된다.

2. 본서의 체제

현행 형법은 범죄를 국가적 법익에 대한 죄, 사회적 법익에 대한 죄 및 개인적 법익에 대한 죄의 순서로 규정하고 있다. 이와는 달리 현행『형법각론』들은 일치해서 1편 개인적 법익에 대한 죄, 2편 사회적 법익에 대한 죄, 3편 국가적 법익에 대한 죄로 편성되어 있다. 이는 인간의 존엄과 가치가 최고의 규범이며 개인이 사회에 있어서 모든 가치의 근원이 된다는 자유사회의 이념은 물론, 형법해석의 편의라는 실제적인 이유에 비추어 볼 때 개인적 법익에 대한 죄를 사회적·국가적 법익에 대한 죄보다 먼저 규정하는 것이 타당하다는 관점에서 비롯한 것이다. 그러나 당률이 우선적으로 보호하고자 하는 가치, 즉 법익의 서열 면에서 볼 때 황제 및 국가의 법익이 개인 및 사회적 법익에 비해 절대적으로 중시되었다는 것은 분명한 사실이므로, 현행『형법각론』처럼 개인적 법익에 대한 범죄를 국가적 법익에 대한 범죄보다 우선해서 서술할 수 없다. 따라서 본『당률각론』은 제1편 국가적 법익에 대한 죄, 제2편 사회적 법익에 대한 죄, 제3편 개인적 법익에 대한 죄의 순으로 구성하려고 한다.

제1편
국가적 법익에 대한 죄

I. 현행 『형법각론』의 국가적 법익에 대한 죄

현행 『형법각론』의 국가적 법익에 대한 죄는 '국가적 존립과 권위에 대한 죄'와 '국가의 기능에 대한 죄'의 2장으로 구성되어 있다.

1. 국가의 존립과 권위에 대한 죄

국가의 존립과 권위에 대한 죄는 국가의 존립을 보호하기 위해 규정한 국가보호형법과 국가의 권위를 보호하기 위해 규정한 범죄를 포함한다.

국가보호형법은 대내적인 안전의 보장을 위해 규정한 내란의 죄(2편 1장)와 대외적인 안전의 보장을 위해 규정한 외환(外患)의 죄(2편 2장)가 이에 해당한다.

국가의 권위를 보호하기 위해 규정한 범죄는 국가의 권위를 상징하는 표지인 국기에 대한 죄(2편 3장)와 국내에서 외국의 지위를 보호하고 대외적으로 국가의 지위를 보호하기 위해 규정한 국교에 관한 죄(2편 4장)가 이에 해당한다.

2. 국가의 기능에 대한 죄

국가의 기능에 대한 죄는 공무원의 직무에 관한 죄(2편 7장)와 공무방해에 관한 죄(2편 8장)를 포함하며, 이 밖에 도주와 범인 은닉의 죄(2편 9장), 위증과 증거인멸의 죄(2편 10장) 및 무고의 죄(2편 11장)가 이에 해당한다는 것이 통설이다.

공무원의 직무에 관한 죄는 공무원이 의무를 위배하거나 직권을 남용하여 국가의 정상적인 기능을 해하는 죄이며, 공무방해에 관한 죄는 국가 또는 공공기관이 행하는 기능을 방해함으로써 성립하는 범죄를 말한다. 도주와 범인 은닉의 죄, 위증과 증거인멸의 죄 및 무고의 죄는 특별히 국가의 사법기능을 보호하기 위해 규정한 범죄이다.

II. 『당률각론』의 국가적 법익에 대한 죄

『당률각론』의 국가적 법익에 대한 죄도 『형법각론』과 마찬가지로 국가의 존립과 권위에 대한 죄와 국가의 기능에 대한 죄의 2개 장으로 구성할 수 있다. 단 당률의 국가의 기능에 대한 죄는 범위가 매우 넓으므로 황제·국가의 명령체제에 대한 죄, 국가의 일반적 기능에 대한 죄, 국가의 사법적 기능에 대한 죄로 구분해 보려고 한다. 따라서 1편 국가적 법익에 대한 죄는 1장 황제·국가의 존립과 권위에 대한 죄, 2장 황제·국가의 명령·보고체제에 대한 죄, 3장 국가의 일반적 기능에 대한 죄, 4장 국가의 사법적 기능에 대한 죄의 4개 장으로 구성한다.

1. 황제·국가의 존립과 존엄에 대한 죄

1장을 황제·국가의 존립과 존엄에 대한 죄로 설정한 것은, 당률에서 황제는 곧 국가이고 황제의 존립을 위해한 행위는 곧 국가의 존립을 위해한 행위와 같은 죄로 규정되어 있기 때문이다. 아울러 황제 또는 황실의 존엄을 위해하는 행위 또한 황제의 존립을 위해한 죄에 버금가는 중죄로 규정되어 있다는 점도 고려하여, 황제의 시봉에 관한 죄, 황제의 신변 안전에 관한 죄, 황제 및 황실의 존엄에 관한 죄를 포함하여 1장을 구성한다.

2. 황제·국가의 명령체제에 대한 죄

황제·국가의 명령체제에 대한 죄를 하나의 장으로 구성하는 것은, 황제의 정치에 관한 명령이라고 할 수 있는 제·칙(制·敕)과 관문서의 전달에 관한 규정이 적지 않을 뿐만 아니라, 이것이 당률이 보호하고자 하는 국가의 기능 중에 중요한 부분이라고 생각되었기 때문이다.

대체로 당의 국가운영은 황제의 명령인 제·칙을 통해 이루어졌다. 따라서 이를 모든 관사에 정확하게 하달하여 시행하게 하고 시행의 결과를 보고받는 것이 지배체제를 원활하게 작동하게 하는 요소였기에 문서 전달에 관한 규정이 적지 않은 것으로 생각되므로 명령체제에 대한 죄를 하나의 장으로 구성한다.

3. 국가의 일반적 기능에 대한 죄

3장은 국가의 일반적 기능에 대한 죄에 관한 것이다. 3장은 2장 명령체제에 대한 죄와 4장 사법적 기능에 대한 죄를 제외한 일체의 국가적 기능에 대한 죄를 포괄한다. 당률은 국가의 모든 기능에 대한 범죄를 구체적이고 망라적으로 포괄하고 있기 때문에 가능한 한 유사한 분야별로 모아서 13절로 서술하였다. 여기에 서술하는 국가

의 기능에 대한 죄는 현행 형법의 공무원의 직무에 관한 죄와 공무
방해의 죄를 포함함은 물론, 현행 공무원법·병역법·조세범처벌법 등
특별법으로 정해서 시행하는 각 분야의 공무원의 직무에 관한 죄와
공무방해죄까지도 모두 포괄한다.

4. 국가의 사법적 기능에 대한 죄

4장은 국가의 사법적 기능에 대한 죄들을 모은 것이다. 여기에는
형사절차에 관한 조항들, 즉 고소·고발, 도망과 도주, 체포, 죄수 관
리와 고문하여 신문하는 것, 재판, 형벌의 집행 등에 관한 규정들이
포함된다. 이러한 규정들은 현대의 형사소송법에 상당하는 것들로
국가의 사법적 기능을 보호하기 위한 형법적 장치이므로, 국가의 일
반적 기능을 보호하기 위한 죄형의 규정들과는 구별해서 하나의 장
으로 구성하는 것이 타당하다고 판단하였다.

제1장
황제·국가의 존립과 존엄에 관한 죄

현행 『형법각론』의 3편 1장 국가의 존립과 권위에 대한 죄는 1절 내란의 죄(형법 제2편 각칙 제1장 87~91조), 2절 외환의 죄(각칙 제2장 92~104조), 3절 국기에 관한 죄(각칙 3장 105~106조), 4절 국교에 관한 죄(각칙 4장 107~113조)로 구성되어 있다.

당률에서 국가의 존립과 권위에 대한 죄에 포함될 수 있는 죄는 내란의 죄에 상당하는 모반(謀反)과 대역(大逆)(적1), 외환의 죄에 상당하는 모반(謀叛)(적4), 기밀누설죄(적19), 간첩죄(천9) 정도를 들 수 있을 뿐이다. 당률에서 국기에 관한 죄에 상당하는 죄는 찾을 수 없는데, 전통시대 중국에서는 아직 국가의 상징인 국기가 없었기 때문에 이를 보호하기 위한 법도 없었던 것으로 이해할 수 있다. 당률에서 국교에 관한 죄에 상당하는 죄 역시 찾을 수 없다. 현행 형법의 국교에 대한 죄는 외국원수에 대한 폭행 등 죄(107조), 외국사절에 대한 폭행 등 죄(108조), 외국의 국기·국장의 모독죄(109조) 등으로 구성되어 있으나, 당률에서는 이에 상당하는 규정을 찾을 수 없다. 다만 외국의 사절이 당에 들어오는 길에 교류를 해서는 안 된다든지 주·현의 관인이 까닭 없이 그들과 더불어 대화해서는 안 된다는 금지규정(위31.4의 소)을 두고 있을 뿐인데, 이 역시 현대와 같은 국제적인 외교관계가 성립하지 않았기 때문에 관련된 형법을 제정할 필요도 없었던 것으로 이해할 수 있다.

당률의 모반이 내란의 죄에 상당한다고 하더라도 그것은 현행 형법에서 정의하고 있는 바와 같이 국토를 참절한다든지 국헌을 문란할 목적으로 하는 폭동을 일으킨 범죄가 아니고 황제를 위해하려고 모의한 죄이다. 즉 죄의 객체가 국가가 아니라 곧바로 황제를 지칭하고 있는 점에서 현행 형법의 내란죄와는 차이가 크다. 뿐만 아니라 직접 황제에 대한 위해가 아니고 종묘·산릉·궁궐과 같이 황제의 권위를 상징하는 구조물을 훼손한 행위 또한 모반과 같은 등급의 무거운 죄로 간주해서 별도로 하나의 조항을 설정해서 규정하고 있는데, 이로 보면 황제의 권위 손상 역시 황제의 신체를 위해한 것과 같은 정도의 의미를 갖는 죄로 간주하고 있다는 것이 분명하다. 따라서 현행 형법의 국가의 존립을 위협하는 내란의 죄에 상당하는 당률의 내란의 죄는 모반과 대역의 죄로 한정되며, 그것은 황제의 위해 및 황제의 권위 손상의 죄에 상당하는 것으로 이해해도 좋을 듯하다.

황제의 위해 및 권위 손상의 죄가 곧바로 국가의 존립에 대한 죄로 간주되는 만큼 황제의 시봉, 황제의 신변 안전, 황제 및 황실의 존엄에 관한 위법행위도 매우 중대한 죄로 규정되어 있고, 율의 구성에서도 우선적으로 편제되어 있다. 황제가 곧 국가라고 할 수 있으므로 이러한 죄들도 당연히 국가적 법익에 대한 죄에 포함되는 것은 당연할 듯한데, 그렇다고 국가의 기능과 직접 관련되는 것은 아니므로 1장 황제·국가의 존립과 존엄의 죄에 포함시키기로 한다.

이상과 같은 이해를 전제로 하여, 1장의 1절은 모반·대역의 죄, 2절은 외환의 죄, 3절은 황제의 시봉에 관한 죄, 4절은 황제의 신변 안전에 관한 죄, 5절은 황제 및 황실의 존엄에 관한 죄로 구성한다.

제1절 모반·대역의 죄

Ⅰ. 총설

1. 현행 형법의 내란의 죄

현행 형법은 국가의 존립을 위한 죄로 내란의 죄(1장)와 외환의 죄(2장)를 설정하고 있고, 그 중 내란의 죄는 내란죄와 내란목적 살인죄로 구성되어 있다.

내란죄는 국토를 참절하거나 국헌을 문란할 목적으로 폭동함으로써 성립한다(87조). 국토를 참절할 목적이란 대한민국 영토의 전부 또는 일부에서 국가권력을 배제하여 권력을 행사할 목적을 말한다. 이는 대한민국의 영토를 외국에 양도하거나 대한민국의 법적·사실적 지배범위에서 배제하여 분리할 목적 등을 의미한다. 국헌을 문란할 목적에 대해 형법은 ① 헌법 또는 법률에 정한 절차에 의하지 아니하고 헌법 또는 법률의 기능을 소멸시키는 것(91조 1항)과 ② 헌법에 의하여 설치된 국가기관을 강압에 의하여 전복 또는 그 기능행사를 불가능하게 하는 것(91조 2항)을 말한다고 정의하고 있다. 이는 자유민주적 기본질서를 부정하고 헌법에 의하여 설치된 국가기관의 권능을 부정하는 것을 의미한다. 내란목적 살인죄는 국토를 참절하거나 국헌을 문란할 목적으로 사람을 살해함으로써 성립한다. 여기서 사람은 반드시 일반인이 아닌 요인이라고 해석하는 견해가 있으나 요인에 한정하여 해석할 이유는 없다. 내란의 목적을 위하여 경비 중인 군인을 살해한 경우도 본죄에 해당한다고 본다.

2. 당률의 모반·대역

(1) 모반·대역의 연혁

모반죄의 연원은 전국시대까지 거슬러 올라갈 수 있다. 예를 들면 진 혜왕이 상앙을 주멸하여 거열형에 처할 때 죄명이 모반이었다(『사기』권68, 2236쪽). 한대에는 모반죄가 매우 많아 사서에 끊이지 않고 나온다. 한율에서 모반죄는 대역무도라고 하였는데, 범인은 요참형에 처하고 일족을 주멸했다. 예를 들면 경제 3년의 조에, "양평후 가의 자 회열은 효심이 없이 모반하여 가를 죽이려고 했으니 대역무도에 해당한다."고 했다. 이에 대해 여순(如淳)은 "율에 대역불도를 범한 자의 부모·처자·형제는 모두 기시형에 처한다."라고 주석했다(『한서』권5, 142쪽).

위에서 한율을 고쳐 신율을 정하면서 모반대역과 대역무도의 두 죄로 나누었는데, 모반대역은 전적으로 황제의 지위를 전복하려는 예비음모 및 그 실행을 의미하고, 대역무도는 단지 모반을 말로만 하거나 황가의 종묘나 능을 침범한 행위를 말하는데, 역시 요참형에 처하지만 연좌 범위는 조부모·손에 이르지 않았다(『진서』권30, 925쪽).

진(晉) 및 남북조의 율들은 모두 위의 제도를 이었는데, 다만 북제율에서는 중죄 10조를 정하고 첫 번째를 반역, 두 번째를 대역으로 하였다(『수서』권5, 706쪽). 수 개황 연간 율을 개정할 때 비로소 반역을 모반(謀反)으로, 대역을 모대역(謀大逆)으로 고치고 십악의 맨 앞에 배열하였다(『수서』권5, 711쪽). 당률은 이를 그대로 이었는데, 다만 연좌 범위는 축소했다. 즉 수의 율에서는 모반의 경우 말로만 했거나 실제로 행동에 옮겼거나 다 같이 형제를 연좌하여 모두 사형에 처하고 조·손은 유배 또는 관에 몰수하였으나, 당 태종 때 사형을 삭제하고 형제 및 조·손 모두를 유배·몰관 처분하도록 개정하였다.

또한 악언으로 법을 범한 것이 위해가 되지 않을 정도로 죄상이 가벼운 경우 사형을 면하고 유배하는 것으로 정했다(『통전』권170, 4412쪽).

(2) 당률의 모반·대역

1) 모반

명례율 6조 십악의 제1항은 모반(謀反)인데, 그 주에 "사직을 위해하려고 모의한 행위이다."라고 하였다. 또한 그 소는 사직에 대하여 "감히 존호를 직접 부를 수 없으므로 가탁하여 사직이라고 말한 것이다."라고 해석하였다. 따라서 사직은 황제를 가리키며, 모반은 황제에게 위해를 가하려고 모의한 것이 죄의 구성요건이다. 원래 사직의 사는 토지신을 가리키고 직은 곡식신을 가리키며, 때로는 전의되어 국가를 의미하기도 한다. 때문에 모반죄의 객체를 사직이라고 칭한 것은 황제의 인신과 더불어 그 군주로서의 지위와 권한을 함의하는 것으로 볼 수 있다.

황제에게 위해를 가하는 행위는 현재 황제의 폐위·살해를 직접 목적으로 하거나 그것과 연관된 성질의 폭력행사로 나타날 터인데, 율의 소에서 든 예는 병란과 암살이 있다. 예컨대 칙명에 의해 열병을 행하는 것을 보고 모반이라고 의심하여 고발하는 자가 있을 것을 상정하고 있는 것은(투40.2a의 소) 병란을 예로 든 셈이고, 명례율 6.6조 대불경의 소에서 황제의 약·음식·선박을 고의로 위험스럽게 만든 행위에 대해서는 모반의 죄를 과한다고 해석한 것은 황제의 암살을 예로 든 셈이다.

2) 대역

현대인은 대역이라는 말에서 황제의 인신에 대한 공격을 연상하기 쉽지만, 당률의 대역은 황제의 권위를 상징하는 중요한 영조물 즉 종묘·산릉·궁궐 등을 파괴하는 행위를 의미한다. 이는 결코 비유적인 말이 아니라 실제로 영조물을 파괴하는 행위 그 자체를 의미한다. 그것은 종묘의 수리를 위하여 사람들이 움직이는 것을 보고 대역하고 있다고 고발하는 사람이 있을 수 있다는 것을 상정하고 있는 것으로 알 수 있다(투40.2a의 소). 황제의 인신에 대한 위해와 황제의 권위를 상징하는 영조물의 훼손은 명·청률(형률1 적도)에 이르러 '모반대역'이라는 하나의 죄명이 되어 당률처럼 모반과 대역을 따로 형을 과하는 구별이 소멸되었지만, 행위 자체는 완전히 다른 것을 의미했다. 다시 말하면 청률 율후주(律後註)는, 모반에 대해서는 "사직은 천하를 가리키는 말이다."라고 주석하고, 모대역에 대해서는 "종묘·산릉은 선대 군주를 가리키는 말이고, 궁궐은 황제 1인을 가리키는 말이다."라고 주석하여, 종묘·산릉은 황제의 조상들의 권위에 대한 것으로 해석하고 궁궐은 현재 황제의 권위에 대한 것으로 해석하였다. 다만 종묘·산릉과 궁궐에 대한 이 같은 해석은 어디까지나 명 청률에 대한 것인 만큼, 『당률소의』의 편찬자들이 이를 의식하고 있었다고 볼 수는 없다.

또한 대역에는 삼후 및 황태자에 대한 모살·구타·상해가 포괄된다고 해석해야 한다.[1]

---

[1] 三后·皇太子에 대한 모살죄는 謀反에 포함될 수 없는데 황제에 대한 가해가 아니고 사직의 위해를 모의한 것도 아니기 때문이다. 이 모살죄에 모반죄를 적용할 수 없다면 당연히 유추해서 대역죄를 적용해야 하는데, 그 이유는 네 가지이다. ① 명례율 51조에 따르면 삼후 및 황태자를 범한 죄는 황제를 범한 죄에서 1등을 감하는데, 이들에 대한 謀殺 및 구타·상해 역시 마땅히 그렇게 해야하며, 황제의 친속에 대한 구타·상해죄를 규정한 투송률 14조를 적용해서는 안 된다. ② 명례율 51.3조의 주에 "본래 십악에 해당하는 경우 비록 죄를 감할 수 있더라도 본법에 따른다."고 했으므로 당연히 이 죄가 십악에 포함되는데 십악 가운데 가벼운 대불경에는 삼후 및 황태자에 대한 모살·구타·상해죄

II. 모반의 죄

1. 모반의 죄

적도율1(248조)

1. (a) 모반(謀反)한 자는 모두 참형에 처하고, (b) 죄인의 부와 16세 이상의 자는 모두 교형에 처하며, (c) 죄인의 15세 이하의 자, 죄인의 모·녀·처·첩·조·손·형제·자매, 죄인의 자의 처·첩, 죄인의 부곡·재물·전택은 모두 관에 몰수하되, (d) 남자는 나이 80세 이상 및 독질, 부인은 나이 60세 이상 및 폐질이면 모두 관에 몰수하는 것을 면제한다. 〈다른 조항에서 부인을 연좌할 경우에는 이에 준한다.〉 (e) 죄인의 백·숙부와 형제의 자는 모두 유3000리에 처한다. 호적의 같고 다름을 구분하지 않는다.

(1) 구성요건

모반은 황제의 생명을 위해하려고 도모하거나 제위를 찬탈하려고 도모하는 행위를 가리킨다(적1.1a의 소). 계획을 세워 반(反)을 도모하였다면 실행하지 않았더라도 반드시 주살하므로, 곧 모반은 진정 반역과 같다. 즉 착수하기 전의 음모도 그 처벌은 착수한 것과 형이 같다는 것이다. 율에서 모(謀)는 두 가지 뜻이 있다. 하나는 2인 이상이 통모한 것을 모라고 하지만 1인이라도 도모한 정상이 명백히 드

가 포함되어 있지 않으므로 대불경에 들어 있는 죄보다 정이 무거운 구타·상해는 대역에 들어가야 형평이 맞다. ③ 종묘·산릉·궁궐의 훼손을 꾀하는 것은 황제의 지친에 대한 모살·구·상에 비하여 무겁다고 말할 수 없다. 전자가 대역에 든다면 후자는 더욱 대역에 들어가야 한다. ④ 三后·皇太子에 대한 謀殺·구타·상해가 大逆에 준한다고 할 경우, 모의했으나 행하지 않은 죄는 교형에 해당한다는 것이 비교적 이치에 합당하고, 더욱이 친속의 不緣坐도 지극히 합리적인 것이 된다(다이옌후이, 『唐律通論』, 198쪽, 211~212쪽).

러났다면 모이다(명55.5). 다른 하나는 예비 즉 미착수의 뜻이다.

모반은 율이 규정한 범죄 가운데 가장 중대한 것이므로, 단지 '반하겠다'는 말을 한 것만으로도 죄가 되며, 전혀 실행 가능성이 없는 허황된 언설을 한 경우와 모의를 꾸민 것은 사실이나 능히 해가 될 수 없는 것, 그리고 모의를 꾸민 것이 사실이고 또 능히 해가 될 수 있는 것으로 구분하여 처벌이 다르다.

(2) 처벌

① 모반한 자는 모두 참형에 처하며, 2인 이상이 모반한 경우 수범·종범을 구분하지 않는다(명43.2). 다만 강압에 의해 따른 자는 죄주지 않는다(적4.2a의 주).

② 죄인의 부와 16세 이상의 자는 모두 교형에 처하고, 15세 이하의 자, 모·녀·처·첩·조·손·형제·자매, 죄인의 자의 처·첩은 관에 몰수한다. 단 남자는 80세 이상 및 독질, 부인은 60세 이상 및 폐질이면 모두 관에 몰수하는 것을 면제한다.

③ 모반한 자의 재물 등은 관에 몰수한다. 노비는 자재와 같다(적1.1c의 소).

④ 백숙부·형제의 자는 모두 유3000리에 처하는데, 호적의 같고 다름을 구분하지 않는다. 백숙모와 형제의 딸은 연좌하지 않는다. 또한 동당(同堂) 밖으로 출계한 자는 연좌하지 않는다. 동당 밖으로 출계한 자는 백숙부 외의 친속의 자로 입양된 자를 말한다(적1.1e의 소).

2. 위해가 되지 못하는 모반죄

적도율1(248조)

2. (a) 반(反)을 모의했더라도 말의 이치가 군중을 선동할만하지 못하

거나 위엄과 세력이 사람을 이끌 정도는 못되는 경우라도 모두 참형에 처한다. 〈반을 모의한 것은 사실이지만 위해가 되지 못하는 경우를 말한다. 예컨대 스스로 상서로운 징조(休徵)가 있다는 말을 지어내거나, 영물이나 이적에 가탁해서 망령되이 전쟁이 일어난다고 말하거나, 근거 없이 반이 일어날 이유를 설파하거나, 이를 전하여 뭇사람을 미혹하게 했으나 징험할 만한 진상이 없는 경우, 요서 및 요언을 만든 자에 대한 법에 따른다.〉 (b) 죄인의 부·자·모·녀·처·첩은 모두 유3000리에 처하고, 재물은 몰수의 범위에 넣지 않는다.

이 죄는 모반을 한 것은 사실하지만 위해가 될 수 없는 것을 말한다. 즉 비록 강상을 어지럽히겠다는 말, 예컨대 황제를 위해하려고 한다거나 정권을 전복하려고 한다는 것과 같은 말을 하고 다녔으나 중인의 뜻을 움직이기에 부족하고, 위세나 힘을 과시했으나 사람들을 이끌어 모을 수 없어 비록 반의 모의가 있었더라도 해가 될 수 없는 경우라도 반을 모의한 자는 모두 참형에 처한다. 단 부·자·모·녀·처·첩은 모두 유3000리에 처하고, 재물은 몰수의 범위에 넣지 않는다. 따라서 이 경우 위해의 가능성이 있는 통상의 모반에 비해 연좌인에 대한 처벌은 조금 가벼운 셈이다.

위해가 될 수 없는 모반에는, 스스로 상서로운 징조를 설파하면서 자신에게 좋은 응보가 있다고 말하거나, 혹은 영물과 이적에 가탁해서 허황되게 전쟁이 일어난다고 말하거나, 허위로 반역이 일어나게 될 정황을 논하고, 망령되이 반역이 일어나게 될 이유를 설파하는 것도 포함된다. 단 이 같은 것들을 전하여 뭇사람을 미혹하게 했으나 진상을 검증할 수 없는 경우 적도율 21조의 요서 및 요언을 만든 자에 대한 처벌법에 따라 교형에 처한다. 이 경우 처·자는 연좌에 해당하지 않는다.

3. 모반에 대한 실언죄

적도율3(250조)

입으로 반하겠다는 말을 했으나 마음으로는 실질적인 반의 계책이
없고 모반의 정상을 찾을 수 없는 경우 유2000리에 처한다.

어떤 사람이 실제로는 황제를 위해하거나 조정을 전복할 어떠한
계책도 없는데 공연히 입으로 반하겠다는 말을 했으나, 조사해 보니
실질적인 정황을 찾을 수 없고 망령되이 패륜의 말을 한 것에 불과
한 때에는 유2000리에 처한다. 단 입으로 대역·모반(謀叛)하겠다는
말을 했으나 조사해서 실제적인 정상이 없는 경우는 율령에 원래 처
벌 규정[條制]이 없으므로 각각 '마땅히 행해서는 안 되는데 행한 경
우의 무거운 쪽'(잡62.2)에 따라 장80에 처한다. 이것은 그야말로 순
전히 실언으로 죄를 받는 것에 속한다.

III. 대역의 죄

1. 대역의 죄

적도율1(248조)

1. 대역(大逆)한 자는 모두 참한다.

대역은 종묘·산릉 및 궁궐을 훼손하는 행위이고(적1.1의 소 및 명
6.3의 주), 모대역은 그것을 모의한 것이다. 대역은 앞의 모반과 같
이 매우 무거운 죄로 간주되지만, 대역을 모의한 모대역은 그보다는

가벼운 죄로 간주된다(적1.3의 소). 대역을 실행한 죄인의 처벌과 재물의 몰관 및 친속의 연좌는 모두 모반과 같다.

① 종묘·산릉 및 궁궐을 훼손한 자는 모두 참형에 처한다.

② 죄인의 부와 16세 이상의 자는 모두 교형에 처한다.

③ 죄인의 15세 이하의 자, 죄인의 모·녀·처·첩·조·손·형제·자매, 자의 처·첩, 부곡·재물·전택은 모두 관에 몰수한다.

④ 단 남자는 80세 이상 및 독질, 부인은 60세 이상 및 폐질이면 모두 관에 몰수를 면한다.

⑤ 죄인의 백숙부와 형제의 자는 모두 유3000리에 처한다. 호적의 같고 다름을 구분하지 않는다(이상 적1.1).

2. 모대역의 죄

적도율1(248).

3. 종묘·산릉 및 궁궐을 훼손할 것을 모의한 자는 교형에 처한다.

대역을 모의한 죄인은 교형에 처한다. 율에 '모두[皆]'라 하지 않았으니 모대역은 당연히 수범·종범으로 구분하여 처벌하고, 그 친속은 연좌하지 않으며, 재물은 몰관하지 않고, 십악을 적용하지 않는다.

IV. 모반·대역 죄인의 재산의 몰수와 돌려주는 몫

적도율1(248조)

1. (a) 모반한 자는 모두 참형에 처하고, (b) 죄인의 부와 16세 이상의 자는 모두 교형에 처하며, (c) 죄인의 15세 이하의 자, 죄인의 모·

녀·처·첩·조·손·형제·자매, 죄인의 자의 처·첩, 죄인의 부곡·재물·전택은 모두 관에 몰수하되, (d) 남자는 나이 80세 이상 및 독질, 부인은 나이 60세 이상 및 폐질이면 모두 관에 몰수하는 것을 면제한다. 〈다른 조항에서 부인을 연좌할 경우에는 이에 준한다.〉

적도율2(249조)

1. 모반·대역에 연좌되었으나 동거가 아닌 경우 재물·전택은 관에 몰수하는 범위에 포함하지 않는다.
2. 동거이더라도 연좌되지 않거나 연좌되는 사람의 자·손이 유형이 면제된 경우에는 각각 분법에 준하여 남겨서 돌려준다. 〈노·장애로 면제된 경우에는 각각 일자분법(一子分法)에 따른다.〉

1. 반역죄의 재산 몰관

(1) 재산 몰관의 인적 범위

모반·대역 죄인의 가의 재산은 관에 몰수한다. 즉 모반·대역을 범한 경우, 죄를 범한 당사자만이 아니라 일정 범위의 친속을 연좌해서 처벌하는데, 여기에 그치지 않고 그들의 재산 또한 몰수한다. 단 모반·대역죄의 연좌 범위에 포함되면 동일 호적에 올라 있는지 여부를 구분하지 않고 연좌하지만, 연좌된 자 가운데 동거 가속이 아닌 자의 재물·전택은 몰수의 범위에 포함되지 않는다. 다시 말하면 모반·대역 죄인의 백숙부·형제가 이미 재산을 나누어 받았다면, 그 전택·재물은 몰수의 범위에 포함되지 않는다. 또한 비록 동거자라도 연좌되지 않는 사람과 연좌된 사람의 자손 중에 유형을 면한 자는 모두 상속받을 수 있는 몫에 따라 남겨서 돌려준다. 그러므로 반드시 죄인의 가속이 공유하는 재산 가운데 연좌되는 사람에게 상속될 몫만 몰관한다.

(2) 몰수 대상 물품

1) 몰수 대상 물품

모반·대역을 범한 죄인 및 연좌인의 부곡·재물·전택은 관에 몰수한다. 부곡에는 부곡처·객녀도 포함된다. 노비는 재물과 같으므로 율문에 따로 명시하지 않은 것이다. 몰관 대상 물품은 관사에 기록해야 한다.

2) 은사령이 내린 때 몰수 물품에 대한 처분

은사령이 내려 사면의 조서가 도착한 경우, 형이 집행되었더라도 아직 관사에 들여놓지 않은 물품은 은사령에 따라 반환한다(명32.3a). 다시 말하면 죄인에 대한 형이 이미 집행된 뒤에 사면의 조서가 도착하였더라도, 몰관해야 할 물품이 관사에 들어가지 않은 경우에는 모두 은사령에 따라 반환한다. 그러나 만약 기록되어 몰수할 물품이 이미 해당 관사의 관리인에게 들어간 경우에는 모두 반환해서는 안 된다. 죄가 아직 집행되지 않았으면, 비록 관사에 들인 물품이라도 아직 분배되지 않은 것은 관에 들이지 않는다(명32.3b). 모반·대역의 죄가 아직 집행되지 않았다면 비록 판결을 받았지만 죄인의 몸은 살아 있으므로, 죄인의 가산이 비록 관에 보내졌더라도 아직 분배되지 않은 경우 모두 은사령에 따라 반환하는 것이다.

2. 남겨서 돌려주어야 하는 가산

가산은 가속의 공동 재산이고, 동거자로 재산을 공유하는 자 가운데 연좌되지 않는 자가 상속받을 수 있는 몫은 원래 몰관의 범위에 있지 않으므로, 남겨서 돌려주어야 한다.

(1) 가산을 돌려받을 사람

가산을 돌려받을 사람은 연좌되지 않는 사람과 연좌를 면하는 사람의 두 종류로 나눈다.

1) 연좌되지 않는 사람

다시 두 가지 종류로 나눌 수 있다.

(a) 동거자로 연좌되지 않는 자

동거자이면서 연좌되지 않는 자는 기친 이상의 친속 및 자·손이 아닌 자, 또는 남편이 없는 조모 및 백숙모·고모와 형제의 처이다. 이들은 율문에 규정이 없으므로 모두 연좌되지 않는다(적2.2의 소). 단 고모를 여기에 포함한 것은 잘못이다. 왜냐하면 고모 및 고모의 남편은 본래 연좌의 범위에 있지 않기 때문이다(다이엔후이, 『당률통론』, 172쪽). 조모 등에 대하여 남편이 없는 경우로 제한을 두는 것은, 아마도 만약 남편이 있고 남편이 연좌되어 유배될 때는 남편의 유배를 좇아야(명24.2a) 하기 때문이라고 생각된다. 만약 이들에게 남편이 있어 남편이 몰관되면, 이들 모두는 마땅히 손부에 대한 법례(적2.2의 소)와 같이 응당 친정으로 돌아가야 하는 것으로 해석해야 한다. 즉 정범의 손부는 비록 연좌되지 않지만, 남편이 몰관되면 곧 친정으로 돌아가야 하므로, 분재의 범위에 속하지 않는다. 그러나 남편이 사망한 경우는 연좌되지 않고 친정으로 돌아가지 않아도 되므로 가산을 돌려받는 대상에 포함된다.

(b) 연좌인의 자·손

연좌된 사람의 자·손 중에 유형을 면하는 자는 백숙부의 아들 및 형제의 손자를 말한다. 이들은 원래 법에 따라 연좌되지 않는다. 따라서 이들은 가산을 돌려받는 대상이 된다.

2) 연좌를 면하는 사람

80세 이상이거나 독질자인 남자와 60세 이상이거나 폐질자인 여자는 모두 연좌를 면하므로 가산을 나누어 받을 수 있는 대상이다.

(2) 돌려받을 몫

적도율 2.1조에는, "동거자이더라도 연좌되지 않거나 연좌된 사람의 자손으로 응당 유형을 면할 자는 모두 분재법(分財法)에 따라 남겨서 돌려준다."고 하였고, 그 주에, "노인이나 장애자로 연좌를 면한 자는 모두 일자분법을 따른다"고 하였다. 일자분법은 호령의 분재법에 규정되어 있다. 따라서 먼저 호령(습유245~248쪽)의 규정을 간단하게 정리해 본 뒤에, 돌려받을 대상자들이 받을 수 있는 몫을 따져 보기로 한다.

1) 분재의 방법
① 남자

㉠ 원칙상 형제가 균분한다. ㉡ 형제 가운데 사망자가 있으면, 자식이 그 몫을 승계한다. ㉢ 만약 형제[가장의 아들들]가 모두 사망한 경우에는 아들들이[가장의 손자들] 균분해서 승계한다.

② 과부

㉠ 형제들이 균분하는 경우 당연히 처의 몫은 없다. ㉡ 형제 중에 사망자가 있고 자식이 없는 경우, 과부가 남편의 몫을 승계한다. 자식이 있는 경우 자식이 아비의 몫을 승계한다. ㉢ 형제가 모두 사망하고 그 아들들이 균분하는 경우, 각 과부는 이미 사망한 형제의 자식들과 같다. 바꾸어 말하면 손자 각각의 몫과 같다.

③ 미혼 남녀의 결혼자금

㉠ 남자는 따로 결혼자금을 나누어 받는다. ㉡ 결혼하지 않은 고모·자매는 그것의 반을 받는다. 이미 출가한 자는 나누어 받을 대상이 아니다.

2) 돌려받을 수 있는 몫

① 노인이나 장애가 있는 남자에게 남겨주어야 할 몫에 대해서는 적도율 2조의 문답에서 다음과 같이 해석하였다. 가령 나이 80세인 사람에게 3남 10손이 있는데, 그 가운데 1손이 반역하고 1남만 생존해 있는 경우는, 호령에 따라 3남 분법[사망한 2남 포함, 2남 몫은 그 아들들에게 분재]으로 하고, 여기에 노인 1인을 더하여 4분하여 1분을 돌려준다. 3남이 모두 사망하고 10손이 생존해 있는 한 경우는, 노인과 10손을 합하여 모두 11분으로 하고 1분을 남겨서 노인에게 돌려준다.

② 조모·손부·백숙모·형제처 가운데 남편이 없는 자는 남편의 몫을 따른다. 이 경우는 일자분법에 따르므로 문제될 것이 없다. 남편이 있으나 남편이 몰관된 자는 친정으로 돌아가야 하므로 법에 따라 분재의 범위에 속하지 않는다. 조모와 형제의 처도 남편이 있는데 몰관된 경우에는 친정으로 돌아가야 하고, 남편이 유배된 경우에는 배소에 따라가야 하므로, 모두 분재 대상에 포함되지 않는다(명 24.2a). 출가한 고모나 자매는 재산을 공유하는 친속이 아니므로 저절로 분재의 대상이 아니다. 미혼 고모나 자매는 결혼 자금뿐만 아니라 일자분법에 따라 몫을 받는 것으로 해석하는 것이 마땅하다.

③ 연좌를 면하는 60세 이상이거나 폐질자인 부녀는 모두 일자분법에 따라 몫을 받을 수 있다.

제2절 외환(外患)의 죄

Ⅰ. 총설

1. 현행 형법의 외환의 죄

외환의 죄는 국가존립을 위협하는 외부 세력에 대해서 국가를 보호하기 위해 규정된 범죄이다. 즉 외국과 통모하여 대한민국에 대하여 전단을 열게 하거나 대한민국에 항적하거나 인적·물적 이익을 제공하여 국가의 존립을 위태롭게 하는 것을 말한다. 국가의 존립과 안전을 위태롭게 하는 범죄라는 점에서는 내란의 죄와 본질을 같이하나, 외부로부터 국가의 존립을 위태롭게 하는 행위를 처벌하는 것이라는 점에서 내란의 죄와 구별된다.

형법상 외환의 죄는 외환유치죄(제92조), 여적죄(제93조), 이적죄(제94~97조, 99조), 간첩죄(제98조), 전시군수계약불이행죄(제103조)로 구성되어 있다. 이적죄의 기본적 구성요건은 일반이적죄(제99조)이며, 모병이적죄(제94조), 시설제공이적죄(제95조), 시설파괴이적죄(제96조) 및 물건제공이적죄(제97조)는 가중적 구성요건이다.

2. 당률의 모반(謀叛)

당률에서 외환의 죄에 해당하는 죄는 모반(謀叛)(적4), 간첩죄(천9)를 들 수 있다. 이 죄들도 현행 형법의 외환의 죄와 마찬가지로 국가존립을 위협하는 외부 세력에 대해서 국가를 보호하기 위해 규정된 죄이다. 다만 당률에서 국이라 함은 현대의 국가와는 달리 현왕조를 의미한다. 다시 말하면 전통시대 중국에서 국가의 본의는 조정을 가리키는데 이는 십악의 모반(謀叛)(명6.3)의 주에 "국을 배반하고 거짓 정권을 따르는 것[背國從僞]"라고 한 것에 대한 소에서 "어떤 사람이 본조(本朝)를 등지고 번국에 투항하려고 모의하거나 성을 들어 거짓 정권을 따르고자 모의한 것"이라고 해석한 것으로 증명된다. 그러므로 산택으로 망명하여 조정의 소환 명령에 따르지 않는 것은 국가를 배반한 행위로 간주하여 모반으로 논하는 것이다. 정리해서 말하면 정통한 현 왕조에서 이탈하여 외국 또는 거짓 정권 측에 투신하는 것이 반(叛)이다. 반(反)과 반(叛)의 차이는 조정을 향하여 공격하는 것과 조정을 등지고 이탈하는 것의 차이라고 말해도 좋을 것이다.

II. 모반(謀叛)의 죄

적도율4(251)

1. 반(叛)을 모의한 자는 교형에 처한다.

2. (a) 모반하여 이미 길을 나선 자는 참형에 처하고, 〈협동해서 계책을 모의했으면 처벌한다. 강제로 따르게 된 자는 그렇지 않다.〉 (b) 죄인의 처·자는 유2000리에 처한다. (c) 만약 거느린 무리가 100인 이상이면 죄인의 부모·처·자는 유3000리에 처한다. (d) 거느린 무리가 100인 미만일지라도 그로써 해를 일으킨 경우는 100인 이상으로 논한다. 〈해는 공격이나 약탈한 바가 있는 것을 말한다.〉

3. (a) 산·늪으로 망명해서 소환 명령에 따르지 않는 자는 모반으로 논하되, (b) 단 장(將)·이(吏)에게 항거한 때에는 모반의 길을 나선 것으로 논한다.

1. 모반(謀叛)의 죄

모반은 국가를 배반하고 적대 세력에 투항하고자 의기투합해서 모의하였는데 아직 길을 나서지 않은 동안에 사건이 적발된 것이다. 모반(謀叛)은 예비 음모죄이다. 모반(謀反)은 황제권을 부정하고 정권을 전복하려는 것으로 그 목적이 비교적 적극적인데 비해, 모반(謀叛)은 국가를 배반하고 적대 세력을 따르고자 하는 것으로 비교적 소극적이므로 처벌 역시 가볍다. 따라서 수범·종범으로 구분하여 수범은 교형에 처하고 종범은 유형에 처하며, 처·자는 연좌하지 않는다. 또한 강압에 의해 따르게 된 자는 처벌하지 않는다.

2. 모반하여 길을 나선 죄

(1) 구성요건

이 죄는 모반하여 길을 나선 것으로 성립한다. 만약 원주지를 떠났으면 이미 모반하여 길을 나선 것으로 간주한다. 그러나 모반하여 길을 나선 자가 성황을 공격하고 그곳에서 항전하였다면 당연히 모반(謀反)의 법에 따라 처벌한다. 오직 소극적인 공격과 노략이 있는 경우 그대로 모반(謀叛)이지만 만약 국내에서 항전하는 것은 곧 모반(謀反)이 된다(적4.2의 주와 소).

(2) 처벌상의 유의사항

① 계책을 모의한 자는 모두 참형에 처한다.

② 강압에 의해 따른 자는 처벌하지 않는다. 원래 동의하지 않았으나 당시에 강압에 의해 따르게 된 자는 처벌하지 않는다는 것이다.

③ 연좌는 정범의 죄상에 따라 다르다. ⓐ 모반의 길을 나선 자의

처·자는 유3000리에 처한다. ⓑ 이끄는 무리가 100인 이상이거나 100인 이하라도 죄상이 무거운 경우 죄인의 부·모·처·자는 유3000리에 처한다. 100인 미만일지라도 그로써 해를 발생시킨 경우에는 100인 이상인 것으로 논한다. 해라는 것은 공격이나 약탈이 있는 경우를 말한다. 즉 성황을 공격하거나 백성을 약탈하였다면 100인 이상에 의거해서 논하는데 각각 그 자신은 참형에 처하며, 부·모·처·자는 유3000리에 처한다. 그러나 적극적으로 성황을 공격하고 그곳에서 항전하였다면 당연히 모반(謀反)의 법에 따라 처벌하며, 이 경우 연좌인의 범위와 연좌의 형벌은 당연히 모반(謀反)의 법에 의거하므로 훨씬 넓어진다.

3. 산·늪으로 망명해서 소환 명령에 따르지 않은 죄

(1) 구성요건

산·늪으로 망명해서 뒤쫓아 귀환하라는 명령에 따르지 않는 것이 죄의 요건이다. 즉 법을 어기거나 황탄한 생각을 가진 사람이 산·늪으로 망명해서 귀환하라는 명령에 따르지 않은 경우 모반(謀叛)으로 논한다.

(2) 처벌상의 유의사항

① 소환 명령에 따르지 않은 자는 모반으로 논하여, 수범은 교형에 처하고 종범은 유3000리에 처한다.

② 장(將)·이(吏)에게 저항하였다면 모반의 길을 이미 나선 것으로 논한다. 즉 장·이가 추격 토벌하는데도 여전히 저항한 경우 모반의 길을 이미 나선 것으로 논하여, 그 자신은 참형에 처하고, 처·자는 유배한다. 저항해서 해가 발생한 경우 부·모·처·자는 유3000리에 처

한다. 거느린 무리가 100인 이상이면 반드시 해가 발생하지 않았더라도 100인 이상과 같은 죄가 성립하고, 100인 미만이면 반드시 해의 발생이 있어야 100인 이상과 같은 죄를 받는다.

III. 간첩죄

천흥률9(232)
1. 은밀히 정토하려 하는데 적에게 이 소식을 알린 자는 참형에 처하고, 그 처·자는 유2000리에 처한다.
2. 정토에 대한 것은 아니지만 간첩 행위를 하였다면, 예컨대 외국인이 중국에 와서 간첩 행위를 하거나 혹은 서신을 전하여 내국인에게 주거나, 아울러 외국의 서신을 받은 자 및 간첩임을 알고서도 머무르는 것을 용인한 자는 모두 교형에 처한다.

1. 은밀히 정토하려는 소식을 적에게 알린 죄

이 죄는 적의 간극을 엿보아 은밀히 정토하려 하는데 간인이 있어 이 소식을 정토 대상의 적국에게 알린 것으로 성립한다. 여기서 적은 정토의 대상이 되는 적국, 황제의 지배권이 미치지 않는 외국으로 당과 적대하는 국가를 의미한다. 이 죄는 중대한 범죄로 간주되기 때문에, 죄인은 참형에 처하고, 그 처·자는 유2000리에 처한다.

2. 간첩 행위의 죄 및 간첩을 용인하여 머무르게 한 죄

이 죄는 간첩 행위를 한 것 및 간첩을 용인하여 머무르게 한 것으로 성립한다. 간첩(間諜)의 '간'은 오고감을 말하고, '첩'은 정찰함을 말한다. 즉 간첩은 국가의 소식을 전하거나 통지하여 외국에 알리는 것이다. 이 죄는 정토에 대한 정보가 아닌 것이라는 전제 아래 이하 4종 행위를 포괄한다.

① 국가의 소식을 적도에게 통보한 행위.

② 외국인이 국내에 잠입하여 국내의 사정을 탐지한 행위.

③ 외국인이 국내에 잠입하여 서신을 내국인에게 보내거나 내국인이 이것을 받은 행위.

④ 위와 같은 행위를 하는 자임을 알고도 그 자를 숨겨준 행위.

위의 행위를 한 자는 모두 교형에 처한다.

제3절 황제의 시봉에 관한 죄

Ⅰ. 총설

1. 시봉 기구

황제와 국가가 일체화되어 있던 전제군주제에서 황제의 건강을 돌보고 신체의 안전을 보위하는 일이 매우 중요했기 때문에, 황제의 일상생활과 거동을 돌보기 위한 시봉은 중앙정부의 중대사무 가운데 하나였다. 황제의 시봉을 관장하는 전중성(『당육전』권11, 역주『당육전』중 184~231쪽)은 국가적 사무를 관장하지 않음에도 다른 어떤 기관보다 방대하여, 정원이 총 14,734인이었다. 전중성은 상식국·상약국·상의국·상사국·상승국·상련국의 6국으로 구성되었다. 상식국은 황제 및 모든 능에 올리는 음식을 공급하는 일을 관장했다. 상약국은 황제의 약을 조제하고 질병을 살피는 일을 관장했다. 상의국은 황제의 의복에 관한 일을 관장했다. 상사국은 궁전 및 황제의 행행 때 장막을 관장했다. 상승국은 황제의 말에 관한 일을, 상련국은 황제의 수레에 관한 일을 관장했다. 전중성의 장관인 전중감은 종3품으로 정3품인 6부의 상서보다 1품계가 낮다, 그렇지만 6국의 장관 가운데 상식·상약봉어는 정5품하로 상서성 6부 24사의 낭중보다 1계 높고, 나머지 4국의 봉어는 낭중과 마찬가지로 종5품상이었다. 황제의 음식·약을 담당하는 자의 지위가 국가의 일을 담당하는 자보다는 높아야 한다고 본 것이다.

또한 태황태후·황태후·황후와 황자 등 황제 가족의 일상생활과 거동을 돌보기 위한 기구로 방대한 규모의 내관과 궁관(『당육전』권12, 역주『당육전』중 244~270쪽)이 설치되었다. 내관은 황제의 침전을 받드는 여인들로 통상 후궁으로도 부르는데 20여 명이었다. 황제와 황후 및 내관에 대한 궁중 내 시봉은 여관(女官)들로 구성된 상궁·상의·상복·상식·상침·상공의 6상이 담당하였다. 이 중에서 상궁은 중궁(中宮)을 인도하는 것을 관장하고, 6상의 사물을 출납하는 문적을 관할하였다. 상의는 예의와 기거, 서묵과 필찰, 빈객의 알현에 관한 일을 관장했다. 상복은 내궁에서 의복의 공급을 관장했다. 상식은 음식의 품목과 수를 관장하며, 올리는 모든 음식을 먼저 맛을 보았다. 상침은 황제 침상의 휘장과 침상에 까는 자리를 청소하고 배치하는 일을 관장했다. 상공은 여공의 작업 과정을 관장하고 모든 의복의 마름질과 바느질에 관한 일, 진귀한 물건과 보화, 옷감 및 궁인의 의복·음식·신탄을 출납하는 일등을 관장했다. 이 밖에도 방대한 환관 기구로 내시성이 있어 이들의 업무를 뒷받침했다(『당육전』권12, 역주『당육전』중 271~299쪽).

또한 황태자를 위해 태자좌춘방 전선국이나 태자내방 등등이 설치되어 황태자 및 황태자비의 시봉을 담당하였다(『당육전』권26, 역주 『당육전』하 283~312쪽).

황제 및 태황태후·황태후·황후와 황태자의 시봉을 위해서는 많은 물자가 필요함은 말할 필요가 없을 터인데, 특별기구로 설치된 9시 5감은 시봉기구에서 요청하는 물자를 충분히 공급해야 했으며, 만약 부족하면 처벌을 받았다(직15.5).

2. 시봉에 관한 처벌 규정의 의의

황제 및 태황태후·황태후·황후와 황태자를 위한 시봉이 국가의 중대사인 만큼 이와 관련해서 세밀한 규정들이 주도하게 마련되어 있다. 특히 황제의 약(직12), 황제의 음식(직13), 황제가 타는 배(직14) 등을 관장하는 담당관들은 오직 근신해서 시봉해야 하며, 조금이라도 소홀히 한 경우 중형에 처하도록 규정되었다. 다시 말하면 이 조항들에서는 대략 과실로 범한 것을 죄의 구성요건으로 삼을 뿐만 아니라 그 형이 극히 무겁고, 아울러 십악의 대불경을 적용한다. 게다가 이를 고의로 범한 경우는 모반(謀反)으로 논한다(명6.6의 주 ⑤의 소). 또한 태황태후·황태후·황후 및 황태자를 위한 시봉에서 범한 때에는 이를 준용해서 처벌한다(명51). 이 밖에 황제가 타는 말과 수레 및 입고 쓰는 물품 등은 황제의 존엄을 지키고 황제가 편안하게 기거하는데 필요한 것이므로 충분하게 대비하고 잘 갖추어 두고서 시봉에 조금도 차질이 있어서는 안 되며, 이를 위반한 자는 역시 무거운 처벌을 받는다(직15).

II. 황제의 약에 관한 죄

직제율12(102조)

1. 황제의 약을 조제하는데, 착오로 본방과 같지 않게 하거나 약봉의 복용방법의 설명에 오류를 범한 의관은 교형에 처한다.
2. 약재를 요리하고 고르고 가린 것이 정밀하지 않은 때에는 도1년에 처한다.
3. (a) 아직 황제에게 올리지 않은 때에는 각각 1등을 감하고, (b) 감독하는 관사는 각각 의관의 죄에서 1등을 감한다. 〈다른 조항에서 아직 올리지 않은 때 및 감독하는 관사는 모두 이에 준한다.〉

1. 황제의 약의 조제·봉제를 잘못한 죄

(1) 구성요건

1) 주체

죄의 주체는 황제의 약을 조제하는 어의인데(직12.1의 소), 어의는 전중성 상약국에 속한다. 상약국에는 황제의 약을 조제하고 질병의 진단과 관찰에 관한 일을 총괄하는 봉어(정5품하) 2인과 이를 보좌하는 직장(정7품상) 4인이 있고, 시어의(종6품상) 4인이 황제의 질병을 관찰·진단하고 약의 조제를 관장하였으며, 사의(정8품하) 4인과 의좌(정9품하) 8인이 여러 질병을 나누어 치료하는 일을 관장하였다. 이 밖에 보좌인으로 유외 18인과 잡임 44인이 있어, 이에 속한 인원은 총84인이었다.

2) 행위

행위는 황제의 약을 조제하는데 착오로 본방대로 하지 않은 것과 약봉의 복용방법의 설명에 착오를 범한 것이다. 본방은 의서에 적시된 고금의 처방을 말한다(잡7.1의 소). 약을 조제할 때는 반드시 본방에 의거하여 먼저 처방해야 하며, 본방에 따랐더라도 오류가 있으면 처벌한다. 착오로 본방대로 하지 않았다는 것은 분량이 많거나 적어 본래의 처방법과 같지 않은 것 따위를 말한다. 약의 조제가 끝나면 약봉의 겉면에 복용방법을 쓰되 약을 달이는 시간의 느림과 빠름, 약을 복용할 때 온도의 차가움과 뜨거움 등의 용법을 주기하고, 아울러 본방을 베껴 함께 올린다(직12.1의 소).

(2) 처벌

① 착오로 본방대로 하지 않거나 약봉에 쓰는 복용방법에 잘못이 있는 등, 단 한 가지라도 잘못이 있으면 의관은 교형에 처한다. 이 죄는 착오로 범한 것이지만 십악의 대불경을 적용한다(명6.6의 주③). 만약 고의로 범했다면 모반죄를 과한다(명6.6의 주⑤의 소).

② 약의 조합과 약봉에 쓴 복용방법에 착오를 범했으나 아직 황제에게 올리지 않은 경우 의관은 교형에서 1등을 감하여 유3000리에 처한다.

(3) 감독하는 관사의 연좌

감독하는 관사는 의관의 죄에서 1등을 감하여 유3000리에 처한다. 황제의 약을 조제할 때는 중앙의 모든 성에서 각각 장관 1인과 당직하는 각 위의 대장군·장군 1인이 상약봉어 등과 함께 감독한다. 약이 완성되면 의관 이상의 관계자가 먼저 맛을 본다. 여기서 의관 외에 감시하고 맛을 보는 사람은 모두 감독하는 관사가 된다.

2. 약재의 요리·간택을 정밀하게 하지 않은 죄

(1) 구성요건

이 죄 역시 의관이 약재의 요리를 신중하게 하지 않은 것으로 성립한다. 따라서 죄의 주체는 의관이다. 단 율에 적시된 죄의 주체는 의관이지만 약재의 요리에 참여한 사람 모두가 처벌되는 것은 당연할 것이다. 요리란 약재를 익히고 자르고 씻고 우려내는 것 등을 말한다. 간택이란 나쁜 것을 없애고 좋은 것만을 남기는 것을 말한다.

(2) 처벌

① 약재를 요리하고 간택하는데 정밀하지 않게 한 의관은 도1년에 처한다.

② 약재의 요리·간택을 정갈하게 하지 못했으나 아직 올리지 않은 경우 의관은 도1년에서 1등을 감하여 장100에 처한다.

(3) 감독 관사의 연좌

약재의 요리·간택을 정갈하게 하지 못한 경우 감독하는 관사는 의관의 죄에서 1등을 감하여 장100에 처한다.

Ⅲ. 황제의 음식에 관한 죄

직제율13(103조)

1. 황제의 음식을 만드는데 잘못하여 식금을 위반한 경우 주식(主食)은 교형에 처한다.

2. 만약 불결하고 혐오스러운 물건이 황제의 음식 안에 있는 경우
   주식은 도2년에 처한다.
3. 음식재료를 고르고 가린 것이 순정하지 않거나 황제에게 올리는
   것이 때맞지 않은 경우에는 2등을 감한다.
4. 맛이 알맞지 않거나 맛을 보지 않은 때에는 장100에 처한다.

1. 황제의 음식 요리에 식금을 위반한 죄

(1) 구성요건

1) 주체
이 죄의 주체는 주식인데, 주식은 전중성 상식국에 속한다. 상식
국에는 황제의 일상 음식을 올리는 것을 관장하는 봉어(정5품하) 2
인과 그를 보좌하는 직장(정7품상) 5인이 있으며, 식의(정9품하) 8인
이 음식을 조화롭게 요리하는 것을 관장하고, 주식(유외3품) 16인이
주선(잡임) 700명을 통솔하여 황제의 음식을 올린다.

2) 행위
황제의 음식을 만드는 것은 모두 『식경』에 의거해야 한다. 즉 『식
경』에는 음식을 만들 때 지켜야 할 금기가 있는데, 이를 위반하고 황
제의 음식을 함부로 만든 경우 처벌을 받는다. 가령 마른 포는 기장
밥 안에 넣어서는 안 되고, 비름나물은 자라고기와 섞어 요리해서는
안 되며, 이를 위반한 자는 처벌한다(직13.1의 소).

(2) 처벌상의 유의사항
① 식금을 위반한 주식은 교형에 처한다. 이 죄는 착오로 범한 것

이지만 십악의 대불경을 적용한다(명6.6④의 주). 만약 고의로 범했다면 모반으로 죄준다(명6.6⑤의 소).

② 금기를 위반하였으나 아직 황제에게 올리지 않은 경우 주식은 교형에서 1등을 감하여 유3000리에 처한다(직12.3의 주).

(3) 감독 관사의 연좌

황제의 음식을 조리하는 수라간에서 음식을 만들 때부터 올릴 때까지 감당하는 관사가 있다. 즉 황제의 음식은 주식이 주선을 통솔하여 올리는데, 상식봉어·직장 및 식의 등의 관이 감당한다. 이들은 위의 범행이 발생할 경우 각각 주식의 죄에서 1등을 감하여 유3000리에 처한다(직12.3의 주).

2. 황제의 음식을 정갈하지 않게 요리한 죄

(1) 구성요건

1) 주체

죄의 주체는 역시 주식이다. 죄의 주체는 주식이지만 음식을 만드는데 참여한 사람 모두가 처벌되는 것은 당연할 듯하다.

2) 행위

음식을 요리하는데『식경』의 금기를 위반함이 없으나, ① 부주의해서 음식에 불결하고 혐오스러운 것이 들어있는 경우, ② 음식재료 선별을 순정하지 않게 한 경우, ③ 황제에게 올린 음식이 때에 맞지 않은 경우, ④ 음식이 맛이 알맞지 않고, 맛보아야 하는데 맛보지 않은 경우 처벌한다. 좀 더 부연설명하면 아래와 같다.

음식 재료를 선별한 것이 순정하지 않다는 것은 예를 들면 쌀을 고르고 채소를 다듬는데 정결하게 않은 것을 말한다. 올린 음식이 때맞지 않다는 것은, 『예기』(권27, 982쪽)에 "밥의 온도는 봄과 같이 알맞게 따뜻하여야 하고 국의 온도는 여름과 같이 알맞게 뜨거워야 한다."고 한 바와 같이, 아침·점심·저녁으로 황제에게 올리는 음식의 차고 뜨거운 것이 때에 알맞지 않다는 것이다. 음식이 맛이 알맞지 않다는 것은 시고 짜며 쓰고 매운 맛이 맞지 않다는 것이며, 상식봉어는 반드시 황제에게 음식을 올리기 전에 맛보아야 한다.

(2) 처벌

① 불결하고 혐오스러운 것이 황제의 음식 안에 들어있는 경우 주식은 도2년에 처한다. 아직 올리지 않은 경우 주식은 1등을 감하여 도1년반에 처한다.

② 음식재료 선별을 순정하지 않게 하거나 올린 음식이 때에 맞지 않은 경우 주식은 도1년에 처한다. 아직 올리지 않은 경우 주식은 1등을 감하여 장100에 처한다.

③ 음식의 맛이 알맞지 않은 경우 먼저 맛보아야 하는 상식봉어와 주식 이하 모두가 죄를 받는다고 해석해야 한다.

(3) 감독하는 관사의 연좌

상식봉어·직장 및 식의 등 감독하는 관사는 위의 모든 경우의 죄에서 1등을 감하여 처벌한다(직12.3의 주).

3. 잡약을 어선소로 가지고 간 죄

직제율17(107조)

감독하는 관사 및 주식이 착오로 잡약을 가지고 어선소에 이른 때
에는 교형에 처한다. 〈어선소는 감독하는 관사가 이를 수 있는 곳
을 말한다.〉

(1) 구성요건

죄의 주체는 감독하는 관사 및 주식인데, 위에서 설명했다.

잡약이란 조합하여 약으로 만들어 복용할 수 있는 것을 말한다.
만약 독성이 있는 것이면 비록 조합하지 않았더라도 역시 잡약으로
간주한다. 어선소는 감독하는 관사가 들어갈 수 있는 곳을 말한다.
수라간에서 음식을 조리할 때 조리부터 황제에게 올리기까지 모두
감독하는 관사가 있다.

(2) 처벌

감독하는 관사 및 음식을 주관하는 주식이 착오로 잡약을 가지고 어
선소에 이른 때에는 수범·종범을 구분하지 않고 모두 교형에 처한다.

잡약은 음식과 다르므로, 황제에게 올리지 않은 경우도 죄를 감하
지 않는다.

IV. 황제의 선박 건조에 착오를 범한 죄

직제율14(104)

1. 황제가 타는 선박을 착오로 견고하지 않게 건조한 경우 공장(工

匠)은 교형에 처한다. 〈공장은 각각 착오에 책임이 있는 자를 수
범으로 한다.〉

2. 황제가 타는 선박이 만약 정돈·장식되어 있지 않거나 빠뜨리고
모자란 것이 있는 경우 공장은 도2년에 처한다.

1. 황제의 선박을 튼튼하지 않게 건조한 죄

황제가 타는 선박을 착오로 튼튼하게 건조하지 않아 부서질 염려
가 있을 경우 공장은 교형에 처한다. 이 죄는 착오로 범한 것이지만
십악의 대불경을 적용한다. 만약 그 행위가 고의라면 곧 모반(謀反)
에 의거하여 죄준다(명6.6의 주⑤의 소).

황제가 출행할 때 타는 배는 장엄하게 건조해야 하는데 튼튼하지
않아 파손될 염려가 있는 것이 이 죄의 요건이다. 죄의 주체는 공장
인데 각각 시공에 책임이 있는 자를 수범으로 하고, 감독하는 관사
는 종범으로 하여 1등을 감한다.

2. 황제의 선박을 정돈·장식하지 않거나 빠트린 것이 있게 한 죄

황제가 타는 선박을 정돈·장식하지 않았거나 빠뜨리거나 모자라
게 한 경우 공장은 도2년에 처한다. 빠뜨리고 부족하다는 것은 배에
반드시 갖추어야 할 삿대와 노 등이 갖추어지지 않은 것을 말한다.
죄의 주체는 각각 책임이 있는 공장을 말하며, 감독하는 관사는 종
범으로 1등을 감한다.

V. 황제가 입고 쓰는 물품에 관한 죄

직제율15(105조)

1. 황제가 입고 쓰는 물품의 보관·간수·수선·정돈을 법대로 하지 않은 자는 장80에 처한다.
2. 황제에게 입고 쓰는 물품을 올리는데 법도에 어긋나게 한 자는 장100에 처한다.
3. 황제의 수레·말 따위가 조련되지 않거나 수레·말을 모는 도구가 완비되지 않거나 튼튼하지 않은 경우 담당자는 도2년에 처한다.
4. 아직 황제에게 올리지 않은 때에는 3등을 감한다.
5. 황제에게 마땅히 바쳐야 할 물품을 빠지거나 부족하게 한 자는 도1년에 처한다.
6. 단 잡다한 물품을 빠지게 한 자는 태50에 처한다.

1. 황제가 입고 쓰는 물품 관리에 관한 죄

황제가 입고 쓰는 물품은 모두 담당하는 관사가 있다. 예컨대 황제의 옷은 전중성 상의국이 담당하는데, 봉어(종5품상) 2인과 직장(정7품하) 4인 외에 주의(잡임) 16인이 관련 업무를 관장하였다. 황제가 쓰는 천막은 전중성 상사국이 담당하는데, 봉어(종5품상) 2인과 직장(정7품하) 4인 외에 막사(잡임) 8000인이 관련 업무를 관장하였다. 상사국은 천막 외에 황제의 목욕물과 궁정의 청소도 담당하였다.

이들 부서에 속한 인원들은 황제에게 바칠 물품을 일정한 법도에 따라 보관·간수하고 수선·정돈해야 한다. 이를 법대로 하지 않은 자는 장80에 처하고, 아직 올리지 않은 때에는 3등을 감하여 태50에 처한다. 감독하는 관사는 다시 1등을 감하여 태40에 처한다(직12의 주).

2. 황제에게 물품을 바치는 것을 법도에 어긋나게 한 죄

이 죄의 주체에 대해서는 언급된 바를 찾을 수 없지만, 주체가 누구든 황제에게 물품을 바칠 때는 법도에 따라야 한다. 그 법도에 대해서 소는 『예기』(권2, 47쪽)에 "서있는 존장에게 드릴 때는 무릎을 꿇지 않고, 앉아있는 존장에게 드릴 때는 서지 않는다."고 한 것 따위라고 해석하였다.

비록 죄행의 정의가 막연하기는 하지만 황제에게 입고 쓰는 물품을 바치는데 법도에 어긋나게 한 자는 장100에 처하며, 아직 황제에게 바치지 않은 때에는 3등을 감하여 장70에 처한다. 또한 감독하는 관사는 법도에 어긋난 때에는 장90, 바치지 않은 때에는 장60에 처한다(직12의 주).

3. 황제가 타는 말과 수레를 조련하지 않은 죄

(1) 죄의 주체

황제의 말은 전중성 상승국이 담당하며, 봉어(종5품상) 2인과 직장(정7품하) 4인 외에 봉승(정9품하) 18인, 진마(위관) 6인, 습어(잡임) 500인, 장한(잡임) 5,000인, 수의(잡임) 70인이 관련 업무를 관장하였다. 이 밖에 사고(정9품하) 1인, 사름(정9품하) 2인 등이 마구 관리를 담당하였다.

짐승이 끄는 황제의 수레, 즉 5로 12거는 태복시 승황서가 담당하며, 영 1인(종7품하)과 승 1인(종8품하)가 관련 업무를 관장하였다.

(2) 행위와 처벌

황제가 타는 수레를 끄는 말이 알맞게 조련되어 있지 않거나, 말을 부리는데 사용하는 도구와 수레가 완비되어 있지 않거나 튼튼하지 않은 경우 위의 담당자가 이 처벌을 받는다. 수레는 황제가 타는 큰 수레를 말하는데, 작은 수레 및 연 등도 포함된다.

수레에 오르면 말이 움직이고 말이 움직이면 방울이 울리는 것과 같이, 말은 알맞게 길들여져야 한다. 만약 이와 같지 않고, 혹 황제의 말이 놀라서 수레·가마 및 안장·고삐 등이 부서진 경우 담당자는 각각 도2년에 처한다. 아직 황제에게 올리지 않았다면 3등을 감하여 장100에 처한다. 감독하는 관사는 담당자의 죄에서 각각 1등을 감해서 처벌한다(직12의 주).

4. 황제에게 바치는 물품을 부족하게 한 죄

황제에게 마땅히 바쳐야 할 물품은 의복·음식 따위를 말한다. 이러한 물품은 충분히 갖추어 두어야 하는데 빠지거나 부족한 경우 담당자는 이 처벌을 받는다. 황제의 음식 재료는 주로 사농시 소속의 상림·구순서, 경도의 원총감·원사면감 및 사죽감 등에서 공급했다. 이 밖에도 도수감에서는 수산물을 제공했고, 태복시의 사원감은 소와 양의 고기를 제공했으며, 광록시의 양온서에서는 술과 감주 등의 음료를 제공했고, 지방의 부·주는 수시로 각종 맛있고 진귀한 것을 진헌했다. 때문에 담당자는 특정하기 어렵다.

잡다한 물품은 평상시에 반드시 바쳐야 하는 물품은 아니지만 때에 따라 바쳐야 하는 것을 말한다. 단 어떤 물품인지, 그리고 담당자가 누구인지는 특정하기 어렵다.

담당자가 누구든 황제에게 마땅히 바쳐야 할 물품을 빠지거나 부족하게 한 자는 도1년에 처한다. 단 비교적 중요하지 않은 잡다한 물품을 빠지게 한 자는 태50에 처한다. 감독하는 관사는 담당자의 죄에서 각각 1등을 감해서 처벌한다(직12.3의 주).

제4절 황제의 신변 안전에 관한 죄

Ⅰ. 총설

1. 황제 및 수도의 경위 체제

(1) 숙위의 기본조직

황제와 수도를 경위하는 것을 통상적으로 숙위라 한다. 숙위는 핵심 군사조직이라 할 수 있는 좌·우위 등 16위 및 좌·우천우위와 좌·우우림군이 담당했는데, 각 위는 황제의 신변 경위와 궁성 및 수도의 경위를 분담하였다(『당육전』권24~25, 역주『당육전』하 173~245쪽). 이 중 가장 근접 거리에서 황제를 호위하는 것은 좌·우천우위와 좌·우우림군이었다. 좌·우천우위대장군의 직임은 궁·전에서 황제의 시위와 의장대를 관장하는 것이며, 좌·우우림군대장군의 직임은 북아금병을 관장해서 궁·전을 호위하는 의장대를 구성하는 것이었다. 16위의 선임 장관인 좌·우위대장군의 직임은 궁정의 경비와 호위를 담당하고, 대조회 때는 소속된 부대를 통솔하여 의장대의 일부를 구성하며, 황제의 거처와 지근거리에 있는 내랑의 합문 밖에서 숙위하였다. 좌우효위·좌우무위·좌우위위·좌우영군위대장군의 직임도 기본적으로는 좌·우위의 그것과 같은데, 단지 대조회에서 의장대의 색깔을 다르고 수위하는 구역이 서로 달랐을 뿐이다. 이 밖에 좌·우금오위 대장군의 직임은 궁중 및 경성의 주야 순경의 법을 관장하여 비위를 통제하는 것과 황제가 출입할 때 호종하는 것이고, 좌·우감문위대장군의 직임은 궁·전문 등의 금위와 문적의 법을 관장하는 것이다.

(2) 숙위조직의 인적구성

16위와 좌·우천우위, 좌·우림군에 속한 숙위 인원은 20여만 명으로 추산되는데, 각 위에 고유하게 소속되어 있는 내부(內府) 인원과 지역의 절충부에서 각각의 위에 보충되는 외부(外府) 인원으로 구분된다.

내부의 숙위 인원은 황제와 거리가 가까운 숙위일수록 고품의 자·손으로 충원하였다. 즉 가장 근접거리에서 숙위하는 천우위의 천우비신·비신좌우은 모두 3품 이상의 직사관의 자·손과 4품 청관의 자 가운데 용모가 단정하고 무예가 출중한 자로 충원한다. 그 다음 근접거리에서 숙위하는 좌·우위의 친위는 3품 이상의 자와 2품 이상의 손으로 삼으며, 그 다음 좌·우위의 훈위는 4품의 자와 3품의 손 및 2품 이상의 증손으로 충당하고, 익위는 4품의 손과 직사관 5품의 자·손과 3품의 증손과 훈관 3품으로 봉작이 있는 자와 국공의 자를 취하여 충당하였다. 친위·훈위·익위를 삼위라고 한다. 외부의 숙위 인원은 지역의 절충부에서 보충하였다.

2. 황제의 신변 안전에 관한 처벌 규정들과 그 의의

황제의 신변 안전에 관한 처벌 규정들은 위금율에 포함되어 있는데, 이 편은 총칙편인 명례편 다음에 배열되어 각칙편의 맨 앞에 있다. 위금률을 이 같이 우선적으로 배열한 것은 황제의 신변 안전과 조정의 안전이 가장 중요한 대사임을 표현한 것이다. 다시 말하면 율 가운데에서 황제 신변의 안전과 보호에 관한 율이 가장 중요하다는 것을 천명한 셈인데, 그런 만큼 이와 관련된 율의 조항이 22개나 될 정도로 많다. 여기에 규정된 죄는 5개의 죄로 구분할 수 있다.

① 궁·전 등의 문에 난입한 것과 관련된 죄

② 궁·전 등의 숙위에 관한 죄

③ 궁·전 등 문의 개폐에 관한 죄

④ 궁·전 내에서 금하는 행위를 한 죄

⑤ 궁·전 밖에서 황제의 신변을 간접적으로 위협한 죄

II. 궁·전 등의 문에 난입한 죄

1. 개설

(1) 궁·궁성·전문 및 상합

당의 국도 장안은 이중의 성벽으로 둘러싸여 있었다. 장안성은 외곽을 두른 나성과 그 내부의 북쪽 중앙에 축조된 성벽으로 둘러싸인 궁성과 황성 세 부분으로 구성되어 있고, 각 성벽에는 성문들이 있었다. 동서가 비교적 긴 장방형 구조로 되어 있는 나성의 성문들이 경성문이며, 그 남쪽 중앙의 문을 명덕문이라 하였다. 황성은 관청가로 그 성문들이 황성문이며, 남쪽 중앙에 난 문을 주작문이라 하였다. 황성 북쪽에는 궁성이 있는데, 그 성문들이 궁성문이다. 위금률 2조의 소에서 예로 든 순천문은 궁성의 남쪽 중앙의 문이다.

궁성은 황제가 정무를 보며 생활하는 곳인 태극궁과 황태자가 기거하는 동궁 및 비빈·궁녀 등이 기거하는 액정궁으로 나누어져 있으며, 각각의 궁의 문들이 궁문이다. 위금률 2조의 소에서 궁문의 예로 든 가덕문을 서송(徐松)은 태극전의 정문으로 보고 있지만(『唐兩京城坊考』권1, 3쪽), 『당육전』에서는 궁성문인 순천문과 전문인 태극문의 중간에 있는 궁문으로 보고 있다(『당육전』권8, 249쪽, 『역주당육전』중, 59쪽). 따라서 가덕문은 태극전의 문이 아니라 태극궁의 문으로 봄이 타당하다. 궁 내부에는 다수의 전과 각이 있으며 각각 장벽으로 둘러싸여 있고 문이 있다. 그 중 태극문은 즉위 등의 의식과 사망의 조례가 거행되는 태극궁의 정전인 태극전의 남쪽의 문이다. 또 전문에서 더 내부로 들어가면, 황제의 거처에 가장 가까이 설치된 상합이 있다.

　장안 성내에는 궁성 내의 태극궁 외에도 궁성 북쪽의 금원에 있는 대명궁, 황성 바깥 동쪽에 있는 흥경궁이 있고, 장안성 바깥에 있는 화청궁 등 이궁도 다수 있었다. 또한 동도 낙양과 북도 태원에도 궁이 있었다. 이들 궁에는 대소 차이는 있지만 궁문·전문·상합이 있고, 이를 범한 경우 위금률 2조가 적용되는 것은 말할 필요도 없다. 다만 황제가 기거하고 있을 때와 그렇지 않은 때를 구분할 뿐이다.

　황제가 행행할 때는 행궁을 설치하는데, 그 영문에 난입한 죄에 대해서는 정궁과 대비해서 치죄할 수 있도록 통례를 따로 설정해 두고 있다. 즉 행궁의 가장 바깥에 있는 외영의 문과 그 다음 영의 문에 난입한 자는 궁문에 난입한 자와 같이 도2년에 처한다. 내영의 아장문에 난입한 자는 전문에 난입한 자와 같이 도2년반에 처한다. 또한 황제가 기거하는 어막의 문은 상합과 같이 난입한 자는 교형에 처하고, 어재소에 이른 때에는 참형에 처한다(위20과 소).

(2) 난입의 죄

　궁·전의 안은 그 안전이 보호 유지되어야 하므로 할 일 없는 사람이 침입하거나 함부로 머무는 것을 방지해야 하고, 직무가 있는 관인도 역시 반드시 법식에 따라 출입해야 한다. 무릇 궁·전에 들어가거나 머무는 것이 허용되지 않은 사람이 함부로 들어가거나 머문 경우 다 같이 난입이라고 말할 수 있으며, 그 경우 문적의 유무는 불문한다. 따라서 난입에 대한 규정이 가장 많고 또한 형도 무거우며 수범·종범으로 구분하지 않는다(명43.3). 난입은 다시 고유난입과 확대난입으로 구분할 수 있다.

1) 고유난입

이는 문적이 없는데 함부로 들어간 것이다(위15.1). 다시 보통난입 및 가중난입 두 종류로 나눈다.

(a) 보통난입

이는 백주에 무기를 들지 않고, 또 담을 넘지 않고 문을 통해 난입한 것이다. 세 가지가 있다.
① 태묘·산릉조역문 및 태사문 난입(위1)
② 궁전문·어선소 및 금원 난입(위2)
③ 거짓으로 문적을 소유하거나 이름을 속이고 들어간 것(위4.1)

(b) 가중난입

이는 난입의 정황에 비추어 가중하는 경우이다. 다섯 가지가 있다.
① 담을 넘은 난입(위1.1, 3.2)
② 무기를 든 난입(위2.1)
③ 숙위인이 아닌데 이름을 속이고 자기를 대신하게 하거나 대신한 것(위5.1)
④ 문적이 없이 야간에 난입한 것(위15.1)
⑤ 문적이 없이 야간에 인원을 초과하여 들어간 것(위15.3)

2) 확대난입

비록 문적이 있더라도 각종 사유로 인하여, 예컨대 적에 표기되지 않았거나 제적되었거나 혹 제적되지 않았지만 출입이 금시되었다면 함부로 들어가거나 머무는 것이 허용되지 않는다. 이런 경우 난입으로 논하거나 감등해서 처벌한다. 이것은 고유난입의 확대형식이다. 일곱 가지가 있다.

① 단도 혹은 횡도를 가지고 상합에 들어간 것(위2.2)

② 숙위인이 이름을 속이고 다른 숙위인에게 자기를 대신하게 하거나 그를 대신한 것(위5.2)

③ 일로 인해 궁전에 들어갔다가 함부로 머물거나 머무는 것을 허용한 것(위6.1)

④ 궁·전에 들어갈 수 있더라도 문적에 표기되지 않았는데 들어가거나, 비록 장적(長籍)이 있더라도 비번인데 들어가거나 숙직의 차례가 되지 않았는데 숙직하거나, 문적에 등록된 문이 아닌 문으로 들어간 것(위7).

⑤ 정부·잡장 등이 작업이 파했는데도 나가지 않은 것(위8.1)

⑥ 문적이 이미 삭제되었는데도 함부로 머물거나 금지되었는데 함부로 들어간 것(위11)

⑦ 문적이 있지만 야간에 들어간 것(위15.1)

3) 수위·주수 등의 직무 과실로 사람이 난입한 경우

어떤 사람이 난입했는데 수위나 주수 등이 고의로 놓아준 경우 죄인과 죄가 같고, 적발하지 못했다면 죄를 경감한다. 고의로 놓아주거나 행위를 허용한 것은 죄인의 편면적 공범이라고 할 수 있고, 적발하지 못했거나 실정을 모른 것은 과실범이다. 율의 규정 및 소에 의하면 일곱 가지가 있다.

① 태묘문 등에 난입하거나 월담한 것을 적발하지 못했거나 고의로 놓아준 것(위1.3)

② 이름을 속이거나 난입한 실정을 모른 것(위4.2)

③ 문사(門司)가 공문을 받지 못했거나 인원이 초과하는데도 궁전에 들어가는 것을 허용한 것(위6.2)

④ 장령이나 주사가 ③의 실정을 알고도 들어가게 한 것(위6.2)

⑤ 작업이 끝나고 나가지 않은 사정을 알았거나 혹은 실정을 모른 것(위8.2)

⑥ 황제가 행차하는데 사람이 의장대 안으로 들어가는 것을 적발하지 못했거나 혹은 고의로 놓아준 것(위17.1의 소)

⑦ 야간순찰[行夜] 주사가 범법이 있는 것을 적발하지 못한 것(위21)

2. 궁·전 등의 문에 난입한 죄

위금률2(59조)

1. (a) 궁문에 난입한 자는 도2년에 처하고, 〈궁성문에 난입한 자도 역시 같다. 다른 조항을 적용하여 궁성문을 범한 자를 처벌할 경우에도 역시 이에 준한다.〉 (b) 전문에 난입한 자는 도2년반에 처하며, 무기를 가진 때에는 각각 2등을 더한다. 〈무기는 병기·몽둥이 따위를 말한다. 다른 조항에서 무기라고 한 것은 이에 준한다.〉

2. (a) 난입하여 상합 안으로 들어간 자는 교형에 처한다. 〈만약 장위가 있으면 전문에 난입한 것과 같은 법으로 처벌한다. 단 궁내의 모든 문은 문적을 두고 출입을 금하지는 않지만 내조로 통하는 것은 역시 이에 준한다.〉 (b) 상합 안으로 난입한 자가 무기를 가졌거나 어재소에 이른 자는 참형에 처한다. 〈길을 잃거나 착오로 들어간 자는 상청한다.〉 (c) 상합 안으로 들어가야 하지만, 장위가 들어가지 않았는데 작은 날붙이를 가지고 들어간 자는 역시 난입으로 논한다. (d) 비록 장위가 상합 안에 들어가 있더라도 횡도를 차고 들어가서는 안 되는데, 차고 들어간 때에는

2등을 감한다.

3. 어선소에 난입한 자는 유3000리에 처한다.

4. 금원에 들어간 자는 도1년에 처한다.

위금률12(69조)

1. 황제가 머물고 있지 않는 궁·전에 난입한 때에는 각각 1등을 감하고, 궁인이 없는 곳이면 또 1등을 감한다. 〈단 상합 안으로 들어갔는데 궁인이 있을 때에는 감하지 않는다.〉

(1) 기본적인 구성요건 및 처벌

1) 궁·전문 난입한 경우

궁성문·궁문에 난입한 자는 도2년에 처하고, 전문에 난입한 자는 도2년반에 처한다.

궁성·궁·전의 문에는 모두 문적이 있다. 문적이 없는 자는 출입을 금하며, 들어가서는 안 되는데 들어간 것을 난입이라고 한다. 난입은 문지방을 넘어야 죄가 성립한다. 만약 문지방에 이르렀으나 넘지 않은 것에 대해서는 그 형이 다른 조항(위3.1)에 따로 정해져 있다. 이하 모든 문에 대한 난입도 마찬가지이다.

2) 난입하여 상합 안으로 들어간 경우

태극전의 동쪽을 좌상합이라 하고 서쪽을 우상합이라고 하는데, 그 문에는 문적이 없고 들어가야 할 자는 칙에 준하여 인도되어 들어가야 한다. 어재소도 마찬가지이다. 난입하여 상합 안 및 내전으로 통하는 문에 들어간 자는 교형에 처한다. 이는 궁문 난입죄에 6등을 더한 것이다. 상합의 안은 장위를 세우지 않으며, 황제가 안에 앉아서 장위를 불러야 비로소 장위가 들어간다. 장위가 상합 안에 있을 때 들어가서는 안 되는 자가 들어간 때에는 전문에 난입한 것과 같이 도2년반에 처한다. 내전으로 통하는 문은 숙장·건화문 등을 말하며, 문적을 두고 출입을 금하는 법은 없으나 난입한 자는 교형에 처한다.

3) 어재소에 난입한 경우

어재소에 난입한 자는 참형에 처한다. 고의가 아니라 길을 잃거나 착오로 잘못 들어간 자는 상청하여 황제의 재가를 기다린다. 어재소는 황제가 거처하는 곳이다.

4) 어선소에 난입한 경우

어선소에 난입한 자는 유3000리에 처한다. 어선소는 황제에게 바칠 음식을 만드는 곳이다.

5) 금원에 난입한 경우

금원에 난입한 자는 도1년에 처한다. 금원은 황제의 정원을 말하며, 그 문에는 문적을 두고 출입을 금하는 법이 있다.

(2) 무기를 들고 궁·전문 등에 난입한 죄

무기는 병기·방망이·몽둥이 따위를 말하며, 병기는 활·화살·칼·창 따위를 말한다. 방망이·몽둥이는 쇠로 만들었든 나무로 만들었든 같다. 무기를 들고 난입한 것은 난입죄의 가중 요건이다. 정리해 보면 다음과 같다.

1) 궁·전문에 난입한 경우

궁문·궁성문 및 전문에 무기를 들고 각각 난입한 죄는 기본적인 난입죄에 2등을 더하므로, 궁문·궁성문에 난입한 자는 도3년, 전문에 난입한 자는 유2000리에 처한다.

2) 난입하여 상합 안으로 들어간 경우

상합 내 및 내전으로 통하는 문의 경우, 장위를 세우지 않았는데 무기를 들고 난입한 자는 참형에 처한다. 단 장위를 세웠다면 무기를 든 자는 전문에 난입한 것과 같이 유2000리에 처한다. 만약 장위가 안에 있지 않은데 단도를 가지고 들어간 자는 난입으로 논하여 교형에 처한다. 비록 장위가 들어가 있더라도 횡도를 차고 들어간 자는 난입죄에서 2등을 감하여 도3년에 처한다.

3) 어재소에 난입한 경우

어재소에 무기를 들고 난입한 자는 참형에 처한다.

4) 어선소 및 금원에 난입한 경우

어선소 및 금원에 난입한 자는 비록 무기를 가졌더라도 죄를 가중하지 않는다.

(3) 황제가 있는 곳이 아닌 궁·전에 난입한 죄

난입죄는 난입한 장소를 중시하는데, 여기에 더하여 황제가 현재 거처하고 있는지 여부가 중시되고, 궁인의 유무에 따라 형이 가감된다. 즉 궁전은 여러 지역에 존재하는데, 그 가운데 현재 황제가 거주하고 있는 궁전이 어재 궁전이며, 이 궁전에 난입한 자는 난입죄로 처벌한다. 반대로 그 궁전에 현재 황제가 있지 않으면 난입한 자는 죄를 감하며, 궁인도 없으면 또 감한다. 정리해 보면 다음과 같다.

1) 황제가 있는 곳이 아닌 궁의 문에 난입한 경우

황제가 있는 곳이 아닌 궁의 문에 난입한 자는 난입죄에서 1등을 감하여 도1년반에 처하고, 전문에 난입한 자는 도2년에 처한다. 단 그 궁의 상합 내에 궁인이 있을 경우 감하지 않고 교형에 처한다.

2) 황제가 있지 않고 궁인도 없는 궁의 문에 난입한 경우

황제가 있지 않고 궁인도 없는 궁의 문에 난입한 자는 2등을 감하여 도1년에 처하고 전문에 난입한 자는 도1년반에 처한다. 가령 경성 밖에 있는 여러 궁의 경우, 황제가 있지 않고 궁인도 없으면 비록 숙위하는 사람이 지키고 있어도 그 궁에 난입한 자는 도2년에서 2등을 감하여 도1년에 처한다. 단 이 궁의 상합 내에 궁인이 있을 경우 감하지 않고 교형에 처한다.

3. 난입죄의 특별죄명

위금률3(60조)

1. 난입은 문지방을 넘은 것을 한계로 삼는다. 궁문의 문지방에 이르렀으나 넘지 않은 자는 장80에 처하고, 전문 안의 문지방은 차례로 1등을 더한다.
2. (a) 단 전의 담장을 넘은 자는 교형에 처하고, (b) 궁의 담장을 넘은 자는 유3000리에 처하며, (c) 황성의 담장을 넘은 자는 궁의 담장을 넘은 죄에서 1등을 감하고, (d) 경성의 담장을 넘은 자는 또 1등을 감한다.

(1) 난입하여 문지방에 이르렀으나 넘지 않은 죄

1) 의의

이 죄명은 난입의 특별죄명으로 미수범이다. 율에서 미수에 대한 처벌은 명문 규정이 있어야 비로소 처벌한다. 문지방에 이르렀다가 넘지 않은 경우 막힘이 있어 중지했든 스스로 중지했든 모두 처벌하는데, 단 죄를 감경한다.

2) 구성요건 및 처벌

궁문에 이르렀으나 넘지 않은 자는 장80에 처한다. 궁 안의 사람이라도 전문에 들어갈 수 없는 자가 전문의 문지방에 이르렀으나 아직 넘지 않은 때에는 장90에 처한다. 전 안에서 숙위하는 사람이라도 상합의 문지방에 이르렀으나 아직 넘지 않은 때에는 장100에 처한다.

어재소·어선소·금원 등의 문지방을 넘지 않은 경우는 마땅히 유추해서 죄를 과해야 한다. 구체적으로 말하면 상합의 문지방을 넘지 않은 경우의 장100은 넘은 때의 교형(위2.2)에서 7등을 감한 것이므로, 어재소의 문지방을 넘지 않은 때에는 넘은 경우의 참형(위2.2)에서 7등을 감하여 장100에 처한다. 마찬가지로 어선소의 문지방을 넘지 않은 때에는 넘은 경우의 유3000리에서 7등을 감하여 장90에 처하고, 금원의 문지방을 넘지 않은 때에는 역시 난입한 죄 도1년에서 7등을 감하여 태40에 처한다.

(2) 궁·전의 담을 넘어 난입한 죄

담을 넘은 죄는 넘은 담의 종류에 따라 형이 다르다.

1) 전의 담을 넘어 난입한 죄

전의 담을 넘어 난입한 자는 전문에 난입한 자는 교형에 처한다. 이는 전문 난입죄 도2년반에 5등을 더한 것으로 간주할 수 있다. 단 이는 더해서는 사형에 이르지 않는다(명56.3)는 원칙을 무시하고 특별히 교형에 처한다는 규정을 둔 것이다.

2) 궁의 담을 넘어 난입한 죄

궁의 담을 넘어 난입한 자는 유3000리에 처한다. 역시 궁문 난입죄 도2년보다 5등을 더한 것이다.

3) 황성·경성의 담을 넘어 난입한 죄

황성의 담을 넘어 난입한 자는 도3년에 처하고, 경성의 담을 넘어 난입한 자는 도2년반에 처한다. 황성문·경성문에는 문적이 없어 원래 난입죄가 없다. 따라서 담장을 넘어 들어간 죄는 문을 통과하지 않고 부당하게 담을 넘어 들어간 것에 대해 죄를 묻는 것이라고 해석해야 한다.

(3) 관사가 적발하지 못하거나 고의로 방임한 죄(위1.3)

1) 수위의 죄

수위가 궁·전 등에 난입한 것 및 담을 넘는 것을 적발하지 못한 때에는 죄인의 죄에서 2등을 감해서 처벌하고, 고의로 방임한 때에는 죄인과 같이 처벌한다.

2) 주수의 죄

주수는 수위의 죄에서 1등을 감해서 처벌한다. 즉 죄인의 죄에서

3등을 감해서 처벌한다. 주수는 오직 친히 감독한 자만 처벌한다. 단 주수가 정을 안 때에는 수위와 죄가 같다고 해석해야 한다.

4. 문적이 없는 자가 사칭하고 궁·전문에 들어간 죄

위금률4(61조)
1. 궁·전문에 문적이 없는데 들어간 자 및 다른 사람의 이름을 사칭하고 들어간 자는 난입으로 논한다.
2. 수위가 이름을 사칭한 정황을 알지 못했다면, 궁문의 수위는 장 80에 처하고, 전문 이내는 차례로 1등을 더한다.

(1) 궁·전문에 문적이 없는데 들어갔거나 이름을 사칭하고 들어간 죄

궁·전에 들어갈 수 있는 경사의 모든 관리들은 모두 특정한 문에 적이 있다. 다만 문적이 없는데 들어가야 할 자는 모두 문사나 장위에게 인도되어 들어간다. 문적이 없거나 인도를 받을 수도 없는 자인데 속이고 문적이 있다고 말하거나 남의 이름을 사칭하고 들어간 경우 난입으로 논하여 처벌한다. 즉 문적이 없는 자가 궁문에 들어갔다면 도2년, 전문에 들어갔다면 도2년반에 처하고, 무기를 가진 경우 각각 2등을 더해 궁문에 들어갔다면 도3년, 전문에 들어갔다면 유2000리에 처한다.

(2) 수위가 타인의 이름을 사칭한 정을 모르고 들여보낸 죄

수위는 교대로 근무하는 시간을 맡아 전담하면서 직접 문적을 관장하는 자를 말하며, 들어갈 자는 수위가 이름을 불러야 비로소 통과할 수 있다. 누군가 다른 사람의 이름을 사칭한 정을 수위가 알지 못하여 식별하지 못하고 무심코 마음대로 통과를 허락한 것이 이 죄의 요건이다.

다른 사람의 이름을 사칭한 자가 궁문에 들어간 경우 수위는 장80에 처하고, 전문에 들어간 때에는 장90, 상합 및 어재소에 들어간 때에는 장100에 처한다. 이 죄는 타인의 이름을 사칭했지만 증빙이 있어서 적발하기 어렵기 때문에 문적이 없는 자가 들어간 것을 적발하지 못한 죄보다 가벼운 것이다.

5. 일로 인해 궁·전을 출입하는 사람에 관한 죄

위금률6(63조)
1. 일로 인하여 궁·전에 들어가서 함부로 유숙한 자 및 머무는 것을 허용한 자는 각각 난입한 죄에서 2등을 감한다.
2. (a) 사람을 인솔하여 궁·전 안으로 들어가 물건을 운반하거나 조작할 바가 있는데, 문사가 공문을 받지 않고 들어가는 것을 허용한 경우 및 인원수에 초과함이 있는데 들어가는 것을 허용한 경우에는 각각 난입으로 논하고, 사죄에 이른 때에는 가역류에 처한다. (b) 인솔하는 주사가 문사가 문첩을 받지 않은 것을 안 경우에는 각각 난입한 죄에서 1등을 감한다. (c) 인솔되어 들어간 자는 알았다면 또 5등을 감하고, 알지 못한 때에는 처벌하지 않는다.

(1) 일로 인해 궁·전에서 함부로 유숙한 죄

일로 인해 들어갔다는 것은 조회에 참여하거나 5품 이상 관인이 수도를 떠날 때 황제에게 작별 인사를 드리는 경우 및 물건을 운반하거나 영조·제작할 일이 있어 궁전에 들어간 것을 말한다. 이 같은 일들로 인해 궁에 들어갔다가 함부로 유숙한 자는 도1년, 전 내에서 유숙한 자는 도1년반, 상합 내 및 어재소에서 유숙한 자는 도3년에 처한다. 유숙한 사람 및 유숙을 허용한 사람은 필요적 공범이고, 죄에는 수범·종범의 구분이 없다.

(2) 문사가 공문을 받지 않고 작업 인원의 입궁을 허용한 죄

사람을 거느리고 궁·전 안으로 들어가 물건을 운반하거나 영조·제작하는 바가 있는데 문사가 공문을 받지 않고 들어가는 것을 허용하거나 들여보낸 사람 수에 초과함이 있을 경우 문사는 난입으로 논하며, 사죄에 이른 경우에는 가역류에 처한다. 즉 위의 요건에 해당하는 행위가 궁문에서 발생한 경우 문사는 난입죄(위2)에 따라 도2년, 전문이면 도2년반에 처하며, 만약 상합 안 및 어재소에서 발생한 경우에는 가역류에 처한다.

(3) 초과된 작업 인원을 거느리고 입궁한 인솔주사의 죄

① 인솔하는 주사가 실정을 안 경우 난입죄에서 1등을 감하여 처벌한다. 즉 문사가 공문을 받지 않은 사실과 사람 수가 초과한 사실을 알고도 인솔주사가 거느리고 들어간 경우 각각 난입한 죄에서 1등을 감하여, 궁 안으로 들어갔으면 도1년반에 처하고 전 안이면 도2년에 처하며, 상합 안에 들어가거나 어재소에 이르렀으면 유3000리에 처한다.

② 인솔하는 주사가, 문사가 공문을 받지 않은 사실과 사람 수가 초과한 사실을 알지 못하고 거느리고 들어간 경우 난입죄에서 2등을 감하여, 궁 안으로 들어갔으면 도1년에 처하고, 전 안이면 도1년반에 처하며, 상합 안에 들어가거나 어재소에 이르렀으면 도3년에 처한다.

(4) 초과한 인원으로 인솔되어 들어간 사람의 죄

① 인솔되어 들어간 사람이 인원이 초과한 정을 안 경우 각각 장령주사의 죄에서 5등을 감한다.

② 인솔되어 들어간 사람이 정을 모르고 들어간 경우 처벌하지 않는다.

6. 문적에 아직 표기하지 않았는데 궁·전에 들어간 죄

위금률7(64조)
1. 궁·전에 들어갈 수 있지만 문적에 아직 표기하지 않았는데 들어 가거나, 비록 상근자 명부가 있지만 당직이 끝나 비번인데 함부로 들어간 자는 각각 난입죄에서 5등을 감한다.
2. 숙직할 차례가 이르지 않았는데 함부로 숙직한 자 및 문적이 동문에 있는데 서문을 통해 들어간 자는 또 2등을 감한다.

(1) 문적에 표기하지 않았는데 궁·전에 들어간 죄

궁·전문에 적이 있는 자라도 수위가 이름을 불러야 비로소 들어갈 수 있다(위4.2의 소). 이 때 수위는 본인임을 확인하고 문적에 들어갈 자로 표기한다. 즉 궁·전에 들어가야 할 사람으로 이미 이름이 문적이 등록되어 있고 그 날 들어갈 사람으로 통고되었지만, 수위가 이름을 불러서 본임임을 확인하고 문적에 표기하기 전에 들어간 자는 원래 문적이 없어 궁전에 들어가서는 안 되는 사람이 들어간 것(위4.1)과 같지 않으므로 형이 가볍다. 정리해서 말하면 궁·전에 들어갈 수 있는 사람이지만 아직 문적에 표기하지 않았는데 들어간 때에는 각각 난입의 죄에서 5등을 감해서 처벌하니, 이 사람이 궁에 들어갔다면 장80에 처하고, 전에 들어갔다면 장90에 처한다.

(2) 비번인 자가 함부로 궁전에 들어간 죄

상근 숙위자는 하루 근무하고 이틀 쉬며 모두 상근자 명부가 있다. 이들도 비번인 날에는 궁·전에 들어가서는 안 된다. 만약 이 날에 함부로 들어간 경우에는 문적에 들어갈 자로 표기하지 않고 들어간 자와 마찬가지로 난입죄에서 5등을 감해서 장80에 처한다.

(3) 숙직 차례가 오지 않았는데 궁전에서 숙직한 죄

시봉해야 할 관인 및 내관이 당직함에는 각각 숙직할 차례가 있다. 만약 숙직할 차례가 되지 않았는데 함부로 궁전에서 숙직한 자는 난입의 죄에서 7등을 감해서 장60에 처한다.

(4) 문적이 없는 다른 문으로 궁·전에 들어간 죄

궁·전에 들어갈 수 있는 사람은 모두 특정의 문에 문적이 있어 반드시 그 문을 통해서 들어가야 한다. 만약 문적이 있는 문을 통하지 않고 다른 문을 통해 궁·전에 들어간 자는 난입죄에서 7등을 감해서 장60에 처한다.

7. 문적이 삭제되었는데 궁·전에서 나가지 않은 죄

위금률11(68조)
응당 궁·전을 나가야 하여 문적이 이미 삭제되었는데 함부로 머물며 나가지 않은 자 및 탄핵을 받아 이미 공문으로 금지되었으면 비록 문적이 아직 삭제되지 않았어도 궁·전에 함부로 들어갈 수 없다. 이를 범한 자는 각각 난입으로 논한다.

(1) 응당 궁·전을 나가야 하는데 함부로 머문 죄

응당 궁·전을 나가야 한다는 것은 사유가 있어 반드시 궁을 나와야 하는 것을 말한다. 사유는 경관으로 있다가 외관으로 임명되는 것,

사인으로 파견되는 것, 휴가·질병, 위사·삼위의 번상 기간이 종료되는 것 따위를 가리킨다. 이 같은 사유가 있으면 그날로 즉시 문적을 삭제하도록 규정되어 있다(습유359쪽). 이미 문적이 삭제되었는데 나오지 않고 함부로 머문 자는 모두 난입으로 논하여 처벌한다.

(2) 고발·탄핵된 자가 함부로 궁전에 들어간 죄

고발·탄핵을 받아 이미 공문으로 출입이 금지되었으면 비록 아직 문적이 삭제되지 않았더라도 궁·전에 들어갈 수 없다. 고발·탄핵되어 공문으로 출입이 금지된 자가 함부로 궁·전에 들어간 때에는 난입의 죄로 논하여 처벌한다.

8. 야간에 궁·전문을 출입한 죄

위금률15(72조)

1. (a) 궁·전문에 비록 문적이 있는 자라도 밤에는 모두 출입할 수 없다. (b) 만약 밤에 궁·전문에 들어간 자는 난입으로 죄를 논하고, 문적이 없는데 들어간 자는 2등을 더하며, (c) 무기를 가지고 전문에 들어간 자는 교형에 처한다.
2. 밤에 궁·전문에서 나간 자는 장80에 처한다.
3. (a) 밤에 출입할 수 있는 자라도 사람을 초과하여 거느리고 출입한 때에는 각각 인솔되어 들어간 자의 죄로써 죄를 준다. (b) 인솔되는 자가 정을 알았다면 각각 1등을 감하고, 정을 알지 못하였다면 처벌하지 않는다.

(1) 야간에 궁·전문을 출입한 죄

1) 야간에 궁·전문에 들어간 죄

궁·전문에 문적이 있더라도 밤에 문을 열고 닫는 것을 틈타 함부로 들어간 자는 난입으로 논하여 처벌하니, 궁문에 들어갔다면 도2년에 처하고 전문에 들어갔다면 도2년반에 처한다. 단 문에 문적이 없는 자는 2등을 더하니, 궁문에 들어갔다면 도3년에 처하고, 전문에 들어 갔다면 유2000리에 처하며, 문에 문적이 없는 자가 무기를 가지고 전문에 난입한 때에는 교형에 처한다. 원래 무기를 소지하고 난입한 경우 죄를 2등 더하므로(위2.1b), 전문에 문적이 있는 자가 밤에 무기를 가지고 들어간 경우 전문의 난입죄 도2년반에 2등을 더하여 유2000리에 처해야 하고, 문적이 없는 자는 또 2등을 더하여 유3000리에 처해야 한다. 그러나 율은 야간에 전문에 들어간 정을 중하게 간주하는 까닭에 문적의 유무를 불문하고 다 같이 교형에 처한다.

2) 야간에 궁·전문을 나온 죄

밤에 궁·전문을 나간 자는 모두 장80에 처한다. 율은 밤에 나오는 것은 정이 가볍다고 간주하고 문적의 유무와 무기 소지 여부를 불문하는 것이다.

(2) 야간에 인원을 초과하여 거느리고 궁·전문을 출입한 죄

① 야간에 칙을 받들어 출입이 허락된 사람이 다른 사람을 초과하여 거느리고 궁·전문에 들어간 경우, 초과한 사람들이 모두 문적이 있으면 난입으로 논하여 궁문에 들어간 때에는 도2년, 전문에 들어간 때에는 도2년반에 처한다. 초과된 사람이 문적이 없으면 각각 2등을 더하여 궁문에 들어간 때에는 도3년, 전문에 들어간 때에는 유

2000리에 처한다.

② 사람을 초과하여 거느리고 나간 때에는 장80에 처한다.

③ 인솔된 사람이 정을 알았으면 인솔한 사람의 죄에서 1등을 감하여 처벌하고, 정을 몰랐으면 처벌하지 않는다.

Ⅲ. 궁·전 등의 숙위에 관한 죄

1. 대리 숙위의 죄

위금률5(62조)

1. 숙위할 자가 숙위를 할 수 없는 사람으로 하여금 이름을 사칭하고 자신을 대신해서 숙위하게 한 경우 및 그를 대신할 자는, 대신할 자가 궁 안으로 들어간 때에는 유3000리에 처하고, 전 안에 들어간 때에는 교형에 처한다.
2. 숙위를 할 수 있는 사람으로 하여금 〈이미 당직이 끝나 비번인 자를 말한다.〉 자신을 대신하여 숙위하게 한 자 및 그를 대신하여 숙위한 자는 각각 난입으로 논한다.
3. (a) 주사가 적발하지 못한 때에는 2등을 감하고, (b) 알고도 행하는 것을 허용했다면 더불어 같은 죄를 준다. 〈주사는 상번하는 위사를 판정해서 파견하는 관 및 친히 감독을 담당하는 관을 말한다. 다른 조항의 주사는 이에 준한다.〉

(1) 이름을 속이고 대리숙위한 죄

1) 주체

숙위할 자가 다른 사람에게 숙위를 대신하게 한 경우, 숙위할 자와 이를 대신한 자는 필요적 공범이므로 이 죄의 주체는 둘이다. 여기서 숙위라 함은, 모든 위의 대장군 이하 위사 이상이 차례로 상번하여 궁·전을 숙위하는 것을 말한다. 상번일은 모두 명적과 문서에 의거한다. 숙위를 대신 한 자는 숙위할 수 없는 사람과 숙위할 수 있는 사람으로 구분한다. 숙위할 수 없는 사람이란 모든 위의 대장군 및 위사를 포함해서 숙위하는 군인이 아닌 그 밖의 사람을 말한다. 숙위할 수 있는 사람이란 본래 숙위를 할 수 있으나 이미 당직이 끝난 사람을 말한다.

2) 행위와 처벌

숙위를 대신할 사람이 궁 또는 전에 들어간 것이 행위요건이다. 단 처벌은 대신할 사람이 숙위할 수 없는 사람인 경우와 숙위할 수 있는 사람인 경우로 나눈다. 숙위할 수 없는 사람이 숙위를 대신하기 위해 궁내에 들어갔다면 대리 숙위를 시킨 자와 행한 자는 모두 유3000리, 전내에 들어갔다면 교형에 처한다. 그러나 숙위할 수 있는 사람에게 숙위를 대신하게 한 때에는 난입으로 논하므로, 대신 숙위할 자가 궁내에 들어갔다면 도2년에 처하고, 전내에 들어갔다면 도2년반에 처한다. 숙위를 대신하게 한 자와 대신한 자는 필요적 공범이므로, 수범과 종범을 구분하지 않는다(명43.3).

(2) 주사가 대리 숙위를 적발하지 못하거나 고의로 방임한 죄

1) 주사가 적발하지 못한 경우

주사가 대리 숙위를 적발하지 못한 때에는 죄인의 죄에서 2등을 감한다. 여기서 주사는 판정해서 파견하는 관 및 친히 감당하는 관을 가리킨다.

(a) 판정해서 파견하는 관

모든 위에 속한 삼위를 숙위에 배치할 때는 각 위의 판병관이 본인 여부를 확인하는 책임을 맡았을 것으로 보인다. 이에 비하여 절충부에서 경사에 파송한 숙위 위사는 상번한 뒤에 각각의 위에 예속되어 숙위의 차례와 장소가 정해져 배치되는데, 이때 위의 관사는 위사의 본인 여부를 확인하기 어려우므로 일차적으로 절충부의 판병관이 그 책임을 맡았을 것으로 생각된다.

(b) 친히 감당하는 관

모든 위의 숙위하는 병력은 각각 본부의 주수가 있는데 그것이 바로 친히 감당하는 관이다. 다른 부대에 배속되면 그 부대의 주수가 친히 감당하는 관이 된다.

(c) 연좌

이 죄는 공죄이며, 따라서 동직을 연좌해서(명40.1a) 처벌한다. 예컨대 속이고 숙위를 대신한 일이 절충부에서 비롯되었으면 절충부의 관 가운데 책임이 있는 자를 수범으로 하고 다른 관은 차례로 감해서 죄를 주며, 위의 관이 이를 적발하지 못했다면 절충부 관의 죄에서 1등씩 감한다. 속이고 숙위를 대신한 일이 위에서 비롯되었으면 위의 관 가운데 책임 있는 관을 수범으로 하고 다른 관은 차례로 감해서 죄를 주며, 절충부의 관사는 처벌하지 않는다.

2) 주사가 방임한 경우

주사가 알고도 방임한 때에는 죄인과 죄가 같다.

(3) 미수범

숙위할 수 없는 사람에게 이름을 속이고 자신을 대신하게 하거나 대신할 자가 직무를 행하는 곳에 이르기 전에 사건이 궁전 안에서 적발되었다면 궁전에 난입한 죄를 과하는 것으로 그친다. 만약 궁문에 들어오기 전에 사건이 적발되었다면 율에 해당하는 조문이 없는데, '마땅히 행해서는 안 되는데 행한' 죄 가운데 무거운 쪽(잡62.2)에 따라 장80에 처해야 할 것이다(위23.3의 문답).

2. 이미 배치된 장위를 변경한 죄

위금률13(70조)
1. 숙위하는 사람이 이미 장위에 배치되었는데 관사가 함부로 변경한 때에는 장100에 처한다.
2. 만약 직장의 차례에 따르지 않고 임의로 배정하거나 별도로 사역시킨 자의 죄 역시 이와 같다.

식에 의하면, 위사 이상으로 당번이 되어 숙위해야 할 자는 모두 해당 위의 현재 장관이 직무를 수행하는 곳에 배치하며, 각각 장위의 차례에 의거하여 앉거나 선다. 이것이 곧 직장이 이미 정해진 것이다.
① 만약 관사가 이유 없이 함부로 변경한 경우 장100에 처한다. 단 마땅히 변경해야 할 경우라면 처벌하지 않는다.
② 직장의 차례에 따르지 않고 마음대로 배정한 관사도 역시 장100에 처한다.
③ 숙위하는 사람을 별도로 사역시킨 관사도 역시 장100에 처한다. 다만 다른 곳에서 사역시킨 경우 사사로이 사역시킨 노임을 장물로 계산하여 죄가 장100보다 무거우면 무거운 쪽에 따라 죄를 논한다.

3. 탄핵된 숙위의 병기를 거두지 않은 죄

위금률10(67조)
숙위하는 사람에 대한 탄핵이 상주된 경우, 본사는 먼저 그 무기를 거두어야 한다. 이를 위반한 자는 도1년에 처한다. 〈궁·전 안에서 당직하는 자를 말한다.〉

여기서 숙위하는 사람은 각 위의 대장군 이하 위사 이상을 말하며, 이들이 법을 범하여 탄핵이 주청된 경우가 기본 요건이다. 숙위는 반드시 궁·전 안에서 당직하는 자만 해당한다. 궁·전 안에서 당직하는 자만 해당한다고 하였으니, 궁 밖에서 숙위하는 자는 이 범위 안에 포함되지 않는다. 이 죄의 주체인 본사는 숙위가 소속된 해당 위의 주사 및 주수 등을 가리킨다. 주사는 모든 위의 주조참군사을 가리키고 주수는 현장에서의 지휘관을 가리킨다.

4. 상번해야 하는 숙위가 도착하지 않은 죄

위금률18(75조)
숙위하는 사람이 상번해야 하는데 도착하지 않거나 휴가로 인해 상번 기일을 위반한 경우, 1일이면 태40에 처하고, 3일마다 1등을 더하며, 장100을 초과하면 5일마다 1등을 더하되, 죄는 도2년에 그친다.

경사와 궁성의 숙위는 각 위의 원래 조직의 인원 및 삼위와 지역의 절충부에서 보충되는 위사가 담당하였다. 이들 가운데 삼위와 위사는 수도와의 거리에 따라 5~9인이 1~2개월씩 돌아가며 수도에 올라와 숙위하였는데, 각각 기일이 정해져 있었다. 상번하여 숙위해야 하는 사람이 해낭하는 위에 도착하지 않거나, 휴가의 기한을 위반하고 복귀하지 않은 때에는, 상번하지 않은 날의 수를 계산하여 형을 과한다. 1일을 상번하지 않으면 태40이고, 3일마다 1등을 더한다. 장 100이 넘으면 5일마다 1등을 더하고, 죄는 도2년에 그친다. 이에 따르면 만 19일이 되면 장100이 되고, 만 24일이 되면 도1년, 만 34일이 되면 도2년이 되어 죄의 최고형이 된다. 단 상번 기간이 5일 미만인 경우 또는 만기가 5일 남은 경우 휴가로 1일을 위반하고 상번하지 않았다면 다만 4일 상번하지 않은 죄만 받는다. 상번 기간은 통상 1개월이므로 처벌은 도2년에 이르지 않는데, 단 상번 기간이 2개월이거나 한 계절인 경우는 죄의 최고형인 도2년을 받을 수 있다.

5. 숙위의 근무 태만죄

위금률19(76조)
1. (a) 숙위하는 자는 병장기를 신변에서 멀리 방치해서는 안 된다. 위반한 자는 장60에 처한다. (b) 함부로 숙위의 위치에서 이탈했다면 1등을 더하고, 다른 곳에서 유숙한 때에는 또 1등을 더한다.
2. 주수 이상은 각각 2등을 더한다.

(1) 숙위의 근무 태만죄

숙위하는 자가 경위에 태만한 것이 죄의 요건인데, 둘로 구분할 수 있다.

① 숙위하는 자가 병장기를 몸에서 멀리한 때에는 장60에 처한다. 즉 숙위는, 횡도는 항상 차고 갑옷·창·활·화살 따위는 유사시에 잡거나 착용하는 것이지만 모두 몸에서 멀리해서는 안 되며, 잡거나 찰 수 없는 것은 항상 몸 가까이 두어야 한다. 횡도든 갑옷 따위든 함부로 신변에서 멀리한 때에는 각각 장60에 처한다.

② 숙위하는 자는 직무를 행하는 곳에서 순서에 따라 서거나 앉아 경위해야 하며, 함부로 그 장소에서 이탈하거나 다른 곳에서 유숙해서는 안 된다. 따라서 직무를 수행하는 장소에서 이탈한 때에는 1등을 더하여 장70에 처하며, 다른 곳에서 유숙한 자는 또 1등을 더하여 장80에 처한다.

(2) 숙위의 주수 이상이 직무를 태만히 한 죄

주수 이상이 직무를 태만히 한 때에는 숙위의 죄에 2등을 더하여 처벌한다. 주수 이상이라 함은 대부(隊副) 이상 대장군 이하까지를 말한다. 이들이 병장기를 몸에서 멀리한 때에는 장80에 처하고, 함부로 직무를 행하는 장소에서 이탈한 때에는 장90, 다른 곳에서 유숙한 때에는 장100에 처한다.

6. 숙위가 도망한 죄

포망률10(460조)
1. 숙위인이 당직하다가 도망한 때에는 1일이면 장100에 처하고, 2일마다 1등씩 더한다.
2. 만약 황제를 수행하다가 도망한 때에는 1등을 더한다.

(1) 구성요건

1) 주체

주체는 모든 위의 대장군 이하에서 상번 중인 위사 이상이다. 이는 이 조항의 소에서는 이렇게 해석하고 있지만 사실상 위사에 대한 것일 가능성이 높다. 왜냐하면 위사를 제외하고 대장군 이하 군관의 도망은 당직과 당직 이후를 구분할 이유가 없고, 또 이 조항을 적용하기에는 형이 가볍기 때문이다. 따라서 상번 중의 위사로 한정하여 논한다.

2) 행위

행위는 셋으로 나눈다.

① 상번 기간 내에 도망한 것이 이 죄의 기본요건이다.

② 상번이 끝난 뒤에 도망한 것은 집에서 도망한 때의 규정(포11.4)에 따라 논한다. 이 때문에 상번 기간 내의 도망과 상번이 끝난 뒤의 도망을 누가하고 절반으로 논한다(명45.3).

③ 황제를 수행하는 도중에 도망한 것은 황제를 배종하는 일이 중요하기 때문에 1등을 더하여 처벌한다.

(2) 처벌

상번 기간 내에 도망한 자는 1일이면 장100에 처하고, 2일마다 1등씩 더하므로 도망한 일수를 계산하여 17일이면 최고형인 유3000리에 처한다. 황제를 수행하는 중에 도망한 때에는 1등을 더하므로, 1일이면 도1년에 처하고, 도망한 일수가 15일 되면 유3000리에 처한다. 각각 더하여 교형에 이르지는 않는다.

(3) 숙위 장소

숙위의 도망은 숙위하는 장소를 불문한다. 즉 위사가 궁성문 밖에서 수위하거나, 혹은 경성의 각 관부에서 수위하거나, 혹은 친왕부에 배치되어 수위하거나 모두 같다. 만약 장소의 중요도에 비추어 감하는 법례에 준하여 처벌하면 군에 명적이 있는 자가 집에서 도망한 죄(포11.4)보다 지나치게 가볍게 될 수 있기 때문이다.

7. 야간순찰 주사가 범법을 적발하지 못한 죄

위금률21(78조)
야간에 궁 내외를 순찰하면서 법을 범하는 자가 있는데도 야간순찰 지휘자[行夜主司]가 적발하지 못한 때에는 수위하는 자의 죄에서 2 등을 감한다.

(1) 구성요건

1) 주체

범죄주체는 행야주사, 즉 야간순찰 지휘자이다. 야간에는 궁 안팎에 모두 초소를 설치하고 교대로 경비하는 자를 두는데 곧 이 사람이 수위하는 자이다. 또 교대로 일정한 시간에 탐색하고 순찰하는 사람이 있는데, 이 사람이 야간순찰하는 자이다.

2) 행위

행위요건은 사람이 법을 범함이 있는데 순찰을 지휘하는 주사가 적발하지 못한 것이다. 단 사람이 법을 범함이 있다는 것은 일체의 범죄를 말하는 것이 아니라, 위금률 1~5조에 규정된 각종의 난입, 6.2조에 규정된 영수·조작을 위한 인부 인솔에 관한 위법의 죄, 15조에 규정된 야간에 궁·전 등의 문을 출입한 죄에 관한 것이다.

(2) 처벌

위금률 1.3조의 "난입하거나 담을 넘었는데도 수위가 적발하지 못하면 2등을 감한다."는 조문의 주에 "수위란 교대로 근무하는 시간을 전담하는 자를 말한다."라고 하였으므로, 야간 순찰의 주사가 범법자를 적발하지 못한 때에는 모두 이 교대 근무 시간을 전담하는 수위의 죄에서 2등을 감한다. 단 적발하지 못한 것에 한하여 수위의 죄에서 2등을 감하며, 고의로 방임한 때에는 범인의 죄와 같다.

8. 궁성문 밖 황성문 등의 수위를 대신한 죄

위금률23(80조)

1. (a) 궁성문 밖 또는 황성문에서 수위하는데 수위할 수 없는 사람에게 이름을 속이고 자신을 대신하게 하거나 그를 대신한 자는 각각 도1년에 처하고, (b) 수위할 수 있는 자에게 대신하게 한 자는 각각 장100에 처한다.
2. 경성문은 각각 1등을 감한다.
3. 이 밖의 모든 곳의 수위를 담당하는 자는 각각 또 2등을 감한다.
4. 이름을 사칭한 것 외의 범행을 처벌할 경우는 각각 숙위의 죄에서 3등을 감한다.

(1) 궁성문 밖의 수위 및 황성문 등의 수위를 대신한 죄

1) 궁성문 밖의 수위하는 곳 및 황성문에서 범한 경우

궁성문 밖의 수위하는 곳은 무장 경비 대열 및 궁성 주변의 경비 초소를 말한다. 황성문은 주작문 등 황성의 문으로 모두 반드시 수위해야 하는 곳이다. 그곳을 수위해야 하는 자가 이름을 속이고 수위할 수 없는 사람에게 수위를 대신하게 한 때에는 도1년에 처한다. 단 수위할 수 있는 사람에게 대신하게 한 때에는 각각 장100에 처한다. 수위할 수 있는 사람이란 같은 부류의 수위하는 사람 가운데 비번이거나 상번에 해당하지 않는 사람을 말한다. 대신 수위한 자의 죄도 같다.

2) 경성문에서 범한 경우

경성문은 명덕문 등 경성의 문을 말하며, 이곳에서 수위하는 자가 수위할 수 없는 사람에게 자신을 대신하게 한 때에는 도1년에서 1등을 감하여 장100에 처하고, 수위할 수 있는 사람에게 자신을 대신하게 한 때에는 장100에서 1등을 감하여 장90에 처한다. 대신한 자의 죄도 같다.

3) 그 밖의 모든 수위하는 곳에서 범한 경우

그 밖의 여러 곳은 궁성 주변의 경비초소나 황성·경성의 문이 아닌 곳으로, 그 밖에 내외의 도로를 경비하는 초소 및 별도로 지켜야 할 곳을 말한다. 이 같은 곳에서 수위하는 자가 이름을 속이고 수위할 수 없는 사람에게 수위를 대신하게 한 자와 대신한 자는 경성문에서 범한 죄에서 2등을 감하여 장80에 처하며, 수위할 수 있는 사람에게 대신하게 하거나 대신한 자는 또 1등을 감하여 각각 장70에 처한다.

(2) 이름을 속이고 수위를 대신한 것 외의 다른 죄

위의 모든 곳에서 수위하는 자가 이름을 속이고 수위를 대신한 죄 외에 병장기를 몸에서 멀리한 죄(위19.1), 거짓으로 근무지를 이탈한 죄(위19.1), 임의로 나누어 배치하거나 혹은 별도로 사역한 죄(위13.2) 등을 범한 때에는 각각 숙위의 죄에서 3등을 감한다. 그러나 도주한 죄나 상번의 기일을 위반한 때에는 감하지 않는다.

(3) 미수

궁성문 밖의 수위하는 모든 곳에서 수위하는 자가 이름을 속이고 수위를 대신하게 하였으나 대신할 자가 아직 근무지에 이르지 않았으면 '마땅히 해서는 안 되는데 행한' 죄의 가벼운 쪽(잡62.1)에 따라 태40에 처한다.

Ⅳ. 궁·전문의 개폐에 관한 죄

위금률14(71조)

1. (a) 야간에 궁·전의 문은 황제의 명을 받들고 합치하는 부(符)로 문을 여는데, 비록 합치하는 부라도 맞춰보지 않고 문을 연 자는 도3년에 처하고, (b) 부를 맞춰보아 합치하지 않는데 연 자는 유2000리에 처한다. (c) 단 칙을 받들지 않고 밤에 궁·전문을 함부로 열고 닫은 자는 교형에 처한다.

2. (a) 부를 잘못 지급하거나 궁·전문의 자물쇠를 잘못 채우거나 열쇠로 열지 않은 자는 장100에 처한다. (b) 문을 닫아야하는데 잊거나 착오하여 자물쇠를 채우지 않거나 문을 열어야 하는데 자물쇠를 훼손하고 문을 연 자는 도1년에 처한다.

3. 단 황성문은 궁문에서 1등을 감하고, 경성문은 또 1등을 감한다.

4. (a) 궁·전문을 닫고서 열쇠를 반납하는 것을 위반하거나 지체한 자는 장100에 처하고, 밤을 경과하면 1등을 더하며, 하룻밤을 경과할 때마다 또 1등을 더한다. (b) 궁문 이외의 문은 차례로 1등씩 감한다.

5. 단 문을 여는 열쇠를 반출하는 것을 지체한 자는 각각 열쇠의 반납을 지체한 죄에서 차례로 1등을 감한다.

1. 야간에 궁·전문 등을 개폐하는 법을 위반한 죄

(1) 개설

감문식에 의거하면, "칙을 받은 사람은 반드시 열어야 할 문과 아울러 들어가고 나갈 사람을 낱낱이 기록하고 칙을 중서성에 전달하면, 중서성은 문하성에 전달한다. 궁 안의 문을 열어야 할 경우에는 언제나 성문랑이 현재 당직하는 모든 위 및 감문위의 대장군·장군·

중랑장·낭장·절충도위·과의도위 중 각 1인과 함께 상합에 이르러 복주하고, 황제가 '들었다[聽]'라고 서명하면, 곧 합치하는 부와 문의 열쇠를 청한다. 문을 열 때에는 감문의 관사가 먼저 문의 장위를 엄격하고 정연하게 하여 열어야 할 문의 안팎에 모두 대오를 세우고, 횃불을 켜고 부를 맞추어보아 합치되는지 확인한 뒤에 문을 연다." 이 같은 법을 위반에 처하고 밤에 궁·전문을 연 때에는 처벌한다.

(2) 구성요건 및 처벌

① 부를 잘못 지급한 자는 장100에 처한다. 이는 열고 닫는 문에 해당하지 않는 부를 지급한 것이다. 이는 과실이므로 죄가 가벼우며, 열고 닫음을 불문한다.

② 합치하는 부라도 부를 맞춰보지 않고 문을 연 자는 도3년에 처한다.

③ 부를 맞추어보아 합치하지 않는데도 연 자는 유2000리에 처한다. 부를 맞추어보아 합치하지 않으면 곧장 가지고 가서 상주해야 한다.

④ 칙을 받들지 않고 함부로 열고 닫은 자는 교형에 처한다.

(3) 특별죄명

1) 황성문에서 범한 경우

위의 죄를 황성문에서 범한 경우에는 궁문에서 범한 죄에서 1등을 감하여 처벌한다. 따라서 밤에 부를 맞춰보지 않고 황성문을 연 자는 도2년반, 부를 맞춰보고 합치하지 않는데도 연 자는 도3년, 칙을 받들지 않고 연 자는 유3000리, 부를 잘못 지급한 자는 장90에 처한다.

2) 경성문에서 범한 경우

위의 죄를 경성문에서 범한 경우에는 또 1등을 감한다. 따라서 밤에 부를 맞춰보지 않고 경성문을 연 자는 도2년, 부를 맞춰보고 합치하지 않는데도 연 자는 도2년반, 칙을 받들지 않고 연 자는 도3년, 부를 잘못 지급한 자는 장80에 처한다.

2. 자물쇠·열쇠의 사용에 관한 죄

(1) 구성요건 및 처벌

이 죄는 함부로 문을 개폐한 것이 아니라 문부의 지급과 자물쇠를 채우고 열쇠를 여는 것을 법식대로 하지 않은 것으로 그 정이 가벼우므로 그 형이 가볍다.

① 궁·전의 문부를 잘못 지급한 자는 장100에 처한다.

② 통상의 법을 따르지 않고 자물쇠를 채운 자는 장100에 처한다.

③ 열쇠를 사용하지 않고 문을 연 자는 장100에 처한다.

④ 마땅히 잠가야 하는데 잊거나 착오로 자물쇠를 채우지 않은 자는 도1년에 처한다. 이는 과실범이다.

⑤ 문을 열어야 하는데 자물쇠를 훼손하고 연 자는 도1년에 처한다.

(2) 특별죄명

1) 황성문에서 범한 경우

위의 죄를 황성문에서 범한 경우에는 궁문에서 1등을 감하여 처벌한다. 따라서 통상의 법을 따르지 않고 황성문의 자물쇠를 채운 자 및 열쇠를 사용하지 않고 문을 연 자는 장90, 마땅히 잠가야 하는데 잊거나 착오로 자물쇠를 채우지 않은 자는 및 자물쇠를 훼손하고 문을 연 자는 장100에 처한다.

2) 경성문에서 범한 경우

위의 죄를 경성문에서 범한 경우에는 또 1등을 감한다. 따라서 통상의 법을 따르지 않고 경성문의 자물쇠를 채운 자 및 열쇠를 사용하지 않고 문을 연 자는 장80, 마땅히 잠가야 하는데 잊거나 착오로 자물쇠를 채우지 않은 자 및 자물쇠를 훼손하고 문을 연 자는 장90에 처한다.

3. 열쇠의 출납을 지체한 죄

(1) 문을 닫고 열쇠의 반납을 지체한 죄

1) 구성요건

궁전문 이하 경성문 이상의 문을 닫고 열쇠를 반납하는 것을 지체한 것이 요건이다. 감문식에 의거하면, "황제가 대내에 있으면 궁성문 및 황성문의 열쇠는 매일 밤이 되기 8각 전에 내어 문을 닫고 2경 2점에 반납한다. 경성문의 열쇠는 매일 밤이 되기 13각 전에 반출해서 문을 닫고 2경 2점에 반납한다(위14.4a의 소)." 하루는 100각이며, 밤은 5경으로 나누고, 1경은 5점으로 나눈다.[2]

2) 처벌

장소에 따라 형이 다르다.

---

2) 하루의 낮과 밤은 100刻으로 나누고(명55), 동지에는 낮 40각 밤 60각, 하지에는 낮 60각 밤 40각으로 하고, 춘분·추분에는 낮과 밤을 각각 50각으로 하여 9일마다 1각씩 더하거나 혹은 감하여 낮과 밤의 장단을 조절한다. 하루 밤은 5更으로 나누고 1경을 다시 5點으로 나눈다. 경마다 북을 치고 점마다 종을 친다(『당육전』권10, 305쪽; 『역주당육전』중, 181쪽).

(a) 전문의 경우

전문의 열죄 반납을 지체한 자는 장100에 처하고, 밤이 지나면 1등을 더하며, 1일 밤이 지날 때마다 또 1등을 더한다. 죄의 최고형은 유3000리이다.

(b) 전문 외의 문의 경우

궁문 이외의 문은 차례로 1등씩 감한다.

① 궁문·궁성문의 열쇠 반납을 지체한 자는 전문에서 1등을 감하여 장90에 처한다. 최고형은 도3년이다.

② 황성문은 전문에서 2등을 감하여 장80에 처한다. 최고형은 도2년반이다.

③ 경성문은 전문에서 3등을 감하여 장70에 처한다. 최고형은 도2년이다.

(2) 문을 여는 열쇠의 반출을 지체한 죄

1) 구성요건

이 죄의 요건은 문을 여는 열쇠의 반출을 지체한 것이다. 감문식에 의거하면, "궁성문 및 황성문은 4경 2점에 열쇠를 내어 문을 연다. 경성문은 4경 1점에 열쇠를 내어 문을 연다(위14.4c의 소)." 이 식을 위반하고 열쇠를 반출하는 것이 늦은 때에는 각각 열쇠를 반납하는 것이 늦은 죄에서 1등을 차례로 감한다.

2) 처벌

① 전문의 열쇠 반출을 지체한 자는 장90에 처한다. 최고형은 도3년이다.

② 궁문·궁성문은 전문에서 1등을 감하여 장80에 처한다. 최고형은 도2년반이다.

③ 황성문은 전문에서 2등을 감하여 장70에 처한다. 최고형은 2년이다.

④ 경성문은 전문에서 3등을 감하여 장60에 처한다. 최고형은 도1년반이다.

(3) 주의사항

황제가 대명궁·흥경궁 및 동도(東都)에 있을 때 열쇠를 내주고 반납하는 것은 식에 따라 각각 시각이 있으며, 위법한 경우 모두 이에 따라 죄를 과한다.

V. 궁정 내에서 금하는 것을 범한 죄

1. 개설

이상에서 궁·전문 난입죄, 숙위에 관한 죄, 궁·전문 개폐에 관한 죄에 관해서 설명하였다. 여기서는 이 같은 죄들의 범주에 포함되지 않지만 역시 궁전 내에서 직무를 수행할 때 근신하지 못하고 위법한 죄에 대한 것을 설명하는데, 그 죄명은 다음과 같다.

① 작업이 파했는데 궁·전에서 나가지 않은 죄 및 벽장(闢仗) 내에 착오로 병장기를 남겨둔 죄(위8)

② 궁인에게 사사로이 말을 걸거나 서신 및 옷가지 따위를 준 죄(위12.2)

③ 어재소에서 착오로 칼을 뽑은 죄(위16.4)

2. 작업이 파했는데 궁·전에서 나가지 않은 죄 및 벽장을 범한 죄

위금률8(65조)

1. (a) 궁 안에서 작업을 마치고 나가지 않은 자는, 궁 안이면 도1년에 처하고, 전 안이면 도2년에 처하며, 어재소이면 교형에 처한다. (b) 〈벽장하여 마땅히 나가야 하는데 나가지 않은 자도 역시 어재소와 같이 교형에 처한다.〉 (c) 깨닫지 못한 자 및 길을 헤매거나 착오로 들어간 자는 황제에게 아뢰어 처분을 청한다.

2. 인솔하는 주사가 인솔하던 사람이 안 경우에는 나가지 않은 자와 같은 죄를 주며, 알지 못한 때에는 죄인의 죄에서 1등을 감한다. 〈벽장하는 주사가 사람의 수색을 다하지 못한 경우는 각각 이에 준한다.〉

3. 벽장 안에 병장기를 착오로 남겨 둔 자는 장100에 처한다. 〈활과 화살은 다 구비되어 있어야 처벌한다.〉

(1) 궁·전에서 작업을 마치고 나가지 않은 죄

1) 구성요건 및 처벌

기술자나 잡역을 하는 무리가 궁·전에서 작업을 마쳐 나가야 하는데 나가지 않은 것이 이 죄의 요건이며, ① 궁 안에서라면 도1년, ② 전 안은 도2년, ③ 어재소와 상합 안은 교형에 처한다. 단 상합 안에 궁인이 있으면 어재소와 같이 교형에 처하고, 황제가 있지 않고 궁인도 없으면 2등을 감한다(위8.1의 문답).

이상은 반드시 고의로 나가지 않은 경우에 대한 것이다. 만약 작업하는 장소나 건물이 달라서 무리가 나가는 것을 깨닫지 못하였거나, 또는 길을 헤매거나 착오로 길을 잃어 다른 문으로 잘못 향한 것은 고의로 나가지 않은 것이 아니므로 모두 황제에게 아뢰어 죄의 처분을 청할 수 있다. 이것은 과실범이기 때문이다.

2) 인솔하는 주사의 죄

① 정부·잡장의 무리를 인솔하는 주사가 인솔하던 사람이 나가지 않은 것을 알고도 즉시 말하지 않은 때에는 나가지 않은 사람과 같이 처벌한다.

② 인솔하는 주사가 인솔하던 사람이 나가지 않은 것을 알지 못한 때에는 나가지 않은 사람의 죄에서 1등을 감하여 처벌한다.

(2) 벽장을 범한 죄

1) 개설

황제의 행차에는 모두 호위 의장대와 장위가 있고, 또 벽장(闢仗) 하며 간다(위22.3의 소). 벽(闢)은 피한다는 뜻이다. 장(仗)은 병기이다. 즉 황제가 행차할 때에는 연도의 사람은 모두 회피해야 하며 또한 병장기를 남겨두어서는 안 된다는 것이다. 황제가 머무는 곳 또한 같다.

2) 구성요건 및 처벌

① 벽장하는 곳에서 나가야 하는 자인데 나가지 않은 자는 교형에 처한다. 벽장하는 곳은 어재소와 같기 때문이다.

② 벽장을 담당하는 주사가 사람을 다 찾아내지 못한 경우, 정을 안 때에는 나가지 않은 자와 같이 교형에 처하고, 정을 알지 못한 때에는 1등을 감하여 유3000리에 처한다.

③ 벽장하는 곳에 착오로 병장기를 남긴 자는 장100에 처한다. 단 병장기는 병기로서 기능을 갖춘 것에 한한다. 즉 활과 화살은 서로 구비되어 있어야 하고, 쇠뇌와 화살도 서로 구비되어 있어야 죄의 요건이 성립한다. 또한 방패만 있는 것은 죄의 요건이 성립하지 않

는다(위8.3의 문답).

3. 함부로 궁인과 사사로이 대화하거나 또는 서신 및 의복·물품을 전달한 죄

위금률12(69조)
2. 비록 궁에 들어간 것이 난입은 아니지만 함부로 사사로이 궁인과 대화하거나 직접 서신 및 의복과 물품을 전달한 자는 교형에 처한다.

비록 궁에 들어갈 수 있는 사람이고 궁에 들어간 것이 난입이 아니라도, 사사로이 궁인과 대화하거나 직접 서신 및 의복과 물품을 전달하거나 받아서 가지고 나오는 것은 금지되며, 이를 범한 자는 교형에 처한다.

4. 어재소에서 착오로 칼을 뽑은 죄

위금률16(73조)
4. 숙위하는 사람이라도 어재소에서 착오로 단도를 뽑은 자는 교형에 처하고, 좌우에 나란히 선 사람이 즉시 체포하지 않은 때에는 유3000리에 처한다.

(1) 어재소에서 칼을 뽑은 죄

숙위하는 사람은 항상 병장기를 잡고 단도를 찰 수 있다. 단 숙위가 어재소에 있는 경우 사용하라는 칙이 내리지 않았다면 함부로 단도를 뽑을 수 없다. 숙위하는 사람이 어재소에서 착오로 단도를 뽑은 때에는 교형에 처한다. 만약 별도의 칙으로 처분하여 칼 등을 사

용할 수 있게 하거나 장위 내에 음식을 하사한 경우에는 단도를 뽑
더라도 처벌하지 않는다.

조문은 숙위가 착오로 단도를 뽑은 것을 죄의 요건으로 제시하고
있는데, 다른 사람도 황제가 있는 곳에서는 역시 착오라도 단도를
뽑을 수 없는 것은 말할 필요가 없다(위16.4의 소).

(2) 어재소에서 칼을 뽑은 사람을 즉시 체포하지 않은 죄

착오로 칼을 뽑은 사람이 있으면 좌우에 나란히 선 사람들은 모두
즉시 반드시 붙잡아야 한다. 칼을 뽑은 사람이 숙위인이든 다른 사람
이든 불문하고 즉시 붙잡아야 한다. 착오로 칼을 뽑은 사람이 있는데
즉시 붙잡지 않은 자는 유2000리에 처한다. 만약 좌우 사람들 중 1인
이 붙잡았다면 나머지 사람은 처벌하지 않는다고 해석해야 한다.

VI. 궁성 밖에서 황제의 안전을 위협한 죄

1. 궁·전을 향해 화살 등을 쏜 죄

위금률16(73조)

1. (a) 궁·전 안을 향하여 활을 쏜 자는, 〈화살의 힘이 미치는 바를
   말한다.〉 궁의 담에 미친 경우 도2년에 처하고, 전의 담에 미친
   경우에는 1등을 더한다. (b) 화살이 궁·전 안으로 들어간 경우에
   는 각각 1등을 더하고, 화살이 상합 안으로 들어간 경우에는 교
   형에 처하며, 어재소에 들어간 때에는 참형에 처한다.
2. 탄환을 발사하거나 기와·돌을 던진 경우는 활을 쏜 죄에서 각각
   1등을 감한다. 〈역시 사람의 힘이 미치는 바를 말한다.〉

3. 사람을 살상한 때에는 고의로 살상한 것으로 논한다.

(1) 개설

이 죄명은 잡률 5조의 "성 및 관사나 사인의 주택, 또는 도로를 향해 활을 쏜 자는 장60에 처한다."는 규정의 가중죄명이며, 궁·전을 향해 쏜 것이기 때문에 7등 이상 무겁게 처벌하는 것이다. 또 사람을 살상한 것과 같은 결과에 대해서는 가중해서 고살상으로 논한다.

(2) 궁·전을 향해 화살을 쏜 죄

1) 구성요건

궁·전을 향해 화살 등을 쏘고, 쏜 화살이 궁·전의 담에 도달한 것이 기본 요건이다. 만약 활의 힘이 궁의 담에 미칠 수 있음에도 쏘아 이르지 않은 경우는 '마땅히 행해서는 안 되는데 행한' 죄의 무거운 쪽(잡62.2)에 따른다. 원래 활의 힘이 미칠 수 없어 궁·전이 사정권 내에 들지 않은 경우는 처벌하지 않는다. 즉 만약 구체적인 위험성이 없다면 처벌하지 않는다.

2) 처벌

① 현재 황제가 있는 궁·전을 범한 경우는, 화살이 궁의 담에 이른 경우 도2년, 전의 담에 이른 경우는 도2년반에 해당하는데, 화살이 궁·전 안에 들어갔으면 각각 1등을 더한다. 화살이 상합 안에 들어간 경우에는 교형에 처하고, 어재소 안에 들어간 경우에는 참형에 처한다.

② 현재 황제가 있지 않은 궁·전을 범한 경우는 각각 1등을 감하고, 궁인이 없는 곳을 범한 경우 또 1등을 감한다(위12.1 참조).

③ 사람을 살해한 때에는 참형에 처하고, 상해한 때에는 투살상죄

에 1등을 더하여 처벌한다(위16.3의 소). 단 이 죄는 ①·②와 법조경합(명49.2)이므로 무거운 쪽에 따라 처벌한다. 예컨대 화살이 궁의 담에 이르렀는데 사람을 상해한 경우 그 투상의 죄가 도2년 이상에 해당인 경우(투3.2)에만 이 조항을 적용한다.

(3) 궁·전을 향해 탄환을 쏘거나 기와·돌을 던진 죄

1) 기본요건의 경우

궁·전을 향해 탄환을 쏘거나 기와·돌을 던진 자는 활을 쏜 죄에서 1등을 감하여 처벌한다. 즉 궁·전을 향해 탄환을 쏘거나 기와·돌을 던진 자는 궁의 담에 이른 때에는 도1년반, 전의 담에 이른 때에는 도2년에 처한다. 또한 탄환 등이 궁 안에 들어간 때에는 도2년, 전 안에 들어간 때에는 도2년반, 상합 안 및 어재소에 들어간 때에는 유3000리에 처한다. 만약 힘으로 미칠 수 있는데 도달하지 않은 경우에는 '응당 행해서는 안 되는데 행한' 죄의 무거운 쪽에서 1등을 감해 장70에 처한다.

2) 사람을 살상한 경우

사람을 살상한 때에는 고살상(투5)으로 논한다. 즉 화살을 쏘거나 탄환을 발사하거나 기와·돌을 던져 사람을 살상한 경우에는 고의와 과실을 불문하고 고살상으로 논하여 사람을 살해한 경우는 참형, 사람을 상해한 경우는 투상죄에 1등을 더한다. 본죄와 기본죄명은 법조경합이며(명49.2), 하나의 무거운 것으로 죄를 과한다.

2. 쏜 화살이 황제의 의장대·장위·벽장 안에 이른 죄

위금률22(79조)

3. 쏜 화살이 황제의 의장대·장위 또는 벽장 안에 이른 경우 쏜 자는 교형에 처한다.

황제의 행차에는 모두 의장대와 장위가 있고, 또 벽장을 하면서 간다. 그런데 갑자기 어떤 사람이 화살을 쏘아 의장대·장위 대열에 이르거나 벽장 안에 이른 때에는 각각 교형에 처한다. 이것은 뜻하지 않게 활을 쏜 경우이다. 만약 고의로 쏘았다면 물론 모반(謀反)의 죄를 받는다(명6.1, 적도1). 본래 벽장은 어재소와 같으므로(위8.1의 주), 화살이 벽장 내 및 의장대·장위 안으로 들어간 것은 참형에 해당하는데(위16.1 참조), 이 경우는 뜻하지 않게 발생한 것이므로 교형으로 낮춘 것이다.

3. 황제의 행차 대열에 부딪힌 죄

위금률17(74조)

1. (a) 황제가 행차하는데 의장대에 부딪힌 자는 도1년에 처하고, 삼위의 장위에 부딪힌 자는 도2년에 처한다. 〈장위와 의장대 사이에 들어간 것을 말한다.〉 (b) 착오인 때에는 각각 2등을 감한다.

(1) 구성요건

황제의 행차 때에는 모두 의장대가 있는데, 그 대열에 충돌하여 안으로 들어간 것이 이 죄의 요건이다. 단 의장대의 안 쪽에는 다시 삼위의 장위가 있어, 충돌하여 의장대의 안으로 들어간 것과 삼위의 장위 안으로 들어간 것의 죄가 다르다. 삼위는 좌우천우위의 천우비신·비신좌우, 좌우위의 친위·훈위·익위, 좌우솔부의 친·훈·익위 및 모든 위의 익위를 포함한다.[3]

(2) 처벌

① 행차의 의장대에 충돌해 들어간 자는 도1년, 삼위 사이로 들어간 자는 도2년에 처한다.

② 의장대와 삼위의 장위 주사가 고의로 방임한 때에는 충돌한 자와 죄가 같고, 적발하지 못한 때에는 충돌한 자의 죄에서 2등을 감한다.

③ 착오로 부딪친 때에는 각각 2등을 감한다. 만약 어떤 사람이 과실로 대열에 충돌하여 들어갔다면 장90, 삼위의 장위 사이로 들어갔다면 도1년에 처한다. 이는 과실범이다.

4. 수위가 축산의 돌진을 방비하지 못한 죄

위금률17(74조)

2. 축산이 뛰어들었는데 수위가 방비하지 못하여 궁문에 들어가게 한 경우 수위는 장100에 처하고, 축산이 장위에 충돌한 경우 수위는 장80에 처한다.

축산이 갑자기 돌진하는데 수위가 방비하지 못하여 궁의 문으로 들어간 것 및 장위에 충돌한 것이 이 죄의 요건이다. 장위는 궁전에

---

3) 大駕鹵簿의 제도에 따르면 황제의 행차 시 三衛의 仗衛의 위치는 황제가 탄 玉輅의 바로 앞 열이다. 황제가 탑승한 玉輅에는 千牛將軍이 陪乘하고 千牛備身·備身左右가 곁에서 호위를 하며, 三衛 仗衛가 玉輅를 호위한다(『新唐書』권23상, 492~493쪽). 이 때문에 三衛의 仗衛에 부딪힌 죄는 다른 儀仗隊보다 1등 무거운 것이다.

서나 황제가 행차하는 곳에서나 같다. 궁성문에 들어간 경우의 죄는 궁문에 들어간 때의 죄와 같으며(위2.1의 주), 전문에 들어간 것에 대한 규정이 없는데 역시 궁문에 대한 죄와 같다고 보아야 한다. 이는 과실범이다.

제5절 황제 및 황실의 존엄에 관한 죄

Ⅰ. 서설

앞에서 황제·국가의 존립과 권위에 대한 죄로 모반·대역의 죄, 외환의 죄, 황제의 시봉에 관한 죄, 황제의 신변 보호에 관한 죄에 대해 설명했다. 그러나 이 네 개의 절에 포함되지 않지만 황제의 법익에 상당하는 조항들이 여전히 다수 있다. 이 조항들의 내용을 살펴보면 대개 황제 및 황실의 존엄을 침해함으로써 성립하는 죄라는 것을 알 수 있는데, ① 태묘·산릉 등을 범한 죄, ② 제사에 관한 죄, ③ 어보(황제의 인장)와 복어물(황제가 입고 쓰는 물품) 등에 관한 죄, ④ 황제 및 궁·전에 대한 예를 잃은 죄, ⑤ 황제의 단문친 이상을 구타한 죄의 다섯 범주로 분류할 수 있다.

단 태묘·산릉을 범한 죄 가운데 훼손한 죄(적1.1a의 소)는 대역의 죄에 포함된다(1편 1장 1절 Ⅳ). 이 밖에 태묘문 및 산릉의 조역문에 난입한 죄(위1), 원릉 내의 초목을 절도한 죄(적31.1), 산릉의 조역 내에서 실화한 죄(잡40), 태묘·태사·금원을 향해 활·탄환을 쏘거나 기와·돌을 던져 사람을 살상한 죄(위22.2), 기타 태묘·태사·금원을 범한 죄(위22.1)는 황제 및 황실의 존엄을 훼손한 죄로 분류할 수 있다.

제사에 관한 죄에는 대사의 신이 쓰는 물품을 절도한 죄(적23), 대사의 구단을 훼손한 죄(잡48), 대사의 준비를 법대로 하지 않은 죄(직8), 대사의 희생을 법대로 사육하지 않은 죄(구5), 대사의 산재 기간에 문상·문병한 죄(직9), 상이 있는 자를 종묘 제사의 집사로 충원한 죄(직11)가 포함된다.

어보와 복어물 등에 관한 죄에는 어보를 위조한 죄(사1), 어보·복어물을 절도한 죄(적24), 주사가 복어물을 차용한 죄(직16), 복어물을 버리거나 훼손한 죄(잡47)가 포함된다. 이 가운데 어보를 위조한 죄와 어보·복어물을 절도한 죄는 십악의 대불경을 적용하고 그 형벌도 극형에 해당할 만큼 중대한 범죄로 간주된다.

황제 및 궁·전에 대한 예를 잃은 죄에는, 상서 또는 황제에게 아뢰는 문서에 황제 및 선대 황제의 이름을 범한 죄, 궁 안에서 분쟁한 죄, 높은 곳에 올라가 궁·전 안을 내려다 본 죄, 궁·전 안에서 어도(황제의 길)를 통행한 죄, 국가 행사의 의식을 위반한 죄가 포함된다.

황제의 단문친 이상을 구타한 죄는 단문친(9·10촌)을 구타한 죄와 시마친 이상을 구타한 죄로 구분된다.

II. 태묘·산릉 등을 범한 죄

1. 의의

태묘는 황제의 조상의 신주를 모시고 제사 지내는 사당이다. 산릉은 황제의 무덤이며, 조역문은 산릉의 구역으로 들어가는 문이다. 이 두 영조물은 황제 또는 황실의 권위를 상징하므로 이를 훼손한 행위는 대역이라는 죄명으로 모반(謀反)과 같은 죄를 적용하고, 훼손할 것을 모의한 행위는 모대역의 죄명을 적용하는데 형은 모반보다 가볍지만 역시 십악의 두 번째에 해당하는 중죄이다(명6.1,2, 적도1). 이 밖에 태묘·산릉을 범한 죄는, 예컨대 태묘문 및 산릉의 조역문에 난입한 죄는 궁문에 난입한 죄(위2.1)와 같이 도2년에 해당하는 것처럼 일부 예외가 없지는 않지만, 대개 따로 조항을 두지 않고 태묘를 범한 죄는 궁을 범한 죄에서 1등을 감한다는 별도의 통례를 두었다(위22.1). 태묘·산릉은 궁·전에 비해 중요성이 떨어지므로 죄도 궁·전에 비하여 가볍기 때문에 1등을 감하는 것이다.

2. 태묘의 문 및 산릉의 조역문에 난입한 죄

위금률1(58조)
1. (a) 태묘의 문 및 산릉의 조역문에 난입한 자는 도2년에 처하고, 〈난입이라 함은 들어가서는 안 되는데 들어간 것을 말한다.〉 (b) 태묘 및 산릉의 담장을 넘은 자는 도3년에 처한다.
2. 태사의 문·담장에 대해 범했다면 각각 1등을 감한다.
3. (a) 수위가 적발하지 못한 때에는 2등을 감하고, 〈수위는 교대로 근무하는 시간을 맡은 자를 말한다.〉 (b) 주수는 또 1등을 감한다. 〈주수는 직접 감독하는 자를 말한다.〉 (c) 수위·주수가 고의로 방임한 때에는 각각 죄를 범한 자와 같은 죄를 준다. 〈다른 조항의 수위 및 감문은 각각 이에 준한다.〉

(1) 구성요건 및 처벌
태묘문과 산릉의 조역문에는 모두 숙위를 두어 막고 지키며 출입할 수 있는 자는 모두 명적이 있다. 난입은 고의·과실을 불문하며, 태묘문 및 산릉의 조역문에 난입한 자는 도2년에 처한다.

(2) 특별죄명

1) 태묘와 산릉의 담을 넘은 죄

태묘와 산릉의 담을 넘은 자는 도3년에 처한다. 담을 넘은 것은 난입에 비하여 정이 무겁기 때문에 무겁게 처벌하는 것이다.

2) 태묘의 실에 난입한 죄 및 까닭 없이 산릉에 오른 죄

황제의 조상은 지금 황제에 비견되고, 그 신주가 있는 태묘의 실은 어재소에 비견된다. 다만 어재소에 난입한 죄는 원래 참형에 해당하는데(위2.2), 태묘실에 난입한 죄는 1등을 감하여 유3000리에 처한다(위22.1a). 산릉은 태묘실과 같으므로 까닭 없이 산릉에 올라간 자도 태묘의 실의 난입에 대한 처벌과 같이 유3000리에 처한다(위1.1의 소).

3) 수위·주수가 적발하지 못하거나 고의로 방임한 죄

수위는 군인으로 태묘·산릉·태사에서 막고 지키며 숙위하는 위사 가운데 밤낮의 시간을 교대로 맡아 경계를 전담하는 자를 말한다. 시간을 맡지 않은 자는 처벌하지 않는다. 주수는 태묘·산릉·태사의 세 곳에서 수위를 거느리고 친히 지휘 감독하는 자를 말한다. 지휘 감독을 맡았으면 곧 처벌하며, 관의 높고 낮음을 한정하지 않는다. 수위가 난입 및 월담을 적발하지 못한 때에는 죄인의 죄에서 1등을 감하여 처벌하고, 난입 및 월담하는 것을 고의로 방임한 때에는 죄인과 죄가 같다. 주수는 수위의 죄에서 1등을 감하여 처벌한다.

4) 태사의 문에 난입하거나 월담한 죄

태사는 천자의 사(社)이다. 사는 토지신 사당이다. 태사는 무고의

문의 안에 세우며, 궁의 좌측에 태묘(종묘라고도 함)를 세우고 우측에 태사를 세운다(『당률석문』권7, 위금). 태사의 문에 난입하거나 월담한 죄는 각각 태묘 등 문에 난입하거나 월담한 죄에서 각각 1등을 감한다(위22.1a). 즉 태사의 문에 난입한 자는 도1년반에 처하고 태사의 담을 넘은 자는 도2년반에 처한다.

3. 원릉 내의 초목을 절도한 죄

적도율31(278조)
1. 원릉 내의 초목을 절도한 자는 도2년반에 처한다.

원릉은 황제의 능 주변에 조성된 정원이다. 원릉의 초목을 간벌하거나 가지치기한 것을 절도한 자는 도2년반에 처하며, 절도한 초목을 절도의 장물로 계산하여 죄가 도2년반보다 무거운 때에는 일반 도죄로 논하고 1등을 더한다. 다만 만약 그것을 훔친 것이 아니라 단지 찍어 베어낸 경우에는 "수목·농작물을 훼손하였거나 벤 자는 각각 절도에 준하여[準盜] 논한다."(잡54.1)는 규정에 따른다.

4. 산릉의 조역 내에서 실화한 죄

잡률40(428조)
1. (a) 산릉의 조역 내에서 실화한 자는 도2년에 처하고, (b) 불이 번져 임목을 태운 때에는 유2000리에 처한다. (c) 사람을 살상한 때에는 투살상죄에서 1등을 감한다.
2. 단 밖에서 실화하였는데 불이 번져 산릉의 조역을 태운 때에는 각각 1등을 감한다. 〈다른 조항의 밖에서 실화한 것은 이에 준한다.〉

(1) 산릉의 조역 내에서 실화한 죄

산릉의 조역에는 모두 숙위하는 사람이 있는데, 그가 이 안에서 실화한 때에는 도2년에 처한다. 불이 번져 조역 안의 임목을 태운 때에는 유2000리에 처한다. 실화로 인해 사람을 살상한 때에는 투살상죄에서 1등을 감해서 처벌한다. 만약 불이 번져 조역 안의 임목을 태우고, 또 살상이 발생한 때에는 그 중 무거운 것으로 죄준다. 이 죄의 행위주체는 통상 숙위이지만, 외인도 역시 포함된다. 외인이 실화하면 숙위 역시 처벌된다.

(2) 밖에서 실화하여 산릉의 조역까지 불이 번져 태운 죄

밖에서 실화한 것이 산릉의 조역으로 불이 번진 경우 죄인은 도2년에서 1등을 감하여 도1년반에 처하고, 만약 불이 번져 임목을 태웠다면 유2000리에서 1등을 감하여 도3년에 처한다. 이로 인해 사람을 살상한 때에는 투살상죄에서 2등을 감하여 처벌한다. 실화인이 숙위가 아닐 때에도 숙위는 처벌된다고 해석해야 한다.

5. 태묘·태사·금원을 향해 활·탄환·돌 등을 쏘거나 던져 사람을 살상한 죄

위금률22(79조)

2. 태묘·태사·금원을 향하여 활을 쏘거나 탄환을 쏘거나 기와를 던져 사람을 살상한 자는 각각 투살상으로 논하고, 사망에 이른 때에는 가역류에 처한다.

태묘·태사 및 금원은 사람이 활을 쏘거나 탄환을 쏘거나 기와·돌을 던지는 곳이 아니다. 단 율이나 소에는 태묘·태사 및 금원에 활을 쏘거나 탄환을 쏘거나 기와·돌을 던진 것을 처벌하는 규정을 없으므로 이는 처벌 요건이 아닌 셈이다. 오직 사람을 살상한 때 처벌하는 규정만 있는데, 만약 함부로 태묘·태사 및 금원을 향하여 활을 쏘거나 탄환을 쏘거나 기와·돌을 던져 사람을 살상한 경우 투살상죄의 처벌법에 의거한다. 따라서 만약 화살로 다치게 한 자는 병장기로 사람을 상해한 죄로 도2년에 처하고(투3), 한쪽 눈을 멀게 한 자는 도3년에 처하는데(투4), 단 피해자가 사망에 이른 때만 죄인을 가역류에 처한다.

6. 태묘·태사·금원을 범한 경우의 처벌

위금률22(79조)

1. 본조에 태묘·태사 및 금원을 범한 것에 대해 처벌 규정이 없는 경우 태묘는 궁에서 1등을 감하고, 태사는 태묘에서 1등을 감하며, 금원은 태사와 같다.

이는 본조에 태묘·태사 및 금원을 범한 것에 대해 처벌 규정이 없는 경우 태묘는 궁에서 1등을 감하고, 태사는 태묘에서 1등을 감하며, 금원은 태사와 같이 처벌한다는 통례 규정이다. 예를 들면 태묘에 난입하기 위해 이르렀으나 아직 넘지 않은 자는 궁문에서 이를 범한 죄의 형 장80(위3.1)에서 1등을 감하므로 장70에 처하고, 태사 및 금원에서 이 죄를 범한 자는 또 1등을 감하여 장70에 처한다. 또 일로 인하여 태묘에 갔다가 함부로 유숙한 자는 궁에서 범한 죄의 형 도1년(위6.1)에서 1등을 감하여 장100에 처하고, 태사 및 금원에서 이 죄를 범한 자는 또 1등을 감하여 장90에 처한다.

III. 제사에 관한 죄

1. 개설

(1) 제사와 황제권

명례율 6조의 소에 "왕이란 천지의 중심에 존재하는 지존으로, 하늘의 보명을 받들어 천지가 백성을 덮고 싣듯이 모든 백성의 부모가 된다."고 한 것으로 알 수 있듯이, 황제권은 천명에 따른 것으로 간주된다. 따라서 황제권의 근원이 되는 하늘에 대한 제사 즉 제천행사는 지극히 중대한 국가사가 됨은 말할 필요도 없으며, 하늘 외에도 땅, 황제의 조상, 선성·선사에 대한 제사가 국가적 행사로 거행되었다. 이 제사들은 각각 명칭이 있는데, 하늘에 대한 제사는 사(祀), 땅에 대한 제사는 제(祭), 황제의 조상을 모시는 종묘에 대한 제사는 향(享), 선성·선사에 대한 제사는 석전(釋奠)이라 하였다. 또한 네 가지 제사는 중요성에 따라 대사, 중사, 소사로 나누었다. 대사는 호천상제·오방상제·황지기·신주·종묘에 대한 제사인데, 앞의 둘은 하늘에 대한 제사, 가운데 둘은 땅에 대한 제사, 마지막 하나는 황제의 조상에 대한 제사이다. 대사는 태위 등 신하에게 위임할 때도 있지만 황제가 친히 초헌이 되어 제사를 지내는 것이 원칙이다. 따라서 대사의 의식은 거대한 규모를 갖추고 극대화된 엄숙성과 지고무상의 권위를 갖추어야 한다. 중사는 일·월·성신·사직·선대제왕·악·진·해·독·사직·선잠·공자·강태공·태자들의 사당에 대한 제사이며, 소사는 사중·사명·풍사·우사·중성·산림·천택·오룡사 등과 주·현의 사직·석전에 대한 제사이다(『당육전』권4, 120쪽, 『역주당육전』상, 431쪽).

(2) 제사와 형벌

제사, 그 가운데에서도 대사는 성대한 규모로 엄숙하고 정결하게 거행해야 하므로 주밀하고 철저한 준비가 요구된다. 그렇지 않으면 자칫 황제가 거행하는 국가적인 행사의 신성성을 훼손할 수도 있기 때문이다. 따라서 행사를 준비하고 진행하기 위한 제도적 규범이 치밀하게 마련되어 있으며, 이를 위반한 자는 처벌을 받는다. 즉 대사의 기일을 상신하고 두루 알리며, 제물을 준비하고 재계하는 등의 제사 준비에 관한 규범을 위반한 죄(직8), 대사의 산재 기간에 조상·문병한 죄(직9), 상이 있는 자를 종묘 제사의 집사로 충당한 죄(직11), 희생을 법대로 사육하지 않은 죄(구5) 등에 대한 처벌 규정이 바로 그것이다. 또한 대사의 신이 쓰는 물품을 절도한 죄는 일반 절도죄에 비해 현저하게 무겁고(적23), 대사의 신이 쓰는 물품을 버리거나 훼손한 죄도 일반 유기죄에 비해 현저하게 무겁다(잡47). 이 밖에 대사의 구단을 훼손한 죄(잡48)도 규정되어 있다. 전체적으로 제사에 관한 죄는 대사를 위주로 하여 규정되어 있으며, 중·소사에 대한 죄는 대사를 범한 죄에서 차례로 2등을 감한다고 부수적으로 규정되어 있다. 중·소사는 그 만큼 중요성이 떨어지는 제사이기 때문이다.

2. 제사의 준비에 관한 법과 예를 위반한 죄

직제율8(98조)

1. (a) 대사의 기일을 미리 보고하지 않거나 담당 관사에 통고하지 않은 자는 장60에 처하고, (b) 그 때문에 일을 그르치게 된 때에는 도2년에 처한다.
2. (a) 생뢰(牲牢)·옥·백 등을 법대로 하지 않은 자는 장70에 처하고, (b) 수량을 빠뜨린 자는 장100에 처하며, (c) 전부를 빠뜨린

자는 도1년에 처한다. 〈전부를 빠뜨렸다는 것은 제물 한 벌이 빠졌다는 것을 말한다.〉

3. 대사의 산재 중에 정침에서 자지 않은 자는 1박에 태50에 처하고, 치재 중에 본사에서 자지 않은 자는 1박에 장90에 처하며, 각각 1박마다 1등을 더한다.

4. 중사·소사는 2등씩 감한다. 〈무릇 사(祀)라고 말한 것은 제(祭)·향(享)도 같다. 다른 조항에서 중사·소사는 이에 준한다.〉

(1) 제사의 기일을 신고하지 않거나 담당 관사에 통고하지 않은 죄

대사를 관장하는 태상시의 담당 관사는 20일 전에 예부의 사부사에 보고하고 사부사는 관련 관사에 통고해야 하며, 이를 위반한 자는 장60에 처한다. 만약 보고하거나 통고했더라도 일이 두루 다 미치지 않았다면 같은 처벌을 받는다. 만약 그것으로 인해 제사의 일을 그르치게 되었다면 발단이 된 관사는 도2년에 처하고, 연좌해야 할 자는 각각 동직연좌의 법에 따라 등급을 나누어 차례로 처벌한다(명40.1a).

중·소사의 기일을 상신하지 않거나 관련 관사에 알리지 않은 자는 중사는 태40, 소사는 태20에 처하고, 이 때문에 일을 그르치게 될 때에는 중사는 도1년, 소사는 장90에 처한다.

(2) 생뢰(牲牢)·옥·백 등을 법대로 하지 않은 죄

1) 대사의 경우

생(牲)이란 소·양·돼지를 말한다. 뇌(牢)는 희생의 몸체이다. 옥은 창벽(蒼璧)·황종(黃琮) 등을 말하는데, 창벽은 하늘 제사에 쓰고 황종은 땅 제사에 쓰며, 오방의 상제는 각각 방색에 맞춰 옥을 갖춘다. 백이란 폐백을 말한다. 기타 메기장[黍]·찰기장[稷] 따위도 있다. 이러한 것들을 예와 영에 정한 법식에 따르지 않거나, 수량이 부족하거나, 하나의 신에 대한 제물 모두를 빠뜨린 때 처벌을 받는다. 생뢰·옥·백 등을 법과 같지 않게 한 경우 처벌은 다음과 같다.

① 하나의 제물에 법대로 하지 않음이 있으면 장70에 처한다.

② 하나의 제물에 수량이 부족하면 장100에 처한다.

③ 1좌(坐) 모두를 빠뜨린 때에는 도1년에 처한다. 좌는 신위를 말한다. 단 빠뜨린 좌가 더 많더라도 죄는 도1년을 넘을 수 없다.

2) 중사의 경우

위의 죄가 중사에 대한 것이면, ①은 태50, ②는 장80, ③은 장90이 된다.

3) 소사의 경우

소사에 대한 것이면, ①은 태30, ②는 장60, ③은 장70이 된다.

(3) 산재·치재 기간에 정침·본사에서 자지 않은 죄

사령(祠令)에 의하면 대사는 산재가 4일이고 치재가 3일이다. 중사는 산재가 3일이고 치재가 2일이다. 소사는 산재가 2일이고 치재가 1일이다. 산재 기간에 제사를 주관할 재[齋官]는 낮에는 평소처럼 일을 처리하고 밤에는 자기 집의 정침에서 잔다. 정침이 없는 경우 자기 집에 있는 다른 정결한 방 안에서 자면 죄가 없다. 모두 불결하고 추악한 일에 참예해서는 안 된다. 치재 기간의 이틀 밤은 본사에서 자고 하룻밤은 제사지내는 곳에서 잔다. 본사가 없거나 본사가 황성 밖에 있는 경우에는 모두 교사나 태묘에 머물면서 재계한다. 따라서 대사의 산재·치재에 정침·본사에서 자지 않은 자는, 산재는 1박에 태50, 치재는 장90에 처하고, 1박을 경과할 때마다 1등씩 더한다. 중사의 경우 산재는 1

박에 태30, 치재는 장70에 처하고, 소사의 경우 산재는 1박에 태10, 치재는 태50에 처하고, 각각 1박을 경과할 때마다 1등을 더한다.

3. 대사의 산재·치재 기간에 문상 등을 행한 죄

직제율9(99조)
1. (a) 대사의 산재 기간에 문상하거나, 병자를 위문하거나, 형벌·
   살생의 문서를 판정하고 서명하거나, 태·장형을 집행한 자는 태
   50에 처하고, (b) 이를 황제에게 아뢴 자는 장60에 처한다.
2. 치재 기간이면 각각 1등을 더한다.

(1) 대사의 산재 기간에 범한 경우

1) 문상·문병한 죄

대사의 산재 기간 4일 동안에는 결코 상가를 조문해서도 안 되고, 병자를 위문해서도 안 된다. 또한 죄를 정하는 문서나 죄인을 살육하는 문서에 서명해서도 안 되고, 장·태형을 집행해서도 안 된다. 이를 위반한 자는 태50에 처한다.

2) 형벌·살생의 일을 황제에게 아뢴 죄

대사의 산재 기간에 형벌·살생의 일을 황제에게 아뢴 자는 장60에 처한다. 유죄 이상 또는 제면·관당으로 단죄한 경우 모두 사안의 진상을 연사해서 상서성에 보고하고 사안에 대해 복심을 마치면 황제에게 상주한다. 특히 사형은 경사에서는 반드시 5복주하고 재외에서 3복주해야 한다. 그러므로 형벌·살생과 장·태형을 집행할 사안 가운데 반드시 상주해야 할 것은 유죄·사죄 및 제면·관당으로 단죄하는

죄이다. 또 옥관령(습유765쪽)에 의거하면, 입춘부터 추분까지는 사형 집행을 상주할 수 없다. 단 악역 이상을 범하거나 노비·부곡이 주인을 살해한 경우에는 이 영에 구애받지 않는다. 그렇지만 그 경우도 대사의 산재·치재 및 중·소사의 치재, 삭망·상하현·24절기, 비가 개이기 전이나 날이 밝기 전, 도살을 금지하는 월·일 및 휴일에는 모두 사형 집행을 상주할 수 없다.

(2) 대사의 치재 기간에 범한 경우

대사의 치재 기간에 위의 죄를 범한 경우 각각 1등을 더한다. 즉 문상·문병 및 행형·살생의 문서에 서명한 자는 장60, 사형 집행 등을 황제에게 아뢴 자는 장70에 처한다.

4. 상이 있는 자를 종묘제사의 집사로 충원한 죄

직제율11(101조)
1. (a) 종묘의 제사에 시마 이상 친속의 상이 있는 자임을 알고도 파견하여 행사를 집전하게 한 자는 태50에 처하고, 배종하게 한 자는 태30에 처하되, (b) 주사가 알지 못했다면 죄를 논하지 않는다.
2. 상이 있는데도 스스로 말하지 않은 자의 죄 또한 이와 같다.
3. 천지·사직에 제사지낼 때는 금하지 않는다.

종묘의 제사는 좋은 일이므로 시마 이상의 상이 있는 사람이 그 행사에 관여해서는 안 된다. 따라서 종묘의 제사에 시마 이상의 상이 있는 자를 파견하여 행사를 집전하게 한 주사는 태50에 처하고, 배종의 임무를 맡긴 때에는 태30에 처한다. 집사·배종의 임무를 맡은 자가 스스로 상이 있음을 말하지 않은 경우 주사와 죄가 같다. 상이 있는 자임을 모른 주사는 논하지 않는다. 단 천지·사직에 제사지낼 때에는 이를 금하지 않는다.

5. 대사의 희생을 법대로 사육하지 않은 죄

구고율5(200조)
대사에 바칠 희생을 법과 같이 사육하지 않음으로써 수척하게 하거나 손상한 자는 1두이면 장60에 처하고, 1두마다 1등씩 더하되, 죄는 장100에 그친다. 이 때문에 죽은 경우에는 1등을 더한다.

(1) 대사의 희생을 법대로 사육하지 않은 죄

대사에 쓰는 희생은 척궁에서 90일, 중사에 쓰는 것은 30일, 소사에 쓰는 것은 10일 동안 사육하는데, 살찌도록 하고 매질해서는 안 된다. 대사에 바치는 희생은 송아지를 사용하며, 선대의 황제가 배향된 경우에는 양과 돼지를 더한다. 이 같은 대사의 희생을 법과 같이 사육하지 않아서 수척하게 하거나 손상시킨 것이 1두이면 사육한 자를 장60에 처하고, 1두마다 1등씩 더하되, 5두이면 장100에 처하는데, 이것이 이 죄의 최고형이다. 이로 인해 희생이 죽은 경우 1두가 죽었다면 장70에 처하고, 5두가 죽었다면 도1년에 처하는데, 역시 이것이 이 죄의 최고형이다.

(2) 중사·소사의 희생을 법대로 사육하지 않은 죄

중사에 사용할 희생을 법과 같이 사육하지 않았다면 각각 대사에서 2등을 감하고, 소사의 경우는 중사에서 2등을 감한다.

6. 대사의 신이 쓰는 물품 절도죄

적도율23(270조)

1. 대사의 신이 쓰는 물품을 절도한 자는 유2500리에 처한다. 〈신이 쓰도록 바친 것을 말하며, 장막·상·지팡이도 역시 같다.〉
2. (a) 단 신이 쓰도록 바치려고 예정했거나 〈제작이 완성되지 않은 것을 말한다.〉 바쳤다가 폐하거나 물린 것, 또는 갖추어진 제물[饗薦]로 이미 차려서 들인 것을 절도한 자는 도2년에 처하고, 〈향천(饗薦)이라는 것은 옥폐·생뢰 따위를 말한다. 차려서 들였다는 것은 이미 제사지내는 곳에 들여 제사담당관의 검열을 거친 것을 말한다.〉 (b) 아직 차려서 들이지 않은 것을 절도한 자는 도1년반에 처한다. (c) 이미 물린[闋] 것을 절도한 자는 장100에 처한다. 〈이미 물렸다는 것은 신을 접하여 예를 마친 것을 말한다.〉
3. 만약 솥·시루·칼·수저 따위를 절도한다면 모두 일반 절도의 법에 따른다.

(1) 구성요건

대사의 신이 쓰는 물품을 절도한 것이 죄의 구성요건이다. 신이 쓰는 물품이란 제기·예기를 말한다. 이 밖에 유장·궤·장도 역시 같다. 단 물품이 내구성인 것과 일회성인 것의 처벌이 다르고, 일회용이라도 차려서 바친 것과 바치지 않은 것의 처벌이 다르다. 이러한 물품은 대사 때 사용되는 물품으로 신성이 있다고 믿기 때문에 일반 절도죄에 비하여 죄가 무겁다. 그렇지만 제사 때 사용하는 물품이라도 솥·시루·칼·수저 및 소반·사발과 잡기는 신에 바치는 물품이 아니므로 이를 절도한 것은 일반 절도죄를 적용한다.

(2) 처벌

1) 대사의 신이 쓰는 물품을 절도한 경우

대사의 신이 쓰는 물품을 절도한 자는 유2500리에 처하며, 십악의 대불경을 적용한다(명6.6). 공공연히 취하든 몰래 취하든 모두 이 죄를 받는다(적53). 중·소사의 물품을 절도한 경우 대사에서 2등씩 감해서 죄를 과한다(직8.4).

2) 대사의 신에게 바치려고 예정한 것 및 바쳤다가 폐하거나 물린 물품을 절도한 경우

신에게 바치려고 예정한 것, 바쳤다가 폐하거나 물린 것을 절도한 자는 도2년에 처한다.

신에게 바치려고 예정한 것이라는 것은 위 조문의 신이 쓰는 물품이나 유장·궤·장으로 제작이 완성되지 않았지만 공급하여 바치기로 되어 있는 것을 말한다. 바쳤다가 폐하거나 물린 것이란 신이 쓰는 물품으로 제사에 바친 다음 퇴출하여 관할 관사에 반환한 것을 말한다.

3) 차려서 들인 제물을 절도한 경우

제물이라는 것은 옥폐·희생과 과일·포 따위를 말한다. 차려서 들였다는 것은 제사 지내는 곳에 들여서 제사관의 검열을 거친 것을 말한다(적23.2a②의 주).

① 갖추어진 제물로 이미 차려서 들인 것을 절도한 자는 도2년에 처한다.

② 갖추어진 제물로 아직 차려서 들이지 않은 것을 절도한 자는 도1년반에 처한다. 이는 아직 제사관에게 들이지 않은 것을 절도한 것이다.

③ 신 앞에 놓였다가 흠향이 끝나 반환된 음식을 절도한 자는 장 100에 처한다.

4) 솥 등을 절도한 경우

솥·시루·칼·숟가락 및 쟁반·사발과 잡기 등을 절도한 자는 모두 일반 절도의 법(적35)에 따라 처벌한다. 이런 물건들은 비록 제사 때 사용되는 물품이지만 신이 직접 사용하도록 제공되는 물품이 아니기 때문에 대사의 신이 쓰는 물품으로 간주하지 않고 일반 절도의 법에 따라 처벌한다. 따라서 절도한 물품의 가치가 1척이면 장60에 처하고, 1필마다 1등씩 가중하여 5필이면 도1년에 처하고, 5필마다 1등씩 가중하며, 죄의 최고형은 가역류이다.

7. 대사의 신이 쓰는 물품을 버리거나 훼손한 죄

잡률47(435조)

1. 대사의 신이 쓰는 물품을 버리거나 훼손한 때에는 각각 절도로 [以盜] 논한다.
2. 망실하거나 착오로 훼손한 때에는 절도에 준하여 논하되 2등을 감한다.

(1) 대사의 신이 쓰는 물품을 버리거나 훼손한 죄

대사의 신이 쓰는 물품을 버리거나 훼손한 자는 대사의 신이 쓰는 물품의 절도로 논하여 처벌한다.

대사는 천지·종묘·신주 등에 대한 제사(명6, 적도23)를 말한다. 이 제사의 신이 쓰는 물품, 즉 제기·예기 등을 버리거나 훼손한 자는 대사의 신어물의 절도로 논하므로, 그 죄는 유2500리에 해당한다(적23.1).

(2) 대사의 신이 쓰는 물품을 절도한 죄가 도1년반보다 무거운 것을 버리거나 훼손한 죄

적도율 23조에 규정된 대사의 신이 쓰는 물품을 절도한 죄가 도1년반보다 무거운 것을 버리거나 훼손한 자는 대사의 신이 쓰는 물품을 절도한 것으로 논하여 처벌한다. 즉 신에게 바치려고 예정한 것 및 바쳤다가 폐기하여 물린 것, 또는 갖추어진 제물로 제사관에게 차려서 들인 것을 버리거나 훼손한 자는 도2년에 처하고, 아직 제사관에게 차려서 들이지 않은 것을 버리거나 훼손한 자는 도1년반에 처한다.

(3) 대사의 신이 쓰는 물품을 절도한 죄가 도1년반보다 가벼운 것을 버리거나 훼손한 죄

절도죄가 도1년반보다 가벼운 것, 즉 흠향하고 물린 제물을 망실하거나 착오로 훼손한 자는 절도에 준하여 논하되 2등을 감하여 처벌한다. 이는 본질적으로 과실범이므로 다만 절도에 준하여 논하고 2등을 감하며, 제명·면관·배장, 감림·주수의 가중처벌, 가역류의 법례는 적용하지 않는다(명53.3).

(4) 중사·소사의 신이 쓰는 물품을 버리거나 훼손한 것 등의 죄

중사의 신이 쓰는 물품에 대해 위의 죄를 범한 때에는 대사의 죄에서 2등을 감해서 처벌하고, 소사의 신이 쓰는 물품에 대해 범한 때에는 또 2등을 감해서 처벌한다. 중사·소사의 신이 쓰는 물품을 절도한 죄는 십악을 적용하지 않는다.

8. 대사의 구단을 훼손한 죄

잡률48(436조)

1. (a) 대사의 구단에서 제사를 지내려고 수위를 배치했는데 훼손한 자는 유2000리에 처하고, (b) 제사를 지내는 날이 아니면 도1년에 처한다.
2. 유문(壝門)은 각각 2등을 감한다.

(1) 대사의 구단을 훼손한 죄

제사를 지내는 날에 대사의 구단을 훼손한 자는 유2000리에 처한다. 제사가 없을 때 훼손한 자는 도1년에 처한다. 대사는 환구(圜丘)에서 하늘에 제사지내고, 방구(方丘)에서 토지에 제사지내며, 오시에 기를 맞이하여 오방의 상제에 제사지내는데 모두 각각 구단이 있다. 이러한 제사를 지내려 할 때에는 각각 수위를 배치한다.

(2) 대사의 유문을 훼손한 죄

제사 지내는 날 유문을 훼손한 자는 도2년반에 처하고, 제사가 없는 날 유문을 훼손한 자는 장90에 처한다. '유문'이란 구단 밖에 흙을 쌓고 만든 문을 말한다.

Ⅳ. 어보의 위조·절도 및 황제가 입고 쓰는 물품을 절도·망실·유기한 죄

1. 어보를 위조한 죄

사위율1(362조)
(1) 황제의 팔보를 위조한 자는 참형에 처한다.
(2) 태황태후·황태후·황후·황태자의 보를 위조한 자는 교형에 처한다.
(3) 황태자비의 보를 위조한 자는 유2000리에 처한다.
〈위조한 경우 사용한 바를 불문하고 단지 만들었으면 처벌한다.〉

(1) 개설

황제·태황태후·황태후·황후·황태자와 황태자비의 인은 특별히 보라고 부른다. 보는 인장이고 또한 믿음(信)이다. 율에서 황제의 보는 어보라고 칭한다. 어보와 관련된 조문은 삼후의 보에도 적용된다(명 6.6의 소). 어보는 여덟 개가 있는데, 전국신보, 수명보, 황제삼보, 천자삼보이다. 전국신보는 사용하지 않는다. 수명보는 봉선할 때 사용한다. 황제행보는 왕·공 이하에게 회신하는 문서에 사용하고, 황제지보는 왕·공 이하를 위로하는 문서에 사용하며, 황제신보는 왕·공 이하를 징소하는 문서에 사용한다. 천자행보는 외국에 회신하는 문서에 사용하고, 천자지보는 외국을 위로하는 문서에 사용하며, 천자신보는 외국의 군대를 징집하는 문서에 사용한다. 팔보는 모두 백옥으로 만든다(『당육전』권8, 251~253쪽, 『역주당육전』중, 66~72쪽). 삼후·황태자와 황태자비의 보는 모두 황금으로 만들며, 사용하지 않는다(적24).

(2) 구성요건 및 처벌

보는 원래 황금·백옥으로 만들지만, 반드시 모두 황금·백옥으로 위조해야 처벌하는 것은 아니고, 또한 사용했는지 사용하지 않았는지를 불문하고 팔보 가운데 하나라도 위조한 때에는 곧 참형에 처한다. 태황태후·황태후·황후·황태자의 보는 황제의 보에 비해 중요성이 떨어지기 때문에 위조한 죄도 참형보다 가벼운 교형에 해당한다. 황제·태황태후·황태후·황후·황태자의 보를 위조한 죄는 십악의 대불경을 적용한다(명6.6의 주②, 51.1). 황태자비의 보를 위조한 죄는 유2000리에 해당하는데, 역시 대불경에 포함된다고 해석해야 한다. 왜냐하면 적도율 24.1조의 소에서 "황태자비의 보는 태자의 보와 다르지 않다."고 해석하고 있기 때문이다.

2. 어보 및 황제가 입고 쓰는 물품을 절도한 죄

적도율24(271조)

1. 어보를 절도한 자는 교형에 처한다.

2. (a) 황제[乘輿]가 입고 쓰는 물품을 절도한 자는 유2500리에 처한다. 〈황제의 물품으로 바친 것을 말한다. 입는 것은 이불·깔개 따위도 포함되며, 현재 쓸 것이나 예비용이나 같다. 모두 반드시 감독·담당하는 관이 선별해서 올리려고 예정한 것이어야 황제의 물품이 된다.〉 (b) 단 황제가 입고 쓸 것으로 바치려고 예정한 것이나 바쳐서 쓰고 물린 것을 절도한 자 또는 황제께서 드시려던 음식을 먹은 자는 도2년에 처한다. 〈황제께서 드시려던 음식은 이미 감독·담당하는 관에게 올린 것을 말한다.〉 (c) 황제가 드실 음식으로 바치려고 준비한 음식을 먹은 자 및 입고 쓸 것 것이 아닌 것을 절도한 자는 도1년반에 처한다.

(1) 어보를 절도한 죄

어보를 절도한 자는 교형에 처한다. 어보는 황제의 보 및 태황태후·황태후·황후의 보를 가리킨다. 태황태후·황태후·황후를 합하여 삼후라고 칭한다.

이 죄는 십악의 대불경을 적용한다(명6.6의 주②). 황태자·황태자비의 보는 1등을 감하여 유3000리에 처하며, 역시 대불경을 적용한다(명51.1).

(2) 황제[乘輿]가 입고 쓰는 물품을 절도한 죄

황제가 입고 쓰는 물품이란 황제가 입고, 먹고, 쓰는 일체의 물품을 말한다. 이 물품들은 황제에게 바칠 것이나 예비로 준비한 것 모두에 해당한다. 이 물품들을 절도한 자는 유2500리에 처하며, 역시 십악의 대불경을 적용한다. 승여는 황제의 별칭이지만, 승여라고 칭한 조문은 태황태후·황태후·황후에 대해 범한 경우에도 같이 적용된다. 따라서 태황태후·황태후·황후가 입고 쓰는 물품을 절도한 죄는 역시 십악의 대불경을 적용한다. 황태자·황태자비가 입고 쓰는 물품을 절도한 자는 1등을 감하여 도3년에 처하며, 역시 대불경을 적용한다.

(3) 황제·삼후에게 바치려고 준비한 물품을 절도한 죄

황제와 삼후가 입고 쓸 것으로 바치려고 준비한 물품이나 사용하고 난 뒤 물린 물품을 절도한 자는 도2년에 처한다.

(4) 황제가 드실 음식을 먹은 죄

황제가 드실 음식을 먹은 자는 도2년에 처한다. 이는 황제가 드실 음식으로 이미 담당관에게 올린 것을 말한다.

(5) 황제가 드실 것으로 준비한 음식을 먹은 죄

준비한 음식이란 아직 담당관에게 올리지 않은 것을 말한다. 황제가 드실 것으로 준비한 음식을 훔친 자는 도1년반에 처한다. 먹은 음식을 장물로 계산한 절도죄가 도1년반보다 무거운 때에는 일반 절도죄에 1등을 더해 처벌한다.

(6) 황제·삼후의 기타 물품을 절도한 죄

입거나 쓰는 것은 아니지만 그 밖의 황제·삼후의 물품을 절도한 자는 도1년반에 처한다. 절도한 장물을 계산한 죄가 도1년반보다 무거운 때에는 일반 절도죄에 1등을 더해 처벌한다.

3. 주사가 황제가 입고 쓰는 물품을 차용한 죄

직제율16(106조)

1. 주사가 황제[乘輿]가 입고 쓰는 물품을 사사로이 빌리거나, 또는 남에게 빌려준 때에는 도3년에 처하고, 그것을 빌린 자도 도3년에 처한다.
2. 입거나 쓰는 것이 아닌 물품이면 도1년에 처한다. 〈입거나 쓰는 것이 아닌 물품은 휘장·안석·지팡이 등을 말한다.〉
3. 관사에서 사용한 때에는 각각 1등을 감한다.

(1) 주사가 황제[乘輿]의 입고 쓰는 물품을 빌리거나 빌려준 죄

위의 죄와 마찬가지로 승여는 황제의 별칭이지만 삼후를 포함하는 개념이다. 황제와 삼후가 입고 쓰는 물품을 관장하는 주사는 정돈하여 간수하는 일을 항상 법대로 해야 한다. 그럼에도 불구하고 이를 빌리거나 다른 사람에게 빌려준 경우 이 죄를 받고, 또한 그것을 빌린 사람도 같은 죄를 받는다. 빌려준 사람과 빌린 사람은 필요공범이며 수범·종범으로 나누지 않는다.

(2) 입고 쓰는 물품이 아닌 황제의 물품을 빌리거나 빌려준 죄

입고 쓰는 물품이 아닌 물품은 휘장·안석·지팡이 및 붓·벼루·서책·그릇·놀이기구 따위를 포함한다. 대개 직접 황제 등이 몸에 착용하는 것이 아닌 것을 가리키는 것 같다. 이 같은 물품들을 주사가 빌리거나 다른 사람에게 빌려주거나, 그것을 빌린 사람은 도1년에 처한다.

(3) 특별죄명

황제의 입고 쓰는 물품을 관사에서 사용한 경우 주사는 (1)의 죄에서 1등을 감하여 도2년반에 처하고, 입고 쓰는 물품이 아닌 물품을 사용한 경우 주사는 (2)의 죄에서 1등을 감하여 장100에 처한다.

4. 황제가 입고 쓰는 물품을 버리거나 훼손한 죄

잡률47(435조)
1. 황제가 입고 쓰는 물품 및 입고 쓰는 것이 아닌 황제의 물품을 버리거나 훼손한 자는 각각 절도로[以盜]로 논한다.
2. 망실하거나 착오로 훼손한 자는 절도에 준하여[準盜] 논하되 2등을 감한다.

(1) 황제의 물품을 버리거나 훼손한 죄

황제[乘輿]의 물품을 버리거나 훼손한 자는 각각 절도로 논하여 처벌하므로, 이를 정리하면 다음과 같다.
① 황제의 의복·거마 등을 버리거나 훼손한 자는 유2500리(적24)

에 처하고 십악의 대불경(명6.6)을 적용한다.

② 황제의 물품으로 입고 쓰는 물품이 아닌 휘장·안석·지팡이 같은 것을 버리거나 훼손한 자는 절도로 논하여 도1년반에(적24.2) 처하며, 훼손한 것을 일반 절도죄의 장물로 계산하여 죄가 도1년반보다 무겁다면 각각 일반 절도죄에 1등을 더한다(적33).

(2) 준비된 것을 버리거나 훼손한 죄

황제가 입고 쓰도록 준비된 것을 버리거나 훼손한 자는 절도로 논하여(적24) 모두 도2년에 처한다.

(3) 황제가 입고 쓰는 물품을 망실하거나 착오로 훼손한 죄

황제가 입고 쓰는 물품을 망실하거나 착오로 훼손한 자는 망실하거나 훼손한 물품을 절도죄의 장물로 계산하여 절도에 준하여 논하되 2등을 감하여 처벌한다. 이는 본질적으로 과실범이므로 다만 절도에 준하여 논하고 또 2등을 감하는 것이다. 절도에 준하여 논하는 경우 제명·면관·배장, 감림·주수의 가중처벌, 가역류의 법례는 적용하지 않는다(명53.3).

V. 황제 및 궁·전에 대한 예를 잃은 죄

1. 상서 또는 황제에게 아뢰는 문서에 황제 및 선대 황제의 이름을 범한 죄

직제율25(115조)

1. (a) 상서 또는 황제에게 아뢰는 문서[奏事]에 착오로 황제 및 선

대 황제의 이름을 범한 자는 장80에 처하고, (b) 구두로 아뢸 때 및 다른 문서에 착오로 범한 자는 태50에 처한다.

2. 이름·자를 짓는데 황제 및 선대 황제의 이름을 범한 자는 도3년에 처한다.

3. 만약 음이 비슷하여 혼동하기 쉬운 이름이나 이름 두 글자[二名]에서 한 글자를 범한 때에는 처벌하지 않는다. 〈음이 비슷하여 혼동하기 쉬운 이름은 우(禹)와 우(雨), 구(丘)와 구(區) 같은 것을 말한다. 이름 두 글자에서 한 글자를 범한 것은 징재(徵在)의 경우 징(徵)은 말하되 재(在)는 말하지 않거나, 재(在)는 말하되 징(徵)은 말하지 않는 것 등을 말한다.〉

(1) 상서 또는 황제에게 아뢰는 문서에 착오로 황제 및 선대 황제의 이름을 범한 죄

상서는 황제에게 특별히 글로 아뢰는 것을 말한다. 주사(奏事)는 황제의 면전에서 일을 진언하는 것을 말하는데, 이 경우 반드시 문서를 가지고 한다. 상서나 주사에는 모두 황제나 선대황제의 이름 글자를 피해야 하는데, 착오로 이를 범한 경우에는 이 처벌을 받는다. 만약 음이 비슷하여 혼동하기 쉬운 이름이나 이름 두 글자에서 한 글자를 범한 자는 처벌하지 않는다. 예를 들면 "우(禹)와 우(雨)는 소리는 비슷하여도 글자는 다르고, 구(丘)와 구(區)는 뜻은 비슷하나 이치는 구별된다."(『예기』권3, 100~101쪽). 상서·주사에 황제 및 선대황제의 이름을 범한 자는 장80에 처한다.

(2) 특별죄명

1) 이름·자를 짓는데 범한 경우

이름과 자를 짓는데 황제 및 선대 황제의 이름을 범한 자는 도3년에 처한다. 천하의 모든 사람은 황제의 신하가 아닌 자가 없는데, 감히 황제나 선대황제의 이름을 범하면 이 처벌을 받는다는 것이다.

2) 구두로 아뢸 때 및 그 밖의 문서에서 범한 경우

구두로 아뢸 때 및 그 밖의 문서에서 착오로 종묘의 휘를 범한 자는 각각 태50에 처한다.

2. 궁내에서 분쟁한 죄

투송률10(311조)

1. (a) 궁 안에서 성내고 시끄럽게 다툰 자는 태50에 처하고, (b) 다투는 소리가 황제가 있는 곳까지 들린 때 및 서로 구타한 때에는 도1년에 처하며, (c) 날붙이로 상대방을 친 자는 도2년에 처한다.
2. (a) 전 안이면 차례로 1등을 더하고, (b) 상해가 무거운 때에는 각각 투상죄에 2등을 더한다. 〈더할 것을 계산한 것이 본죄보다 무거운 때에는 반드시 더해야 한다. 다른 조항에서 더한다고 한 것은 이에 준한다.]

(1) 의의

궁·전 안은 황제가 거주하는 공간으로 엄숙하게 공경하는 태도를 갖춰야 한다. 따라서 경솔하게 성내고 시끄럽게 한 자는 처벌하며, 더구나 서로 때리거나 심지어는 병장기로 공격하였다면 무겁게 처벌하는 것은 당연하다. 따라서 궁·전 안에서 분쟁한 죄는 ① 단순히 성내서 다툰 죄, ② 서로 때린 죄, ③ 병장기로 공격한 죄의 셋으로 구분하여 처벌한다. ①은 궁·전 외에는 원래 죄가 되지 않는 행위로 장소에 따른 특별처분인 셈이며, 만약 소리가 어재소까지 들렸다면 더 무겁게 처벌한다. ②와 ③은 일반 투구죄에 비해 처벌이 매우 무겁다. 또한 궁·전 안이라 하더라도 황제와의 거리에 따라 죄의 경중이 다르다. 즉 같은 행위라도 궁내, 전내, 상합내, 어재소의 네 단계로 구분하여 황제와 가까운 곳일수록 더 무겁게 처벌하는 것이다. 전 내에서 범하면 차례로 1등씩 더한다.

(2) 궁·전 내에서 분쟁한 죄

① 궁내에서 분쟁한 자는 태50에 처하는데, 싸우는 소리가 어재소까지 들린 때에는 도1년에 처한다.

② 전내에서 분쟁한 자는 장60, 소리가 어소까지 들린 때에는 도1년반에 처한다.

③ 상합 안에서 분쟁한 자는 장70, 소리가 어재소까지 들린 때에는 도2년에 처한다.

(3) 궁·전 내에서 서로 구타하거나 날붙이로 공격한 죄

① 궁내에서 서로 구타한 자는 도1년, 날붙이로 공격한 때에는 도2년에 처한다.

② 전내라면 각각 1등씩 더하여 도1년반, 도2년반에 처한다.

③ 상합 안이면 각각 도2년, 도3년에 처한다. 날붙이는 병장기든 아니든 논하지 않고 크고 작은 것의 구분이 없다.

(4) 궁·전 내에서 서로 때리거나 날붙이로 공격하여 상해가 무거운 때의 죄

궁·전 내에서 서로 구타하거나 날붙이로 공격하여 상해가 발생하고, 그 상해의 죄가 각각 위의 죄보다 무거운 때에는 투구상죄에 2등을 더한다.

① 가령 일반 투구상죄에서 타물로 사람을 구타하여(투1.2) 내상

을 입혀 피를 토하게 하였다면 장100에 해당하는데, 만약 궁 안이면 2등을 더하여 도1년반이 되므로 곧 궁 안에서 구타한 죄 도1년보다 무겁다. 따라서 일반 투구상해죄가 장100 이상이면 일반 투구상해죄에 2등을 더하여 처벌한다.

② 일반 투구상죄에서 사람을 구타하여 절상한 것이면 도1년에 해당하는데, 만약 전 안이면 2등을 더하여 도2년이 되며, 이것은 전 안에서 서로 구타한 죄인 도1년반보다 무겁다. 따라서 전 안의 경우 일반 투구상죄가 도1년 이상이면 2등을 더하여 처벌한다.

(5) 본죄에 가중할 것이 있는 경우의 처벌

본죄에 가중할 것이 있는 경우 반드시 더한 것으로 처벌한다.

전 안에서 서로 구타한 죄는 도1년반에 해당한다. 만약 갑이 전 안에서 시마존장을 구타하였다면, 본죄 도1년에 2등을 더하여 도2년이 되어 전 안에서 일반인 사이에 서로 구타한 죄에 비해 무거우므로 도2년에 처한다. 그러나 시마형·누나를 구타하였다면 본죄 장100에 2등을 더해도 도1년반이 되어 전 안의 일반인 구타죄와 같으므로 그대로 도1년반에 처한다.

3. 높은 곳에 올라가 궁 안을 내려다보거나 궁·전 안에서 어도를 통행한 죄

위금률9(66조)

1. 높은 곳에 올라가 궁 안을 내려다 본 자는 도1년에 처하고, (b) 전 안을 내려다 본 자는 2등을 더한다.

2. (a) 궁·전 안에서 어도를 통행한 자는 도1년에 처하고, 〈횡도가 있는 곳이거나 문장의 밖에서 지나간 자는 처벌하지 않는다.〉

(b) 궁문 밖의 어도를 통행한 자는 태50에 처한다. 착오로 통행한 때에는 각각 2등을 감한다.

(1) 높은 곳에 올라가 궁 안을 내려다 본 죄

궁·전이 있는 곳은 모두 높은 곳에 올라가 내려다보아서는 안 된다. 따라서 높은 곳에 올라가 궁 안을 내려다 본 자는 도1년에 처하고, 전 안을 내려다 본 자는 도2년에 처한다. 착오인 때에는 각각 2등을 감하니, 궁 안을 내려 본 자는 장90, 전 안을 내려다 본 자는 도1년에 처한다.

(2) 궁·전 안에서 어도를 통행한 죄

1) 구성요건

궁·전 안 혹은 궁·전 밖에서 어도를 통행한 것이 이 죄의 요건이다. 즉 궁·전 안에서 정문에 맞닿는 것이 어도인데 신하는 모두 통행할 수 없다. 가덕 등의 문을 궁문이라 하고, 순천 등의 문을 궁성문이라 한다. 여기서 궁문 밖이라 함은 순천문의 밖을 말한다.

단 횡도가 있어 어도를 넘어 통행한 것은 죄에 저촉되지 않는다. 즉 궁·전 안의 어도에는 횡도가 있는데, 이를 통해 지나가는 것은 죄가 되지 않는다. 또한 전문 및 궁문 안팎에 문장을 세운 곳의 바깥은 비록 횡도가 없더라도 넘어가는 것은 죄가 없다.

2) 처벌

① 궁·전 내의 어도를 통행한 자는 도1년에 처한다. 착오로 범한 때에는 장90에 처한다.

② 궁문 밖의 장위를 세운 곳 안의 어도를 통행한 자도 도1년에 처한다. 착오로 범한 때에는 장90에 처한다.

③ 궁문 밖의 장위를 세우지 않은 어도를 통행한 자는 태50에 처한다. 착오로 범한 때에는 태30에 처한다.

4. 국가 행사 때 의식을 위반한 죄

직제율10(100조)
1. 제(祭)·사(祀)를 지내거나 원릉에서 행사할 때, 또는 조회·시위할 때 과오를 범하거나 의식을 어긋하게 행한 자는 태40에 처한다. 〈말이 시끄럽거나 앉고 일어서는 것을 태만하게 하여 다른 사람과 어긋난 자는 처벌함을 말한다.〉
2. 모여야 하는데 알리지 않은 주사 및 알렸는데도 이르지 않은 자는 각각 태50에 처한다.

(1) 제·사와 조회 등에서 의식을 어긋나게 한 죄
제·사 때, 원릉을 배알할 때, 조회·시위할 때 일을 진행함에 과실과 착오를 범하거나 의식을 어긋나게 한 것이 이 죄의 요건이다. 제(祭)는 땅에 지내는 제사이고, 사(祀)는 하늘에 지내는 제사인데, 종묘의 제사인 향(享)도 이 법의 적용대상이다. 대개 말이 시끄럽거나 앉고 일어서는 것을 태만하게 하여 다른 사람과 어긋난 자를 처벌하는 규정이다.

(2) 집회에 집합하지 않은 죄
위의 행사 때 참석해야 할 사람이 참석하지 않은 때에는 태50에 처한다. 주사가 미리 집회의 기일을 알리지 않았다면 주사를 처벌하고, 주사가 알렸는데 참석하지 않았다면 참석하지 않은 자만 처벌한다.

5. 황실의 행사에 사인을 파견하지 않은 죄

직제35(125조)

2. 만약 식에 의거하여 반드시 사인을 파견하여 궁궐에 참예하게 하는데 파견하지 않은 자의 죄 역시 이와 같다.

의제령(습유478쪽)에 따르면, 황제의 즉위 및 성인식, 황태후 칭호의 수여, 황후·황태자의 책립, 정월 초하루에 사면령을 내릴 때에는 자사 혹은 5품 이상 경관으로 지방에 나가있는 사람은 모두 표·소를 바쳐 하례하는데, 각 주는 사인을 보내고 나머지는 표에 붙여 보낸다. 이것이 곧 사신을 보내어 궁궐에 참예해야 하는 경우이며, 이를 위반한 죄는 장100에 해당한다.

VI. 황제의 단문친 이상을 구타한 죄

투송률14(315조)

1. (a) 황가의 단문친을 구타한 자는 도1년에 처하고, (b) 상해한 때에는 도2년에 처하며, (c) 상해가 무거운 때에는 일반 투구상죄에 2등씩 더한다.
2. 시마친 이상을 구타한 때에는 각각 차례로 1등씩 더한다.
3. 사망에 이른 때에는 참형에 처한다.

황제의 친척에 대한 존경은 단문친까지 미친다. 단문친은 5대조를 같이 하는 친속이고, 4대조를 같이 하는 친속은 시마친이다. 통상의 친족 범위는 시마친까지이지만, 황제는 존엄한 존재이므로 친족의 범위도 원래 복이 없는 무복친까지 확대되는 것이다.

1. 황제의 단문친을 구타한 죄

황제의 단문친을 구타한 자는 도1년에 처하고, 상해한 자는 도2년에 처한다. 단 일반 투구상해의 죄에 2등을 더해 도2년보다 무거운 경우 2등을 더해 처벌한다. 가령 구타하여 이 두 개를 부러뜨렸다면 일반 투구상죄는 도1년반(투2)에 해당하므로 2등을 더하여 도2년반에 처한다. 단 더하여 교형에 이르지는 않지만, 구타로 사망에 이른 때에는 참형에 처한다. 이는 일반 투구상해의 치사죄가 교형에 해당하는 것에 비해 무거운 것이다.

2. 황제의 시마친 이상을 구타한 죄

(1) 황제의 시마친을 구타한 죄
황제의 시마친을 구타한 자는 도1년반, 상해한 자는 도2년반에 처한다. 상해가 일반 투구상해죄로 도2년반보다 무거우면 일반 투구상해의 죄에 3등을 더한다. 예를 들면 이 두 개 이상을 부러뜨렸다면 일반 투구상해죄 도1년반에 3등을 더해 도3년에 처한다. 단 더하여 교형에 이르지는 않지만, 구타로 사망에 이른 때에는 참형에 처한다.

(2) 황제의 소공친을 구타한 죄
황제의 소공친을 구타한 자는 도2년, 상해한 자는 도3년에 처한다. 상해가 일반 투구상해죄로 도3년보다 무거우면 일반 투구상해의 죄에 4등을 더한다. 예를 들면 이 두 개를 부러뜨렸다면 일반 투구상해죄 도1년반에 4등을 더해 유2000리에 처한다. 단 더하여 교형에 이르지는 않지만, 구타로 사망에 이른 때에는 참형에 처한다.

(3) 황제의 대공친을 구타한 죄

황제의 대공친을 구타한 자는 도2년반, 상해한 자는 유2000리에 처한다. 상해가 일반 투구상해죄의 유2000리보다 무거우면 일반 투구상해죄에 5등을 더한다. 예를 들면 이 두 개를 부러뜨렸다면 유2500리에 처한다. 단 더하여 교형에 이르지는 않지만, 구타로 사망에 이른 때에는 참형에 처한다.

(4) 황제의 기친을 구타한 죄

황제의 기친을 구타한 자는 도3년, 상해한 자는 유2500리, 이 두 개를 부러뜨렸다면 유3000리에 처한다. 단 더하여 교형에 이르지는 않지만, 구타로 사망에 이른 때에는 참형에 처한다.

3. 주의사항

(1) 구타상해의 함의

위의 구타상해죄는 고의로 구타하거나 싸우다 구타하거나 타물로 구타하거나 상해하지 않은 경우 모두 그 죄가 같다.

(2) 두 가지 이상의 신분을 가지고 있을 때 누가 여부

① 황제의 친속이라는 신분에 따른 가중처벌과 관직에 따른 가중처벌은 둘 다 적용하지 않고 한 가지 무거운 것에 따라 처단한다. 다시 말하면 황제의 친속인 자가 좌직관이거나 본속부주·자사·현령의 조부모·부모·처·자인 경우 황제의 친속의 등급에 따라 가중 처벌하는 예를 적용하고 관직에 따라 가중처벌하지 않는다. 또는 자신이

황제의 친속인 경우 각각 친속신분의 존비·친등에 준하여 죄를 주며, 관직에 따라 가중처벌하지 않는다.

② 황가의 단문친 이상이 관품이 있는 경우, 두 황제의 친속에 따른 가중처벌의 예와 관품에 따른 가중처벌의 예를 누가해서 처벌한다.

제2장
황제·국가의
명령·보고체제에 대한 죄

　당의 국가 행정의 기본적인 준거는 황제의 명령을 담은 제·칙이었
다. 따라서 이를 적법하고 타당하게 작성하는 것은 국정 운영에 있
어서 핵심적인 요소였고, 이를 집행하는 기관에 정확하게 하달하는
것과 그 결과를 보고하는 것 또한 국가의 행정을 운영함에 있어서
필수적인 요소였다. 이 때문이겠지만, 율에는 제·칙의 작성과 그것
의 유통에 관한 규정이 적지 않다. 그러므로 황제·국가의 명령·보고
체제와 관련된 율의 조문들을 모아서 4개의 절로 구성한다.

　1절은 당의 국가운영체제에 대한 개설이다. 황제·국가의 명령·보
고체제에 관한 죄를 이해하기 위해서는 현대국가의 운영체제와 크게
다른 당의 국가운영체제에 대한 이해가 전제되지 않으면 안 되므로,
이에 대해서 간략하게 설명한다.

　2절은 황제·국가의 명령·보고체제에 관한 죄이다. 당의 관리들은
황제가 정한 율·령·격·식을 기준으로 하고 황제의 명령을 받들어 주
어진 임무를 수행하는데, 모든 명령은 반드시 문서로 하달하고 하달된
명령의 수행 결과 또한 반드시 문서로 보고해야 했다. 따라서 명령의
하달과 그 결과를 보고하는 절차와 기한이 치밀하게 규정되어 있고,
이를 위반한 자에 대한 처벌 규정 또한 주밀하게 마련되어 있었다.

　3절은 보·인·부·절에 관한 죄들이다. 보·인·부·절은 황제·국가의
명령 및 결과 보고를 담고 있는 문서의 신용을 보증하는 신표이다.
따라서 이를 위조하거나 절도·훼손·망실하는 등의 행위는 엄중하게
처벌한다.

4절은 황제·국가의 명령·보고 전달체제인 역전·차견의 기능을 방해한 죄들이다. 황제·국가의 명령은 신속하고 정확하게 전달하는 것이 중요하므로, 이를 위해 역전을 설치하고 사인을 파견하는 제도를 마련한 것이다. 따라서 이 업무에 종사하는 자가 규정대로 시행하지 않은 행위와 이를 방해한 행위는 율에 정한 바에 따라 처벌된다.

제1절 당의 국가 운영체제

Ⅰ. 당의 국가 운영체제

1. 현대 국가의 운영체제와 당의 국가운영체제

(1) 현대 국가의 운영체제

우리나라를 포함하여 현대국가는 대체로 법치주의를 채택하고 있다. 헌법과 각종 법에 따라 국가기구를 설치하고, 법에 따라 공무원을 임용하며, 공무원들은 법에 따라 권한을 행사함으로써 국가의 기능이 작동된다. 법은 실정법질서의 최상위 규범인 헌법을 비롯하여 형법·민법·상법 등등 국가사회의 운영과 그 질서를 위해 필요한 다양한 규범을 포함한다.

공무원들의 권한은 삼권분립이 원칙이다. 헌법 제40조는 "입법권은 국회에 속한다."고 규정하여 법은 국민의 대의기구인 국회가 제정한다는 대원칙을 밝히고 있다. 헌법 제66조 제4항은 "행정권은 대통령을 수반으로 하는 정부에 속한다."고 명시하고 있다. 즉 대통령을 수반으로 하는 행정부는 국회에서 정한 법을 집행하며, 법이 위임하는 범위 내에서 대통령령을 정해 시행할 수 있다. 헌법 제101조 1항은 "사법권은 법관으로 구성된 법원에 속한다."고 규정하여 사법권이 법원에 속한다는 대원칙을 밝혀두고 있다. 따라서 공무원들의 위법한 권한행사 및 기타 위법사항에 관한 판단과 처분에 관한 권한은 법원이 행사한다.

이처럼 대부분의 현대국가는 반드시 법에 따라 국가의 권력을 행사는 한다는 법치주의와 함께 입법부, 행정부, 사법부가 분리 독립해서 국가권력을 행사한다는 삼권 분립을 대원칙으로 하여 국가의 기능이 작동하는 체제를 갖추고 있다.

(2) 당의 국가 운영체제

당의 국가운영원리는 현대국가의 그것과 매우 다르다. 절대적인 전제권을 가진 황제가 국가를 통치한다는 점에서 특히 그렇다. 물론 당도 율·영·격·식 등의 법을 제정하고, 그 법에 준거해서 국가권력을 작동케 한다는 것이 원칙이었다. 단 그 법들은 제정된 법이라 해도 황제가 정한 흠정법으로 국민의 대의기구가 국민의 권리를 보호하기 위해 제정하는 현대국가의 법과는 그 성격이 완전히 다르다. 뿐만 아니라 설령 국가권력의 작동이 법을 준거로 해서 행사된다고 하더라도, 실제에서는 반드시 황제의 명령인 제·칙을 통해서 행사되는 것이 원칙이었다. 따라서 국가기구 가운데는 제·칙을 정하는 기구가 최상위의 권력기구가 되며, 그 밖의 국가기구들의 중요한 임무는 바로 그 제·칙을 차질 없이 수행하는 것이라고 할 수 있다.

2. 당의 국가기구

당조 정부의 최고권력기구는 상서성·문하성·중서성의 3성이었다. 중서성은 황제의 명령인 제·칙의 기초를 담당하고, 문하성은 이의 적법성과 타당성에 대한 심의를 담당하였으며, 상서성은 그것의 시행을 담당하였다. 단 측천무후 광택원년(684)부터 현종 개원11년(723)에 걸쳐 중서성과 문하성은 점차 중서문하정사당으로 바뀌고, 그 아래에 이방·추기방·병방·호방·형례방을 두고 업무를 분담하는 체제로 바뀌어 갔다. 따라서 직능 상으로 볼 때 중서성과 문하성은 정책 결정을 담당하는 기관이고, 상서성은 행정부의 최고기관이라고 할 수 있는데, 상서성에는 본부격인 도성과 이부·호부·예부·병부·형부·공부의 6부가 있고, 또 6부 아래 각각 4개의 사가 설치되어 업무를 분담하였다.

이상이 정무를 담당하는 기구인데, 이와는 별도로 중앙에 9시5감을 두어 상서성 육부에서 하달하는 정령을 수행하였다. 9시는 태상시·광록시·위위시·종정시·태복시·대리시·홍려시·사농시·태부시이고, 5감은 국자감·소부감·장작감·군기감·도수감이다. 이 밖에 어사대가 있는데 중앙의 최고 감찰기관이었다.

이 밖에 궁정 내에 둔 전중성·내시성은 궁중의 사무를 담당했으며, 비서성은 국가도서관 및 중요문서보관의 기능을 담당하였다. 또한 16위와 북아금군이 황궁 및 경사의 경위를 담당하였다.

지방에는 상급행정기구로 부와 주가 설치되어 있었다. 부는 양경과 태원에 설치하고, 그 밖의 지방에는 주를 설치했다. 단 중요한 군구에는 도독부를 두었다. 이들 부와 주에는 모두 사록·공조·창조·호조·병조·법조·사조참군사 등의 속관을 두고 상서성 6부와 대응해서 해당 사무를 집행하게 하였다. 부·주 아래에는 현이 설치되어 있었다. 현에는 사공·사창·사호·사병·사법·시령 등의 속관을 두고 역시 상서성 6부와 대응해서 해당 사무를 집행하게 하였다.

정리해서 말하면 중서성·문하성·상서성과 6부의 24사는 정령을 생산해서 하달하고 관리하는 기구이고, 9시5감은 정령을 집행하는 중앙의 사무기구이며, 모든 위는 궁궐과 수도의 경위를 담당하는 기구이고, 부·주와 현은 지방행정기구이다. 이들 사이에는 행정적으로 상하 혹은 예속관계가 형성되어 있는 것 외에도 재물의 출납과 업무 연계 등 종적·횡적인 관계가 있어 서로 밀접한 관계망이 형성되어 있었다.

II. 국가정책의 결정과 전달 및 시행

1. 정책 결정과 제서의 작성

당은 황제가 지배하는 전제주의 국가였다. 국가의 정책에 대한 최종적인 결정은 황제만이 할 수 있으며, 국가의 모든 일은 황제의 명령을 통해 이루어졌다. 그렇지만 세계 인구의 1/4에 가까운 인구를 지닌 거대 국가를 통치하기 위한 정책이 황제 일 개인의 역량만으로 결정되기는 어려운 일이다. 따라서 국가의 정책을 결정하는 데는 많은 논의를 거쳐 최종적으로 황제가 재가하게 되며, 결정된 정책을 여러 형태의 제서로 작성하는 것 또한 당연히 여러 단계의 신중한 작업 과정을 거쳤다.

통상적인 정책결정회의는 어전 상참회의(常參會議)였는데, 참가자는 5품 이상의 직사관, 원외랑·감찰어사·태상박사 등으로, 이들은 통상 상참관이라 칭했다. 상참회의에 참석한 관인들은 군국에 관한 모든 일에 대해 황제에게 아뢸 수 있었지만, 반드시 먼저 사실을 적시한 문서를 올리고, 승인을 얻은 이후에 논의하는 것이 원칙이었다. 회의의 의제는 주로, 상서성 6부와 백관이 표·소·주·장으로 제기하거나 어전회의에서 주사관(奏事官)이 제출하였다. 물론 이 같은 의제도 반드시 먼저 중서·문하 두 성의 심의를 거친 후 황제의 재결을 받아야 했다.

어전회의에서 의제를 논의하고 그 결과를 황제에게 보고하여 재결을 받아서 정책으로 결정되면 각각 특정 형식의 제·칙으로 기초해서 문하성으로 보낸다. 문하성은 이를 심의해서 문제가 있으면 중서성으로 돌려보내 다시 작성하게 하고, 타당하면 상서성으로 보내 시행하게 하였다. 이 같은 절차를 걸쳐 결정된 정책은 각종 형식의 제·

칙으로 전달된다. 제·칙은 비록 대부분 구체적 사안에 대해 내려는 정령이지만 그 자체가 법률적 효용을 지닌 것이다. 이런 의미에서 정책결정 역시 하나의 입법 행위라 할 수 있다.

2. 제·칙의 전달과 시행

중서·문하성에서 완성된 제·칙은 일단 먼저 상서도성으로 보낸다. 도성에서는 곧바로 지방의 부·주·현으로 하달하는 사서(赦書) 등 일부를 제외하고 모든 제서는 업무에 따라 6부 예하의 담당 사에 배부하며, 각 사에서 제·칙의 시행에 필요한 사항을 덧붙여 부(符)라는 관문서로 만들어 도성으로 보낸다. 도성에서는 부와 제·칙을 필요한 수량만큼 필사해서 이를 집행할 중앙의 9시 또는 지방의 부·주·현으로 하달한다. 정령을 수령한 각급 기관은 반드시 규정에 따라 일정한 기일 내에 실행해야 하며, 그 결과 역시 반드시 때맞추어 보고해야 하는데, 이 때도 역시 모든 문서는 상서도성을 거쳐야 했고, 관인들이 올리는 주·소도 반드시 상서도성을 경유해서 문하성에서 심의한 뒤 황제에게 아뢰게 되어 있었다.

이처럼 상서도성은 정령기구와 실행기구 사이의 문서 유통을 담당하였는데, 때문에 특히 이 업무를 총괄하는 좌·우승은 수레의 바퀴통을 싸는 휘갑쇠나 굴대 끝에 박는 못에 비유되기도 했다(『당회요』권58, 상서성제사 좌우승조 정관10년조). 이는 국정이 상서도성의 문서출납 기능을 통해 운영된다는 것을 은유적으로 설명한 말이다.

정령기구와 실행기구 사이에 상서도성이 있어 문서가 유통되는 것과 마찬가지로 하달된 정령을 집행하는 기관에도 또한 직무를 실행하는 행정지휘계통과는 별도로 문서를 받고 이를 담당부서에 배부하는 업무를 담당하는 관직이 설치되어 있었다. 예컨대 대리시는 경 1

인, 소경 2인, 정 2인, 승 6인, 주부 2인, 녹사 2인 등으로 조직되어 있는데, 경은 장관, 소경·정은 통판관, 승은 판관, 부·사는 주전으로 이른바 4등관으로 행정지휘계통이고, 주부와 녹사는 문서의 수발을 담당하는 직위이다.

부연 설명하면, 대리시의 수장인 경은 장관으로 관부 내의 모든 일을 판단하고, 소경·정은 통판관으로 장관을 보좌하며, 승 6인은 판관으로 시의 업무를 분담하여 문안을 판정해서 일을 차질 없이 진행하는 직무를 담당하고, 부·사는 승의 지휘를 받아 실무를 담당하는 직위이다. 이들이 바로 4등관으로 공무에 연대서명하며, 공무죄에 대해서는 책임 있는 자를 수범으로 하고, 차례로 1등을 감한다. 만약 주전에게 책임이 있으면 주전이 수범이 되고 판관은 제2종범, 통판관은 제3종범, 장관은 제4종범이 된다.

반면 주부와 녹사는 따로 검·구관(檢·勾官)이라 부르며, 행정지휘계통의 4등관과는 무관하다. 여기서 검(檢)이라는 것은 문서의 접수 일자를 기록하고 문서의 시행 일정 등에 대한 과실·착오를 살피는 것으로, 모든 관서의 녹사가 담당한다. 구(勾)라는 것은 문서목록에 서명하고 일일이 확인하는 것으로, 녹사참군이 담당한다. 구검관의 연좌죄는 모두 최하등 종범의 죄와 같다(명40.4).

구검관은 중앙의 주요관부 대부분과 지방의 부·주·현에 설치되어 있었다. 『당육전』에 등재되어 있는 중앙의 관부 가운데 구검관이 설치되어 있는 관부는 대략 68개이고 구검관이 없는 관부는 대략 170개이다. 구검관이 설치되지 않은 관부는 본관부의 지휘를 받아 행정을 수행하는 속관부라고 할 수 있다. 다만 문하성과 중서성 및 태자 좌·우춘방에는 구검관이 없는데, 이는 문하·중서 2성이 정책결정 기구이기 때문이며, 태자 좌·우춘방은 2성에 짝하여 설치된 의제적 관부이기 때문이다. 상서성 6부 24사 또한 구검관이 없는데, 이 기관들의 문서는 상서도성를 통해서 전달되기 때문이다. 구검관에 대해서 『당률소의』는 녹사참군과 녹사를 예로 들어 설명하고 있지만 관부에 따라 구검관의 명칭은 매우 다양하며, 어떤 관부에는 검관과 구관을 다 두지 않고 하나가 다른 하나를 겸하도록 하였다. 구검관의 명칭은 관부에 따라 다를 수 있지만, 거대한 인구와 광범위한 영토를 포괄한 제국을 운영하는데 필수적인 것이었으므로 본관부에는 반드시 설치되어 있었던 것이다.

제2절 황제·국가의 명령과 보고에 관한 죄

Ⅰ. 개설

당조에서 시행하는 모든 정책은 황제의 의지에 따라 결정되는 만큼, 그 의지는 신성불가침의 절대성을 갖는다. 따라서 황제의 의지에 대해서는 어떤 비판도 허용되지 않을 뿐만 아니라, 그 의지를 전하는 사자에 대한 저항 행위도 용서되지 않는다. 아울러 그를 대신하여 임무를 수행하는 자에게 저항하는 행위도 처벌된다. 또한 황제의 명을 수행하는 기관에서 파견한 사자에 저항하는 행위도 역시 처벌되며(직32), 주·현 이상에서 파견한 관리에게 저항한 자도 처벌된다(투18).

제·칙은 황제의 명령이자 최고 권위의 상징이다. 따라서 황제의 명을 받는 것부터 정확해야 하며, 이를 전달하는 것 및 제·칙을 작성해서 하달하는 모든 과정에서 조금이라도 왜곡이 있어서는 안 된다. 황제의 명을 잊거나 착각하는 것 및 제·칙을 잘못 베끼는 행위와 같이 사소한 과실도 용서되지 않으며(직23), 제·칙에 착오가 있더라도 반드시 아뢰고 고쳐야지 그렇지 않고 함부로 고치면 처벌된다(직 24). 더구나 제서 및 황제의 뜻을 거짓으로 만들거나 증감한 행위는 중벌에 처하며(사6), 황제가 정한 율·영·식을 함부로 고칠 것을 주청한 행위도 처벌된다(직59).

작성된 제·칙은 이를 실행할 관사에 신속하고 정확하게 하달되어야 한다. 단 제·칙 또는 관문서는 필연적으로 집행기관이 다수일 것이므로 그에 상당하는 사본을 필사해야 한다. 따라서 필사하는데 소요되는 일정과 문서의 전달에 소요되는 행정(行程)에 관한 규정이 있으며, 이를 위반하고 지체한 경우 처벌된다(직21). 또한 받은 제·칙의 시행을 위반한 죄(직22), 제서·관문서의 봉인을 뜯어본 죄(잡51)가 있다.

하달된 명령에 대해서는 반드시 그 결과를 보고해야 한다. 따라서 황제에게 상주해야 할 것을 하지 않거나 사실대로 상주하지 않은 행위는 처벌되며(직26), 상부 기관에 보고해야 할 것을 보고하지 않은 죄(직27)도 처벌된다.

제서·관문서는 그 자체로 경제적 가치는 크지 않으나, 국가 행정을 위한 중요한 문서이므로 이를 절도한 죄(적26)와 이를 유기·훼손한 행위(잡50)도 통상의 절도·유기·훼손죄보다 특별히 무거운 처벌을 받는다.

II. 황제를 비판한 죄 및 황제의 사인에게 저항한 죄

1. 황제를 비판한 죄

직제율32(122조)

1. (a) 황제[乘輿]를 비판하는데 정과 이치가 매우 위해한 자는 참형

에 처하고, 〈단 정치의 잘못을 논의하다가 황제까지 언급하게 된 때에는 황제에게 아뢰어 판단을 청한다.〉(b) 그다지 위해하지 않은 경우에는 도2년에 처한다.

(1) 구성요건

1) 주체와 객체
주체는 모든 신민이 포함된다. 조문에서 황제가 승여(乘輿)로 표현되어 있는데 이는 지존인 황제를 직접 칭할 수 없으므로 완곡하게 별칭을 쓴 것이다. 단 여기서 승여는 태황태후·황태후 및 황후를 포괄한다(명51.1). 황태자에 대한 경우는 1등을 감한다(명51.3).

2) 행위
황제를 지목하여 비판한 것이 이 죄의 기본요건이다. 이는 정황과 이치가 매우 위해한 경우와 그다지 위해하지 않은 경우의 둘로 나눈다. 정황과 이치가 위해하다는 것은 황제를 가리키며 마음에 원망을 품고 비판하는 말을 하는데 그 상태가 매우 위해한 경우를 말하며, 정과 이치가 그다지 위해하지 않다는 것은 황제를 지목하여 비판하였지만 정황과 이치가 그다지 위해하지 않은 경우이다. 만약 황제를 원망할 마음은 없고 오직 다른 사람을 무고하여 죄에 얽어 넣으려고 한 경우에는 반좌의 법을 적용하되, 십악을 적용하지는 않는다. 다시 말하면 반드시 직접 황제를 비방하려는 고의가 있어야 비로소 이 죄를 받는다. 또한 정치의 잘못을 논의하다가 황제까지 언급하게 된 경우에는 특별히 아뢰어 황제의 판단에 맡긴다.

국가의 법제와 격·식을 논의하며 옳고 그름을 토론하다가 이로 인하여 황제에까지 미친 경우는 황제를 지목하여 비판한 경우와는 정황과 이치가 조금 다르다. 그러므로 율에는 처벌규정을 정하지 않고 임시로 특별히 아뢰어 황제의 판단에 맡기는 것이다. 이것은 마땅히 위법성이 배제되는 사유라고 해석해야 한다. 옛 율에서 "말의 표현이 과격하다"고 한 것을 지금 "상태가 매우 과격하다"고 고쳤는데, 이것은 본래의 정상을 살펴 은전을 넓히고 형벌을 신중히 하려는 까닭이다(명6.6의 주⑥의 소). 이에 의하면 이 죄는 단지 비방만으로는 부족하고, 반드시 그 동기와 목적, 즉 동기가 악해야 비로소 죄준다.

(2) 처벌

황제를 지명하여 비판한 자는 처벌하는데, 정황과 이치가 매우 위해한 때에는 참형에 처하고 십악의 대불경을 적용하며(명6.6의 주⑥), 정황과 이치가 그다지 위해하지 않은 때에는 도2년에 처한다. 조문은 황제만을 언급했는데, 태황태후·황태후 및 황후를 포괄하고(명51.1), 황태자에 대한 경우는 1등을 감한다. 단 이들에 대해 범한 경우도 정황과 이치가 매우 위해한 때에는 모두 대불경을 적용한다(명51.3의 주와 소).

2. 제사(制使)에 저항한 죄

직제율32(122조)
2. 황제의 명을 받든 사인에게 저항하여 신하의 예를 갖추지 않은 자는 교형에 처한다.

(1) 구성요건

제사란 황제의 명을 받든 사인을 말한다. 즉 황제의 명을 받든 사인이 명을 전달하는데 대항하여 인신의 예를 행하지 않으며 황제의 명을 받지 않거나 또 저항하는 말을 한 자는 교형에 처한다는 것이다. 단 제·칙과는 관계가 없고 별도로 다른 일로 사사로이 서로 싸우거나, 혹은 비록 공적인 일로 다투었더라도 제·칙에 간여하지 않은 때에는 모두 구타·욕설에 관한 본조(투11.1a)의 법에 따른다.

(2) 처벌

제사에 대항하여 신하의 예를 갖추지 않은 자는 교형에 처한다. 삼후 및 황태자의 영에 대한 죄는 제·칙에 대한 죄에서 1등을 감하므로(명51.2), 영사(令使)에 대해 예를 행하지 않은 죄는 유3000리에 해당한다. 이상은 모두 십악의 대불경을 적용한다(명51.3의 주와 소).

3. 주·현 이상에서 파견된 관리에게 항거한 죄

투송률18(319조)
1. 주·현 이상의 사인에게 항거한 자는 장60에 처하고, 구타한 자는 2등을 더하며, 상해가 무거운 때에는 투구상죄에 1등을 더한다. 〈불러서 붙잡으려는 그 때 저항하고 따르지 않은 자를 말한다.〉
2. 구금되거나 억류되었는데 저항하거나 구타한 자는 각각 1등을 더한다.

(1) 구성요건

1) 주체

주체는 서인만이 아니라 하급 관사의 관이 상급 관사의 사인이 체포하는 것을 거부하고 구타한 것을 포함하며, 체포되는 사람은 반드시 죄인만이 아니다.

2) 객체

주·현 이상에서 하급 관사로 파견한 사인이 객체이다. 주·현 이상이란 성·대·시감 및 경사에 있는 모든 관사를 말한다. 사인은 혹 직관이 보임되는 경우도 있으므로 만약 파견된 관의 관품이 높으면 각각 해당 관품에 따라 죄를 더한다. 다시 말하면 관품이 없는 경우 단지 투송률 18조에 따르지만, 만약 사인이 유내 관품을 가지고 있으면 각각 그 관인을 구타한 죄에 1등을 더하여 처벌한다(투15의 문답).

(2) 처벌상의 유의사항

1) 기본형

파견된 사인이 소환하여 붙잡으려 하는데 저항한 자는 장60, 구타한 때에는 장80에 처한다.

조문에서 상해가 무겁다는 것은 일반 투구상죄가 장100 이상인 것을 말한다. 따라서 예컨대 타물로 구타해서 눈·귀에서 출혈하거나 내상으로 피를 토하게 한 경우(투1.3)와 싸우다가 병장기의 날로 사람을 쳤거나 쏘았는데 맞지 않은 경우(투3.1) 각각 장100에 해당하는데, 만약 주·현에서 파견한 사인에게 이 죄를 범한 때에는 1등을 더해 도1년에 처한다. 여기서 병장기의 날이라는 것은 활·화살·칼 및 창끝 등을 말한다(투3.1의 주).

2) 가중처벌

이미 구금되어 심문하는 중에 혹은 다시 구류 중에 함부로 저항한 때에는 각각 기본형에 1등을 더해 처벌한다.

Ⅲ. 황제의 뜻을 왜곡한 죄

1. 황제의 명을 받는데 잊거나 잘못 받은 죄 및 제서를 잘못 베낀 죄

직제율23(113조)

1. 황제의 명을 받는데 잊거나 잘못 받거나 제서를 잘못 베낀 자는, 만약 그 말씀의 뜻을 잃지 않았다면 태50에 처하고, 이미 잃었다면 장70에 처한다.
2. 황제의 명을 전해 받은 자는 1등을 감한다.

(1) 황제의 명을 받는데 잊거나 잘못 받은 죄 및 제서를 잘못 베낀 죄

1) 구성요건

① 이 죄의 행위 요건은 황제의 명을 받는 사람이 잊거나 착오한 것, 제서를 베끼는데 문자를 더하거나 빠뜨린 것과 아울러 문자를 옳지 않게 쓴 것이다.

② 죄의 주체는 황제의 명을 받은 사람과 제서를 베끼는 사람이다. 명을 받는 사람은 대체로 환관을 포함하여 근시관(近侍官)일 것이다. 제서를 베끼는 사람은 명을 받아 적는 사람을 포함하여 제서를 필사하는 모든 사람이 포함될 것이다.

2) 처벌

황제의 명이나 제서의 원의를 잃지 않은 때에는 태50, 잃은 때에는 장70에 처한다. 만약 비록 원의를 잃었으나 시행하지 않았으면 그대로 원의를 잃지 않은 것으로 논한다. 여기서 시행은 선포해서 하달하는 것을 의미한다(사6.1b의 주).

(2) 선포된 황제의 명을 전해 받는 데 잊거나 착오한 죄

선포된 황제의 명을 전해 받는데 소홀하여 착오하거나 제서를 베끼는데 착오한 경우, 전해 받은 자가 비록 스스로 착오를 범하였다고 하더라도 직접 제·칙을 받은 것이 아니기 때문에 위의 죄에서 1등을 감한다. 따라서 제서의 뜻을 잃지 않았으면 태40에 처하고, 제서의 뜻을 잃었다면 장60에 처한다.

2. 제서의 오류를 함부로 고친 죄

직제율24(114조)

1. 제서에 오류가 있는데 즉시 아뢰지 않고 함부로 고친 자는 장80에 처하고, 관문서에 오류가 있는데 관사에 요청하지 않고 고친 자는 태40에 처한다.
3. 오류를 알면서 아뢰거나 요청하지 않고 시행한 자도 역시 같다.
4. 함부로 문장을 꾸민 때에는 각각 2등을 더한다.

(1) 제서에 오류가 있는데 즉시 아뢰지 않고 함부로 고친 죄

황제의 뜻과 어긋남이 있거나, 혹은 문자가 빠지거나 더해져 이치에 잘못이 있는 경우에는 반드시 복주한 연후에 고쳐 바로잡아서 시행해야 한다. 즉시 아뢰지 않고 함부로 제멋대로 고친 자는 장80에 처한다. 다만 제·칙을 내려 선포·시행하려 하는데, 문자가 빠지거나 오류가 있더라도 일의 이치에 바뀜이 없는 경우에는, 원본을 대조·검토하여 분명히 알 수 있으면 아뢰지 않고 바로 고쳐서 바로잡아도 된다(공식령, 습유602쪽).

(2) 관문서에 오류가 있는데 함부로 고친 죄

관문서는 관사에서 통상적으로 시행하는 문서를 말한다. 관문서에 오류가 있어 고쳐야 할 것이 있으면 모두 반드시 당해 관사의 장관에게 요청한 뒤에 고쳐 바로잡아야 한다. 이를 위반한 자는 장40에 처하며, 오류가 있는 것을 알면서 그대로 시행한 자의 처벌도 같다. 관문서에 탈자나 오자가 있는 경우 장관에게 자문하여 고쳐 바로잡는다.

(3) 제서·관문서의 문장을 함부로 꾸민 죄

제서 또는 관문서의 문장을 함부로 꾸민 경우 각각 위의 죄에 2등을 더해, 제서의 문장을 꾸민 자는 장100에 처하고, 관문서의 문장을 꾸민 자는 장60에 처한다. 일의 이치를 바꾼 것은 아니고 단지 그 문장을 꾸민 경우에 이 처벌을 받는다. 만약 일의 내용을 바꾸었다면, 마땅히 제서의 경우 제서를 위조한 죄의 처벌법(사6.1a)에 따르고 관문서의 경우 관문서를 위조한 죄의 처벌법(사8.1a)에 따른다. 이 죄는 위의 두 죄의 가중범이며, 착오가 아닌데 함부로 수식한 경우이다. 일의 내용을 바꾸었다는 것은 별도의 목적이 있음을 가리킨다.

3. 제서 위·변조의 죄

사위율6(367조)

1. (a) 거짓으로 제서를 만들거나 증감한 자는 교형에 처한다. 〈구두로 거짓을 전달한 자 및 구두로 증감한 자도 역시 그렇다.〉
   (b) 아직 시행하지 않은 때에는 1등을 감한다. 〈시행은 중서성에서 황제에게 복주한 것 및 이미 담당 관사에 들어간 것을 말한다. 비록 담당 관사를 거치지 않았더라도 거짓으로 전달하거나

증감하여 전인(前人)이 이미 접수했으면 역시 시행한 것이다. 그 밖의 조항에서 시행이라고 한 것은 이에 준한다.〉

2. (a) 단 모반(謀叛) 이상의 범인을 체포하는데 먼저 주문할 수 없어 제서를 거짓으로 시행하였다면, 공이 있는 자는 주문하여 황제의 재결을 받고, (b) 공이 없을 자는 유2000리에 처한다.

(1) 거짓으로 제서를 만들거나 증감한 경우

거짓으로 제서를 만들거나 증감한 자는 교형에 처한다.

① 거짓으로 제서를 만들었다는 것은 뜻이 사기와 위계에 있어 함부로 제·칙을 만든 것이다. 증감했다는 것은 제·칙의 문장이 완성되었는데 그 문자를 증감한 것이다. 앞의 행위는 위조문서를 만들어 행사한 것이고, 뒤의 행위는 변조문서를 만들어 행사한 것이다.

② 구두로 거짓을 전달한 자 및 구두로 증감한 자도 역시 그렇다. 즉 칙의 말씀을 거짓으로 전달한 것 및 칙을 받들어 선전하는 말 속에 거짓으로 증감하여 사안에 영향을 준 것이 있는 것은 모두 제서를 증감한 것과 같다.

③ 이미 시행한 경우 이 형에 처한다. 시행이라는 것은 중서성에서 복주한 것 및 이미 담당 관사에 들어간 것을 말한다. 즉 거짓 제·칙을 중서성에서 복주한 것과 제·칙이 도중에 증감되었는데 중서성에서 복주한 것의 두 가지가 시행한 것이다. 비록 담당 관사를 거치지 않았다고 해도 거짓으로 전달하거나 증감하여 해당 관사가 이미 접수했으면 역시 시행한 것이 된다. 만약 그것이 복주할 필요가 없는 것이면 곧 이미 담당 관사에 들어간 것에 의거하며, 혹은 중서성에서 선포하여 반출하는 제·칙을 거짓으로 만들었는데 문서가 이미 소재지 관사에 들어가 접수되어 시행하거나 해당 관사에 시행을 요청했으면 모두 이미 시행한 것에 해당한다. 담당 관사를 거치지 않

앉다는 것은 선포한 제·칙 및 증감한 문서가 담당 관사에 들어가지 않고 곧장 거짓으로 일을 꾀하는 곳으로 갔는데 그 곳 관인이 이미 접수하였으면 역시 시행한 것에 해당하는 것이다. 가령 갑이 거짓으로 제·칙을 선포하여 을로부터 재물을 토색하고자 하였는데 을이 이미 제·칙을 접수하였으면, 갑이 재물을 취득하지 않았어도 을이 접수하였다면 곧 시행한 것이 된다. 이 때문에 이미 시행한 것은 위조·변조문서의 행사이고, 미시행은 위조·변조이다.

(2) 소극적 구성요건

제·칙을 거짓으로 만들거나 증감한 것이 완료되었으나 아직 시행하지 않았으면 1등을 감한다. 입으로 거짓을 전하거나 증감한 것은 각각 이미 시행한 것에 해당한다.

(3) 모반(謀叛) 이상의 죄인을 체포하는데 제서를 거짓으로 시행한 경우의 처벌

모반(謀叛) 이상의 죄인을 체포하는데 먼저 주문할 수 있는 형편이 못되어 제서를 위조한 경우, 공이 있는 자는 상주하여 황제의 재결을 받고, 공이 없는 자는 유2000리에 처한다. 모반·모대역·모반의 혐의가 있는 죄인을 현지에서 체포하는데, 먼저 주문할 경우 그 사건이 커지거나 혹은 도피할 것을 염려하여 제·칙을 거짓으로 시행하여 급히 체포한 것이다. 이 경우 제서를 거짓으로 시행한 것으로 기록할 만한 공이 없으면 사죄를 면하고 용서하여 유2000리에 처한다.

4. 함부로 율·영·식을 고칠 것을 주청한 죄

직제율59(149조)

1. 율·영·식이 일에 불편하다고 언급되는 경우에는 모두 상서성에 보고하여 의논이 정해진 뒤에 황제에게 아뢰어야 한다. 만약 보고하여 의논하지 않고 함부로 고쳐 시행할 것을 상주한 자는 도2년에 처한다.
2. 조당에 나가 표를 올린 때에는 처벌하지 않는다.

율·영 및 식의 조문 안에 시행하는 데 불편함이 있는 경우 모두 불편한 상황을 명확하게 설명해서 구체적으로 상서성에 보고하고, 경관 7품 이상이 모인 자리에서 의논하여 정한 것을 황제에게 아뢰어야 한다. 만약 상서성에 의(議)할 것을 상신하지 않고 함부로 개수해서 시행할 것을 상주한 자는 도2년에 처한다. 이는 자신의 견해를 직접 기술하여 단지 고칠 것을 주청한 자를 말한다. 만약 조당에 나가 표를 올려 율·영 및 식이 시행하기에 불편하다고 논한 자는 처벌하지 않는다. 만약 먼저 영·식을 위반하고 뒤에 고칠 것을 주청한 자는 역시 도2년에 처한다. 만약 위반한 죄가 무거우면 당연히 무거운 쪽에 따라 처벌한다.

IV. 제서·관문서의 유통에 관한 죄

1. 제서·관문서의 일정을 지체한 죄

직제율21(111조)

1. 제서를 지체한 자는 1일이면 태50에 처하고, 〈제·칙·부(符)·이

(移) 등은 모두 그러하다.) 1일에 1등을 더하며, 10일이면 도1년에 처한다.

2. 관문서의 일정을 지체한 자는 1일에 태10에 처하고, 3일에 1등을 더하되, 죄는 장80에 그친다.

(1) 제서의 시행 일정을 지체한 죄

1) 구성요건

(a) 행위

제서는 황제의 명령이 담긴 중요한 문서로 즉시 선포하고 가장 빠른 방법으로 담당 관사에 전달해서 실행해야 한다. 따라서 제서는 영에 정해진 기한이 없고, 문안이 이루어지면 모두 그날 하달하는 것이 원칙이다. 여기서 그날이란 100각(24시간) 이내를 말한다(명 55.1). 그렇더라도 문안을 베끼는 기한이 필요한데, 제·칙과 관문서의 지면이 200쪽 이하이면 2일의 기한을 주고, 이를 초과하면 200쪽마다 1일의 기한을 더하되, 더하는 것이 많더라도 5일을 초과할 수 없다. 단 사면에 대한 제서는 지면이 아무리 많더라도 3일을 초과할 수 없다. 군대의 일로서 긴급을 필요로 하는 것은 모두 그날 베끼는 것을 마쳐야 한다(공식령, 습유598쪽). 이 같은 기한을 넘기고 지연하는 것이 지체이다.

(b) 주체

죄의 주체에 대해서는 언급된 바가 없는데, 제서가 유통되는 경로의 모든 관사가 주체가 된다고 할 수 있다. 다시 말하면 제서를 작성하는 중서·문하성과 이 문서를 받아서 필사하여 시행 기관에 전달하는 상서도성의 모든 관사가 죄의 주체가 되는 셈이다.

2) 처벌

제서를 시행하는데 1일을 지체한 자는 태50에 처하고, 1일에 1등을 더하여 6~9일을 지체한 때에는 장100에 처하며, 10일을 지체한 때에는 이 죄의 최고형인 도1년에 처한다(직21.1의 소).

(2) 관문서의 시행 일정을 지체한 죄

1) 요건

관문서란 관사에서 통상적으로 시행하는 문서로 제·칙·주초(奏抄)가 아닌 것을 말한다. 관문서의 처리 기한은 사안의 크기에 따라, 소사는 5일을 기한으로 하고, 중사는 10일을 기한으로 하며, 대사는 20일을 기한으로 한다. 단 도죄(徒罪) 이상의 형사 안건을 심리하여 판결한 것이면 30일을 기한으로 한다. 만약 사안이 통판관 및 구검관을 포함하여 3인 이하를 거치는 것이면 1일의 기한을 더 주고, 4인 이상을 거치는 경우에는 2일의 기한을 더 주며, 대사는 각각 1일의 기한을 더한다. 만약 군사기밀로 긴급을 요하는 경우에는 이러한 예를 적용하지 않으며(습유595쪽), 사안에 따라서는 정해진 기한을 지키지 않아도 된다. 단 마쳐야 할 것을 마치지 못했다면 역시 기한을 지체한 법에 준한다.

2) 처벌

관문서의 시행 일정을 지체한 경우, 1일을 지체한 자는 태10에 처하고 3일다 1등을 더하는데, 이 죄의 최고형은 장80이므로, 지체한 것이 22일 이상인 경우 그대로 장80에 처한다고 해석해야 한다.

2. 제서를 받아 시행할 바를 위반한 죄

직제율22(112조)

1. 제서를 받아 시행할 바가 있는데 위반한 자는 도2년에 처한다.
2. 과실로 어긋나게 한 때에는 장100에 처한다. [과실로 어긋나게 했다는 것은 그 뜻을 놓친 것을 말한다.]

제서를 받아 시행할 바가 있다는 것은 황제의 명을 받들어 시행할 것이 있는데 이를 고의로 위반하고 시행하지 않은 것을 말한다. 여기서 시행을 선포로 볼 것인가 아니면 실행으로 볼 것인가 하는 문제가 있다. 후자라면 고의로 위반한 자는 황제의 명을 따르지 않았다는 뜻인데, 그러기에는 도2년이 너무 가벼운 형이어서 선포로 보아야 할 듯하다.

과실로 어긋나게 했다는 것은 고의로 위반한 것이 아니나 황제의 뜻을 잘못 이해한 것을 말한다. 이는 과실범이므로 형이 가벼워 장100에 해당한다. 이상의 처벌은 칙이나 주초의 경우도 같다(직22.2의 문답).

3. 공문서에 대신 판(判)·서(署)한 죄

직제28(118조)

1. (a) 공문에 본안이 있고 그 사안이 바른데, 관사를 대신하여 서명한 자는 장80에 처하고, (b) 대신 판(判)한 자는 도1년에 처한다.
2. 문안을 망실하여 새로 만든 문서에 대신 서명하거나 판한 때에는 각각 1등을 더한다.

(1) 구성요건

공문에 판·서해서는 안 되는 사람이 관사를 대신하여 문안에 서명하거나 시행해야 할 문서에 판정해서 시행한 것이 이 죄의 행위 요건이다.

① 공문은 관문서를 말하는 것으로, 신하의 상주문이나 관사에서 통상 시행하는 공문서 등이 이에 포함되고 제서는 포함되지 않는다. 본안이 있다는 것은 해당 공문에 저본이 있다는 것이니 본안은 망실되지 않았다는 것이다.

② 공문의 내용이 바른 경우에는 단지 그것에 의거하여 시행해야 한다. 본안이 바르다는 것은 왜곡이 없는 것이다. 이 죄는 모두 내용이 바른데 대신 판·서한 경우에 대한 것이다. 만약 원본을 늘이거나 줄여서 형량을 늘이고 줄인 죄가 무거운 경우에는 그 무거운 죄에 따라 처벌한다.

③ 서(署)한다는 것은 서명한다는 것이고, 판(判)한다는 것은 판정해서 시행한다는 것이다. 이 판·서는 제·칙에는 적용되지 않는다. 예를 들면 5품 이상의 관직을 줄 때는 황제가 '가(可)'라고 서명하고, 6품 이하를 줄 때는 '문(聞)'이라고 서명하는데(공식령, 습유559쪽), 대신해서 '가' 또는 '문'이라고 서명한 죄는 곧 제서를 증감한 죄(사 6.1a)와 같다. 단 '제가(制可)'라고 쓰는 것은 시중이 주기하여 시행하는 것이므로, 이를 대신 서명한 죄는 단지 대신 판·서한 죄만 해당된다. 다시 말하면 시중이 복주하여 황제의 제가를 받으면 문하성에 두고 본안으로 삼고, 다시 한 통을 베껴 시중이 '제가'라고 주기한 뒤 봉인을 찍고 서명하여 상서성에 보내 시행한다. 이 때문에 시중이 사본에 '제가'라고 주기해야 할 것을 만약 타인이 대신 '제가'라고 주기하였다면 이 조문의 죄에 따르고 제서를 증감한 법을 적용해서는 안 된다는 것이다.

(2) 처벌

1) 기본형

본안이 있고 내용이 바른 공문에 대신 서명한 자는 장80에 처하고, 대신 판정해서 시행한 자는 도1년에 처한다.

2) 가중처벌 요건

본안을 망실하여 대체한 공문에 대신 서명하거나 대신 판정하여 시행한 경우 각각 1등을 더하여 처벌한다. 즉 대신 서명한 자는 장90에 처하고, 대신 판정한 경우에는 도1년반에 처한다.

4. 관문서의 봉인을 몰래 열어 문서를 본 죄

> 잡률51(439조)
> 1. (a) 사사로이 관문서의 봉인을 열어 문서를 본 자는 장60에 처하고, (b) 제서라면 장80에 처한다.
> 2. 만약 기밀 사안이면 각각 누설죄에 의거하되 2등을 감한다.
> 3. (a) 만약 착오로 열었다가 본 자는 각각 2등을 감하고 (2) 보지 않은 자는 처벌하지 않는다.

(1) 사사로이 관문서의 봉인을 뜯어 본 죄

관사에서 하달하는 문서는 대부분 봉인되어 있으며, 사사로이 봉인을 열어 문서를 본 자는 처벌한다. 관문서를 본 자는 장60에 처하고, 제서는 2등을 더하여 장80에 처한다.

(2) 사사로이 밀서를 본 죄

사사로이 기밀문서의 봉인을 열어 본 자는 각각 누설죄에 의거하되 2등을 감한다. 즉 직제율 19.1a조에 "대사(大事)로서 비밀로 해야 할 것을 누설한 자는 교형에 처한다."고 규정되어 있으므로, 기밀문서의 봉인을 열어 본 자는 교형에서 2등을 감하여 도3년에 처해야 한다. 대사이나 비밀로 하지 않아도 되는 것은 누설죄가 도1년반에 해당하므로(직19.1b), 여기서 2등을 감하여 장100에 처해야 한다.

(3) 착오로 봉인을 열었다가 문서를 본 죄

착오로 열었다가 문서를 본 때에는 각각 2등을 감한다. 따라서 착오로 열었다가 제서를 보았다면 장60에 처하고, 관문서라면 태40에 처한다. 대사로서 비밀로 해야 할 것을 본 자는 도3년에서 2등을 감해 도2년에 처하고 대사이나 비밀로 하지 않아도 되는 것을 본 자는 장100에서 2등을 감해 장80에 처한다. 처음에 착오로 열었더라도 끝내 문서를 보지 않은 자는 무죄이다.

5. 관문서 위·변조의 죄

사위율8(369조)

1. (a) 거짓으로 관문서를 만든 자 및 증감한 자는 장100에 처하고, (b) 탐하거나 회피한 바에 준하여 도죄 이상이면 각각 본죄에 2등을 더하며, (c) 아직 시행하지 않은 때에는 각각 1등을 감한다.
2. (a) 만약 주사 자신이 회피할 바가 있어 식(式)을 위반하고 문안을 만들거나 증감하였는데 회피하려는 바가 장죄 이하이면 장100에 처하고, 도죄 이상이면 각각 회피할 바의 죄에 1등을 더하며, 〈만들었으면 곧 처벌한다.〉 (b) 만약 문안을 증감하여 지체하는 것을 회피하고자 한 때에는 장80에 처한다.

(1) 관문서를 위조하거나 변조한 죄

1) 요건

관문서란 관사에서 생산되어 시행된 일체의 문서 즉 공문서를 가리킨다. 단 황제의 명령을 적은 제·칙·주초는 관문서라고 칭하지 않으며, 그것에 대해 범한 죄도 관문서를 범한 죄와 다르다. 제·칙·주초 위변조죄에 대해서는 이미 2절(Ⅲ. 황제의 뜻을 왜곡한 죄)에서 설명하였다.

거짓으로 관문서를 만들거나 증감한 죄의 요건은 세 가지로 나눌 수 있다.

① 거짓으로 관문서를 만든 것 및 문서의 내용을 증감한 것이 기본 요건이다. 관문서의 종류는 여러 가지인데, 이것들을 거짓으로 만들거나 혹은 증감하여 사건의 내용을 변동시킨 것이다.

② 관문서 위변조죄는 관문서를 위조·변조함으로 인해서 변동된 바의 사안이 어떠한가에 따라 그 형이 다르다. 즉 범한 죄를 회피하고자 관문서를 위·변조한 경우 그 범한 바가 도죄 이상이면 각각 본죄에서 2등을 더한다.

③ 피하고자 한 바가 이미 발각된 죄를 피하기 위한 것이면 거짓으로 관문서를 만든 죄는 발각된 죄의 갱범이지만(명29), 전죄가 발각되기 전에 또 관문서 위조죄를 범했다면 두 개 이상의 죄가 함께 발각된 것이어서(명45.1) 다만 1죄에 따라 죄를 과한다. 이는 먼저 범한 죄가 도형 이상인 때에 해당하는데, 사건이 발각된 것은 각각 본죄에서 2등을 더하고, 아직 발각되지 않은 것은 두 가지 죄가 함께 발생하였을 때 처리하는 법에 의거하여 무거운 쪽으로 처벌한다. 앞의 정형은 비록 갱범이지만 병과 방법을 쓰지 않고 본죄에 가중하는 방법을 쓴 것이다. 다만 갱범죄 처분은 병과를 원칙으로 하므로 먼

저 범한 것이 장·태죄라면, 갱범한 죄는 이론상 응당 병과해야 한다 (명29.4).

2) 처벌

① 단지 거짓으로 관문서를 만들거나 증감하기만 한 자는 장100에 처한다.

② 탐하거나 회피한 바가 도죄 이상인 경우에는 각각 본 죄에 2등을 더한다. "탐하거나 회피하다"에서 탐했다는 것은, 가령 법률상 관인이 될 수 없는데 사기하여 관품을 획득한 죄는 도2년에 해당하는데(사9.2), 이에 더하여 다시 관문서를 위조하거나 증감하여 이를 속이고 해임되지 않기를 꾀한 것을 말하며, 이러한 경우에는 본 죄에 2등을 더하여 도3년에 처한다. 또한 회피했다는 것은 본래 범한 죄가 도3년인데 허위로 문서를 증감하여 이 죄를 피하고자 하는 것을 말하며, 이 경우에도 본래 범한 죄에 2등을 더하여 유2500리에 처한다.

3) 미수

관문서를 만들거나 증감했지만 시행하지 않은 때에는 각각 1등을 감해서 처벌한다. 즉 피하려고 한 사건의 죄가 장형 이하인 때에는 장죄에서 1등을 감하고, 도형 이상이면 각각 도·유·사죄에서 1등을 감한다.

(2) 주사의 관문서 위변조의 죄

1) 구성요건

구성요건은 세 가지로 구분된다.

① 주사 자신이 범한 죄를 회피하고자 법식을 위반하고 문안을 만

들거나 원래의 문안에 증감한 것이다.

② 피하려고 한 죄는 장죄 이하와 도죄 이상으로 나눈다. 이 때 식을 위반하고 문안을 만든 것은 반드시 이미 발각되어 피하고자 한 죄의 갱범이 된다.

③ 만약 증감하여 문안의 지체와 잘못을 회피하고자 했다면 모두 본래 지은 죄 이외에 장80에 처한다. 다만 먼저 범한 죄가 아직 발각되지 않은 경우에는 두 죄 가운데 무거운 것에 따라 처벌한다.

이상 세 가지 요건에 해당하는 경우 만들었으면 곧 처벌한다. 즉 먼저 지은 죄를 회피했는가에 관계없이 단지 만들거나 증감했으면 처벌한다.

2) 처벌

① 피하고자 한 죄가 장죄 이하이면 장100에 처한다.

② 피하고자 한 죄가 도죄 이상인 경우 피하고자 한 죄에 1등을 더한다.

③ 문안의 지체와 잘못을 피하고자 한 경우에는 장80에 처한다.

V. 황제·국가에 대한 상주·보고에 관한 죄

1. 상서 및 황제에게 아뢰는 사안에 오류를 범한 죄

직제율26(116조)

1. (a) 상서 또는 황제에게 아뢰는 문서[奏事]에 오류가 있으면 장60에 처하고, 구두로 아룀에 오류가 있으면 2등을 감한다. 〈구두로 아룀에 오류가 있으나 일의 뜻을 잃지 않은 때에는 논하지 않는

다.〉 (b) 상서성에 올리는 문서에 오류가 있다면 태40에 처한다. (c) 그 밖의 문서에 오류가 있으면 태30에 처한다. 〈오류는 문자를 빠뜨리거나 더한 것 및 틀린 것을 말한다.〉

2. 오류로 내용이 손상된 때에는 각각 3등을 더한다. 〈해가 발생했다는 것은 '용서하지 말라'고 해야 하는데 '용서하라'고 하거나, '천필(千疋)'이라 해야 하는데 '십필(十疋)'이라 한 것 따위이다.〉

3. 오류가 있더라도 시행할 수 있으면, 상서·주사가 아닌 경우에는 논하지 않는다. 〈시행할 수 있다는 것은 살펴보면 알 수 있어 이의의 여지가 없는 것으로, 갑신(甲申)이라 해야 할 것을 갑유(甲由)라고 한 것 따위를 말한다.〉

(1) 상서·주사에 오류를 범한 죄

1) 상서·주사에 오류를 범한 죄

황제에게 올리는 상서 또는 사안을 아뢰는 문서에 오류를 범한 자는 장60에 처한다. 상서는 특별히 황제에게 문서로 아뢰는 것을 말한다. 주사(奏事)는 황제 앞에서 문서를 가지고 아뢰는 것을 말한다. 오류는 문자를 빠뜨리거나 더한 것 및 틀린 것을 말하며, 비록 시행할 수 있는 가벼운 오류라도 역시 처벌한다. 사안의 뜻이 상실되었는가 여부는 논하지 않는다.

2) 구두로 아룀에 오류를 범한 죄

황제 앞에서 구두로 일을 아뢰다가 오류를 범한 자는 태40에 처한다. 구두로 아뢴다는 것은 황제 앞에서 진술하는 것을 말한다. 단 구두로 아뢰다가 오류를 범했어도 일의 뜻을 잃지 않았으면 논하지 않는다.

(2) 상서성에 올리는 글 등에 오류를 범한 죄

1) 상서성에 올리는 글에 오류를 범한 경우

상서성에 올리는 글에 오류를 범한 자는 태40에 처한다. 중앙과 지방의 모든 관사가 상서성에 올리는 문서에 문자를 빠뜨리거나 더하거나 틀린 것이 있을 때에는 이 처벌을 받는다.

2) 나머지 문서에 오류를 범한 경우

나머지 문서에 오류를 범한 자는 태30에 처한다. 즉 상서성에 올리는 것이 아닌 일반적인 관문서에 오류를 범한 때 이 처벌을 받는다.

(3) 오류로 해가 발생한 경우의 처벌

오류로 해가 발생했다는 것은, '용서하지 말라'고 해야 할 것을 '용서하라'고 하거나, '천필(千疋)'이라 해야 할 것을 '십필(十疋)'이라 한 것 따위를 말하며, 이 같은 경우에는 각각 3등을 더하여 처벌한다. 즉 황제에게 글을 올리거나 일을 아뢰는데 오류로 해가 발생한 경우에는 장90에 처한다. 상서성에 보고하는 문서에 오류가 있어 해가 발생하면 장70에 처한다. 그 밖의 문서에 오류가 해가 발생하면 장60에 처한다.

주의할 것은 법조경합이 될 수 있다는 점이다. 만약 이 오류를 그대로 시행하여 이미 형을 집행하거나 용서하여 석방하였다면 당연히 과실로 형을 덜거나 더한 것(단19.4)에 따라 논하며, 단순히 이 조항의 오류로 범한 죄에 3등을 더한다는 것에 따라서는 안 된다.

2. 상주·보고해야 할 것을 하지 않은 죄

직제율27(117조)

1. 일이 상주해야 하는 것인데 상주하지 않거나 상주하지 않아야 하는 것인데 상주한 자는 장80에 처한다.
2. 상부에 보고해야 하는 것인데 보고하지 않거나, 〈비록 상주하거나 상부에 보고했더라도 회답을 기다리지 않고 시행하였다면 역시 같다.〉 상부에 보고해서는 안 되는 것인데 보고하거나 관할하는 바를 거치지 않고 뛰어넘어 보고하거나, 하부로 보내야 하는 것인데 보내지 않거나 하부로 보내지 않아야 하는데 보낸 자는 각각 장60에 처한다.

(1) 상주 의무를 위반한 죄

사안이 상주해야 할 것인데 상주하지 않은 자 및 상주하지 않아야 하는데 상주한 자는 장80에 처한다.

율·영 및 식에 반드시 상주하도록 규정되어 있는데 상주하지 않은 자와 상주해야 한다는 규정이 없거나 사안이 이치상 아뢰지 않아도 되는 것인데 상주한 자는 이 처벌을 받는다. 비록 상주했더라도 회답을 기다리지 않고 시행한 자도 역시 같다. 사안을 상주하고 회답을 기다려야 하는 경우에는 모두 회답을 기다려서 시행해야 하는데, 만약 회신을 기다리지 않고 함부로 시행하였으면 역시 아뢰지 않거나 보고하지 않은 죄와 같다. 만약 규정에 의해 아룀과 동시에 시행하는 경우이거나 혹은 보고하거나 아뢰어 알렸지만 회답을 기다리지 않아도 되는 경우에는 이러한 처벌을 받지 않는다.

(2) 보고 의무를 위반한 죄

위로 보고해야 하는데 보고하지 않은 자 및 관할하는 바를 거치지 않고 보고한 자는 장60에 처한다.

율·영 및 식에 따라 반드시 위로 보고해야 하는 것을 보고하지 않은 자, 율·영 및 식에 따라 위로 보고하지 않아야 하는데 함부로 보고한 자, 위로 보고했더라도 회답을 기다리지 않고 시행한 자는 이 처벌을 받는다. 또한 관할 관사를 거치지 않고 뛰어넘어 보고한 자도 이 처벌을 받는다. 가령 주는 현을 관할하고 도독은 주를 관할하므로, 주·현의 일을 상서성에 보고할 때는 반드시 먼저 관할하는 주·부에 보고해야 하는데 보고하지 않고, 뛰어넘어 곧장 상서성에 보고한 자는 이 처벌을 받는다.

(3) 문서의 하행 의무를 이행하지 않은 죄

아래로 시행하는 문서, 즉 부·이·관·첩·자를 내서 아래로 시행해야 하는데 하지 않은 자 및 그렇게 해서는 안 되는데 시행한 자는 장60에 처한다.

3. 황제의 명을 받은 사인이 임무에 대해 아뢰지 않고 다른 일에 관여한 죄

직제율29(119조)

1. (a) 황제의 명을 받고 나간 사인이 돌아와 황제의 명에 대한 결과를 아뢰지 않고 함부로 다른 일에 간여한 때에는 도1년반에 처하고, (b) 그 때문에 폐하거나 그르치게 한 바가 있을 때에는 도3년에 처한다.
2. (a) 맡은 직분을 넘어 타인의 직무를 침범한 때에는 장90에 처하고, (b) 그 때문에 폐하거나 그르친 바가 있을 때에는 도1년에 처한다.

(1) 사인이 다른 일에 간여한 죄

① 황제의 명을 받고 나간 사인이 돌아와 사명에 대한 결과를 보고하지 않고 함부로 다른 일에 간여한 때에는 도1년반에 처한다.

② 삼후 및 황태자의 명령을 받고 나간 사인이 돌아와 사명에 대한 결과를 보고하지 않은 때에는 황제의 명을 받은 사인의 죄에서 1등을 감해서(명51.2) 도1년에 처한다.

③ 이 밖의 사인이 다른 일에 간여한 때에는 장90에 처한다.

(2) 사인이 타인의 직무를 침범한 죄

사인이 타인의 직무를 침범함으로써 그르치게 된 바가 있을 때에는 황제의 사인이면 도3년에 처하고, 다른 사인은 도1년에 처한다.

4. 황제에게 대답하는 것과 아뢰는 사안 및 상서를 사실대로 하지 않은 죄

사위율7(368조)

1. (a) 황제에게 대답하는 것[對制]과 아뢰는 사안[奏事] 및 상서를 속이고 사실대로 하지 않은 자는 도2년에 처하고, (b) 기밀이 아닌데 망령되이 기밀이 있다고 말한 때에는 1등을 더한다. 〈황제에게 대답하는 것은 직접 황제를 알현하여 질문을 받고 답하는 것을 말한다. 아뢰는 사안이란 대면하여 황제에게 사안을 진술하는 것을 말하며, 만약 타인에게 위탁한 상주도 역시 그렇다. 상서는 문서로 아뢰는 것이 특별히 황제에게 이르는 것을 말한다. '속이다'라는 것은 알고도 숨기고 속이는 것 및 탐하거나 회피하는 바가 있는 것 등을 말한다.〉

2. (a) 만약 특별히 황제가 명을 내려 문(問)·안(案)·추(推)함에 〈죄명이 없는 것은 문(問)이라 하고, 아직 고발되지 않은 것은 안

(案)이라 하며, 이미 고발된 것은 추(推)라고 한다.〉 황제에게 사실대로 보고하지 않은 자는 도1년에 처하고, (b) 그 일이 담당 관사를 경유하는 것이어서 받아 아뢰는데 사실대로 하지 않은 경우의 죄도 역시 같다.

3. 아직 주문하지 않은 때에는 각각 1등을 감한다.

(1) 대제·상서 및 주사를 사실대로 하지 않은 죄

대제(對制)·상서 및 주사를 사실대로 하지 않은 자는 도2년에 처한다. 대제는 대면하여 직접 황제의 질문을 받고 답하는 것을 말한다. 아뢰는 사안[奏事]이란 황제의 면전에서 사안을 아뢰는 것을 말하며, 만약 타인에게 아뢰도록 위탁한 사안을 아뢴 경우도 역시 자신이 직접 아뢴 것과 같다. 상서는 문서로 아뢴 것이 특별히 황제에게 이르는 것을 말한다. 이러한 때에 알고도 숨기고 속이거나 망령되이 공과 상을 탐하거나 혹은 죄나 허물을 회피하고자 한 자는 이 처벌을 받는다.

(2) 기밀이 아닌데 거짓으로 기밀이라고 아뢴 죄

① 기밀이 아닌데 거짓으로 기밀이 있다고 아뢴 자는 도2년반에 처한다. 모반·모대역·모반과 같은 기밀이 아닌데 거짓으로 기밀이 있다고 말한 자는 황제에게 대답하는 것을 사실대로 하지 않은 죄에 1등을 더하여 도2년반에 처한다.

② 단 만약 관사에게 문책을 받아 성내어 외치는 정황이거나 혹은 싸움과 다툼으로 말미암아 서로 공박하기 위해 입으로는 비록 기밀을 고발했지만 심문할 때 부인했다면 원래 문첩이 관사에 들어가지 않았으므로 '마땅히 해서는 안 되는데 행한' 죄의 무거운 쪽(잡62.2)에 따라 장80에 처한다. 공당(公堂)에서 소리치거나 혹은 공박하는 말을 하여 의미 없이 함부로 기밀이 있다고 말한 것이므로 마땅히

해서는 안 되는 행위를 한 것으로 벌하는 것이다.

③ 그러나 이미 진술한 문첩이 있고 심문할 때 비로소 허위임을 인정하거나 혹은 입으로 기밀이라고 하고 고집스럽게 주장하다가 마지막에 허위임을 인정한 자는 모두 율문3의 "아직 아뢰지 않은 경우는 1등을 감한다."는 규정과 같이 도2년에 처한다. 이미 문첩으로 관에 기밀이 있다고 진술하였으나, 단 심문할 때 결코 그런 사실이 없다는 것을 인정하거나 혹은 다시 입으로 기밀이 있다고 말하였으나 그 후 망언이라는 것을 인정한 경우는 다 같이 아직 아뢰지 않은 것과 같이 1등을 감한다.

④ 이 죄는 마땅히 분명히 특정인의 반역 등의 일에 대해서 망언한 것을 가리키는 것이 아니다. 만약 특정인이 반역했다고 무고한 것은 곧 무고반역죄(투40)를 과한다.

(3) 특별히 황제가 명을 내려 문(問)·안(案)·추(推)함에 사실대로 보고하지 않은 죄

특별히 황제가 명을 내려 문(問)·안(案)·추(推)함에 사실대로 보고하지 않은 자는 도1년에 처한다. "만약 특별히 황제가 명을 내려 문하다."라는 것은 담당 관사를 경유하지 않고 특별히 제·칙을 받든 사신을 파견하여 나아가서 문하는 것을 말한다. 주에 "죄명이 없는 것은 문(問)이라고 한다."라고 한 것은 백성의 질병이나 풍흉, 또는 홍수·가뭄 따위에 대해 묻는 것을 말한다. 안(案)이라는 것은 관인이 죄가 있다고 풍문으로 들었으나 아직 고발장이 없는데 황제의 명을 받들어 심문하는 것을 말한다. 추(推)라는 것은 사건이 발각되어 사신을 파견하여 추국하는데, 이미 그것에 대한 고발이 있는 것을 말한다.

(4) 담당 관사를 경유하는 일을 받아 황제에게 아뢰는데 사실로써
　　하지 않은 죄

담당 관사를 경유하는 일을 황제에게 아뢰는데 사실로써 하지 않
은 자는 도1년에 처한다.

(5) 상주하지 않은 때의 처벌

사기하여 사실대로 하지 않은 타인의 상서를 받은 것, 또는 기밀이
아닌 것 및 황제가 내린 문·안·추에 대해 사실대로 보고하지 않은
것, 일이 담당 관사를 경유하는 것이어서 받아서 주문하는데 사실대
로 상신하고 보고하지 않은 것을 아직 황제에게 아뢰지 않은 때에는
각각 1등을 감한다. 즉 상서한 사람 및 파견되어 문죄하는 사람이나
추국하는 사람의 보고나 답이 설령 사실이 아니더라도 담당하는 관사
가 이것이 사실이 아닌 일로 간주하여 주문하지 않으면 상서한 사람
이나 파견되어 문죄한 사람의 죄는 1등을 감할 수 있는 것이다.

5. 재이·상서에 대한 황제의 물음에 사실대로 대답하지 않은 죄

사위16(377조)
2. 사관이 재(災)·상(祥) 따위에 대한 황제의 물음에 사실대로 대답
　하지 않은 때에는 도3년에 처한다.

재(災)는 재앙을 부르는 요사스런 기운을 말하고, 상(祥)은 좋은
징조를 말한다. 만약 사관이 황제의 물음에 대해 나쁜 징조라 해야
할 것을 좋은 징조라 하거나 좋은 징조라 해야 할 것을 나쁜 징조라
고 대답한 때에는 서응(瑞應)을 만든 죄(사16.1)에 2등을 더하여 도3
년에 처한다.

VI. 제서·관문서의 절도 및 유기·훼손의 죄

1. 제서·관문서를 절도한 죄

적도율26(273조)

1. (a) 제서를 절도한 자는 도2년에 처하고, (b) 관문서를 절도한 자는 장100에 처한다. 중요한 문서는 1등을 더하고, 지권(紙券)은 또 1등을 더한다. 〈역시 그것을 탐한 것으로 시행된 바가 없는 것을 말한다. 중요하다는 것은 도죄 이상의 옥안이나 혼인·양천·훈상·출척·수관·제면 따위를 말한다.〉

2. 만약 폐기해야 할 문안을 절도한 자는 일반도죄의 법에 따른다.

(1) 제서 절도죄

제서를 절도한 자는 도2년에 처하는데 칙이나 주초도 역시 같다. 칙지는 원래 황제의 서명이 없고 주초(奏抄)는 서명이 있다. 황제의 서명이 있는 주초는 칙지보다 가볍지 않으므로 각각 제서를 훔친 죄와 같이 처벌한다.

(2) 관문서 절도죄

1) 관문서 절도죄

관문서는 관사에서 일반적으로 시행하는 문서로 인이 있거나 없거나 같으며, 이를 절도한 자는 장100에 처한다. 단 중요한 관문서를 절도한 자는 도1년에 처한다. 중요한 관문서란 도죄 이상의 사건기록이나 혼인·양천·훈상·출척·수관·제명·면관 따위에 관한 관문서를 말한다. 그 밖에 창·고의 식량이나 재물, 행군의 장부나 호적·수실 같은 것도 이에 해당한다.

2) 지권을 절도한 죄

지권을 절도한 자는 도1년반에 처한다. 지권은 종이로 만든 일정 양식의 공증문서로 전부(傳符)가 그 한 예이며, 과소(過所)도 같다.

3) 폐기한 관문서 절도죄

단 마땅히 폐기해야 할 문안이면 일반 절도의 처벌법에 따른다. 즉 문안으로 항상 보관해야 할 필요가 없는 것은 3년마다 한 차례 폐기한다. 이미 연도가 오래되어 폐기해야 할 것이면 현행의 문안이 아니기 때문에 일반 도죄의 처벌법에 따라 장물을 계산해서 죄를 과한다.

2. 제서·관문서를 버리거나 훼손한 죄

잡률50(438조)
1. (a) 제서 및 관문서를 버리거나 훼손한 자는 절도에 준하여 논하고, (b) 망실하거나 착오로 훼손한 자는 각각 2등을 감한다. 〈훼손은 반드시 문자가 없어진 것만을 의미한다. 만약 내용을 변동하려고 한 때에는 거짓으로 증감한 죄에 따라 처벌한다.〉

(1) 제서 및 관문서를 버리거나 훼손한 죄

1) 제서를 버리거나 훼손한 경우

제서를 버리거나 훼손한 자는 절도에 준하여 논한다. 즉 제서를 버리거나 훼손한 자는 제서를 절도한 죄(적26.1a)에 준해서 도2년에

처한다. 절도에 준하여 논하는 경우 절도로 논하는 것과 달리 제면·
배장·감주가죄(監主加罪)의 처분을 하지 않는다(명53.3). 버리거나
훼손한 것은 둘 가운데 하나만이더라도 죄가 된다. 훼손의 경우는
반드시 문자를 손상시켜야 처벌한다. 칙 및 주초를 버리거나 훼손한
것도 죄가 같다.

2) 관문서를 버리거나 훼손한 경우

관문서를 버리거나 훼손한 자는 관문서를 절도한 죄(적26.1b)에
준하여 장100에 처하고, 중요한 관문서이면 도1년, 지권을 버리거나
훼손한 죄는 도1년반이 된다. 관문서는 각급 관사에서 시행하는 공
문서를 말한다.

(2) 내용을 변동하려고 제서·관문서를 훼손한 죄

만약 문서의 내용을 변동하려고 제서·관문서를 몰래 훼손한 자는
거짓으로 증감한 법에 의거하여 죄준다. 다시 말하면 만약 몰래 훼
손하여 문서의 내용을 변동하려고 한 자는 당연히 거짓으로 제서(사
6.1a)·관문서(사8.1a)를 증감한 법에 의거하여, 제·칙 및 주초를 몰
래 훼손한 경우에는 사형에 처하고, 관문서를 훼손한 경우에는 장
100에 처한다. 주관 관인 스스로 죄를 피하려고 몰래 훼손하였다면
식을 위반하고 조작한 경우의 법(사8.21a)에 따라, 피하려고 한 죄가
장형 이하이면 장100에 처하고 도형 이상이면 1등을 더한다.

(3) 제서 및 관문서를 망실하거나 착오로 훼손한 죄

1) 제서를 망실하거나 착오로 훼손한 경우

제서를 망실하거나 착오로 훼손한 자는 제서 절도죄 준하여 논하

되 2등을 감한다. 따라서 도2년에 2등을 감해 도1년에 처한다. 망실이란 깨닫지 못하고 잃어버리거나 도둑맞은 것을 말한다. 착오로 훼손하였다는 것은 착오로 훼손하여 문자가 파손되거나 없어진 것을 말한다.

2) 관문서를 망실하거나 착오로 훼손한 경우

관문서를 망실하거나 착오로 훼손한 자는 관문서 절도죄에 준하여 논하되 2등을 감한다. 따라서 장100에서 2등을 감해 장80에 처한다.

3) 부(符)·이(移)·해(解)·첩(牒)을 착오로 훼손한 경우

부·이·해·첩을 착오로 훼손한 자는 장60에 처한다. 부·이·해·첩은 모두 공문서의 일종이다. 아직 담당 관사에 납입하지 않고 본안이 있는데 잘못으로 훼손한 것을 말한다. 관(關)·자(刺)는 율에 규정이 없지만 부·이와 죄가 같다.

제3절 보·인·부·절에 관한 죄

Ⅰ. 총설

1. 보·인·부·절

(1) 보

보(寶)는 새(璽)이며, 곧 인장이다. 황제의 보는 8개가 있으며, 반드시 옥으로 만들므로 옥새라고도 한다. 8보의 종류와 용도에 대해서는 앞에서 설명하였다. 보는 궁관 상복국의 속관인 사보가 보관하며, 문하성의 속관인 부보랑이 출납을 관장하였다. 부연하면 부보랑은 황제의 보와 나라의 부·절의 용도를 분별하여 일이 있을 때는 사보에게 청해서 담당자에게 주어 날인하게 하고, 일을 마치면 받들어 사보에게 돌려주어 보관케 하였다.

(2) 인

율에 규정이 있는 인은 관문서인과 봉함인과 축산인이다. 모든 관사에는 각각 인을 감독하는 관이 있어 인을 관장하는데, 상서도성의 인을 감독하는 관은 도사(都事)이고, 그 밖의 각 관사에서는 구검관이 감독한다. 단 밤이 되면 경사의 모든 관사에서는 인을 숙직관에게 보내고 지방의 모든 관사에서는 그곳의 장관에게 보내 관장케 한다. 상서도성에서 반행하는 공문서에 관인을 찍어야 할 경우, 도사가 공문의 사목을 살펴 오류가 없는지 확인한 연후에 도장을 찍고, 반드시 사목력에 기재하고 매월 말에 문서고에 넣는다. 각 관사에서 공문서에 날인할 경우에는 구검관이 같은 절차를 진행한다.

(3) 부·절

부절은 동어부, 전부, 수신어부, 목계, 정절이 있다.

① 동어부는 물고기 형상을 동으로 제작하며, 등지느러미를 기준으로 좌우의 두 부분으로 나누어 배 부분에 '합동(合同)' 등의 문자를 새긴다. 만약 부를 필요로 하는 경우 두 부분을 합해보고 진위를 확인한 뒤에 비로소 일을 진행할 수 있다. 동어부는 병사 10인 이상을 징발하는 경우, 주 자사 등 지방장관의 교체를 비롯하여 중앙정부와 지방관사 사이의 중요사항의 연락, 정해진 시간 이외의 궁전문 등의 개폐의 경우에 사용된다. 문의 개폐에 사용되는 부에는 궁전문부, 황

성문부, 경성문부 등이 있다. 문부에 준하는 것으로서 금원 안 각 문의 개폐에 사용되는 금원문부, 수위의 병력을 교대할 때 쓰는 교어부, 밤에 순경하는 곳에서 쓰는 순어부 등이 있었다.

② 전부는 역마를 이용하는 자에게 지급되는 것이다. 단 실제로는 지권이 사용되었다(직41의 소).

③ 목계는 천자가 순행하고 있어 황태자가 감국할 때 및 양경유수와 각 주가 발병권을 위임받은 경우에 동어부 대신 사용하는 발병부이다. 또한 황성 안의 모든 초소에 목계를, 경성 안의 모든 초소에 목어를 지급했으며, 호부의 금부와 사농시가 물품을 받고 넘겨줄 때 증빙으로서 사용되었다.

④ 정절은 비상시에 장수·사인이 사용하는 것으로, 포상 및 처형에 대한 전권이 부여되었음을 상징한다. 정은 깃발이고 절도 깃발이다.

⑤ 수신어부는 관인이 일상적으로 휴대하고 다니는 신분증명서에 해당하는 것으로, 앞의 네 개와는 성격이 다른 부이다.

부·절도 보와 마찬가지로 궁관 상복국의 속관인 사보가 보관하고, 문하성의 속관인 부보랑이 출납을 관장하였다. 부연하면 부보랑은 부·절의 용도를 분별하여 일이 있을 때는 사보에게 청해서 담당자에게 주어 행사하게 하고, 일을 마치면 받들어 사보에게 돌려주어 보관케 하였다.

2. 보·인·부·절의 기능

황제의 명은 대개 제서의 형식으로 하달되는데, 제서가 합법적으로 완성되기 위해서는 최종적으로 문하성의 부보랑을 거쳐야 했다. 부보랑을 거치지 않고 보를 쓰게 되면 제서는 그 법정의 절차가 완성된 것이 아니며, 부보랑이 관할하는 동어부와 전부가 없으면 제서와 명은 하달될 수 없는 것이다.

부·절 제도는 당시의 기술적 조건에서 지휘기구와 집행기구 사이의 명령과 정보의 전달을 위하여 채택할 수 있는 최선의 장치였다. 명령의 진실성에 대한 신뢰를 확보하기 위해서는 보와 인을 쓰는 것이 하나의 방법이긴 하지만 단 제서 또한 위조될 가능성이 있기 때문에 이에 부절을 더하는데, 이것은 위조 방지를 위한 이중의 장치인 셈이다. 또한 명령의 하달과 보고의 상달을 위한 신속한 통로로 역전이 설치되었는데, 역전의 사용은 반드시 전부를 지참해야 했다.

명령을 전달하는 과정 중에 누설을 방지하기 위하여 또 부함을 봉하는 엄밀한 절차와 격식이 필요하게 되는데, 이 때 모두 봉부인으로 부를 봉한다. 때문에 전부·동어부가 있는 경우 모두 봉부인을 지급하여 출발하는 역에서 부함을 봉하고 어부를 봉하는데 사용하도록 규정했다. 어부함이 봉해져 지방에 도달한 이후에 또 주·현과 절충부가 공동으로 봉함이 완전한지 검증하고, 봉함을 뜯어 부함을 열고 부를 맞춰봐서 합치하면 그 때 비로소 제서를 살펴 시행한다.

3. 보·인·부·절에 관한 죄

보·인·부·절을 황제 및 국가의 명령의 신용을 담보하는 표지이다. 따라서 이를 행용함에는 관장하는 자를 통해 정해진 절차에 따라야 한다. 만약 관장하는 자가 몰래 봉용하거나 남에게 빌려주거나 매도한 행위는 엄하게 처벌한다. 관장하는 자를 통하지 않고 몰래 행용한 자는 설혹 그 문서가 올바른 것일지라도 처벌한다. 더구나 군대의 출동을 위한 발병부는 군국의 중대사에 관련되므로 그 발급과 반송은 영과 식에 정해진 바와 따라야 하며, 이를 위반한 자는 처벌한다.

보·인·부·절은 위조·위사한 행위는 황제·국가의 신용을 훼손하고 그 통치 질서를 파괴하는 극히 중대한 범죄이다. 특히 황제 및 삼후·황태자의 보를 위조하는 행위는 황제와 황실의 존엄을 해하는 중대범죄이므로 극형에 처하고 십악의 대불경을 적용한다는 것은 앞에서 설명했다. 또한 보·인·부·절을 절도한 죄나, 훼손하거나 망실한 죄도 일반적인 절도·훼손·망실의 죄보다 무겁게 처벌함은 당연하다. 또한 위조·위사·절도한 보·인·부·절을 습득해서 봉용한 행위도 위조·위사·절도한 것과 마찬가지로 처벌한다.

관문서인을 위조하거나 위조·절도한 것 및 망실한 것을 습득해서 행용한 죄에 대해서는 율 외에 격이나 칙이 남아 있는데, 대체로 율보다 형벌이 무거워졌음을 확인할 수 있다. 이는 관문서인의 위조 및 절도·망실의 죄가 그 만큼 중대한 사회문제로 제기되었다는 것을 반증하는 것이다.

II. 보·인·부·절을 몰래 봉용한 죄 및 부·절의 행용 절차를 위반한 죄

1. 보·인·부·절을 몰래 봉용한 죄

사위율5(366조)

1. 보·인·부·절을 몰래 봉용한 것 〈의도가 사기와 위계에 있고 관장하는 자를 거치지 않음을 말한다.〉 또는 관장하는 자가 몰래 봉용한 것 및 관장하는 자가 타인에게 빌려 주거나 또는 팔았는데 빌린 자 및 매입한 자가 봉용한 것은 각각 위조·위사한 것으로 논한다.
2. (a) 주사가 사람이 절도해서 봉용한 것을 적발하지 못한 때에는

각각 봉용한 죄에서 5등을 감하고, (b) 인은 또 2등을 감한다.

3. (a) 만약 사안이 바른데 인을 도용한 자 및 처리 기한의 지체를
   피하기 위하여 인을 도용한 자는 각각 장100에 처하고, (b) 사안
   이 비록 바르지 않지만 본법에 인을 사용할 수 있는 경우 몰래
   봉용한 자는 1등을 더하여 도1년에 처한다.

4. (a) 주사가 위의 죄행을 적발하지 못한 때에는 태50에 처하고,
   (b) 고의로 방임한 때에는 도용한 자와 같은 죄를 준다.

(1) 보·인·부·절을 몰래 봉용한 죄

1) 요건

이 죄의 요건은 주체에 따라 셋으로 나눌 수 있다.

① 보·인·부·절을 관장하지 않는 자가 도용한 것이다. 이는 의도
가 사기와 위계에 있어 관장하는 자를 거치지 않고 보·인·부·절을
도용한 것을 말한다.

② 보·인·부·절을 관장하는 주사가 사사로이 몰래 봉용하거나 관
장하는 자가 보·인·부·절을 타인에게 빌려주거나 판 것이다.

③ 빌리거나 산 사람이 이미 봉용한 것이다.

2) 처벌상의 유의사항

위의 요건에 해당하는 자는 각각 위조·위사한 것으로 논하여 처벌
한다. 주의할 것은 관장하는 자가 빌려주거나 판 죄는 반드시 빌리거
나 산 사람이 봉용해야 비로소 기수가 되며 그렇지 않으면 미수로 3
등을 감한다(사4.3). 또 양자는 필요적 공범으로 수범·종범을 구분하
지 않지만, 인을 관장하는 사람이 훔친 인을 타인에게 주어 봉용케
한 경우는 곧 임의적 공범으로 수범·종범으로 구분해서 처벌한다.

(2) 주사가 보·인·부·절의 도용을 적발하지 못한 죄

보 및 부·절을 관장하는 주사가 사람이 도용한 것을 적발하지 못한 때에는 도용한 사람의 죄에서 5등을 감하여 처벌하고, 인을 관장하는 주사의 경우는 또 2등을 감한다. 단 율은 보와 부·절과 인의 용도에 따라 그 형을 달리 규정해 두고 있으므로, 주사의 죄도 각각 규정된 형에서 감한다. 따라서 보(사1.a) 및 부(사3.1)를 도용한 죄가 사형에 해당하는 경우 이를 적발하지 못한 주사는 사형에서 5등을 감하여 도1년반에 처한다. 또한 부·절을 도용한 죄가 유형에 해당하는 경우(사3.2) 이를 적발하지 못한 주사는 유형에서 5등을 감하여 도1년에 처한다. 그 외의 부를 도용한 것을 적발하지 못한 주사는 도2년에서(사3.2) 5등을 감하여 장80에 처하고, 인의 도용을 적발하지 못한 주사는 유형에서 7등을 감하여 장90에 처한다.

(3) 본법에 인을 사용할 수 있는데 몰래 사용한 죄

① 만약 사안이 바른데 인을 도용한 자 및 처리 기한의 지체를 피하기 위하여 인을 도용한 자는 각각 장100에 처한다. 사안이 비록 바르지 않더라도 본법에 인을 사용할 수 있는 경우 반드시 상부에 상신하고 답을 기다려야 한다. 이 사안에 인을 몰래 봉용한 때에는 1등을 더하여 도1년에 처한다. 만약 사안이 바르지 않고 왕곡한 죄가 도1년보다 무거우면 무거운 쪽에 따라 처단한다.

② 본법에 인을 사용할 수 있는데 훔쳐 사용한 것을 주사가 적발하지 못한 때에는 태50에 처하고, 고의로 방임한 때에는 죄인과 같은 죄를 적용한다.

2. 부의 발급·사용·반송에 관한 영·식을 위반한 죄

천흥률3(226조)

1. (a) 발병부를 발급하여야 하는데 발급하지 않거나, 발병부를 하달하여야 하는데 하달하지 않거나, 발병부를 하달하는데 식을 위반하거나, 〈영·식을 위반하여 받아서 사용할 수 없는 경우를 말한다.〉 부를 합해보지 않고 업무를 처리하거나, 부가 합치하지 않은데도 신속히 보고하지 않은 자는 각각 도2년에 처한다. (b) 기한을 위반하고 즉시 부를 반환하지 않은 자는 도1년에 처한다.
2. 이 밖의 부는 각각 2등을 감한다. 〈무릇 이 밖의 부에 대해 언급한 경우는 계도 역시 같다. 즉 계로써 발병할 경우는 발병부에 대한 처벌법과 같다.〉

(1) 발병부의 발급과 사용에 관한 법을 위반한 죄

발병부의 발급과 사용에 관한 법을 위반한 자는 도2년에 처한다. 이 죄의 요건은 발병부를 발급하는 법을 위반한 것과 발병부를 받아서 쓰는 법을 위반한 것의 두 단계로 나누어 볼 수 있다.

1) 발병부 발급에 관한 위법의 3종 형태

첫 번째 위법 요건은 발병부를 발급해야 하는데 하지 않은 것이다. 공식령(습유581쪽)에 따르면, 동어부는, 기내는 좌부를 세 개 우부를 하나 만들고 기외는 좌부를 다섯 개 우부는 하나를 만들어, 좌부는 중앙에 두고 우부는 외부에 준다. 사용하는 날에는 좌부의 첫번째 것부터 발급하며, 뒤에 다시 일이 발생하여 사용해야 할 때에는 그 다음 것을 발급하고, 모두 사용하면 다시 처음으로 돌아간다. 또한 발급하는 어부와 전부는 모두 장관이 관장하며, 장관이 없으면 차관이 관장한다. 이것은 처음 외부로 주는 날을 기준으로 한 것으로 발병부 발급의 원칙적인 규정이다. 이 부는 관직을 수여하거나 사인을 차출하거나 여러 가지를 추징할 때도 통용되지만, 군대를 징발하는 사안이 중요하기 때문에 발병부라는 이름으로 조문을 만든 것이다.

두 번째 위법 요건은 발병부를 하달해야 하는데 하달하지 않은 것이다. 즉 파병해야 하는데 발병부의 좌부가 하달되지 않은 것으로, 담당하는 관사가 죄의 주체가 된다. 다만 담당관사에 대해서는 구체적인 기록을 찾을 수 없다.

세 번째 위법 요건은 발병부를 하달하는 규정을 위반한 것이다. 즉 위의 영·식에 정한 절차를 위반하고 하달한 것이면 발병하는 부로 사용할 수 없다는 것이다.

2) 발병부 위법 사용의 2종 형태

첫 번째는 부를 맞추어 보지 않고 업무를 처리한 것이다. 군대를 관장하는 관사는 부의 좌부를 받으면 모두 우부와 함께 맞추어 보고 합치하면 비로소 발병의 일을 처리한다. 만일 부를 맞추어 보지 않고 일을 처리한 때에는 이 처벌을 받는다.

두 번째는 부가 맞지 않은데도 신속하게 보고하지 않은 것이다. 하달된 좌부와 가지고 있는 우부를 맞추어 보아 서로 합치되지 않으면 신속히 상주해야 하는데 그렇게 하지 않은 경우 이 처벌을 받는다.

3) 목계로 발병하는 경우의 처벌

목계로 발병하는 경우도 발병부와 같은 규정을 적용하여 처벌한다. 공식령(습유587쪽)에 따르면, 황제가 순행하고 황태자가 감국하여 병마에 대하여 처분을 받아야 할 때에는 목계로 한다. 왕·공 이하가 경사에서 유수할 경우라던가 모든 주에서 병마에 대하여 처분을 받아야 할 경우, 아울러 행군소와 병사 500명 이상 및 군마 500필 이상을 이끌고 정토하는 경우도 목계를 발급한다. 이 같이 원래 목계로 발병할 경우의 위반 행위에 대해서는 발병부에 대한 법과 같이 처벌한다.

(2) 기한을 위반하고 즉시 부를 반송하지 않은 죄

부를 맞춰보고 난 뒤 기한을 위반하고 즉시 부를 반송하지 않은 자는 도1년에 처한다. 부을 가진 관사 즉 각 지방의 장관은 하달된 좌부를 우부와 맞춰보고 난 뒤 공식령에 따라 부를 봉하여 사인에게 준다. 만약 사인이 또 다른 곳으로 가기 때문에 즉시 귀환하지 않는 경우 다른 사인에게 맡겨 보낸다. 만일 주 내에 경사로 갈 사인이 있을 경우에는 관내의 모든 관사가 일괄해서 맡겨 보내며, 5일 내에 갈 사인이 없다면 별도의 사인을 파견해서 보내야 한다. 만일 이 영에 정한 기한을 위반하고 즉시 부를 반송하지 않은 자는 이 처벌을 받는다.

(3) 발병부 외의 부의 발급·사용·반송에 관한 영·식을 위반한 죄

발병부 외의 부의 발급·사용·반송에 관한 영·식을 위반한 자는 발병부를 범한 죄에서 2등을 감하여 처벌한다. 여기서 발병부 외의 부란 금원의 문부나 교어부·순어부 등을 말하며, 계(契)도 또한 같다. 감문식에 따르면, 황성 내의 모든 도로의 초소에는 각각 목계를 지급하며, 경성의 모든 도로의 초소에는 각각 목어를 지급한다. 호부의 금부사와 사농시 역시 식에 따라 모두 목계를 지급한다. 단지 식에 규정된 모든 계는 모두 그 밖의 부와 같다. 따라서 만일 부가 이르렀는데 맞추어 보지 않고 바로 그 일을 처리하거나, 부를 맞추어 보아 맞지 않은데도 신속히 상주하지 않았다면 도1년에 처하고, 즉시 부를 반송하지 않았다면 장90에 처한다.

3. 부·절을 사용한 뒤 반납하지 않은 죄

직제율41(131조)

부·절을 사용하는 일을 마치면 마땅히 반납해야 한다. 이를 지체한 자는 1일에 태50에 처하고, 2일마다 1등씩 더하며, 10일이면 도1년에 처한다.

(1) 부·절의 반납을 지체한 죄

이 죄의 요건은 각 지방의 관사에서 부·절을 맞춰보고 난 뒤 반송한 동어부의 좌부를 문하성에 반납하지 않은 것이다. 즉 부·절을 맞춰보고 난 뒤 기한을 위반하고 좌부를 반송하지 않은 죄는 도1년에 해당하지만, 이미 반송한 좌부를 문하성에 반납하는 것을 지체한 죄는 1일이면 태50, 2일마다 1등씩 더하여 10일이면 도1년에 해당하는데, 비록 다시 기일을 어기더라도 죄는 역시 가중하지 않는다. 절은 대사가 나갈 때 소지하는데, 사인이 귀환하면 역시 곧장 반납하며(습유584쪽), 지체한 경우 부와 같은 죄를 받는다.

(2) 전부의 반납을 지체한 죄

1) 요건

전부는 통상 종이로 만든다. 역마를 타는 사신은 도착한 곳에서 일을 아직 마치지 않았더라도 또한 담당 관사에 맡기며, 일을 마치고 돌아오고자 할 때 다시 청하여 가지고 돌아와서 문하성에 반납하는데, 원래 한정된 기일이 없으므로 도착한 즉시 반납한다.

2) 처벌

전부는 동어부의 기일을 위반한 것이 아니므로 이 조항(직41)을 적용해서 처벌해서는 안 된다. 전부는 지권이므로 관문서의 일정을 지체한 죄(직21.2)에 의거하되 1등을 더한다. 따라서 반납을 지체한 자는 1일이면 태20에 처하고, 3일마다 1등씩 더하되, 최고형은 장90이다.

(3) 기타 부 및 계의 반납을 지체한 죄

금원문부 및 교어부·순어부 혹은 목계 등에 대한 죄는 발병부에 대한 죄에서 2등 감하므로(천3.2), 반납을 지체한 죄 또한 2등을 감한다. 따라서 지체한 자는 1일이면 태30에 처하고, 2일마다 1등씩 더하며, 10일이면 장90에 처한다. 비록 다시 기일을 어기더라도 죄는 역시 더하지 않는다. 다만 목계로 군대를 징발해야 하는 경우는 위의 부절의 죄와 같다(천3.2의 주).

III. 보·인·부·계·절을 위조한 죄

1. 황제 및 황태후 등의 보를 위조한 죄

사위율1(362조)

(1) 황제의 팔보를 위조한 자는 참형에 처한다.

(2) 태황태후·황태후·황후·황태자의 보를 위조한 자는 교형에 처한다.

(3) 황태자비의 보를 위조한 자는 유2000리에 처한다.

〈위조는 사용한 바를 불문하고[不錄] 단지 만들었으면 처벌한다.〉

황제와 삼후·황태자 및 황태자비의 보를 위조한 죄에 대해서는 앞의 1장에서 황제 및 황실의 존엄을 침해한 죄의 일환으로 설명했다 (1편 1장 5절의 IV-1). 황제의 명령을 바탕으로 하여 국정이 운영되

는 황제지배체제에서 어보 등을 위조한 행위는 당연히 황제의 명령
에 대한 신용을 위해한 것으로 당연히 본장에 포함되는 것이다. 그
러나 어보는 황제의 존엄성을 상징하는 것으로 이를 위조한 것은 황
제 및 황실의 존엄을 손상한 행위로 간주할 수도 있으므로 각론의
편제상 먼저 1장 5절(황제 및 황실의 존엄에 관한 죄)에서도 논하였
는데, 이는 당률을 법익의 관점에서 논하기 위해 부득이 취한 편법
일 뿐이다. 아래의 어보를 절도한 죄도 마찬가지이다.

2. 관문서인 위조죄

사위율2(363조)
1. (a) 관문서인을 위사(僞寫)한 자는 유2000리에 처하고, (b) 그 밖
   의 인을 위사한 자는 도1년에 처한다. 〈사(寫)는 본떠서 만드는
   것을 말하며, 역시 사용한 바를 불문한다.〉
2. (a) 전대의 관문서인을 위사해서 탐하는 것이 있어 봉용한 자는
   도2년에 처한다. 〈그것으로 말미암아 관직을 획득한 자는 관을
   거짓으로 수여한 법에 따라 처벌한다.〉

(1) 관문서인 위조죄

1) 요건

(a) 객체

객체는 관문서인이다. 인은 신표로 거짓이 없다는 증거이자 동일성
을 증명하는 것이다. 문서에 날인해서 시행하여 상하로 통하게 하면,
받는 쪽에서 믿고 수령하기 때문에 관문서인이라고 한다(적25의 소).

(b) 행위

행위는 관문서인을 위사(僞寫)한 것이다. 황제의 팔보는 백옥으로 만들기 때문에 위조(僞造)가 죄의 요건인데, 관문서인은 동으로 만들기 때문에 본뜨는 것[寫]이 죄의 요건이 된다. 본떠서 인을 만든 경우 진흙으로 만들었는지 밀초로 만들었는지는 따지지 않는다. 단 위사(僞寫)는 현대에는 사용하는 용어가 아니어서 생소하므로, 각론에서는 위조든 위사든 다 같이 현대 형법의 용어에 따라 위조로 칭하기로 한다.

2) 처벌

일단 위조했다면 사용했는지 여부는 묻지 않고 유2000리에 처한다. 단 황제 등의 보는 만들었다면 처벌하고 그 사용 가능 여부는 묻지 않는데 비해, 관문서인의 경우는 비록 위조했더라도 사용할 수 없는 경우, 다시 말하면 인의 글자가 이루어지지 않았거나 크기가 현저히 차이가 나는 경우 등은 유2000리에 처하지 않고, "인을 위사했으나 아직 완성되지 않은 것은 3등을 감한다."(사4.3)는 규정에 따른다.

(2) 관문서인 이외의 인을 위조한 죄

관문서인 이외의 인은 주·현 등에서 문서를 봉할 때 사용하는 인 및 축산에 사용하는 인을 말하며, 이들 인을 위조한 경우 역시 사용했는지 여부는 따지지 않고 도1년에 처한다.

(3) 전대의 관문서인을 위조한 죄

1) 전대의 관문서인을 위조하여 봉용한 경우

이전 왕조의 관문서인을 위사하고, 탐하는 것이 있어서 봉용한 것이 이 죄의 요건이다. 다시 말하면 단지 위조만 하고 봉용하지 않았으면 죄가 성립하지 않는데, 이는 현재의 관문서의 경우 사용한 바를 따지지 않는 것과 다르다. 식에는 북주·수의 관작은 모두 음서를 허락한다는 규정이 있고, 또한 봉읍을 다투는 경우 등은 사안이 이전 왕조와 연관이 있으므로, 탐하는 것이 있어서 이전 왕조의 관문서인을 위조하여 봉용한 자는 도2년에 처하는 것이다. 봉용(封用)이라는 것은 문서에 인을 찍거나 혹은 문서를 봉하는 등 두 가지 용도를 겸하기 때문에 두 자를 합하여 봉용이라 한다. 위조했지만 아직 완성되지 않았거나 완성하였더라도 아직 봉용하지 않은 경우는, "아직 시행하지 않았으면 3등을 감한다."(사4.3)는 규정에 의거하여 이미 봉용한 죄에서 3등을 감한다.

2) 전대의 관문서인을 위조하고 봉용해서 관을 획득한 경우

전대의 관문서인을 위조하고 봉용해서 관을 획득한 자는 사기하여 거짓 관을 취득한 죄(사9.1)로 유2000리에 처한다. 즉 전대의 관문서인을 위조하여 봉용한 것을 전대의 공문서로 삼아, 이로 인하여 관직을 획득한 경우는 단순히 전대의 관문서인을 위조하여 봉용한 죄를 적용하지 않고 거짓으로 관을 획득한 죄를 적용한다.

3. 부·절을 위조한 죄

사위율3(364조)

1. 무릇 궁·전의 문부, 발병부(發兵符), 〈발병이란 동어부가 합치하면 발병에 응한다는 것을 말하며, 비록 다른 용도에 통용하더라도 역시 같다. 다른 조항에서 발병이라고 한 것은 모두 이에 준한다.〉 전부를 위조한 자는 교형에 처한다.

2. 사절 및 황성·경성의 문부를 위조한 자는 유2000리에 처한다.

3. 그 밖의 부를 위조한 자는 도2년에 처한다. 〈그 밖의 부라는 것
   은 금원문부 및 교순어부 따위를 말한다.〉

(1) 궁문·전문의 문부, 발병부·전부 위조죄

이 죄의 요건은 궁문·전문의 문부, 발병부·전부를 위조한 것이며,
이 죄를 범한 자는 교형에 처한다.

① 궁·전의 문부는 열 때가 아닌데 열어야 할 경우 이를 허락하는
어부이다. 단 반드시 맞춰보아 합치한 연후에 열 수 있다.

② 발병부에 대해서는 앞에서 설명하였다. 차과·징발할 때에도 모
두 칙부와 동어부를 동봉하여 주·부에 내리면 그 주·부는 부를 맞춰
보아 합치하면 받들어 시행한다. 또한 주·부 장관의 제수와 대행 및
관원을 파견하여 죄인의 체포와 감금을 집행하는 임무 등에 모두 이
부를 사용한다.

③ 전부는 역마 타는 사인에게 지급하는 것을 말한다.

(2) 사절(使節) 및 황성·경성의 문부 위조죄

사절 및 황성·경성의 문부를 위조한 자는 유2000리에 처한다.

① 사절은 대사가 지니는 신표이다. 절은 황제가 사신을 파견하여
무능한 관리를 강등하고 현명한 관리를 승진시킬 때나 황제의 명을
받들고 외국에 위엄을 떨칠 때는 모두 절을 잡고 천하로부터 신뢰를
얻는 것이다(적27.1b의 소). 또한 정은 포상에 대한 전권이, 절은 처
형에 대한 전권이 부여되었음을 상징한다(『당육전』권8, 254쪽; 『역
주당육전』중, 80쪽).

② 황성의 문은 주작문 등의 여러 문을 말하고, 경성의 문은 명덕
문 등의 여러 문을 말한다.

(3) 그 밖의 부 위조죄

그 밖의 부를 위조한 자는 도2년에 처한다. 이 밖의 부는 금원문 부 및 교순어부 등을 가리킨다.

① 금원의 모든 문에는 부가 있어 열고 닫을 때 쓴다.

② 수위를 교대하는 곳에는 모두 교어부가 있어 교대할 때 쓴다.

③ 순경하며 밤에 경찰하는 곳에서는 모두 순어부를 가지고 맞춰 보고서 통과한다.

④ 계(契)도 역시 같다. 즉 계로써 군대를 징발하는 경우 발병부의 법과 같다(천3.2). 단 이 조항에서 '따위[之類]'라고 한 것은 발병할 때 의 계뿐만 아니라 모든 계에도 그대로 적용된다는 것을 말하며, 위 조한 죄는 각각 도2년에 해당한다.

(4) 미수

이상의 부·절을 위사하였지만 아직 완성되지 않은 때에는 각각 3 등을 감한다(사4.3).

IV. 보·인·부·절을 절도하거나 버리거나 훼손·망실한 죄

1. 어보를 절도한 죄

적도율24(271조)
1. 어보를 절도한 자는 교형에 처한다.

어보를 절도한 자는 교형에 처한다. 어보는 황제의 보 및 태황태 후·황태후·황후의 보를 가리킨다. 이 죄는 십악의 대불경을 적용한다(명6.6의 주②). 황태자·황태자비의 보는 1등을 감하여 유3000리에 처하며, 역시 대불경을 적용한다(명51.3의 주).

황제와 삼후·황태자 및 황태자비의 보를 절도한 죄에 대해서는 앞의 1장에서도 황제 및 황실의 존엄을 침해한 죄의 일환으로 설명했다(1편 1장 5절의 Ⅳ-2).

2. 관문서인을 절도한 죄

적도율25(272조)
관문서인을 절도한 자는 도2년에 처하고, 그 밖의 인을 절도한 자는 장100에 처한다. 〈그것을 재물로 탐하고 행용(行用)하지는 않은 것을 말한다. 그 밖의 인이란 물품이나 축산에 날인하는 것을 말한다.〉

관문서인은 관문서에 날인해서 시행하여 상하로 통하게 하고, 받는 쪽에서 믿음을 갖게 하는 인장이다. 그 밖의 인은 모든 주에 지급해서 봉함 및 축산에 사용하게 하는 인장을 말한다. 이는 인을 행용하기 위해서가 아니라 관문서인 자체를 탐해서 절도한 것으로 간주하여 처벌하는 규정이다. 따라서 형식상 재산범이지만 국가의 신용을 중시하는 까닭에 가중해서 처벌한다. 만약 행용하였다면 곧 관문서인 위조죄(사2)에 따라 처벌한다.

3. 궁전문부·발병부·전부 및 자물쇠를 절도한 죄

적도율27(274조)
1. (a) 발병부·전부를 절도한 자는 유2000리에 처하고, (b) 사절 및 황성·경성의 문부를 절도한 자는 도3년에 처하며, (c) 그 밖의

부를 절도한 자는 도1년에 처한다.

2. (a) 문의 자물쇠를 절도한 자는 각각 3등을 감하고, (b) 주·진 및 창고·관문 등의 자물쇠를 절도한 자는 장100에 처하며, (c) 현· 수 등 여러 문의 자물쇠를 절도한 자는 장60에 처한다.

이 죄 역시 형식상 재산범이지만 국가안전을 중시하는 까닭에 가중 처벌한다. 달리 말하면 이는 부 자체를 탐하여 절도한 것으로 간주하 여 처벌하는 규정이다. 만약 발병부·전부를 절도하여 사용하려 하거나 사용했다면, 전혀 다른 중대범죄가 성립하게 될 것이다. 예를 들면 발 병부를 절도하여 사용하려 하거나 사용했다면 당연히 당률에서 가장 무거운 모반죄(명6.1, 적1)가 적용될 것이다. 상세한 것은 생략한다.

4. 보·부·절·인을 버리거나 훼손하거나 망실한 죄

잡률47(435조)
1. 황제의 보를 버리거나 훼손한 자는 각각 절도로[以盜]로 논한다.
2. 망실하거나 착오로 훼손한 자는 절도에 준하여[準盜] 논하되 2등 을 감한다.

잡률49(437)
1. 부·절·인 및 문의 자물쇠를 버리거나 훼손한 자는 각각 절도에 준하여 논하고,
2. 망실 및 착오로 훼손한 자는 각각 2등을 감한다.

잡률58(446조)
1. (a) 무릇 기물·부·인 따위를 망실하여 마땅히 처벌해야 할 경우 모 두 30일 동안 찾는 것을 허락하고, 찾아내지 못한 연후에 죄를 판결

한다. 만약 기한 안에 자신이 찾아내거나 다른 사람이 찾았다면 그 죄를 면하고, (b) 기한 뒤에 찾아낸 때에는 3등을 추후에 감한다.

(1) 황제의 보를 버리거나 훼손한 죄

황제의 보를 버리거나 훼손한 자는 절도로 논하여 처벌하므로 교형에 처하고(적24), 십악의 대불경(명6.6)을 적용한다.

(2) 부·절·인을 버리거나 훼손하거나 망실한 죄

1) 부·절·인 및 문의 자물쇠를 버리거나 훼손한 죄

부·절·인 및 문의 자물쇠를 버리거나 훼손한 자는 각각 절도에 준하여 논한다. 즉 적도율 27조의 "궁·전의 문부, 발병부·전부를 절도한 자는 유2000리에 처한다. 사절 및 황성·경성의 문부를 절도한 자는 도3년에 처한다. 다른 부는 도1년에 처하고 문의 자물쇠는 각각 3등을 감한다. 관문서의 인을 절도한 자는 도2년에 처한다. 다른 인을 절도한 자는 장100에 처한다."는 규정에 준하여 처벌한다.

2) 부·절·인 및 문의 자물쇠를 망실하거나 착오로 훼손한 죄

위 조문의 물건을 망실하거나 착오로 훼손한 때에는 적도율 27조의 규정에 정한 죄에서 2등을 감하여 처벌한다.

(3) 처벌의 유예

만약 기물·부·인 따위를 망실하여 죄를 주어야 할 것은 즉시 그 죄를 판결할 수 없고 모두 30일 동안 찾는 것을 허락하며, 기한이 차서도 찾아내지 못한 연후에 그 죄를 판결한다. 보 및 문의 열쇠 또한 같다. 만약 30일 안에 자신이 찾아냈거나 다른 사람이 찾았다면 망실한 죄를 면해 준다. 30일의 기한을 넘어 찾아낸 때에는 3등을 감하지만, 만약 이미 판결을 상주하였다면 감해서는 안 된다.

5. 위조·습득한 보·인·부·절을 빌려주거나 매도한 죄 및 이를 빌리거나 매입해서 봉용한 죄

사위율4(365조)

1. 위조한 보·인·부·절 및 망실한 보·인·부·절을 습득하여 타인에게 빌려주거나 매도하였다면, 그리고 빌리거나 매입한 자가 봉용하였다면, 각각 위조한 것으로 논한다.
2. 위조한 인을 문서에 날인하여 시행하거나 또한 타인에게 빌려준 경우 및 빌린 자가 시행한 것도 역시 위조와 같다.
3. 아직 시행하지 않은 경우 및 위조한 인·부·절이 아직 완성되지 경우에는 각각 3등을 감한다.

(1) 습득한 보·인·부·절을 빌려주거나 매도한 죄 및 위조·습득한 것을 빌리거나 매입하여 봉용한 죄

이 죄의 구성요건 행위는 두 단계로 나누어 고찰해야 한다. 첫 단계는 위조하거나 습득한 보·인·부·절을 빌려주거나 매도한 것이다. 이 단계의 요건에서 위조한 자는 제외되고 망실한 것을 습득한 자만이 해당한다. 왜냐하면 위조한 자가 매도한 것은 위조죄에 흡수되기 때문이다. 망실한 보·인·부·절을 습득한 자는 반드시 5일 내에 관에 송부해야 하며, 그렇지 않을 경우 망실죄로 논한다(잡60.1). 만약 관에 송부하지 않고 타인에게 빌려주거나 매도했다면 이 죄를 받게 되는데, 단 빌리거나 매입한 사람이 봉용한 때에 비로소 위조한 것으로 논한다. 다시 말하면 이들은 비록 본인이 직접 위조하거나 않았지만 이를 봉용한 경우 각각 위조의 법(사1)에 따라 죄준다. 다음 단계는 위조 또는 습득한 보·인·부·절을 빌리거나 매입하여 봉용한 것이다. 이 경우 역시 비록 본인이 직접 위조하거나 않았지만 위조의 법에 따라 죄준다.

(2) 위조한 인을 문서에 날인하여 시행한 죄

이 죄의 요건은 위조한 인을 날인한 문서를 행용하거나 타인에게 빌려준 것이다. 이 역시 스스로 위조한 자는 제외된다. 왜냐하면 스스로 위조한 자가 행용하거나 타인에게 빌려준 것은 위조죄에 흡수되기 때문이다. 여기서 문서를 시행했다는 것은 위조한 인을 문서에 날인하여 자신이 행용한 것, 또는 위조한 인을 날인한 문서를 타인에게 빌려 준 것 및 위조한 문서를 획득하여 사용한 것은 모두 그 문서가 이미 관사에 들어간 것을 말하며, 그 죄는 각각 위조의 법(사1)에 따라 죄준다.

(3) 미수

미수의 요건은 위조한 인을 날인한 문서를 아직 시행하지 않은 것이며, 시행한 죄에서 3등을 감한다.

제4절 역·전의 기능을 방해한 죄

Ⅰ. 총설

1. 역전제도

정책 결정 기구에서 제서를 작성하여 상서도성으로 보내고 상서도성에서 필사를 마쳤다면, 그 다음은 신속하게 집행기관으로 하달하여 실행하도록 하는 것이 중요하다. 따라서 이를 위해서 당에서는 장안·낙양을 중심으로 광대한 전 영토에 걸쳐 조직적인 교통체계인 역전제도를 구축했다. 『당육전』(권5, 163쪽; 『역주당육전』상, 535~536쪽)에 따르면 천하의 주요한 교통로를 따라 전국에 1639역(육역 1297, 수역 260, 수륙겸용 86)이 설치되었는데, 역 사이의 거리는 약 30리이며(당의 1리는 약 440미터), 역에는 역장 1인을 두었다. 육역에는 상비하는 역마의 수가 정해져 있고, 수역에는 배가 준비되어 있어야 했다. 역은 오로지 관문서의 송달과 공무를 띤 관리에게 말·배를 제공하고 그들을 휴식·숙박·식사시키는 것으로 이용되었다.

역전을 이용하는 것이 허락된 관리에게는 동으로 된 용 무늬의 전부가 지급되었다. 전부의 발급은 문하성의 급사중이 관장하였다. 전부에는 일에 따라 1일에 통과해야 할 역전의 수가 기재되었다. 이것이 해당 역마를 이용하는 사인이 가야하는 행정(行程)이었다. 또 역마를 이용하는 사인의 관품에 따라 이용할 수 있는 역마의 수에도 차이가 있었다.

2. 역전에 관한 죄와 그 의의

역마를 타는 사인이 전하는 공문은 곧 국가운영의 핵심인 황제·국가의 명령이기 때문에 신속하고 정확하게 전달되어야 한다. 따라서 역마를 사인은 행정을 지체해서는 안 되고, 반드시 제서를 확인하고 지정된 곳으로 가야하며, 행로를 벗어나서는 안 된다. 이를 위반한 자는 처벌한다. 또한 이유 없이 문서를 남에게 위탁해서 보낸 자는 처벌하고, 역마로 보내야 하는 문서를 역마로 보내지 않은 자도 처벌한다.

역마의 가장 중요한 기능은 공문의 신속하고 정확한 전달에 있으므로 이 기능을 약화시킬 수 있는 일체의 행위도 용납되지 않는다. 예컨대 역마를 초과하여 타거나 사물을 가지고 탄 자는 처벌한다. 더구나 속이고 역마를 탄 자는 중형에 처한다. 또한 감림·주수가 역의 말이나 나귀를 빌려주는 경우 처벌하고 이를 빌린 자도 역시 처벌한다.

역전은 공무를 띤 관리에게 말이나 배를 제공하고 그들의 휴식·숙박·식사를 위한 시설이지만, 이를 이용할 수 있는 자격과 이용 한도가 엄격하게 규정되어 있었다. 이를 위반한 자는 처벌한다. 반드시 역전제도와 관련된 것으로는 볼 수 없지만, 역시 국가의 공적 사물의 운송도 중요한 공무 중의 하나이다. 이에 관련된 규정을 위반한 자도 처벌한다.

II. 역사의 행정·행로와 문서 전달에 관한 죄

1. 역사가 행정을 위반한 죄

직제율33(123조)

1. 역마를 타는 사인이 행정(行程)을 지체한 때에는 1일이면 장80에 처하고, 2일마다 1등을 더하며, 죄는 도2년에 그친다.
2. (a) 군사 업무가 긴급한 때에는 3등을 더하고, (b) 지체로 인해 군사 업무를 폐하거나 그르치게 한 때에는 1일을 어겼으면 가역류에 처하며, (c) 이 때문에 호구·군인·성·수를 잃거나 패퇴하게 된 때에는 교형에 처한다.

(1) 역사가 행정을 지체한 죄

역마를 이용할 자에게는 동으로 된 용문의 전부를 지급한다. 전부가 없는 곳은 지권을 사용한다. 일의 느림과 빠름을 헤아려 역참의 수를 전부 위에 주기한다(공식령, 습유579쪽). 전부에 주기된 역참의 수에 의거하여 역사의 행정이 정해진다. 이 행정을 지체한 자는 처벌한다.

(2) 긴급한 군사 업무를 전하는 역사가 행정을 지체한 죄

긴급한 군사 업무를 전하는 역사가 행정을 지체한 죄는 세 단계로 구분하여 처벌한다.

1) 단순히 행정을 지체한 경우

긴급한 군사 업무라는 것은 정토·엄습 및 변경 밖 정세나 적의 동향을 보고하는 일 등을 말한다. 이를 전하는 역사가 행정을 지체한 때에는 3등을 더해서 1일을 지체하면 도1년에 처하고, 2일마다 1등을 더하여 11일을 지체하면 최고형인 유2000리에 처한다.

2) 행정의 지체로 일을 그르친 경우

역사가 행정을 지체함으로써 경략·엄습·보고 따위가 무위로 돌아간 경우 1일을 지체하면 가역류에 처한다. 여기서 1일은 만 24시간 [100각]을 뜻한다(명55.1).

3) 행정의 지체로 호구·군인·성수가 함몰·패퇴하게 된 경우

행정의 지체로 인하여 호구·군인·위사·모인·방인 1인 이상 및 성·수를 잃거나 패하게 된 경우 역사는 교형에 처한다. 만약 군대가 적과 대치하고 있는 상황에서 보고 기한을 지체한 자는 자연히 핍군흥[乏軍興]의 죄의 처벌법에 따라 참형에 처한다(천7).

2. 역사가 문서의 제서에 따르지 않고 다른 곳으로 간 죄

직제율36(126조)

1. 역마를 타는 사인이 문서를 받아 전달하는데 표제의 설명에 따르지 않고 착오로 다른 곳으로 간 경우에는 지체한 바에 따라 문서의 시행 일정을 지체한 것으로 논하되 2등을 감한다.
2. 만약 표제의 설명을 기록한 자가 착오했기 때문에 다른 곳으로 갔다면 그 표제의 설명을 기록한 자를 처벌한다.

(1) 요건

발송하는 문서는 각각 도착할 곳이 있으니, 문서를 봉하고 표제에 도착할 주·부를 구체적으로 적어야 한다. 사인이 표제에 따르지 않고 잘못하여 다른 곳으로 갔고, 이로 인해 행정이 지체되었다면 지체한 바에 준하고 직제율 33조의 행정을 지체한 죄에서 2등을 감하여 처벌한다. 다만 표제의 잘못에서 비롯하였다면 기록한 자를 처벌하고, 역마를 타는 사인은 처벌하지 않는다.

(2) 처벌

이 죄도 직제율 33조의 네 가지 정형에 따라 형이 다르다.

① 평상의 문서를 전하는 역사가 이 죄를 범한 경우, 1일을 어기면 장60에 처하고, 2일마다 1등씩 가중하여 최고 도1년에 처한다.

② 긴급함이 요구되는 군사업무인 경우에는 3등을 가중한다.

③ 일을 그르쳤다면 가역류에서 2등을 감하여 도2년반에 처한다.

④ 이 때문에 호구·군인·성수 등이 함몰·패퇴되었다면 역시 교형

에서 2등을 감하여 도3년에 처한다.

3. 역마를 타고 함부로 행로를 벗어난 죄

직제율38(128조)
1. 역마를 타고 함부로 행로를 벗어난 것이, 1리이면 장100에 처하고, 5리마다 1등을 더하며, 죄는 도2년에 그친다.
2. 넘어서 다른 곳에 이른 때에는 각각 1등을 더한다. 〈도착할 곳을 넘은 것을 말한다.〉
3. 역을 지나면서 말을 바꾸지 않은 자는 장80에 처한다. 〈역에 말이 없었다면 처벌하지 않는다.〉

(1) 역마를 타고 함부로 행로를 벗어난 죄

역마를 타는 자는 모두 역로를 따라서 다음 역으로 향해야 한다. 만약 역로를 따르지 않고 다른 길로 가서 행로를 벗어나게 되면 말을 피로하게 하고 또 기일이 지체된다. 따라서 행로를 벗어나 길을 잘못 가면 이 처벌을 받는데, 잘못 간 거리를 모두 헤아려 죄를 준다. 가령 사신이 역마를 타고 행로를 벗어난 것이 5리이고 다시 돌아와서 왕래한 거리가 10리가 되었다면, 역시 10리를 벗어난 것으로 죄를 준다.

(2) 역마를 타고 목적지를 넘어서 다른 곳에 도착한 죄

목적지를 넘어서 지나간 것이 이 죄의 요건이다. 가령 경사에서 낙주로 가라고 했는데 이유 없이 함부로 낙주를 지나쳐 동쪽으로 갔다면, 더 간 거리를 계산하여 행로를 벗어난 죄에 1등을 더한다.

(3) 역을 지나면서 말을 바꾸지 않은 죄

역을 지나면서 말을 바꾸어 타지 않은 것이 이 죄의 요건이며, 이를 위반한 자는 이 처벌을 받는다. 또한 말을 바꿔 타지 않은 때문에 말이 죽은 때에는 구목령(습유711쪽)의 "관사의 축산을 타고 이유 없이 죽게 한 자는 배상한다."는 규정에 따른다. 단 역에 말이 없어 바꿔 타지 않고 그냥 지나갔다면 처벌하지 않고, 배상하게 하지도 않는다.

(4) 특별죄명

1) 주사의 죄

위의 죄들에 대해 주사가 실정을 안 경우에는 죄인과 죄가 같고, 알지 못한 경우에는 죄를 논하지 않는다(직37.2의 주).

2) 역의 나귀를 탄 경우

역의 나귀를 탄 경우에는 역마를 탄 경우에서 2등을 감한다(직39.2의 주).

4. 역마를 이용하는 사인이 이유 없이 문서를 타인에게 위탁한 죄

직제율34(124조)

1. (a) 역마를 타는 사인이 이유 없이 문서를 타인에게 부탁하여 보내거나 부탁을 받은 자는 도1년에 처한다. (b) 만약 그로 인해 행정이 지체되었다면 간 자를 수범으로 하고, 역사를 종범으로 하며, (c) 만약 군대의 일이 긴급한데 지체한 때에는 역사를 수범으로 하고, 간 자를 종범으로 한다. 〈그르친 바가 있을 때에는 앞 조항에 따른다.〉

2. 단 전담사인으로 보내는 문서가 아닌데 가는 편에 맡긴 경우는 논하지 않는다.

(1) 개설

이 죄는 형식범으로 단지 문서를 남에게 맡겨 받아 보낸 것으로 죄를 받는다. 만약 행정이 지체된 죄가 도1년보다 무거운 경우 직제율 33조에 의거하며, 일을 그르친 것이 있는 경우도 또한 같다. 이 죄는 필요적 공범이며, 수범·종범으로 나누지 않지만, 단 일정 지체나 그르침이 있는 경우는 수범·종범으로 나눈다.

(2) 역사가 이유 없이 문서를 남에게 위탁하여 보낸 죄

신속함이 요구되는 군사업무나 혹은 군대를 추가로 징발하고 보고하는 일과 같은 경우 등은 역마를 타는 전담사인을 파견하여 문서를 전하게 한다. 그 역사가 문서를 남에게 맡겨 전하게 한 때에는 도1년의 처벌을 받으며, 또한 그 문서를 위탁받은 자도 도1년에 처한다. 단 전담사인을 파견하여 보내는 문서가 아니면 가는 편에 맡긴 자는 논하지 않으며, 또한 역사에게 정당한 이유가 있으면 이 죄가 성립하지 않는다. 이유가 있다는 것은 역사 자신이 병이 났거나 부모의 상을 만난 것을 말한다.

(3) 위탁받은 자가 행정을 지체한 때의 처벌

1) 통상의 역사인 경우

통상의 문서를 가지고 가는 역사에게 위탁받은 자가 행정을 지체했고, 그 죄가 도1년보다 무거운 때에는 위탁받은 자를 수범으로, 위탁한 자를 종범으로 하여 처벌한다. 즉 1일의 행정을 지체한 죄는 장

80에 해당하고 2일마다 1등을 더하여 최고 도2년에 처하므로, 9일을 지체한 때에는 죄가 도1년반이 되어 도1년보다 무거우므로 이 요건을 충족한다. 따라서 이 경우 위탁받은 자는 수범으로 도1년에 처하고 위탁한 자는 종범으로 수범의 죄에서 1등을 감하여 도1년에 처한다.

2) 긴급한 군사 업무를 전하는 역사인 경우

긴급한 군사 업무를 전하는 역사에게 위탁받은 자가 행정을 지체한 때에는 위탁한 역사를 수범으로, 위탁받은 역사를 종범으로 처벌한다. 긴급한 군사 업무란 정토·엄습·구원 및 변경 밖 소식을 보고하는 것 따위를 말하며, 이에 관한 문서를 전하는 역사가 행정을 지체한 경우 통상의 역사가 지체한 죄에 3등을 더하므로, 그 형은 1일이면 도1년에 해당하고 2일마다 1등을 더하여 최고 유2000리에 해당한다. 따라서 위탁받은 자가 1일을 지체했으면 위탁한 자나 위탁받은 자 각각 그대로 도1년에 처하지만, 3일을 지체한 때에는 수범인 위탁한 자는 도1년반에 처하고 종범인 위탁받은 자는 도1년에 처하게 된다. 또한 11일을 지체한 때에는 수범은 최고형인 유2000리에 처하고 종범은 1등을 감하여 도3년에 처한다.

3) 일을 그르친 경우

긴급한 군사 업무를 전하는 역사에게서 위탁받은 자가 행정을 지체했고 이로 인해 그르친 일이 있는 경우, 원래 지체한 죄가 1일이면 가역류에 해당하고 이로 인해 호구·군인·성수가 함몰·패퇴하게 된 때에는 교형에 해당하므로, 전자의 경우 위탁한 역사는 가역류에 처하고 위탁받은 역사는 도3년에 처하며, 후자의 경우 위탁한 역사는 교형에 처하고 위탁받은 역사는 유3000리에 처한다.

5. 역마로 보내야 하는 문서를 역마로 보내지 않은 죄

직제35(125조)

1. 역마로 보내야 하는 문서인데 역마로 보내지 않거나, 역마로 보내지 않아야 하는데 역마로 보낸 자는 장100에 처한다.

공식령(습유588쪽)에 따르면, 경사에 있는 모든 관사가 일이 있어 역마를 타야 할 때나, 모든 주에서 긴급한 큰 일이 있을 때에는 모두 역마로 보내야 한다. 만약 담당 관사가 역마로 보내야 할 것을 하지 않았거나, 역마로 보내야 하는 것이 아닌데 담당 관사가 역마로 보낸 경우에 이 처벌을 받는다.

III. 역마·역전의 기능을 방해한 죄

1. 역마를 초과하여 탄 죄

직제율37(127조)

1. (a) 역마를 초과하여 탄 자는, 1필이면 도1년에 처하고, 1필마다 1등을 더한다. (b) 〈역의 나귀를 타야 하는데 역마를 탄 자는 1등을 감한다.〉
2. 주사가 실정을 알았으면 같은 죄를 주고, 실정을 알지 못하였으면 논하지 않는다. 〈다른 조항에서 역마의 주사는 이에 준한다.〉

(1) 역마를 초과하여 탄 죄

공식령(습유579쪽)에 따르면, 직사관 3품 이상과 왕의 역마는 4필이고, 4품 및 국공 이상은 3필이며, 5품 및 작 3품 이상은 2필이고, 산관·전관은 각각 직사관에서 1필씩 차례로 감한다. 그 밖의 관·작 및 관품이 없는 사람은 각각 1마리이다. 모두 본래의 수량 외에 따로 역자를 지급한다. 이외 반드시 전리(典吏)를 거느려야 하는 경우에는 임시로 헤아려 지급한다. 이 영에 규정된 본래의 수량을 초과하여 탄 때에는 이 죄를 받는다.

(2) 특별죄명

1) 역의 나귀를 탈 자가 역마를 탄 경우
가부식의 "상서성의 각 사(司)가 긴급한 일로 6품 이하의 전관·산관·위관을 차출하여 사인으로 보낼 때는 말을 지급한다. 그 사인이 돌아올 때나, 그 밖의 사인에게는 모두 나귀를 지급한다."라는 규정에 따라 나귀를 타야 할 자가 말을 탄 것이 이 죄의 요건이며, 말을 탄 죄에서 1등을 감한다. 행정을 지체한 죄(직33)와 행로를 벗어난 죄(직38) 등, 모든 조문에서 역의 나귀로 죄를 받게 되는 경우 모두 역마에서 1등을 감한다.

2) 주사의 죄
주사가 실정을 알았으면 죄인과 죄가 같다. 즉 역마를 관장하는 관사가 역마를 초과하여 탄 실정을 알았거나 나귀를 타야 하는데 말을 탄 실정을 안 경우에는 모두 탄 자와 죄가 같다. 실정을 알지 못하였으면 논하지 않는다.

2. 사물을 가지고 역마를 탄 죄

직제율39(129조)

1. 역마를 타면서 사물을 휴대한 것이 〈몸에 휴대하는 의류·병기가 아닌 것을 말한다.〉 1근이면 장60에 처하고, 10근마다 1등을 더하되, 죄는 도1년에 그친다.
2. 역의 나귀는 2등을 감한다. 〈다른 조문의 역의 나귀는 이에 준한다.〉

(1) 사물을 가지고 역마를 탄 죄

역마를 타는 자는 오직 몸에 딸린 것으로 꼭 필요한 옷·병기만을 휴대할 수 있다. 옷은 의복·이불 등을 말한다. 병기는 활·칼 등을 말한다. 이러한 것을 제외하고 다른 것을 함부로 가지고 탄 것이 이 죄의 요건이다.

(2) 특별죄명

1) 사물을 가지고 역의 나귀를 탄 죄

사물을 가지고 역의 나귀를 탄 죄는 역마를 탄 때의 죄에서 2등을 감한다. 따라서 1근이면 태40에 처하고, 10근마다 1등을 더하여 최고 장90에 처한다. 역의 나귀를 탄 죄는 역마를 탄 죄에서 2등을 감한다는 법례는 다른 조문도 역시 이에 준한다.

2) 주사의 죄

주사가 실정을 안 경우에는 죄인과 죄가 같고, 실정을 알지 못한 때에는 논하지 않는다.

3. 속이고 역마를 탄 죄

사위율18(379조)

1. 사기하여 역마를 탄 자는 가역류에 처한다.
2. (a) 역·관 등이 정을 알았으면 같은 죄를 주고, 정을 몰랐으면 2등을 감하며, 〈관은 검문해야 하는 곳을 말한다.〉 (b) 속이고 탄 자가 전부·지권을 가진 때에는 처벌하지 않는다. 〈진정 전부·지권을 절도하거나 위조하여 적발할 수 없는 것을 말한다.〉
3. 단 아직 역마를 탈 수 없는데 함부로 탄 자는 도1년에 처한다. 〈함부로 탔다는 것은 타야 할 이유가 있으나 아직 전부·지권을 얻지 못한 경우를 말한다.〉

(1) 속이고 역마를 탄 죄

역은 본래 긴급한 군무에 대비하여 설치한 것이니, 역에 말을 예비해 두는 것이 매우 중요하다. 때문에 속이고 역마를 탄 자는 말의 수 및 이미 타고 간 거리의 멀고 가까움에 관계없이 가역류에 처한다.

(2) 전부·지권을 얻기 전에 역마를 함부로 탄 죄

역사로 차출되었으나 아직 전부·지권을 얻지 못했는데 함부로 탄 것이 이 죄의 요건이다. 함부로 탔다는 것은 사명을 받은 것이 사실이고 따라서 타야 할 이유가 있으나 아직 전부·지권을 얻지 못한 때에 탄 것을 말하며, 이 요건에 해당하는 자는 도1년에 처한다.

(3) 역·관 등의 관사가 탈 수 없는 자에게 역마를 지급한 죄

역·관 등의 관사가 역마를 탈 수 없는 자에게 역마를 지급한 죄는 네 가지 정형으로 나눈다.

① 속이고 타려는 자임을 알고도 역마를 지급한 관사는 가역류에

처한다. 말을 지급한 역의 관사나 속이고 말을 탄 자가 경유한 역의 관사가 속이고 말을 탄 실정을 알았다면 역시 가역류에 처한다.

② 속이고 타려는 자임을 모르고 역마를 지급한 관사는 가역류에서 2등을 감하여 도2년반에 처한다. 즉 속이고 타려는 자임을 몰랐다는 것은 역·관 등의 관사가 전혀 검문하지 않았거나 또는 속이고 타려는 정을 알지 못한 경우를 말한다. 이것은 중과실이다. 단 진정 전부·지권를 절도하거나 위조한 것을 가지고 있어 역·관의 관사가 검문하였으나 적발할 수 없는 때에는 모두 처벌하지 않는다.

③ 전부·지권을 얻기 전임을 알고도 역마를 지급한 관사는 도1년에 처한다. 즉 역·관 등의 관사가 전부·지권을 얻기 전임을 알고도 역마를 지급한 때에는 죄인과 같이 도1년에 처한다.

④ 전부·지권을 얻기 전임을 모르고 역마를 지급한 관사는 도1년에서 2등을 감하여 장90에 처한다.

4. 감림·주수가 역의 나귀나 말을 빌리거나 빌린 죄

구고율13(208조)
2. 감림·주수가 사사로이 역의 나귀를 스스로 빌리거나, 남에게 빌려주거나, 그것을 빌린 자는 관의 축산을 빌린 죄에 1등을 더한다.
3. (a) 감림·주수가 역마를 빌려주거나 그것을 빌린 자는 장100에 처하고, 5일이면 도1년에 처하며, (b) 노임을 계산해서 장죄가 무거운 때에는 위의 수소감림죄의 법에 따른다.
4. 역장이 사사로이 다른 사람의 말·나귀를 빌린 때에는 각각 1등을 감하되, 죄는 장100에 그친다.

(1) 구성요건
역의 감림·주수는 역장 등 역의 관사를 가리킨다. 이들이 사사로이 역마나 역의 나귀를 빌리거나 빌려준 것이 이 죄의 기본 요건이고, 그것을 빌린 자도 처벌된다. 이 죄는 구고율 13.1조에 감림·주수가 관의 노비 및 축산을 사사로이 빌리거나 빌려준 죄와 함께 규정되어 있는데, 역마나 역의 나귀는 특별하기 때문에 다른 관의 축산에 비하여 형이 무겁다.

(2) 처벌

1) 역의 나귀를 빌린 경우

감림·주수가 역의 나귀를 빌린 때에는 장60에 처하고, 나귀의 노임을 계산하여 2필1척이 넘으면 수소감림죄로 논한다.

2) 역마를 빌린 경우

감림·주수가 역마를 빌린 때에는 장100에 처하고, 5일이 넘으면 도1년에 처하며, 노임을 계산하여 죄가 무거우면 수소감림죄로 논하되 1등을 더하므로 8필이면 도1년에 처한다.

IV. 역마·역전의 전송 기능을 방해한 죄

1. 관축을 타는데 한도 이상의 사물을 실은 죄

구고율4(199조)

1. 관의 말·소·낙타·노새·나귀를 탈 수 있더라도, 사사로이 싣는 물건은 10근을 초과할 수 없다. 위반한 자는 1근이면 태10에 처하고, 10근마다 1등을 더하되, 죄는 장80에 그친다.

2. 단 수레를 타는 경우는 30근을 초과할 수 없으며, 위반한 자는 5근이면 태10에 처하고, 20근마다 1등을 더하되, 죄는 도1년에 그친다.

3. 만약 종군하여 정토할 경우에는 각각 2등을 더한다.

4. 만약 여러 사람이 함께 실은 경우에는, 각각 실을 수 있는 한도에 따라 처벌한다.

5. 감독하는 주사가 알면서도 허용한 경우에는, 알고 있는 바를 합계하여 사사로이 물건을 실은 것과 같은 법으로 처벌한다.

(1) 관의 축산을 타는데 한도 이상의 사물을 실은 경우

공무로 관의 말·소·낙타·노새·나귀를 타는 자는 의복·무기 등 응당 가져가야 할 물품들은 제외하고 사물은 10근을 초과하여 실을 수 없다. 초과하여 실은 것이 1근이면 태10에 처하고, 10근마다 1등씩 더하여 최고 장80에 처한다. 공무로 관의 축산을 탄다는 것은 사인으로 역마를 타거나 혹은 군대의 행군 중에 관의 축산을 이용하는 것 등을 말한다.

(2) 관의 수레를 타는데 한도 이상의 사물을 실은 경우

공무로 관의 수레를 타는 자는 의복·무기 등 응당 가져가야 할 물품들은 제외하고 사물은 30근을 초과하여 실은 수 없으며, 더 실은 것이 5근이면 태10에 처하고, 20근마다 1등씩 더하여 최고 도1년에 처한다.

(3) 수인이 함께 한도 이상의 사물을 실은 경우

여러 사람이 함께 의복·무기 등 응당 가져가야 할 물품들은 제외하고 한도 이상의 사물을 실은 경우에는 각각의 실을 수 있는 한도에 따라 처벌한다.

가령 10인이 관의 축산에 함께 탄 경우, 개인적으로 실을 수 있는 물품은 각각 10근씩인데, 그 중 5인이 규정된 수량 이외에 각각 1근을 더 실었다면 이 5인은 태10에 처한다. 3인이 각각 11근을 더 실었다면 이 3인은 태20에 처한다. 2인이 각각 8냥을 더 실었다면, 율에 "1근을 초과하면 태10에 처한다."라고 규정되어 있는데, 지금의 수는 1근에 차지 않았으므로 율(명56.3)에 따라 이 2인은 죄가 없다.

10인이 수레를 함께 탈 경우, 실을 수 있는 개인물품은 각각 30근씩인데, 그 중 5인이 규정된 수량 이외에 각각 5근을 더 실었다면 5인 모두 태10에 처한다. 3인이 각각 25근을 더 실었다면 3인 모두 태20에 처한다. 2인이 각각 2근 8냥을 더 실었다면 처벌의 최소기준인 5근에 차지 않으므로 2인 모두 죄가 없다.

(4) 관사의 죄

1) 주사가 알면서도 사사로이 사물을 싣는 것을 허용한 경우

감독을 맡은 주사가 알면서도 사사로이 사물을 싣는 것을 허용한 경우 안 것을 모두 합산하여 사물을 실은 것과 같은 법으로 처벌한다. 가령 위의 ①의 경우 관의 축산에 사사로이 초과하여 실은 사물을 총계하면 39근이 되므로 스스로 초과하여 실은 죄의 법을 적용해서 태40에 처하고, ②의 경우 수레에 초과하여 실은 사물의 총계가 105근이므로 장60에 처한다.

2) 종군하는데 관의 축산이나 수레에 사물을 초과하여 실은 경우

정토에 종군하는데 관의 축산이나 수레에 사물을 초과하여 실은 경우 각각 2등을 더하여 처벌한다. 즉 관의 축산에 더 실은 것이 1근이면 태30에 처하고, 10근마다 1등씩 더하여 최고 장100에 처하고,

수레에 더 실은 것이 5근이면 태30에 처하고, 20근마다 1등씩 더하여 최고 도2년에 처한다.

2. 전송마를 한도 외에 더 취한 죄

잡률20(408조)

1. (a) 전송마를 지급받을 수 있지만 한도 외에 더 취한 자는 태40에 처하고, (b) 말의 노임을 좌장의 장물로 계산한 죄가 태40보다 무거운 때에는 좌장으로 논하되, 죄는 도2년에 그친다.
2. 만약 지급받을 수 없는데 취한 자는 죄를 2등을 더하고,
3. 강제로 취한 자는 각각 1등을 더한다.
4. 주사가 준 때에는 각각 죄인과 같은 죄를 준다.

(1) 전송마를 제한된 수 외에 더 취한 죄

1) 요건

구목령(습유718쪽)에 따르면, 관·작 1품에게는 말 8필을 지급하고, 사왕·군왕 및 2품 이상에게는 말 6필을 지급하며, 3품 이하는 각각 등급에 따라 차이가 있다. 이 한도 외에 더 취한 것이 이 죄의 요건이다.

2) 처벌

영에 정한 한도 외에 더 취한 자는 태40에 처하며, 말의 노임을 좌장의 장물로 계산하여 죄가 태40보다 무거운 때에는 좌장으로 논하여 처벌하며, 죄의 최고형은 도2년이다. 즉 말의 노임은 하루에 견 3척(명34.2)이고, 좌장죄(잡1.1)는 1척이면 태20에 처하고 1필마다 1

등씩 더하여 3필1척이면 태50이 되므로, 말의 노임을 계산하여 3필1척이 넘으면 좌장으로 죄를 주되, 최고형은 도2년이다.

(2) 특별죄명

1) 만약 지급받아서는 안 되는데 취한 경우
지급받아서는 안 되는데 취하였다는 것은 본래 전송할 사유가 없는데 취한 것을 말하며, 지급받을 수 있는 자가 더 취한 죄에 2등을 더하여 처벌한다. 즉 말의 노임을 계산하여 3척1필 미만이면 장60에 처하고, 3척1필 이상이면 좌장죄에 2등을 더하며, 최고형은 도3년이다.

2) 강제로 취한 경우
지급받을 수 있는 자가 한도 외에 더 취한 것이든 지급받을 수 없는 자가 취한 것이든 강제로 취한 경우에는 각각 1등을 더해 처벌한다. 즉 전송마를 받을 수 있는 자가 강제로 한도 외로 더 취한 때에는 태50에 처하고, 좌장의 장물로 계산한 죄가 무거운 때에는 좌장죄에 1등을 더한다. 전송마를 받을 수 없는 자가 강제로 취한 때에는 장70에 처하며 좌장의 장물로 계산 죄가 무거운 때에는 좌장죄에 3등을 더하여 처벌한다.

3) 주사의 처벌
역마를 지급받을 수 있는 자가 더 취했거나 지급받을 수 없는 자가 취했거나 이를 지급한 주사의 죄는 같으며, 이들이 강제로 취했더라도 지급한 주사는 강제한 자와 죄가 같다.

3. 역에 들어가서는 안 되는데 들어간 죄

잡률21(409조)

1. 역에 들어가서는 안 되는데 들어간 자는 태40에 처하고,
2. (a) 함부로 역에서 공급을 받은 자는 장100에 처하되, 공급받은 것을 도죄의 장물로 계산하여 죄가 장100보다 무거운 때에는 절도에 준하여 논한다. (b) 비록 역참에 들어갈 수 있더라도 공급을 받아서는 안 되는데 받은 자의 죄 역시 이와 같다.

(1) 역참에 들어가서는 안 되는데 들어간 죄

잡령(습유857쪽)에 따르면, 사사로이 길을 가는 사람이라도 직사관 5품 이상, 산관 2품 이상, 작이 국공 이상이면 역에 들어가 숙박하고자 하면 허락한다. 변경이나 원지 및 촌락·여관이 없는 곳에서 직사관 9품 이상, 훈관 5품 이상 및 작이 있는 자가 둔역에서 숙박하는 것 또한 허락한다. 이 규정에 따라 허용된 자 외에는 역에 들어갈 수 없는데 들어간 자는 이 처벌을 받으며, 강제로 들어간 때에는 2등을 더해 장60에 처한다.

(2) 역에서 공급을 받아서는 안 되는데 받은 죄

이 죄의 주체는 역에 들어갈 수 있는 자이거나 없는 자이거나를 불문한다. 원래 사사로이 가는 사람은 설령 역에 들어갈 수 있더라도 함부로 공급받을 수 없다. 그러므로 역에 들어갈 수 없는 자는 말할 필요도 없다. 공급을 받을 수 없는 자가 함부로 공급을 받은 때에는 받은 것이 비록 적더라도 모두 장100에 처한다. 공급받은 것을 도죄의 장물로 계산하여 죄가 장100보다 무거운 때, 즉 공급받은 것의 가치가 견 5필로 죄가 도1년이 넘으면(적35.2) 절도에 준하여 논한

다. 강제로 공급받은 자는 각각 2등을 더한다.

4. 관선을 타는 자가 한도 이상의 의복·식량을 실은 죄

잡률38(426조)

1. 무릇 관선을 탈 수 있는 자는 의복·식량 200근을 싣는 것을 허
   용한다. 한도를 위반하고 사사로이 싣거나 또는 타인의 위탁을
   받거나 위탁한 자는 더 실은 것이 50근 및 1인이면 각각 태50에
   처하고, 100근 및 2인이면 각각 장100에 처하며, 〈단지 실었으면
   처벌한다. 가인이 수행한 경우는 논하지 않는다.〉 100근 및 2인
   마다 1등을 더하되, 죄는 도2년에 그친다.
2. 종군하여 정토할 때에는 각각 2등을 더한다.
3. 감당주사가 알고도 허락하였다면 더불어 같은 죄를 준다.
4. 공선인 때에는 이 율을 적용하지 않는다.

(1) 관선을 타는 자가 한도 이상의 의복·식량 및 사람을 실은 죄

관선을 타는 사람은 의복·식량 200근과 일정 수의 사람을 싣는 것
을 허용하며, 가인이 수행하는 것 또한 허용된다. 이 한도를 초과하
여 실은 것이 50근 및 1인이면 각각 태50에 처하고 100근 및 2인이
면 각각 장100에 처한다. 이 이상이면 100근 및 2인마다 각각 1등씩
더하되 죄는 도2년에 그친다. 여기서 목적지의 원근은 따지지 않는
다. 더 실은 죄는 ① 스스로 자기 것을 실은 경우, ② 위탁받고 타인
의 것을 실은 경우, ③ 관선을 타는 자에게 위탁하여 실은 경우의 3
종으로 나누며, 죄는 모두 같다. 단 빈 배이면 비록 사사로이 실었거
나 위탁을 받았어도 행정에 준해 어김이 없으면 모두 무죄이다.

(2) 특별죄명

1) 정토에 종군하면서 한도 이상의 의복·식량 및 사람을 실은 죄

관선으로 군수물자를 운반하는 경우에 사사로이 한도 이상으로 자
신의 물자를 실었거나 또한 위탁을 받아 실었거나 위탁하여 실은 자
는 각각 2등을 더하여 처벌한다. 즉 50근 및 1인을 더 실은 때에는
각각 장70에 처하고, 더 실은 것이 100근 및 2인이면 각각 도1년반에
처하며 100근 및 2인마다 각각 1등씩 더하여 최고 도3년에 처한다.

2) 감당주사가 사사로이 한도 이상의 의복·식량 및 사람을 싣는
것을 알고도 허용한 죄

감당주사가 사사로이 한도 이상의 의복·식량 및 사람을 싣는 것을
알고도 허용한 때에는 위에 적시된 각각의 경우 죄인들과 죄가 같다.

V. 공적 사물의 호송기한을 지체한 죄 및 임무를 위탁한 죄

1. 공적 사물을 호송하는 기한을 지체한 죄

직제율42(132조)

1. 공적 사물을 보내야 하는데 지체하거나 공적 사물의 집합 기일을
   위반한 자는 1일이면 태30에 처하고, 3일마다 1등을 더하며, 장
   100을 넘으면 10일마다 1등씩 더하되, 죄는 도1년반에 그친다.
2. 공적 사물에 기한이 있는데 주사가 부를 하달하는 기한을 위반
   한 때의 죄 역시 이와 같이 한다.

3. 만약 착오로 제서에 따르지 않거나 제서가 잘못되어 행정이 지
   체되기에 이른 때에는 각각 2등을 감한다.

(1) 공적 사물을 보내는 기한을 지체하거나 집합의 기일을 위반한 죄

1) 요건
① 공적 사물을 보내야 하는데 지체한 것이 이 죄의 요건이다. 공
적 사물을 보낸다는 것은 대오를 편성해서 호송하게 하는 바가 있는
데, 관품의 유무를 불문하고 함부로 지체한 것을 가리킨다.
② 공적 사물에 집합 기일이 있다는 것은, 조집사(朝集使)(고과령,
습유239쪽) 및 계장사(計帳使)(호령, 습유239쪽) 따위는 영에 따라 각
각 기한이 있는데, 함부로 위반하고 이르지 않은 것을 가리킨다.

2) 처벌
집합의 기일이 있는 것은 위반한 날 수로 죄를 준다. 기일이 없는
것은 문서를 교부하거나 물품을 부송해서 수령한 뒤에 행정을 계산
하여 처벌한다.

(2) 특별죄명

1) 주사가 부를 하달하는데 기일을 위반한 죄
공적 사물에 기한이 있는데 주사가 부를 하달하는 기일을 위반한
것이 이 죄의 요건이며, 이 경우 공적 사물의 기한을 위반한 것과 죄
가 같다.

2) 행정을 지체 경우의 처벌

착오로 문서의 겉면에 적힌 표제에 따르지 않아 다른 곳으로 갔거나 담당 부서에서 제서를 잘못 기록하여 행정을 지체시킨 때에는 공적 사물의 기한을 위반한 죄에서 2등을 감하여 처벌한다. 따라서 1일을 위반한 때에는 태30에서 2등을 감하여 태10에 처하며, 최고형은 도1년반에서 2등을 감하여 장100이 된다.

2. 사명을 받들어 부송하는데 타인을 고용하거나 타인에게 맡겨 호송한 죄

직제율43(133조)

1. (a) 사명을 받들어 부송(部送)하는 바가 있는데 타인을 고용하거나 타인에게 맡긴 자는 장100에 처하고, (b) 그로 인하여 일을 그르친 때에는 도1년에 처한다. (c) 위탁받거나 고용된 자는 1등을 감한다.
2. (a) 부송 책임자[綱]와 보좌인[典]이 서로 임무를 방면하고 대행한 때에는 태50에 처하고, (b) 재물을 받은 때에는 좌장으로 논하며, (c) 일을 그르친 때에는 '위탁하거나 고용하여 일을 그르친 법'에 의하되, (d) 그대로 강를 수범으로 하고 전을 종범으로 한다.

(1) 사명을 받들어 부송하는 바가 있는데 타인을 고용하거나 타인에게 맡긴 죄

1) 요건

사명을 받들어 부송한다는 것은 책임자 및 보좌인으로 차출되어 대오를 이끌고 관물·죄수·축산 따위를 수송하는 임무를 맡은 것을 말하며, 그들이 다른 사람을 고용하거나 다른 사람에게 맡긴 것이 이 죄의 요건이다. 달리 말하면 임무를 띤 사람이 가지 않고서 타인을 고용하거나 타인에게 맡겨 보낸 것으로, 양자는 필요적 공범이나 위탁받았거나 고용된 자는 1등을 감한다.

2) 처벌

위의 요건에 해당하는 사인(강 및 전)은 부송의 일을 그르치지 않고 수행한 때에는 장100에 처하고 일을 그르친 때에는 도1년에 처하며, 위탁받았거나 고용된 자는 전자의 경우 장100에서 1등을 감하여 장90, 후자의 경우는 도1년에서 1등을 감하여 장100에 처한다. 단 장물은 추징하지 않는다.

(2) 부송 책임자와 보좌인이 각각 서로를 방면하고 스스로 대행한 죄

1) 요건

부송 책임자가 단독으로 수송하고 보좌인을 방면하고 동행하지 않은 경우와 보좌인이 출행하고 책임자를 잔류시키고 함께 가지 않은 경우로 나눈다.

2) 처벌

처벌은 또한 일을 그르친 경우와 그렇지 않은 경우로 나눈다.
① 일을 그르치지 않은 경우 태50에 처하고, 재물을 받은 자는 좌장으로 논한다.
② 일을 그르친 경우는 위의 위탁하거나 고용하여 일을 그르친 경우의 처벌법에 따라 도1년에 처한다. 설령 보좌인이 일을 꾸몄더라도 모두 책임자를 수범으로 하고 보좌인을 종범으로 하여 처벌한다. 가령 일을 그르치지 않은 경우 두 명의 책임자와 두 명의 보좌인이

있는데, 한 명의 책임자와 한 명의 보좌인이 재물을 받아 대행하였고 다른 한 명의 책임자와 한 명의 보좌인은 재물을 주고 잔류하였다면, 재물을 받은 자는 좌장으로 논하고 재물을 준 자는 좌장으로 논하되 5등을 감한다.

(3) 감림관이 방면을 조건으로 재물을 취한 죄

만약 감림관이 관할 대상의 보좌인의 출행을 방면하는 조건으로 재물을 취하였다면 수소감림재물죄(직50)로 처벌하며, 부송 책임자·보좌인과 같은 죄를 적용하지 않는다. 비록 감림관이지만 원래 보좌인이 단지 한 명뿐인데 그를 방면하여 머물게 하고 다른 사람에게 대신 가게 한 경우에는 역시 부송 책임자·보좌인의 예와 같이 적용한다.

제3장
국가의 일반적 기능에 대한 죄

2장에서 황제의 명령체계에 대한 죄에 대해 서술하였으므로, 3장에서는 황제의 명령에 따라 작동하는 국가의 기능에 대한 죄에 대해 서술한다.

당률의 국가 기능에 대한 죄는 황제의 명령을 수행하는 관리의 직무에 관한 죄와 관리가 수행하는 각 분야의 공무 방해에 관한 죄로 구분할 수 있다. 관리의 직무에 관한 죄는 오직 근무태만죄와 기밀누설죄 및 탐오죄 등이 포함된다. 관리가 수행하는 각 분야의 공무 방해에 관한 죄는 관리의 임용 및 고과에 관한 죄, 민의 통제 및 치안, 토지 관리, 세역 관리 등등 모든 분야의 국가 기능을 방해한 죄가 포함된다. 이를 분류해서 아래와 같이 13절로 구성한다.

제1절 관리의 직무에 관한 죄
제2절 탐오죄
제3절 관리의 임용 및 고과에 관한 죄
제4절 민의 통제·관리와 치안을 방해한 죄
제5절 토지 관리에 관한 죄
제6절 세역 관리에 관한 죄
제7절 도사·여관·승·니의 관리에 관한 죄
제8절 국가 축산의 관리에 관한 죄
제9절 관호·관노비 관리에 관한 죄
제10절 국가 재화의 관리에 관한 죄

제1절 관리의 직무에 관한 죄

당률의 관리의 직무에 관한 죄는 근무태만죄와 기밀누설죄, 그리고 탐오죄가 있다. 단 탐오죄는 죄의 범주가 넓고 내용이 복잡하므로 별도의 절로 구성하기로 하고, 1절은 근무태만죄와 기밀누설죄만으로 구성한다.

Ⅰ. 관리의 근무태만의 죄

1. 자사·현령이 사사로이 경계를 넘은 죄

직제율3(93조)
자사·현령·절충도위·과의도위가 사사로이 경계를 벗어난 때에는 장100에 처한다. 〈밤이 지나야 처벌한다.〉

행위 주체는 주자사, 현령, 절충부의 절충도위와 과의도위이다. 주·현은 경계가 있고 절충부는 구역이 있다. 공무가 아닌 사적인 일로 경계를 벗어난 자는 장100에 처한다. 만 하루가 아니라 단지 밤이 지났으면 이 처벌을 받는다.

2. 관직에 있으면서 당직을 서지 않은 죄

직제율4(94조)
1. 관직에 있으면서 일직을 서야 하는데 하지 않거나 숙직을 서야

하는데 하지 않은 자는 각각 태20에 처한다. 주야를 이어서 당
직해야 하는 경우에는 태30에 처한다.
2. 점호할 때 도착하지 않은 자는 한 번 점호에 태10에 처한다. 〈1
일의 점호는 두 번 점호를 취하는 것으로 한정하여 처벌한다.〉

(1) 숙·일직을 하지 않은 죄

공식령(습유595쪽)에 따르면, 중앙과 지방의 관리는 번갈아 일·숙
직을 해야 한다. 만약 일직해야 하는데 하지 않거나, 숙직해야 하는
데 하지 않은 자는 각각 태20에 처한다. 주야를 이어서 당직해야 하
는 자가 하지 않은 때에는 태30에 처한다.

(2) 점호에 도착하지 않은 죄

중앙과 지방의 관리로서 점검받아야 하는 자는 매일 여러 번에 걸
쳐 수시로 점호를 받는다. 점호에 도착하지 않은 자는 한번 점호에
태10에 처한다. 단 하루 동안에 점검이 아무리 많더라도 단지 두 번
점호에 빠진 것만으로 간주하여 태20에 처한다. 만약 점호에 전혀
오지 않은 자는 날짜를 계산하여 '이유 없이 출근하지 않은 죄'(직
5.1)로 처벌한다. 단 이는 유내관에 해당하고 유외관에게 해당하지
않는다. 왜냐하면 유외관은 그날그날 바로 처벌하기 때문이다(직4.2
의 문답).

3. 관인이 이유 없이 출근하지 않은 죄

직제율5(95조)

1. 관인이 이유 없이 출근하지 않거나, 당번인데 도착하지 않거나,
   〈비록 관품은 없더라도 단지 교대로 근무하는 자이면 역시 같

다. 아래 조항은 이에 준한다.〉 또는 휴가로 인하여 출근하지 않은 것이 1일이면 태20에 처하고, 3일마다 1등을 더하며, 죄가 장 100을 넘으면 10일마다 1등을 더하되, 죄는 도1년반에 그친다.
2. 변경 요충지의 관인은 1등을 더한다.

(1) 요건

행위 주체는 중앙과 지방의 관인이며, 행위는 이유 없이 출근하지 않거나 및 휴가 갔다가 기일을 위반하고 출근하지 않은 것이다. 비록 관품이 없더라도 번갈아 근무하는 자가 근무 차례인데 도착하지 않은 경우도 이에 준한다.

(2) 처벌

1) 통상의 관인

통상의 관인은 출근하지 않은 일수를 계산하여 1일에 태20에 처하고 3일마다 1등씩 더한다. 장100을 넘으면 10일마다 1등씩 더하는데 35일이면 도1년이 되며, 45일을 출근하지 않은 경우 이 죄의 최고형인 도1년반에 처한다.

2) 변경 요충지의 관인

변경 요충지의 관인은 위의 죄에 1등을 더하여 처벌한다.

4. 기한 안에 관직에 부임하지 않은 죄

직제율6(96조)
1. 관직에 부임할 기한이 찼는데 부임하지 않은 자는 1일이면 태10

에 처하고, 10일마다 1등을 더하되, 죄는 도1년에 그친다.

2. 대신할 사람이 도착했는데 귀환하지 않은 자는 2등을 감한다.

(1) 기한 안에 관직에 부임하지 않은 죄

가녕령(습유749쪽)에 따르면, 관직에 부임할 때는 각각 짐을 꾸리기 위한 기한을 준다. 만약 기한 내에 부임하지 않은 자는 부임하지 않은 일수를 계산하여, 1일이면 태10에 처하고, 10일마다 1등씩 가중하는데, 101일이면 이 죄의 최고형인 도1년에 처한다. 관품이 없더라도 관사에서 교대로 번상하는 자이면 역시 관인의 법에 따라 처벌한다(직5.1의 주).

(2) 대신할 사람이 도착했는데 귀환하지 않은 죄

대신할 사람이 도착했는데 퇴임하는 사람이 귀환하지 않은 것이 이 죄의 요건이다. 귀환하지 않았다는 것은 임지를 떠나지 않음을 가리킨다. 단 직전에 작물이 자라고 있는 경우에는 가녕령(습유750쪽)에 따라, 작물의 수확이 끝나기를 기다려 떠나는 것을 허락한다. 이 죄에 해당하는 자는 귀환하지 않은 일수에 준해서 위의 죄에서 2등을 감하므로, 그 일수가 21일이 되어야 비로소 태10가 되며, 매 10일마다 1등을 더하여 최고 장90에 처한다.

5. 관인이 황제를 따르는 것을 지체하거나 먼저 귀환한 죄

직제율7(97조)

1. 관인이 황제를 수행하는데 지체하여 도착할 기한을 어기거나 수행하다가 먼저 귀환한 때에는 태40에 처하고, 3일마다 1등을 더하며, 장100이 넘으면 10일마다 1등을 더하되, 죄는 도2년에 그

친다.

2. 시신(侍臣)은 1등을 더한다.

죄의 주체는 백관 가운데 황제를 수행해야 하는 관인이며, 유외관 이하가 수행해야 하는 경우 관인과 죄가 같다. 단 서리·서동 등 관인에게 차출되어 따르는 자는 이 범위에 포함되지 않는다. 이들이 기한을 위반하고 도착하지 않거나 수행하다가 먼저 귀환한 때에는 비록 만 하루가 되지 않았더라도 태40에 처하고, 3일마다 1등씩 더하며, 장100을 넘으면 10일마다 1등씩 더하되, 최고형은 도2년이다. 중서성·문하성의 5품 이상으로 영(습유134~136쪽)에 의거하여 시종해야 하는 자는 1등을 더하여 처벌한다.

6. 관리의 도망죄

포망률14(464조)
1. 관에 재직하고 있으면서 이유 없이 도망한 자는 1일에 태50에 처하고, 3일마다 1등을 더하며, 장100이 넘으면 5일마다 1등을 더한다.
2. 변경 요충지의 관리는 1등을 더한다.

(1) 요건

재직 중의 관리가 이유 없이 몰래 도망한 것이 이 죄의 요건이다. 여기서 관리는 영·식에 정원이 규정되어 있는 자에 한하며, 통상의 관리와 변경 요충지의 관리로 나눈다. 변경 요충지에 대해서 소에서는 호부식의 "영(靈)·승(勝) 등 59주를 변경의 주라고 한다."는 규정만을 인용하고 있을 뿐 구체적인 내용은 없다.

(2) 처벌

1) 통상의 관인

통상의 관리가 도망한 것이 1일이면 태50에 처하고 3일마다 1등씩 더한다. 장100을 초과하면 5일마다 1등씩 더한다. 56일이면 최고형인 유3000리에 처한다.

2) 변경 요충지의 관인

변경 요충지의 관리가 도망한 때에는 1등을 더한다. 따라서 품관 이상은 1일이면 장60에 처하고, 3일마다 1등씩 더하며, 도1년이 넘으면 5일마다 1등을 더하되, 죄는 유3000리에 그친다. 더해서는 교형에 이르지 않기 때문이다(명56.3).

II. 기밀누설죄

직제율19(109조)

1. (a) 기밀로 해야 할 국가의 대사를 누설한 자는 교형에 처하고, 〈대사란 은밀히 토벌·습격을 도모하는 것 및 모반(謀叛) 이상의 죄인을 체포하는 것 따위를 말한다.〉 (b) 중대사는 아니나 비밀로 해야 할 것이면 도1년반에 처한다.
2. 외국의 사인에게 대사를 누설한 자는 1등을 더한다.
3. 처음에 전한 자를 수범으로 삼고, 전하여 이르게 한 자를 종범으로 한다.
4. 옮겨 전한 자는 장80에 처하되, 대사가 아니면 논하지 않는다.

1. 국가의 기밀대사를 누설한 죄

기밀로 해야 할 대사란 은밀히 토벌·습격을 도모하는 것 및 모반(謀叛) 이상의 죄인을 체포하는 것 등을 말한다. 즉 모반·대역·모반을 알게 되었다면 모두 밀고해야 하며, 그 밖에 외적이나 도적을 엄습하는 등의 국가의 기밀대사는 사람들이 알게 해서는 안 된다. 이같은 국가 기밀대사를 무심히 누설한 것이 이 죄의 행위요건이다. 주체는 관인이며, 죄는 교형에 해당한다. 단 이 죄는 은밀히 정토하려는데 적에게 이 소식을 알린 간인의 죄와는 구별된다. 이 경우 간인의 죄는 천흥률 9.1조를 적용하여, 죄인은 참형에 처하고, 그 처·자는 연좌하여 유2000리에 처하므로 훨씬 무겁다.

2. 대사는 아니나 비밀로 해야 할 일을 누설한 죄

대사는 아니나 비밀로 해야 할 것이란 하늘을 관찰하여 바람·구름·기상·하늘색에 이상이 보이면 밀봉하여 황제에게 아뢰어야 하는 것(잡령, 습유847쪽) 등을 말한다. 단 하늘을 관찰하는 것은 천문관생의 직무이므로, 이 죄의 주체는 천문관생이다. 그가 직무와 관련이 없는 사람에게 일을 누설한 때에는 도1년반에 처한다.

3. 외국의 사인에게 기밀을 누설한 죄

국가의 일은 외국이 알게 해서는 안 된다. 대사는 아니나 비밀로 해야 할 일을 외국의 사인에게 누설한 자는 1등을 더한다. 이 경우 처음 전한 자는 수범이 되므로 도2년에 처하고, 이를 옮겨 외국의 사인에게 전한 자는 종범이 되므로 도1년반에 처한다. 단 설령 대사를 외국의 사인에게 누설했더라도 그대로 교형에 처하며, 죄를 더하여 참수형에 처하지는 않는다.

4. 대사를 전파한 죄

대사를 전파한 자는 장80에 처한다. 기밀로 해야 할 것이라도 대사가 아니면 전파한 사람은 처벌하지 않는다.

제2절 탐오죄

Ⅰ. 총설

1. 당률의 탐오죄

당률에는 관직을 가진 사람이 이를 이용하여 사익을 추구하거나 재물을 받은 행위를 처벌하는 조항이 적지 않다. 관리가 개인의 이익을 취득하기 위하여 직권을 남용하는 경우 국가의 기능을 부패시켜 황제의 통치권 행사에 부정적인 영향을 끼칠 것이기 때문에, 이를 범한 자를 엄벌에 처하는 것은 당연하다. 다만 당률의 관련 규정은 내용이 복잡하고 적용 범위도 넓다.

관직을 가진 사람은 크게 감림관 및 감림이 아닌 관으로 나눈다. 또한 감림관과 더불어 관은 없지만 직무를 가진 주수가 있다. 감림관과 주수는 감림·주수로 병칭되며, 이들이 관할 범위 내에서 절도·간 등의 죄를 범한 경우 가중처벌한다. 감림·주수가 관할 구역 또는 범위 내에서 재물을 취득한 죄는 왕법한 경우[受財枉法]와 왕법하지 않은 경우[受財不枉法] 및 직무와 관련이 없는 경우[受所監臨財物]로 구분하여 죄를 과한다. 관리가 감림·주수가 아니면서 일로 인해 재물을 받은 것은 좌장으로 치죄한다. 또한 관의 위세를 믿고 관할 구역 내에서 매매로 이익을 남긴 행위, 감림 대상을 사역시키는 것, 걸색하거나 음식물을 받는 것 등도 처벌되는데 대개 좌장으로 논한다. 또한 감림 대상의 딸이나 처·첩을 처·첩으로 삼는 것도 금지된다. 감림관의 위세를 빌어 그 친속이 범한 경우 감림관도 처벌한다. 이처럼 당률에 보이는 관리의 부패 행위에 관한 죄는 뇌물죄의 명목으로는 포괄하기 어렵기 때문에 보다 넓은 개념인 탐오죄로 정의한다.

2. 퇴임하는 자의 탐오에 관한 죄

직제율57(147조)
관직을 떠나면서 옛 관속·사서(士庶)가 보낸 것을 받거나 걸취·차대한 것 따위는 각각 재임시에 행한 죄에서 3등을 감한다. 〈가족이 아직 본래의 임지를 떠나지 않은 경우를 말한다.〉

탐오죄는 대개 관직에 있으면서 범한 경우에 대한 규정이다. 단 관인은 관직을 떠나면서도 그 위세가 어느 정도 작용하기 때문에 이 규정을 둔 것이다. 이 죄는 관인이 관직을 떠나면서 범한 죄에 관한 개괄규정이며, 그가 퇴임하는 자이기 때문에 재임관이 범한 죄에서 3등을 감한다. 즉 재물을 받은 경우는 직제율 54조, 걸색한 경우는 직제율 58조, 걸취·차대 및 매매로 이익을 남기거나 재물을 빌린 경우는 직제율 52조, 사역한 경우는 직제율 53조의 규정에 의거하되 3등을 감한다. 단 퇴임하는 자라도 가족이 본래 재임한 곳을 아직 떠나지 않은 경우를 말하며, 가족이 모두 떠난 뒤에 보낸 재물을 받은 경우에 대해서는 율문에 죄명이 없다. 행위의 대상은 이전에 재임하던 곳의 속료와 관할하던 구역 내의 주민이다.

II. 청탁에 관한 죄

1. 청탁의 죄

직제율45(135조)

1. 청탁한 자는 태50에 처하고, 〈주사에게 법을 왜곡하도록 청탁하는 것을 말한다. 만약 남을 위하여 청탁하였더라도 자신이 청탁한 것과 같다.〉 (b) 주사가 허락한 때에는 더불어 죄가 같다. (c) 〈주사가 허락하지 않았다면, 주사 및 청탁한 자 모두 처벌하지 않는다.〉 (4) 이미 시행되었으면 각각 장100에 처한다.
2. (a) 법을 왜곡한 바의 죄가 무거운 경우, 주사는 사람의 죄를 덜고 더한 것으로 논하고, (b) 타인이나 친속은 주사의 죄에서 3등을 감하며, (c) 죄인 자신이 스스로 청탁한 때에는 본죄에 1등을 더한다.
3. (a) 만약 감림관 및 요직이 〈요직은 비록 관이 낮더라도 역시 같다.〉 남을 위하여 청탁한 때에는 장100에 처하고, (b) 법을 왜곡한 바가 무거운 때에는 죄를 주사와 같게 하며, 사죄에 이른 때에는 1등을 감한다.

(1) 구성요건

요건은 두 단계로 구분한다.

① 처음 단계는 담당관사인 주사에게 법을 왕곡하도록 청탁한 것

이다. 설령 남을 위하여 청탁하였더라도 자신이 청탁한 것과 같다. 공무는 반드시 바르게 처리해야 하는데 이를 왜곡하도록 요구한 것이므로 죄가 된다. 단 이 죄는 단순하게 법을 왕곡하도록 청탁한 것에 관한 것이다. 만약 재물로 청탁했거나 다른 사람의 재물을 받고 그를 청탁해 주었다면 당연히 별도로 죄를 논해야 한다.

② 다음 단계는 주사가 청탁한 것에 동의한 것이다. 이 경우 주사는 청탁한 자와 필요적 공범이다. 따라서 만약 주사가 허락하지 않은 경우에는 주사나 청한 사람을 모두 처벌하지 않는다. 이로 보면 주사의 허락이 처벌조건이 된다. 만약 허락한 뒤에 시행했다면 가중해서 처벌한다.

(2) 처벌

1) 청탁을 허락하였으나 시행되지 않은 경우
주사 및 청탁한 자는 각각 태50에 처한다.

2) 이미 시행된 경우
① 담당관사가 청탁을 받아 법을 왜곡하여 사건을 처리한 본죄가 장100보다 가벼운 경우에는 모두 주사와 청탁한 자는 각각 장100에 처한다.

② 법을 왜곡한 본죄가 장100보다 무거운 때에는

ⓐ 주사는 사람의 죄를 덜고 더한 죄로 논한다(단19). 가령 죄인이 앞서 1년의 도죄를 지었는데 청탁하여 도죄를 면해 주었다면, 주사는 도죄를 던 죄로 1년의 도죄를 받는다(명49.2).

ⓑ 타인 및 친속이 대신 청탁한 때에는 주사의 죄에서 3등을 감한다. 단 도1년의 죄를 지은 죄인의 타인 및 친속이 죄인을 위해 청탁

해서 시행된 경우, 청탁한 자의 죄는 주사의 죄에서 3등을 감하여 단지 장80에 해당하지만, 이는 감한 죄가 이미 시행된 경우 처하는 장100보다 가벼워지므로, 이 같은 경우에는 모두 장100에 처한다. 만약 감한 죄가 장100보다 무거운 때, 즉 본죄가 도2년반 이상인 때에는 당연히 모두 감한 죄에 따라 처벌한다.

ⓒ 죄인 자신이 직접 청탁해서 죄를 면제받은 경우에는 그의 본죄에 1등을 더해 처벌한다.

(3) 감림관 및 요직이 청탁한 죄

1) 구성요건

죄의 주체는 감림관·요직이다. 감림관은 통섭·안험하는 관인을 말한다(명54.1). 요직은 품계의 높고 낮음을 구분하지 않고 오직 주사가 두려워하여 감히 청탁한 바를 어기지 못하는 관직을 가리키며, 관직이 낮더라도 역시 마찬가지이다.

행위요건은 감림관이나 요직이 남을 위하여 청탁한 것인데, 주사가 허락했든 허락하지 않았든, 그리고 시행되었든 시행되지 않았든 단지 청탁한 것만으로도 처벌한다.

2) 처벌

(a) 법을 왜곡한 본죄가 가벼운 경우

① 감림관·세요관은 청탁한 것만으로 장100에 처한다. 감림관·요직이 아닌 경우는 주사가 청탁을 허락하는 것을 처벌조건으로 한다.

② 주사는 허락한 경우 장50에 처하고, 시행한 경우 장100에 처한다.

(b) 법을 왜곡한 본죄가 무거운 경우

① 감림관·요직의 죄는 주사가 죄인의 죄를 덜고 더한 죄와 같으며, 단 주사의 죄가 법에 의거해서 사죄에 해당할 경우 사죄에서 1등을 감하여 유3000리에 처한다.

② 주사는 그대로 사람의 죄를 덜고 더한 죄로 논한다.

2. 타인의 재물을 받고 대신 청탁한 죄

직제율46(136조)

1. (a) 타인의 재물을 받고 대신 청탁한 자는 좌장으로 논하되 2등을 더하고, (b) 감림관 및 세요는 왕법에 준하여 논한다. (c) 재물을 준 자는 좌장으로 논하되 3등을 감한다.
2. 관인이 받은 재물을 다른 관인에게 나누어 주고 청탁하였다면, 처음 받은 자는 장물을 병합하여 논하고, 다른 관인은 각각 자기 몫에 대한 법에 의거한다.

(1) 구성요건

1) 행위주체

행위주체는 감림관·요직이 아닌 자와 감림관·요직인 자의 둘로 구분한다. 전자보다 후자의 죄가 더 무겁다.

2) 행위

행위는 타인의 재물을 받고 주사에게 법을 왜곡하도록 청탁한 것이다. 이 때 일단 재물을 받고 청탁했다면 처벌하며 반드시 주사가 허락한 것을 조건으로 하지 않는다. 다만 청탁과 관련된 행위이지만 본조를 적용하지 않는 경우가 있다.

① 만약 타인의 재물을 받고 청탁하기를 허락하였으나 아직 청탁하는 일을 실행하지 않은 경우는 단지 좌장(잡1)으로 처벌하며, 본조를 적용하지 않는다.

② 청탁할 마음이 없으면서 청탁해주겠다고 속이고 재물을 받은 경우는 당연히 사기죄에 의거해서 처벌한다(사12). 그렇지만 재물을 취한 자가 비록 사기했더라도 준 사람도 결국 청탁한 죄가 있으므로, 그 장물은 역시 추징하여 관에 몰수하여야 한다(명32.1).

③ 감림 대상의 재물을 받고 다른 관사에 청탁한 경우는 율에 달리 조문이 없으므로, 단지 좌장에 2등을 더하되 죄는 유2500리에 그치는데, 이는 수소감림죄보다 무거운 것이다. 만약 청탁의 일을 아직 실행하지 않은 때에 발각되었다면 단지 수소감림재물(직50.1)의 법과 같이 처벌한다.

(2) 처벌

1) 감림관·요직이 아닌 자의 처벌

감림관·요직이 아닌 자가 재물을 받고 청탁한 자는 좌장으로 논하고 2등을 더하여 처벌하므로, 받은 재물이 1척 이상이면 태40에 처하고, 1필마다 1등씩 더하되 죄는 유2500리에 그친다. 그렇지만 이는 받은 재물이 7필1척으로 죄가 도1년이 되어 장100보다 무거운 경우에 대한 것이고, 만약 받은 재물이 이보다 적다면 그대로 위의 단순 청탁죄(직45.3)에 따라 장100에 처한다.

2) 감림관·요직의 처벌

감림관·요직이 재물을 받은 경우 왕법(직48)에 준하여 논하므로, 받은 재물이 1척 이상이면 장100에 처하고, 1필마다 1등을 더하며,

죄는 유3000리에 그친다. 녹이 없는 자는 1등을 감한다(직48.2).

3) 재물을 준 자의 처벌

재물을 준 자는 좌장으로 논하되 3등을 감하며, 죄는 도1년반에 그친다(잡1.2).

4) 장물의 처분

장물은 관에 몰수한다. 받은 자와 준 자 모두 죄가 있기 때문이다 (명32.1).

5) 장물의 계산법

관직에 있는 사람이 받은 재물을 다른 관인에게 나누어주고 청탁한 경우, 원래 받은 자는 자기가 받은 재물 모두를 합해서 논하고 다른 관인은 각각 자기의 몫에 따라 논한다. 이는 관인이 공무로 재물을 받은 경우 장물의 계산에 관한 통례이므로 비단 이 죄뿐만 아니라 다른 죄도 또한 이와 같다(명18.2의 문답2). 가령 판관이 왕법하면서 장물 10필을 받아서 판결에 참여하는 두 사람의 관인에게 각각 2필을 나누어 준 경우, 판관은 10필 모두에 대한 죄를 받게 되고, 나머지 관인은 각각 2필에 대한 죄를 받게 되며, 또한 종범이 된다. 단 공모하여 재물을 받은 때에는 각각 자신이 분배받은 몫에 따라서 수범·종범으로 나누어 처벌한다. 그 가운데 비록 계획을 발의하거나 모의에 참여는 하였으나 재물은 받지 않은 자는, 그 사안에 대하여 만약 왕법하였으면 단지 왕법죄의 수범·종범으로 논하고, 장물에 의거하여 죄를 적용해서는 안 된다. 만약 왕법한 죄가 가벼운 경우에는 '관할지역 내의 범법을 적발하여 조사하지 않은 죄'(투60.1a)에 따라 죄인의 죄에서 3등을 감하여 처벌한다.

3. 사건에 연루된 사람이 재물로 청탁한 죄

직제율47(137조)

1. (a) 사건이 있어 재물로 청탁하여, 왕법으로 판결된 자는 좌장으로 논하고, (b) 왕법으로 판결되지 못한 자는 2등을 감한다.
2. 만약 동일 사건에 함께 뇌물을 준 경우, 수범은 장물을 병합하여 논하고, 종범은 각각 자기 몫에 대한 법에 의거한다.

사건에 연루된 사람이 재물로 청탁한 것이 이 죄의 요건이다. 주사가 청탁에 응하여 왕법함으로써 청탁한 자가 죄를 감면받을 수 있었다면 죄인은 좌장으로 논하여 처벌하지만, 주사가 왕법하지 않아 죄를 감면받을 수 없었다면 죄인은 좌장으로 논하되 2등을 감하여 처벌한다.

같은 사건에 함께 재물을 준 경우 수범은 장물을 모두 합하여 논하고, 종범은 각각 자기가 낸 몫에 따라 논한다. 즉 여러 사람이 함께 하나의 사건을 범하여 함께 재물을 거두어 함께 준 경우, 처음 거둘 것을 모의한 자는 장물을 모두 합하되 절반하여 수범으로 처벌하며, 모의에 따라 재물을 낸 자는 각각 자신이 제공한 몫에 따라 종범으로 처벌한다.

III. 감림·주사의 수재왕법죄 및 수재불왕법죄

1. 감림·주사의 수재왕법죄 및 수재불왕법죄

직제율48(138조)

1. (a) 감림·주사가 재물을 받고 왕법한 때에는 1척이면 장100에 처하고, 1필마다 1등을 더하되 15필이면 교형에 처한다. (b) 왕법

하지 않은 자는, 1척이면 장90에 처하고, 2필마다 1등을 더하되 30필이면 가역류에 처한다.

2. (a) 봉록이 없는 자는 각각 1등을 감하되, (b) 왕법한 것이 20필이면 교형에 처하고, 왕법하지 않은 것이 40필이면 가역류에 처한다.

(1) 감림·주사의 죄

1) 요건

죄의 주체는 감림·주사이다. 감림·주사는 통섭(統攝)·안험(按驗)하는 관 및 문서를 시행하는 주전 따위를 말한다. 통섭은 중앙과 지방의 모든 관사의 장관이 관할하는 바를 도맡아 다스리는 것을 말하고, 안험은 모든 관사의 판관이 그 일을 판정하는 것을 말한다. 즉 주·현·진·수·절충부 등의 판관 이상은 각각 관할하는 구역 내에서는 모두 감림이 된다(명54.1).

행위는 재물을 받고 왕법한 것과 왕법하지 않은 것으로 나눈다. 수재왕법이란 사건에 연루된 사람의 재물을 받고 법을 왜곡하여 판결한 것이다. 수재불왕법은 재물은 받았지만 법을 왜곡하지는 않은 것이다.

2) 처벌

처벌은 왕법한 자와 왕법하지 않은 자로 구분하여 형이 다르다.

① 왕법한 자는 재물을 받은 것이 1척이면 장100에 처하고, 1필마다 1등씩 더하며, 15필이면 교형에 처한다. 또한 이 죄를 받은 사람은 청장·감장의 특전을 받을 수 없고, 제명 처분한다(명9.2, 10). 단 죄가 성립한 뒤 사면령이 내린 때에는 면소거관하고, 은강령이 내린 때에는 면관한다(명18.2).

② 왕법하지 않은 자는 재물을 받은 것이 1척이면 장90에 처하고,

2필마다 1등씩 더하며, 30필이면 이 죄의 최고형인 가역류에 처한다. 만약 이 죄로 도형 이상으로 단죄되었다면 면관한다(명19.1과 주).

③ 두 경우 다 장물은 관에 몰수한다. 받은 자와 준 자 모두 죄가 있기 때문이다(명32.1).

(2) 봉록이 없는 자의 죄

1) 요건

봉록을 받을 수 있는 자는 녹령에 규정되어 있다(습유321쪽). 만약 녹령에 봉록이 규정되어 있지 않은 자는 모두 봉록이 없는 관이다. 이들이 위와 같은 행위를 범한 것이 요건이다.

2) 처벌

봉록이 있는 자의 죄에서 각각 1등을 감해서 처벌한다.

① 재물을 받고 왕법한 때에는 1척이면 장90에 처하고, 1필마다 1등씩 더하며, 20필이 되면 교형에 처한다.

② 재물은 받았지만 왕법하지 않은 때에는 1척이면 장80에 처하고, 2필마다 1등을 더하며, 40필이면 가역류에 처한다.

③ 역시 장물은 관에 몰수한다. 받은 자와 준 자 모두 죄가 있기 때문이다(명32.1).

2. 감림·주사가 사후에 재물을 받은 죄

직제율49(139조)
1. 사건이 있는데 먼저 재물을 받는 것을 허락하지 않고 사건이 종료된 뒤에 재물을 받은 자는, 만약 법을 왜곡하여 사건을 판결하

였다면 왕법에 준하여 논하고,

2. 법을 왜곡하지 않고 사건을 판결하였다면 수소감림재물로 논한다.

(1) 요건

사건이 있는데 먼저 재물을 받는 것을 허락하지 않고 사건이 종료된 뒤에 재물을 받은 것이 이 죄의 요건이다. 예컨대 관사가 사건을 수사·심리할 때 먼저 재물을 받는 것을 허락하지 않고 사건이 종료된 뒤에 재물을 받은 것이 이 죄의 요건이다. 역시 왕법 또는 불왕법으로 구분한다.

(2) 처벌

① 사후에 재물을 받았지만 왕법한 경우에는 왕법에 준하여 논한다. 왕법에 준하여 논하기 때문에 제명·면관·가역류의 예를 적용하지는 않는다(명53.3). 재물을 준 자는 마땅히 직제율 47.1조의 청탁한 죄를 적용하여 처벌한다.

② 사후에 재물을 받고 왕법하지 않은 경우 수소감림재물로 논한다. 가령 당시의 판결이 바른 이치에 위배되지 않았는데 사건이 종료된 뒤에 재물을 받은 경우 수소감림재물(직50.1a)로 논한다. 재물을 준 자는 이 죄에서 5등을 감한다.

③ 역시 장물은 관에 몰수한다. 받은 자와 준 자 모두 죄가 있기 때문이다(명32.1)

3. 주수가 죄수의 재물을 받고 진술을 번복하는 요령을 알려준 죄

단옥률4(472조)

1. (a) 주수가 죄수의 재물을 받고 진술을 번복하는 요령을 알려주

거나 죄수에게 말을 전달하여 죄에 증감이 있게 한 때에는 왕법으로 논하되, 15필이면 가역류에 처하고, 30필이면 교형에 처한다. (b) 장죄가 가볍거나 재물을 받지 않은 경우에는 고의로 사람의 죄를 덜거나 더한 죄에서 1등을 감한다.

2. 죄에 증감이 없을 때에는 태50에 처하고, 재물을 받은 자는 수소감림재물로 논한다.

3. 단 주수가 아닌 자가 범한 때에는 각각 주수의 죄에서 1등을 감한다.

(1) 주수가 죄수의 재물을 받고 진술을 번복하는 요령을 알려준 죄

1) 요건

여기서 주수는 죄수를 관장하고 감옥의 관리를 담당하는 자 등을 말한다. 이들이 죄수의 재물을 받고 그를 도와서 진술을 번복하는 요령을 알려주거나 관사 또는 증인이나 외부 사람의 말을 전해줌으로써 죄에 증감이 있게 한 것이 이 죄의 요건이다.

2) 처벌

처벌은 장죄가 무거운 경우와 가벼운 경우의 둘로 나눈다.

① 장죄가 무거운 경우는 왕법으로 논하되, 15필이면 가역류에 처하고, 30필이면 교형에 처한다. 그런데 이 죄의 주체는 감옥의 관리를 담당하는 자 및 외부 사람이므로 봉록이 없는 사람이고, 녹이 없는 사람의 수재왕법죄(직48.2)는 봉록이 있는 사람의 수재왕법죄에서 1등을 감하므로 1척이면 장90, 1필마다 1등씩 더한다. 단 15필의 경우 교형에서 1등을 감하면 유3000가 되지만, 본조에서는 가역류에 처하도록 규정하였고, 30필이면 교형에 처한다.

② 장죄가 가볍거나 재물을 받지 않은 경우에는 고의로 사람의 죄

를 덜고 더한 죄(단19)에서 1등을 감한다. 장죄가 가볍다는 것은 위의 수재왕법죄를 적용할 경우 죄수의 죄에서 1등을 감한 것보다 가볍게 되는 것을 말한다. 본조의 죄는 본래 사람의 죄에 증감이 있게 한 것을 벌하려는 규정이고 재물을 받았기 때문에 가중처벌하려는 것인데, 받은 장물이 가벼워 그 목적을 달성할 수 없을 경우 다시 본래의 죄로 돌아와 처벌하되, 직접 죄를 증감한 것은 아니기 때문에 1등을 감하는 것이다. 단 죄수의 사죄를 덜고 더했다면 유3000리에 처하고, 유죄 이하는 각각 죄수의 죄에서 1등을 감해서 처벌한다.

(2) 주수가 재물을 받지 않고 죄에 증감이 있게 한 때의 죄

주수가 재물을 받지 않고 단지 죄수를 도와서 진술 내용을 번복하도록 하거나 관사나 증인 또는 타인의 말을 전하여 죄에 증감이 있게 한 때는 고의로 사람의 죄를 덜거나 더한 죄에서 1등을 감한다. 즉 죄수의 사죄를 덜거나 더한 경우 유3000리에 처하고, 유죄 이하를 덜거나 더했으면 각각 그 본죄에서 1등을 감해서 처벌한다.

(3) 주수가 번복하는 요령을 알려주거나 말을 전했으나 죄에 증감이 없을 때의 죄

주수가 재물을 받지 않고 죄수를 도와서 진술 내용을 번복하도록 요령을 알려주거나 말을 전하였으나, 죄수의 죄에 증감된 바가 없을 때에는 태50에 처한다. 만약 죄에 증감된 바가 없더라도 주수가 재물을 받았다면, 수소감림재물로 논하여 1척이면 태40에 처하고 1필마다 1등씩 더하며 8필이면 도1년에 처한다.

(4) 주수가 아닌 자가 범한 죄

죄수를 관장하거나 감옥의 관리를 담당하는 주수가 아닌 외부 사람이 죄수의 진술 번복을 돕거나 말을 전달하여 죄수의 죄가 증감된 바가 있다면 각각 주수의 죄에서 1등을 감한다. 만약 재물을 받았다면 주수가 장물을 받고 왕법한 죄에서 1등을 감하고, 만약 재물을 받지 않았다면 죄수의 죄에서 2등을 감하며, 말을 전달하였더라도 죄수의 죄가 증감된 바가 없다면 태40에 처한다.

IV. 수소감림재물죄

1. 수소감림재물죄

직제율50(140조)

1. (a) 감림하는 관인이 감림 대상의 재물을 받은 때에는 1척이면 태40에 처하고, 1필마다 1등을 더하여 8필이면 도1년에 처하고, 8필마다 1등을 더하여 50필이면 유2000리에 처한다. (b) 준 자는 5등을 감하되, 죄는 장100에 그친다.
2. 걸취한 때에는 1등을 더한다.
3. 강요하여 걸취한 때에는 준왕법으로 논한다.

(1) 수소감림죄

수소감림죄의 요건은 감림관이 공적인 일과 관계없이 감림 대상으로부터 재물을 받은 것이다. 관련된 죄가 여러 가지 있다.

1) 감림관의 죄

감림관은 장물의 가치를 계산하여 1척 이상이면 태40에 처하고, 1필마다 1등을 더하여 8필이면 도1년에 처한다. 8필 이상인 때에는 8

필마다 1등씩 더하여 50필이면 최고형인 유2000리에 처한다.

2) 재물을 준 자의 죄
재물을 준 자는 감림관의 죄에서 5등을 감하며, 죄는 장100에 그친다.

3) 장물의 처분
이는 필요적 공범이므로 장물은 피차 죄가 있는 장물이다. 따라서 장물은 관에 몰수한다(명32.1).

(2) 감림관이 감림 대상에게서 걸취한 죄
감림관이 감림 대상에게서 걸취한 죄는 강제성이 있는지 여부에 따라 형이 다르다.

1) 감림관이 걸취한 죄
감림 대상에게서 재물을 걸취한 때에는 위의 수소감림죄에 1등을 더해 처벌한다. 재물을 준 사람은 처벌하지 않고 장물은 주인에게 돌려준다고 해석해야 한다(명32.1).

2) 감림관이 위세나 힘을 사용한 경우의 죄
감림관이 위세나 힘을 이용하여 감림 대상에게서 재물을 걸취한 때에는 왕법한 것에 준하여 논한다. 감림관 중 봉록이 없는 자는 본법(직48.2)에 따라 죄를 1등 감한다. 장물은 주인에게 돌려준다.

2. 사인이 파견된 곳에서 제공한 재물을 받은 죄

직제율51(141조)

1. 관인이 사인이 되어 사행을 간 곳에서 제공한 재물을 받거나 걸취한 때에는 감림관과 같은 죄를 준다.
2. (a) 거쳐 가는 곳에서 재물을 취한 때에는 1등을 감하되, (b) 〈규찰·탄핵의 임무를 띤 관인은 감하지 않는다.〉 만약 강제로 걸취한 때에는 각각 감림관과 같은 죄를 준다.

(1) 사인이 파견된 곳에서 제공한 재물을 받거나 걸취한 죄

관인이 사인으로 간 곳에서 제공한 재물을 받거나 스스로 걸취한 경우 이 죄를 받는데, 그 처벌법은 직제율 50조의 규정과 같다. 다시 말하면 사인이 간 곳에서 재물을 받거나 걸취하거나 강제로 걸취하거나 모두 감림관이 감림 대상에서 범한 것과 같은 죄로 처벌한다. 준 자도 처벌을 받음은 말할 필요도 없다.

(2) 사인이 지나는 곳에서 재물을 취한 죄

1) 사인이 지나는 곳에서 재물을 취한 죄

사인이 목적지가 아니라 지나가는 곳에서 재물을 받거나 걸취한 때에는 목적지에서 범한 죄에서 1등을 감해 처벌한다. 단 사인이 죄상을 조사하여 탄핵하는 임무를 띤 관인이면 감하지 않는다. 직책이 죄상을 조사하여 탄핵하는 임무를 띤 사인이면 사람들이 두려워하기 때문이다.

2) 강제한 경우의 처벌

강제하여 걸취한 때에는 비록 지나가는 곳이라도 사인이 탄핵의 임무를 띠었든 그렇지 않았든 감하지 않는다. 다시 말하면 사인이 지나가는 곳에서 강제로 재물을 걸취한 때에는 각각 감림관이 감림 대상에서 범한 것과 같은 죄로 처벌한다.

3. 관인이 감림하는 구역 내에서 재물을 빌린 죄

직제율52(142조)

1. (a) 감림하는 구역 내에서 재물을 빌린 자는 좌장으로 논하고, 〈관직에 제수되었으나 아직 취임하지 않은 자도 역시 같다. 다른 조항에서 감림하는 대상의 재물을 취하고 받은 경우 및 서로 범한 경우는 이에 준한다.〉 (b) 만약 100일 안에 반환하지 않은 때에는 수소감림재물로 논한다. (c) 강제한 때에는 각각 2등을 더한다. 〈다른 조항에서 강제한 것은 이에 준한다.〉
4. 감림하는 대상의 의복·기물 따위를 차용하고 30일이 지나도록 반환하지 않은 때에는 좌장으로 논하되, 죄는 도1년에 그친다.

(1) 구성요건

1) 주체

주체는 감림관이다(명54.1). 여기서 감림관은 관직에 제수되었으나 아직 취임하지 않은 자도 같다. 즉 5품 이상 관인은 인용하는 제서가 나온 날에 의거하고 6품 이하는 황제가 예비명단에 서명한 것에 의거하여 자격이 성립하므로, 이 때부터 감림관의 법이 적용된다.

2) 행위

행위는 관할 구역 내에서 재물을 빌린 것인데, 빌린 재물을 100일 내에 반환한 경우, 100일 내에 반환하지 않은 경우, 강제한 경우의 셋으로 구분된다.

단 100일 뒤에 반환하고 나서 사건이 적발되었다면 설령 은사를 거치지 않더라도 역시 죄에 해당되지 않는데, 그 이유는 빌릴 때 대가의 지불을 약속한 것이기 때문이다. 단 반환하지 않았다면 죄주고 100일이 되어도 반환하지 않았다면 가중해서 처벌한다. 즉 시일을 오래 끌어 반환하지 않으려 한 것이기 때문에 감림하는 관인이 감림하는 지역 내에서 재물을 받은 것으로 논한다는 것이다.

(2) 처벌

1) 100일 내에 반환한 경우

100일 내에 상환했다면 좌장(잡1.1)으로 논한다.

2) 100일 내에 반환하지 않은 경우

100일 내에 반환하지 않은 경우 수소감림재물죄(직50.1)로 논한다.

3) 강제로 빌린 경우

감림하는 대상의 재물을 강제로 빌린 때에는, 100일 내에 반환한 것은 좌장으로 논하여 2등을 더하고, 100일 내에 상환하지 않은 것은 수소감림죄로 논하고 2등을 더하여 처벌하다.

4) 취한 재물의 처분

빌린 재물은 원래 재물을 빌린 사람에게 반환한다. 취하여 받은 장물, 예를 들면 수소감림재물이나 수재불왕법 등은 잘못을 뉘우치고 주인에게 돌려주면 3등을 감하며(명39.2a), 은사 전에 소비하였으면 법에 준하여 징수하지 않는다(명33.1b). 그러나 빌린 것은 은사 뒤에라도 그대로 징수해서 배상을 종료하여야 면죄를 허락한다.

5) 의복·기물 등을 차용하고 반환하지 않은 죄

조문에서 행위의 객체에 대해 의복·기물 따위라고 한 것은 그 종류가 원래 많아 다 열거할 수 없기 때문이다. 감림관이 감림 대상으로부터 이것들을 차용하고 30일이 지나도록 반환하지 않은 때에는 좌장으로 논하되 죄는 도1년에 그친다. 빌린 물건은 주인에게 돌려준다.

6) 빌려준 자에 대한 처분

감림관은 비록 좌장으로 논하거나 수소감림으로 논하지만 빌려준 자는 죄주지 않는다. 이 죄는 본래 필요적 공범의 성질이 있지만 단 필요적 공범의 상대인은 처벌규정이 없으므로 처벌하지 않는 것이다.

4. 관인이 감림하는 구역 내에서 교역한 죄

직제율52(142조)

2. (a) 관인이 감림하는 대상과 매매하여 이익을 남긴 때에는 이익을 계산하여 감림 대상의 재물을 걸취한 것으로 논한다. (b) 강제로 매매한 때에는 태50에 처하고, 이익을 남긴 때에는 이익을 계산하여 왕법에 준하여 논한다.
3. 감림하는 대상과 매매하면서 50일이 지날 때까지 계약한 수량대로 돌려주지 않은 때에는 수소감림재물로 논한다.

(1) 감림하는 대상과 매매하여 이익을 남긴 죄

관인이 감림하는 대상에게 물건을 팔거나 사서 이익을 남긴 경우, 이익을 계산하여 감림 대상의 재물을 걸취한 것으로(직50.2) 논한다.

단 위세나 폭력으로 강제하여 물품을 매매한 때에는 비록 가격이 정당하다고 하더라도 역시 태50에 처하며, 이익을 남긴 때에는 이익을 계산하여 왕법(직48.1)에 준하여 논한다.

(2) 감림하는 구역 내에서 타인을 시켜 교역한 죄(직52의 문답)

관인이 사람이나 시의 관사를 보내어 시장에서 물건을 교역하게 하였는데, 파견된 사람 및 시의 관사가 관인을 위해 매매하여 이익을 남긴 때에는 이들도 죄를 받으며, 관인은 실정을 알지 못한 경우와 실정을 안 경우로 나누어 죄가 다르다.

1) 파견된 사람 및 시의 관사의 죄

파견된 사람 및 시의 관사는 교역한 것을 자기에게 들이지 않았더라도 이익을 남겼거나 혹은 강제로 매매하였다면 죄가 없을 수가 없으므로 '마땅히 해서는 안 되는 행위를 한 죄'(잡62)에 따르되, 관인이 범했을 때의 죄에 준하여 장100 이하이면 가벼운 쪽에 따라 태40에 처하고, 도죄 이상이면 무거운 쪽에 따라 장80에 처한다. 단 관인이 받아야 할 죄보다 무겁게 해서는 안 된다.

2) 관인의 죄

이들이 이익을 남긴 실정을 관인이 알지 못한 때에는 율(직52.2의 문답)에 의거하여 죄에 해당하지 않는다. 관인이 실정을 알았다면 감림관의 가인이 범한 실정을 알았을 때 처벌하는 규정(직56.2)에 준하여 처벌한다.

(3) 계약한 수량을 주지 않은 죄

관인이 감림하는 구역 내에서 매매하는데 계약한 수량을 다 주지 않은 때에는 계약을 위반하고 부채를 상환하지 않는 죄(잡10)에 따라 처벌하고, 만 51일이 되면 수소감림재물죄(직50.1)를 적용한다.

5. 감림관이 감림 대상을 사사로이 사역시킨 죄

직제율53(143조)

1. 감림관이 감림 대상을 사사로이 사역한 때 및 노비·소·말·낙타·나귀·노새·수레·배·물레방아·저점 따위를 차용한 때에는 각각 노임·임차료를 계산하여 수소감림재물로 논한다.

2. (a) 자신에게 제공되지 않은 자를 사역한 때에는 〈자신에게 지급되지 않은 자라는 것은 유외관 및 잡임으로 관의 일에 제공된 자를 말한다.〉 노임을 계산하여 좌장으로 논하되, 죄는 장100에 그친다. (b) 단 자기에게 지급되어 사역할 수 있는 자라도 노임을 거둔 때의 죄 역시 그와 같다. (c) 〈자기에게 제공된 자가 노임을 낼 것을 요구한 때에는 처벌하지 않는다.〉

3. (a) 만약 길·흉사가 있어 감림 대상을 빌려 사역할 때는 20인을 초과할 수 없고, 한 사람마다 5일을 초과할 수 없다. (b) 단 친속이라면 인원 수의 한도를 초과하거나 보내준 물품을 받거나 요구하여 빌리더라도 모두 논하지 않는다. 〈친속이라 함은 시마친 이상이거나 대공친 이상과 혼인한 집안을 말한다. 다른 조항에서 친속은 이에 준한다.〉

(1) 구성요건

감림관이 감림 대상의 사람을 사사로이 사역하거나 노비·소·말·낙타·나귀·노새·수레·배·물레방아·저점 등을 차용한 것이 이 죄의 요건이다. 여기의 노비에 대한 규정은 부곡·객녀도 같이 적용된다(명47.1). 단 길·흉사가 있으면 빌려 사역할 수 있는데, 20인을 초과할 수 없고, 한 사람마다 5일을 초과할 수 없다. 바꾸어 말하면 이 수를 초과하지 않았다면 죄주지 않는다. 길사는 관례·혼례 혹은 가묘에 제사 지내는 것을 말한다. 흉사는 상·장례 혹은 거애 및 빈렴 같은 것을 말한다.

또한 친속을 사역한 때에는 한도를 초과하거나 보내준 물품을 받거나, 요구하여 빌리더라도 모두 논하지 않는다. 친속이라 함은 시마친 이상 및 대공친 이상과 혼인한 집을 가리킨다.

(2) 처벌

각각 노임과 임차료를 계산하여 수소감림재물(직50.1)로 논하며, 강제한 경우는 2등을 더한다. 즉 단 사람·축산·수레는 노임으로 계산하고, 배·물레방아·저점 등은 임차료에 준한다.

(3) 특별죄명

1) 관인이 자신에게 지급되지 않은 자를 사역한 죄

관인 자신에게 지급되지 않은 자를 사역한 때에는 좌장(잡1.1)으로 논하되 죄는 장100에 그친다. 즉 사역한 자의 노임을 계산하여 1척이면 태20에 처하고, 1필마다 1등씩 더하며, 죄는 장100에 그친다. 이는 감림하는 구역 내의 일반인을 사역한 죄에 비해 매우 가벼운 것이다. 여기서 자신에게 지급되지 않은 자는 유외관 및 잡임으로 관의 일을 담당하도록 제공된 자를 말한다. 유외관은 모든 관사의 영사 이하로 유외의 임명장을 가진 자를 말한다. 잡임은 관에서 일을 담당하지만 유외품이 없는 자를 말한다. 이들은 국가에 사역되는 자이기 때문에 관인에게 제공되지 않은 일반인을 사역한 죄보다는 가벼운 것이다.

2) 자신에게 지급되어 사역해야 할 자로부터 노임을 거둔 죄

자신에게 지급되어 사역해야 할 자는 집의·백직 따위를 말하는데, 이들은 단지 몸으로 사역해야 할 자들이므로,[4] 법에 의거하여 노임을 받아서는 안 된다. 만약 노임을 받았다면 역시 좌장으로 논하되 죄는 장100에 그친다. 단 스스로 노임을 대납할 것을 청구한 공문서가 있는 경우에는 처벌하지 않으며, 별도의 격이 있어 노임을 받는 것이 허락된 경우에는 이러한 예에 구애받지 않는다.

6. 감림관이 사람을 시켜 감림 대상의 재물을 거두어 나누어준 죄

직제55(145조)
사람을 시켜 감림 대상의 재물을 거두어 다른 사람들에게 준 때에는 비록 자신에게 들이지 않았더라도 수소감림재물로 논한다.

감림관이 감림하는 구역 내에서 부하를 거느리고 재물을 거두거나 몸소 사람을 거느리고 재물을 취하여 사람들에게 먹이거나 준 때에는 비록 자신에게 들이지 않았더라도 모두 합한 것을 절반하여 수소감림재물(직50.1)로 논한다. 만약 자기에게 들였다면 감림 대상으로부터 걸취한 것과 같이 처벌한다(직50.2).

준 자는 죄주지 않으며, 그 물건은 주인에게 돌려준다. 원래 사람을 거느리고 거둔 재물이라면 준 자는 죄가 없으므로 그 재물은 주인에게 반환하는 것이다.

---

4) 군방령(습유384~385쪽)에 의하면 주·현관에는 그 관품의 고하에 따라 白直이 지급되었다(2품은 40인, 9品은 4인 등). 또 주·현관 및 지방의 감에는 執衣를 지급하여 부릴 수 있게 하였다. 이것도 2품의 18인에서 8·9품의 3인까지 관품의 고하에 따라 차이가 있었다. 이들이 관인 자신에게 지급되어 사역해야 하는 자이다. 단 이들로부터 노역 대신에 노임을 징수하는 것은 금지되어 있었다.

7. 감림관의 가인 및 감림이 아닌 관인이 범한 죄

직제율56(146조)

1. 감림관의 가인이 관할구역에서 재물을 받거나 걸취하거나, 차용하거나, 사람 등을 사역하거나, 매매하여 이익을 남긴 것 따위가 있을 때에는 각각 관인의 죄에서 2등을 감한다.
2. 관인이 정을 알았다면 더불어 같은 죄를 주고, 정을 몰랐다면 각각 가인의 죄에서 5등을 감한다.
3. 단 관직이 있더라도 감림이 아닌 자 및 그 가인이 범한 때에는 각각 감림관 및 그 가인의 죄에서 1등을 감한다.

(1) 의의

감림관이 관할 구역에서 그 위세를 이용하여 범하는 죄, 즉 수소감림죄 및 수소감림으로 처벌하는 죄의 종류가 많은데, 그 가인 또한 그 위세를 빌어 같은 죄를 범할 수 있고, 설혹 감림이 아닌 관인이라도 그 위세가 일반 평민이나 천인보다 우월하기 때문에 역시 유사한 죄를 범할 수 있다. 이 때문에 본 조항과 같은 처벌규정을 둔 것이다.

(2) 감림관의 가인이 걸취·차용한 죄

감림관의 가인이 감림하는 구역 내에서 관림관의 위세를 빌려 죄를 범한 때에는 감림관의 죄에서 2등을 감해서 처벌한다. 즉 가인이 감림하는 구역 내에서 재물을 받거나 걸취한 때, 재물을 차용한 때, 노비·우마 등을 사역한 때, 매매하여 이익을 남긴 때에는 각각 감림관의 죄에서 2등을 감해서 처벌한다.

감림관이 정을 안 때에는 가인과 죄가 같다. 정을 모른 때에는 가인의 죄에서 5등을 감하니, 즉 관인 자신이 범한 죄에서 7등을 감해서 처벌한다.

(3) 감림관이 아닌 관이 걸취·차용한 죄

감림관이 아닌 관인이 수소감림재물죄 및 수소감림재물로 논하는 죄를 범한 때에는 감림관의 죄에서 1등을 감하여 처벌한다. 감림관은 주·현·진·수·절충부의 판관 이상을 가리키며, 그렇지 않은 자는 감림관이 아닌 관인이다.

(4) 감림관이 아닌 관인의 가인이 걸취·차용한 죄

감림관이 아닌 관인의 가인이 수소감림재물죄 및 수소감림재물로 논하는 죄를 범한 때에는 감림관의 가인의 죄에서 1등을 감한다. 감림관이 아닌 관인이 가인이 범한 것을 안 경우 가인의 죄와 같고, 알지 못한 경우 각각 가인의 죄에서 5등을 감하니, 감림관이 스스로 범한 죄에서 8등을 감한다.

8. 감림·주수가 관의 노비 및 축산을 사사로이 빌린 죄

구고율13(208조)
1. (a) 감림·주수가 관의 노비나 축산을 사사로이 빌리거나, 남에게 빌려 주거나, 그것을 빌린 자는 모두 태50에 처하고, (b) 노임을 계산한 장죄가 무거운 때에는 수소감림재물로 논한다.

(1) 구성요건

감림·주수가 관노비 및 관의 축산을 사사로이 차용하거나 남에게 빌려준 것이 이 죄의 요건이며, 그것을 빌린 자도 처벌된다. 관의 축산은 그 종류에 제한이 없지만, 역의 나귀나 말을 차용한 때에는 가중 처벌한다(구13.2~4). 관의 수레·배·물레방아·저점 따위를 사사로이 차용하거나 남에게 빌려주거나 그것을 빌린 자는 그 노임을 계산하여 각각 노비나 축산을 빌린 것과 같이 처벌한다. 직제율 53.1조에 "감림관이 감림대상의 노비·소·말·낙타·나귀·노새·수레·배·물레방아·저점 따위를 빌렸다면 각각 노임을 계산해서 수소감림재물로 논한다."고 하였으니, 수레·배나 물레방아 등을 빌린 것을 계산하는 것은 이치상 축산을 빌린 것과 다르지 않기 때문에 이 규정을 유추적용하여 처벌하는 것이다.

(2) 처벌

죄의 요건에 해당하는 자는 노비 1인이나 축산 1두라도 태50에 처하며, 노임을 계산하여 2필 1척 이상이면 수소감림재물죄(직50)로 논한다. 노임은 빌린 노비 또는 축산의 수에 빌린 일수를 곱하여 계산한다.

9. 정부·잡장·병인·방인을 사사로이 사역시킨 죄

천흥률24(247조)
1. 무릇 복역 중인 정부(丁夫)·잡장을 감독하는 관사가 사사로이 사역하거나, 주사가 관장하는 곳에서 병인(兵人)·방인(防人)을 사사로이 사역한 때에는 각각 노임을 계산하여 절도에 준하여 논하고,
2. 만약 성·진을 벗어나서 병인·방인을 사역한 경우에는 1등을 더한다.

(1) 요건

이 죄의 요건은 둘이다. ① 복역 중인 정부·잡장을 감독하는 관사가 사사로이 사역한 것이다. 즉 정부·잡장이 현재 관에 복역하고 있고 복역 기한이 끝나지 않았는데 감독하는 관사가 사사로이 사역한 것이다. ② 주사가 관장하는 곳에서 병인·방인을 사사로이 사역시킨 것이다. 여기서 주사는 사안을 판정하여 서명하거나 병인·방인을 친

히 감독하는 자를 가리킨다.

(2) 처벌

각각 사역시킨 자들의 노임을 계산하여 절도에 준하여 논한다. 만약 잡무에 사역시켰으나 노임을 계산해 1척에 차지 않으면 절도하였으나 재물을 얻지 못한 죄(적35.1)에 따라 태50에 처한다. 이는 사사로이 사역한 것을 절도에 비부한 것이다.

(3) 특별죄명

1) 성·진을 벗어나서 병인·방인을 사역한 경우

본조의 기본죄명은 병인·방인이 모두 성황 내에서 사역하는 경우를 말한다. 만약 주사가 성·진을 벗어나서 병인·방인을 사사로이 사역했다면 1등을 더한다. 1등을 더한다는 것은 노임을 계산한 절도에 준하여 논하고 1등을 더한다는 것이다.

2) 강제로 사역한 경우

만약 강제로 사역한 경우 2등을 더한다. 이는 직제율 52.1c조의 감림관이 감림 대상으로부터 재물을 빌렸는데 "강제한 경우 각각 2등을 더한다."는 조문의 주에 "다른 조문에서 강제한 것은 이에 준한다."고 한 해석에 따른 것이다.

3) 복역 기간이 아닌데 사역한 죄

이는 복역 중이 아닌 정부·잡장과 병인·방인을 감림·주사가 사사로이 사역한 경우를 말한다.

① 복역 중이 아닌 정부·잡장을 사사로이 사역한 경우 천흥률

22.1조에 의거하여, 1일이면 태40에 처하고, 1일마다 1등을 더하되, 최고형은 장100이다.

② 병인·방인을 사사로이 사역한 경우는 대신할 사람이 도착했는데도 방환하지 않은 죄(천16.1)에 의거하여, 1일이면 장90에 처하고, 3일마다 1등을 더하되, 최고형은 도1년반이다.

③ 사역한 사람의 노임을 수소감림죄의 장물로 계산하여 죄가 도1년반보다 무거운 경우에는 현재 감림관이면 감림 대상을 사역한 죄(직53.1)에 의거하여 수소감림재물로 논한다. 현재 본부의 감림관이 아닌 경우에는 '마땅히 해서는 안 되는데 행한' 죄 가운데 가벼운 쪽(잡62.1)에 따라 태40에 처한다. 노임의 액수가 많아 무거운 처벌을 받아야 하는 경우에는 직제율 57조의 "관직을 떠나면서 옛 관속·사서가 보낸 재물을 받거나 걸취하거나 빌린 것 따위는 각각 관직에 재임할 때에서 3등을 감한다."는 규정에 따른다.

V. 좌장죄 및 좌장으로 논하는 죄

1. 좌장죄

잡률1(389조)

1. 좌장으로 죄를 받는 자는, 1척이면 태20에 처하고, 1필마다 1등을 더한다. 10필이면 도1년에 처하고, 10필마다 1등을 더하여 최고 도3년에 처한다. 〈감림·주사가 아니면서 일로 인해 재물을 받은 경우를 말한다.〉
2. 준 자는 5등을 감한다.

좌장이란 감림·주사가 아니면서 일로 인해 재물을 받은 것을 말한다. 죄가 이 장물로 말미암은 것이기 때문에 '좌장으로 죄를 받는다.'고 한 것이다. 범한 것이 1척이면 태20이고, 1필마다 1등씩 더한다. 10필이면 도1년이고, 10필마다 1등씩 더하며, 최고형은 도3년이다. 가령 남에게 침탈당하거나 손해를 입었는데 배상 외에 재물을 받은 것 따위는 쌍방이 합의하에 주고받았더라도 모두 법을 위반한 것이므로 준 자는 받은 사람보다 5등을 감하며, 곧 '쌍방이 모두 죄가 있는 것'(명32.1)이므로 그 장물은 관에 몰수한다.

2. 고위관인이 함부로 비를 세운 죄

직제율44(134조)
1. (a) 재직하고 있는 고위관인이 실제 정치의 치적이 없는데도 함부로 비를 세운 때에는 도1년에 처한다. (b) 만약 사람을 시켜 망령되이 자기의 선정을 칭송하고 상부에 비를 세울 수 있게 해 줄 것을 신청하게 한 때에는 장100에 처하고, (c) 장죄가 무거운 때에는 좌장으로 논한다.
2. 시킴을 받은 자는 각각 1등을 감한다.
   〈비록 정치의 공적이 있더라도 스스로 시킨 때에는 역시 같다.〉

(1) 고위관인이 함부로 비를 세운 죄

1) 고위관인이 함부로 비를 세운 죄
행위의 주체는 관직에 있는 고위관인이다. 고위관인은 중앙과 지방의 모든 관사의 장관 이하로 관할 구역을 감림하고 통섭하는 자를 말하는데, 이들이 함부로 비를 세운 것이 죄의 구성요건이다. 즉 덕으로 이끌고 예로 다스리며 풍속을 바꿀 정도의 능력이 없어 실제

정치상의 공적이 없는데도 터무니없이 자기의 공덕을 말하고 헛된 말을 꾸미면서 관할하는 곳에 넌지시 암시를 주어 함부로 비를 세워 송덕하게 한 자는 도1년에 처한다. 비록 정치의 공적이 있더라도 스스로 시킨 때에도 역시 같다.

2) 부탁받아 비를 세운 자의 처벌

관인의 부탁을 받아 비를 세운 자는 1등을 감해 장100에 처한다. 관할 구역에서 그 비를 세우기 위해 덕을 칭송한 자도 종범으로 삼아 장100에 처한다.

3) 백성이 스스로 세운 때의 처벌

단 관인이 시켜서 세운 것이 아니고, 백성이 스스로 세운 때 및 백성이 망령되이 송덕비를 세울 것을 신청한 때에는 '마땅히 해서는 안 되는데 행한' 죄의 무거운 쪽(잡62.2)에 따라 장80에 처하고, 그 비는 제거해서 파쇄한다.

(2) 사람을 시켜 고위관인을 칭송하고 비를 세울 것을 신청하게 한 죄

1) 신청하게 한 자의 처벌

사람을 시켜 망령되이 고위관인을 칭송하고 비를 세울 것을 신청하게 한 자는 장100에 처한다.

2) 정상이 허구인 경우의 처벌

만약 허구의 정상으로 황제에게 표를 올린 자는 상서를 속이고 사실로 하지 않은 죄(사7.1a)에 따라 도2년에 처한다.

3) 부탁받은 자의 처벌

부탁받아 행한 자는 1등을 감한다. 즉 부탁받아 고위관인의 덕을 칭송하고 비를 세울 것을 상부에 신청한 자는 장100에서 1등을 감해 장90에 처한다.

(3) 비를 세운 자를 좌장으로 처벌하는 경우

비를 세우기 위해서는 비용이 소비된다. 소비된 비용을 좌장의 장물로 계산한 죄가 위에 적시한 죄보다 더 무거운 경우는 각각 좌장으로 논한다. 즉 좌장은 장물의 가치가 견 1척이면 태20, 1필마다 1등을 더해서 10필이면 도1년, 이 이상일 때는 10필마다 1등을 더하되 죄는 도3년에 그친다. 즉 비용이 20필이면 도1년반, 30필이면 도2년, 40필이면 도2년반, 50필 이상이면 최고형인 도3년에 처한다. 따라서 고위 관인이 함부로 비를 세운 경우 본죄는 도1년에 해당하므로 비용이 견 20필 이상이면 좌장으로 논해서 죄를 준다. 또한 사람을 시켜 그를 칭송하고 비를 세울 것을 신청하게 해서 비를 세운 경우 본죄는 장100에 해당하므로, 비용이 견 10필 이상이면 좌장으로 논해서 죄를 준다.

3. 공해 운영자가 감림 대상을 사역하거나 교역으로 이익을 남긴 죄

직제율53(143조)

4. (a) 감림관이 공해를 운영하면서 감림 대상을 빌려 사역한 때에는 노임과 임차료를 계산하여 좌장으로 논하되 2등을 감하고, (b) 교역으로 인해 이익을 남기거나 대금을 갚지 않은 경우도 역시 이와 같다.

이 죄는 2종으로 구분하는데, 단 처벌은 좌장으로 논하되 2등을 감해서 죄준다는 것으로 같다.

(1) 감림관이 공해를 운영하면서 감림 대상의 노비 등을 차용하거나 사역한 죄

감림관이 공해를 운영하면서 감림 대상의 노비·소·말·수레·배·물레방아·저점 등을 차용하거나 사역한 것이 이 죄의 요건이다. 감림관이 감림 대상의 노비 등을 사역하거나 수레·배 등을 차용한 경우 수소감림재물로 논하는데(직53.1), 이 죄는 공해[5]를 운영하면서 공적으로 차용하거나 사역한 것이므로 좌장으로 논하되 2등을 감한다. 이 죄는 마땅히 공죄라고 해석해야 한다.

(2) 감림관이 시장에서 매매하여 이익을 남기거나 대금을 갚지 않은 죄

공해를 위해 시장에서 매매하여 이익을 남기거나 대금을 갚지 않은 것이 또 하나의 요건이다. 감림관이 시장에서 매매하여 이익을 남긴 경우 수소감림재물로 논하는데(직52.2), 이 죄는 다만 공적으로 교역했기 때문에 좌장으로 논하되 2등을 감한다. 시장에서 매매하여 이익을 남기거나 손해를 끼친 경우도 이익 본 것과 손해 끼친 것을 계산하여 좌장으로 논하되 2등을 감한다.

---

5) 각 관사의 경상적인 운영비, 곧 사무비를 위시한 하급직원의 인건비 등은 국가의 예산에는 상정되지 않고 각 관사가 스스로 조달해야 했다. 그 때문에 각 관사는 얼마간의 기본재산을 가진 특별회계를 설정하고 그 회계의 수입으로 관사의 경상비를 마련했다. 이 특별회계가 공해이고 그 기본재산으로서 토지가 투입되면 그것이 공해전이며, 운영하여 이윤을 올릴 금전이 투입되면 그것이 公廨本錢이다.

4. 감림관이 식품을 제공받은 죄

직제율54(144조)

1. 감림하는 관인이 돼지·양을 제공받은 때에는 〈살아 있는 것이 아님을 말한다.〉 좌장으로 논하고,
2. 강제한 때에는 감림 대상의 재물을 강제로 취한 법에 따른다.

감림하는 관인이 감림하는 구역 내에서 돼지·양 등의 고기를 받은 때에는 좌장으로 논하여 처벌한다. 즉 고기의 가치가 견 1척이면 태20에 처하고, 1필마다 1등을 더하며, 10필이면 도1년에 처하고 10필마다 1등을 더하여 최고 도3년에 처한다. 돼지·양을 실례로 들었지만 이 밖의 다른 금수 등의 고기도 모두 같으며, 술·음식·과일 등을 제공받은 경우도 이 죄를 적용한다. 준 자는 죄주지 않으며, 현존하는 물품은 징수하여 주인에게 반환한다. 이미 소비된 것은 추징하지 않는다.

단 살아있는 축산이나 쌀·밀가루 등을 받은 것은 이 죄의 요건에 포함되지 않으므로, 응당 수소감림재물죄(직50.1)를 적용하고 그 재물은 피차구죄의 장물이므로 관에 몰수한다. 또한 강요해서 제공받은 자는 강제로 감림지역에서 재물을 걸취한 법에 의거하여 준왕법으로 논한다(직50.3).

5. 관의 위세로 걸색한 죄 및 호강이 걸색한 죄

직제율58(148조)

관인이 위세로 걸색하거나 호강의 사람이 걸색한 때에는 좌장으로 논하되 1등을 감하고, 그들을 안내해서 거두어 보낸 자는 종범으로 처벌한다. 〈친속이나 고구(故舊)가 준 경우는 논하지 않는다.〉

(1) 요건

관의 위세를 이용하여 또는 호강임을 걸색한 것이 이 죄의 기본 요건이다.

1) 주체

행위의 주체는 관인 또는 호강이다.

① 여기서 관인은 지방관사에서 관직을 가진 품관을 가리키는 것이지만 관품이 없는 유외관 이하도 포함된다고 해석해야 한다.

② 호강은 향촌의 세력 있는 자를 가리킨다.

2) 행위

행위는 걸색이다. 걸색은 은근히 압박하며 요구해서 재물을 뜯어낸다는 뜻이다.

3) 소극요건

단 친족이나 고구가 주고받는 것은 논하지 않는다. 친족은 본복으로 시마 이상의 친속이나 대공친 이상과 혼인한 집을 말한다. 고구는 평소 친하게 지내며 왕래하는 집 또는 피차 흠모하여 벗처럼 지내는 사이 등을 말한다. 이들이 수레나 말을 아끼지 않고 빌려주고 옷가지를 서로 증여하는 따위는 모두 논하지 않는다. 이것은 소극적 구성요건이다.

(2) 처벌

1) 걸색한 자의 처벌

걸색한 자는 걸색한 재물을 누계하되 총액을 절반으로 하여 좌장

으로 논하고 1등을 감해서 처벌한다. 따라서 그 재물의 가치가 견 1
척이면 태10, 1필마다 1등을 더하고, 10필이면 장100, 10필마다 1등
을 더해 최고 도2년반에 처한다. 강제로 걸색한 때에는 2등을 더해
서, 재물의 가치가 1척이면 태40, 10필이면 도2년, 10필마다 1등을
더해 최고 유-2500리반에 처한다.

2) 걸색을 도운 자의 처벌

관인 및 호강을 안내하며 재물의 걸색을 도와 보낸 자는 종범으로
처벌한다. 비록 안내하며 돕지는 않았지만 재물을 거두어 운송한 자는
모두 종범으로 처벌한다. 종범은 수범의 죄에서 1등을 감해 처벌한다.

(3) 준 자

준 자는 죄주지 않는다.

(4) 재물의 처분

걸색한 재물은 강제든 아니든 주인에게 돌려준다(명32.2b).

6. 감림·주수가 세물을 추운한 죄

구고율23(218조)
1. 감림·주수의 관은 모두 관할 구역에서 과세물을 추구객운(僦勾
   客運)해서는 안 되며, 위반한 자는 이익 본 바를 계산해서 좌장
   으로 논한다.
2. 단 관직이 있지만 감림이 아니면 1등을 감한다.
3. 주사가 정을 알았다면 각각 1등을 감한다.

(1) 요건

감림·주수관은 관할 구역 내에서 과세물을 추구객운(僦勾客運)할 수 없는데, 이를 위반한 것이 죄의 요건이다. 추구객운은 수송해야 할 사람으로부터 비용을 받고 객을 고용하여 운송하는 것을 말한다 (『한서』권50, 2325쪽).

(2) 처벌

이득을 계산해서 좌장으로 논한다. 사람·축산 및 수송기간에 소비한 양식을 제외하고는 모두 이득으로 계산한다. 이득으로 얻은 돈은 첫째 쌍방 모두 죄가 되는 것이 아니고, 둘째 강요하여 취한 장물이 아니라 원래 노력과 시간을 소모해서 취득한 것이므로 관에 몰수하거나 주인에게 반환하지 않는다.

(3) 특별죄명

1) 감림이 아닌 자의 처벌

현재 관직에 있지만 감림이 아닌 자가 범한 경우에는 좌장으로 논한 죄에서 1등을 감한다.

2) 주사가 정을 안 때의 처벌

주사가 정을 알았으면 죄인의 죄에서 1등을 감해서 처벌한다. 구체적으로 말하면 감림·주수가 수송비용을 받고 객을 고용하여 운송한 사실을 알면서 행하는 것을 허용한 주사는 좌장죄에서 1등을 감해서 처벌하고, 감림이 아닌 관인이 비용을 받고 객을 고용하여 운송한 사실을 알면서 행하는 것을 허용한 주사는 좌장죄에서 2등을 감해서 처벌한다. 주사는 과세물을 징수하는 관이다. 실정을 모른 경우는 처벌한다는 조문이 없으므로 처벌하지 않는다.

제3절 관리의 임용 및 고과에 관한 죄

I. 개설

1. 관리의 정원

황제가 국가를 전제적으로 지배한다는 것은 그의 의지와 명령에 따라 국정이 운영된다는 것을 의미하는데, 현실에서 그 의지와 명령을 실행하기 위해서는 문무백관의 사무 처리에 의존할 수밖에 없다. 때문에 관리를 선발하고 관리하는 일은 매우 중요하다.

당대에 모든 관사에 배속된 직원의 정원은 영에 규정되어 있는데, 전성기인 현종 개원25년(737)의 관인은 총 18,805인이었다. 이 가운데 중앙관의 정원은 2,620인, 지방관의 정원은 16,185인이었다(『通典』권40, 1106쪽). 이들이 바로 직사관이다. 이들은 관위와 품급뿐만 아니라 구체적인 직장도 가지고 있으며, 각급 기구에 정식으로 편제된 유내관이다.

유내관 외에 유외훈품 5만 이상과 잡임 30만 이상이 관사에 배속되어 종사하였다. 유외훈품 및 잡임을 맡는 직장인의 총수는 개원25년경 34만 9,863인이고, 그 가운데 내직장이 3만 5,177인, 외직장이 31만 4,686인이었다.

2. 과거

과거는 관인 임용을 위한 자격시험이다. 과거는 이부 고공원외랑이 관장하였는데, 개원24년(736)에 예부의 차관인 시랑이 관장하도록 변경하였다. 이렇게 과거의 담당 관사를 변경한 까닭은 고공원외랑의 품급이 낮고 직권도 작아 일을 관리하기 어려웠기 때문이다.

과거에 참가할 수 있는 수험생은 두 부류가 있었다. 첫째는 생원으로, 국자감·홍문관·숭문관과 각 지방의 주·현 학관 출신의 학생들이었다. 둘째는 향공으로 본인이 직접 현과 주를 거치며 차례로 각급 시험에 합격한 자를 말한다.

모든 수험생은 매년 10월 25일 전에 거주하는 주의 조집사를 따라 경사 장안에 도착해야 하며, 호부의 접견을 거쳐, 11월 초에 함원전에서 황제를 알현했다. 시험의 과목은 6개로, 수재·명경·진사·명법, 그리고 명서·명산이다. 이는 통상적으로 시행하는 시험이므로 상거라고 하였다. 이외에 제거·무거 등이 있었다. 이 가운데 실제 주요 과목은 명경과 진사이며, 특히 진사가 가장 중시되었다.

3. 문·무관의 임용시험

당대에는 문·무직사관의 임용시험을 전선이라고 했다. 당대의 전선은 문관선과 무관선으로 나누는데, 5품 이상과 6품 이하 가운데 습유·보궐·감찰어사 등 탄핵을 담당하는 관원은 황제가 친히 임용하였고, 나머지 6품 이하의 문관은 이부가 관장하고, 무관은 병부가 관장하였다.

전선에 응할 자격을 지닌 자를 선인(選人)이라 하는데, 선인에는 ① 과거시험에 급제한 사람, ② 직사관이 임기가 만료된 후 전선을 기다렸다가 다시 응시한 전자관(前資官), ③ 일정한 자격을 확보한 훈관, ④ 작을 가진 자, ⑤ 황제의 친인척, ⑥ 문음으로 관직에 오를 수 있는 품관 자제, ⑦ 기술관, ⑧ 유외에서 유내로 진입하는 자 등이 있었다.

전선은 품급에 따라 3개 조로 나누어지는데, 이를 삼전(三銓)이라 하였다. 6품·7품관은 이부상서가 직접 담당하므로 상서전(尚書銓)이라 하였다. 8품·9품은 시랑 2명이 담당하였는데 중전(中銓)과 동전(東銓)이라 불렀다. 9품 이외의 유외관은 이부낭중 2명 가운데 1명이 담당하였기에, 소전(小銓) 또는 유외전(流外銓)이라고 하였다. 이외에 영남(광동·광서)·검중(귀주) 등 남쪽 변경지역은 길이 멀 뿐만 아니라, 주·현의 관리도 현지인이 맡고 있는 경우가 많아서, 3년에 1번 선보사(選補使)를 파견하여 소재 지방장관과 함께 전선과 임용예정자 명단(注擬) 작성을 주관한 뒤에 이를 상서성에 올리도록 하였는데, 이를 남선(南選)이라 하였다.

문관 전시의 내용은 신·언·서·판이다. 신은 신체의 상태, 언은 언변, 서는 서체, 판은 판문 작성을 시험하는 것이다. 이 가운데 실제로 중요한 것은 서와 판 두 항목이었다. 그중에서도 특히 판은 글 짓는 능력을 시험할 뿐만 아니라, 사건을 판결하고 정무를 분석해서 판단하는 능력을 살펴보는 것이었다. 무관의 시험 내용은 말타고 활쏘기나 창던지기 등의 5가지 무술이다.

4. 고과 제도

고과는 정기적으로 관리의 행정업무에 대해 일정한 기준에 따라 심사 평가하여, 포상과 징벌을 주는 제도를 가리킨다. 고과는 상상에서 하하까지 총 9등급으로 나누어져 있으며, 기준은 덕행과 업적 두

가지였다. 덕행은 4가지 항목이 있어 사선(四善)이라 칭하였다. 첫째 덕으로 이름이 널리 알려짐, 둘째 청렴과 근신함이 두드러짐, 셋째 공평하다고 칭송할 만함, 넷째 조심스럽고 부지런하며 게으르지 않음이다. 업적은 직무에 따라 총 27종으로 구분하였다. 고과는 매년 한 차례 실시하며, 연말에 진행되었다.

II. 문·무관의 선거와 고과에 관한 죄

1. 관인의 선발·고과 부실에 관한 죄

직제율2(92조)

1. (a) 적합하지 않은 사람을 공거(貢擧)하거나 공거해야 할 사람을 공거하지 않은 자는, 1인이면 도1년에 처하고, 2인마다 1등을 더하되, 죄는 도3년에 그친다. 〈적합하지 않은 사람이라 함은 덕과 행실이 어긋나고 편벽하여 거장(擧狀)과 같지 않은 경우를 말한다. 만약 공거한 사람이 시험이 급제하지 못한 때에는 2등을 감한다. 5분의 3이 급제한 때에는 처벌하지 않는다.〉

2. (a) 관인의 근무평정과 거인(擧人)의 과시를 사실대로 하지 않거나 관인의 선발을 거장과 어긋나게 한 것으로 인하여 직무를 잘 수행할 수 없는 자를 선발하게 된 때에는 공거를 부실하게 한 죄에서 1등을 감한다. 〈부(負)·전(殿)을 첨부해야 하는데 첨부하지 않거나 첨부해서는 안 되는데 첨부하여 근무평정에 오르내림이 있게 한 때에도 역시 죄가 같다.〉

3. (a) 과실로 범한 경우는 각각 3등을 감하고, 〈다른 조항에서 과실로 범한 것은 이에 준한다.〉 (b) 과실로 범한 사람의 말을 받아 시행하면서 적발하지 못한 자는 또 1등을 감하고, (c) 알면서

도 임용을 허용했다면 같은 죄를 준다.

(1) 공거 부실의 죄

1) 구성요건

선거령(습유295쪽)에 따르면, 모든 주에서 인재를 공거할 때 및 국자감 등에서 인재를 추천할 때는, 청렴하고 법을 준수하며 명성과 행실이 부합하는 자를 취해야 한다. 이러한 규정을 위반에 처하고 덕행이 괴팍하고 편벽한 자를 공거한 것이 이 죄의 행위요건이다. 만약 알려진 덕과 품행이 없는데 망령되이 추천하거나, 또 만약 명성과 행실이 서로 차이가 나면 이것이 바로 거장과 같지 않은 것이 되며, 공거된 자가 설령 시험에 급제하였더라도 합격을 취소하고 추천한 자는 죄를 받는다. 만약 공거된 자가 시험에 급제하지 못한 경우에는 공거한 자를 5등분하여 5분의 3이 급제한 경우에는 처벌하지 않는다. 바꿔 말하면 반드시 급제자가 10분의 6이 되어야 비로소 처벌하지 않는다. 마땅히 추천해야 하는데도 추천하지 않은 경우, 즉 쓸 만한 재능이 있는데도 덮어두고 추천하지 않은 때에도 같은 죄를 준다.

2) 처벌

(a) 덕행이 괴팍하고 편벽한 자를 공거한 경우

덕행이 괴팍한 자 1인을 공거한 자는 도1년에 처하고, 2인마다 1등을 더하여 최고 도3년에 처한다. 단 공거된 사람 가운데 1인이라도 덕행이 괴팍하고 편벽하여 거장과 같지 않은 경우에는 설령 급제자가 많다고 하더라도 결코 괴팍하고 편벽한 자를 추천한 죄를 면할 수 없다.

(b) 공거한 자가 급제하지 못한 경우

덕행은 어그러짐이 없으나 시험에 급제하지 못한 경우, 공거된 사람을 5등분하여 5분의 3이 급제한 경우에는 처벌하지 않는다. 즉 급제자가 10분의 6에 미달하는 경우 비로소 처벌하기 시작하는데, 급제하지 못한 사람 수에 준하고 위의 법에 준해서 2등을 감하여 죄를 준다. 즉 1인이 급제하지 못했으면 장90에 처하고, 2인마다 1등을 더하되 죄는 도2년에 그친다. 따라서 5인이 시험을 보아 3인이 급제하였거나 10인이 시험을 보아 6인이 급제한 경우, 공거한 관인은 모두 죄를 면제받는다. 그러나 5인을 추천하였으나 2인만이 급제한 경우에는 불합격한 3인에 대한 죄를 과하고, 10인을 추천하였으나 3인만이 급제하였다면 불합격한 7인에 대한 죄를 과한다.

(2) 고과 및 선거 부실의 죄

1) 고과를 부실하게 한 죄

고과에 대해서는 앞에서 설명했다. 고과를 부실하게 한 경우 공거를 부실하게 한 죄에서 1등을 감한다. 따라서 1인에 대한 고과를 부실하게 한 때에는 장100에 처하고, 2인마다 1등을 더하되 죄는 도2년반에 그친다.

2) 부(負)·전(殿) 첨부에 관한 죄

부·전을 첨부해야 하는데 첨부하지 않거나 첨부하지 않아야 하는데 첨부함으로써 근무평정에 오르내림을 초래한 것이 이 죄의 행위요건이다. 고과령(습유343쪽)에 따르면, 사죄(私罪)는 동 1근을 1부로 하고 공죄(公罪)는 2근을 1부로 하며, 각각 10부를 1전으로 한다. 근무평정을 행하는 날에 부·전은 모두 고과장에 첨부해야 하는데,

고의로 위반하고 첨부하지 않은 것이 죄의 요건 중의 하나이다. 그러나 별도의 칙에 의해 방면되거나 혹은 은강령이 내린 경우에는, 공죄·사죄에 대한 부·전은 모두 첨부해서는 안 되는데 고의로 첨부한 것이 이 죄의 요건이 된다. 다만 만약 면관 이상의 죄를 범하거나 장물이나 뇌물을 사사로이 착복하였는데 은강령이 내려오기 전에 옥이 성립되었다면 부·전을 고과장에 첨부해야 한다. 또한 이로 인하여 근무평정에 오르내림을 초래한 경우도 죄가 또한 같다. 첨부해야 하는데 첨부하지 않았거나 첨부하지 않아야 하는데 첨부함으로써 근무평정에 오르내림을 초래한 경우에 비로소 죄를 준다. 이것이 고과 부실의 한 형태이다. 처벌은 고과를 부실하게 한 경우와 같다.

3) 과시를 부실하게 시행한 죄

과시(課試)는 공거된 사람의 학업·기능을 시험하는 것을 말하며, 바로 과거를 가리킨다. 과거에 대해서는 위에서 설명했다. 이 죄의 행위요건은 과시를 사실대로 하지 않았다는 것이고, 죄의 주체는 시험을 주관한 관사가 되지만, 단 과시를 사실대로 하지 않았다는 것의 정확한 의미를 알기는 어렵다. 처벌은 역시 고과를 부실하게 한 경우와 같다.

4) 거장과 어긋나게 하여 직무를 수행할 수 없는 사람을 선발한 죄

거장은 추천장을 공거한 사람의 추천장이다. 추천장의 내용과 달리 법령을 익히지 않은 자를 법관으로 임명하거나, 경전·역사에 통달한 자를 무관에 임명한 경우 등이 죄의 내용이다. 처벌은 고과를 부실하게 한 경우와 같다.

(3) 특별죄명

1) 과실범

과실범은 각각 3등을 감한다. 과실이란 예컨대 공거할 만한 인재라고 여겼고 사사로운 마음이 개입되지 않았으나 덕행에 결함이 있음을 살피지 못한 것 따위를 말한다. 이는 공거부실의 과실에 대한 소의 해석인데, 다른 죄에 대해서는 소에 구체적인 해석이 없다.

2) 다른 사람의 과실을 알아차리지 못하고 따라서 행한 죄

다른 사람의 말을 따라서 행하면서 그의 과실을 깨닫지 못한 때에는 또 1등을 감해서 처벌한다. 즉 이 조항에서 규정된 공거 등의 죄에서 다른 사람의 과실을 깨닫지 못하고 따라서 한 경우 4등을 감해서 처벌한다.

3) 다른 사람의 과실을 알면서도 행하는 것을 허용한 죄

공거 등에 대해서 다른 사람이 범한 과실을 알면서도 행하는 것을 방임한 때에는 처음 위반한 자와 같은 죄를 준다. 즉 과실죄를 과하지 않고 처음 위반한 자와 같은 죄를 준다. 다시 말하면 적합한 인물이 아니거나 또는 시험을 보아 급제하지 못한 것을 알거나, 근무평정·과시를 행함에 사실대로 하지 않거나 또는 관리를 선임함에 거장과 어긋난 것을 알면서도 행하는 것을 허용한 경우 각각 처음 시험한 자와 죄가 같다.

2. 유외관을 초과 임용한 죄 및 임용해서는 안 되는데 임용한 죄

직제율1(91조)

1. 관에는 정원이 있는데 한도를 초과하여 임용하거나 임용해서는

안 되는데 임용하였다면, 〈주수가 아닌 경우를 말한다.〉 1인이
면 장100에 처하고, 3인마다 1등을 더하며, 10인이면 도2년에 처
한다.

2. 후임자가 정원이 초과된 것을 알면서도 임용을 용인한 때에는
   전임자가 임용한 죄에서 1등을 감한다.

3. (a) 관이 되고자 청탁한 자는 종범으로서 처벌하되, (b) 부름을
   받은 자는 논하지 않는다.

4. 만약 군사업무가 긴급하여 사무를 헤아려 임시로 임용한 때에는
   이 율을 적용하지 않는다.

(1) 구성요건

1) 주체

죄의 주체는 관리 임용 권한을 행사하는 관사이다. 이는 대단히
광범위한 문제이기 때문에 구체적인 것은 설명하기 어렵다.

2) 행위

모든 관사의 잡임 이상은 직원령(습유124~158쪽)에 각각 정원이
규정되어 있다. 관리를 임용하는데 정원을 초과하여 관리를 임용하
거나 임용해서는 안 되는데 임용한 것이 이 죄의 행위요건이다. 즉
격·영의 규정을 초과하거나 규정에 없는 관리를 함부로 임용한 경우
를 말한다. 다만 이는 주수가 아닌 경우로, 시(視)6품 이하 및 유외·
잡임 등 해당 관사에서 판보(判補)하는 자들을 말한다. 만약 주수할
때에 속이고 사실대로 하지 않은 경우에는 사기하여 관을 수여한 법
(사9.1)에 따른다. 만약 관을 임용해서는 안 되는데 고의로 정원을
초과하여 주수한 자는 상서를 속이고 사실대로 하지 않은 죄(사7.1a)
에 따라 논한다. 단 만약 군사업무가 긴급하여 사무를 헤아려 임시

로 관리를 임용한 경우에는 본 조문을 적용하지 않는다. 전투 지역에서는 반드시 때에 따라 관리를 임용해야 하므로 정원 외 관리를 임용하더라도 이 죄에 해당되지 않는다.

(2) 처벌

1) 담당 관사

담당 관사는 잘못 임용한 것이 1인이면 장100에 처하고, 3인마다 1등을 더하여 10인이면 이 죄의 최고형인 도2년에 처한다.

2) 청탁한 자

청탁한 자는 종범으로 삼아 1등을 감한다. 즉 스스로 관리가 되기를 청탁하여 임용된 자는 담당 관사의 죄에서 1등을 감하여 장90에 처한다.

3) 소극요건

단 부름을 받아 임용된 자는 죄를 논하지 않는다.

(3) 후임자가 사정을 알고도 임용을 허용한 죄

전임자가 관리를 임용함에 정원을 초과하거나 임용해서는 안 되는데 임용하였다는 사실을 후임자가 알면서도 계속 허용한 경우 전임자의 죄에서 1등을 감해서 처벌한다. 즉 전임자가 서용한 죄에서 1등을 감하니, 잘못 판보한 것이 1인이면 장90에 처하고, 4인 이상이면 장100에 처하며, 7인 이상이면 도1년에 처하고, 10인이면 최고형인 도1년반에 처한다. 이는 사후공범이다.

Ⅲ. 사기하여 관·작을 취득한 죄

1. 사기하여 거짓 관을 취득한 죄

사위율9(370조)

1. 무릇 사기하여 거짓 관을 취득하거나, 거짓으로 다른 사람에게 관을 주거나, 거짓 관을 받은 자는 유2000리에 처한다. 〈주의(奏 擬)를 위조한 것 및 사기하여 상서성 이부에서 판보(判補)를 위 조한 것, 혹은 타인의 임명장[告身]을 취득하여 사용한 것 따위를 말한다.〉
2. 단 법에 관이 될 수 없는데, 〈죄가 있어 견책을 받고 아직 관을 취득할 수 없는 경우 등을 말한다.〉 사기하여 관을 구하여 취득 한 자는 도2년에 처한다.
3. 만약 거짓으로 공로·과실·연한을 증감하여 전선·천거에 참여함 으로써 관직을 취득한 자는 도1년에 처한다.
4. 유외관은 각각 1등을 감한다.
5. 구하고자 했으나 취득하지 못한 경우는 또 각각 2등을 감한다. 〈아래 조항은 이에 준한다.〉

(1) 사기하여 거짓 관을 취득한 죄

사기하여 거짓 관을 취득한 자는 유2000리에 처한다. 이 죄는 본 인에게 실제로 관이 없는데 거짓으로 관의 직임을 행한 것이다. 유 외관은 1등을 감해 도3년에 처한다.

관이 없다는 것은 임명장[告身]이 없다는 것을 말하는데, 임명장을 스스로 만들었든, 혹은 다른 사람에게 부탁해서 만들었든, 혹은 타인 의 임명장을 얻어서 스스로 사용하였든, 단지 자신이 관이 없는데 사 기하여 임명장을 가지고 행용하였다면 모두 이에 해당한다(명35.1a⑤

의 소). 또한 타인의 임명장을 취득하여 자신의 이름으로 바꾸어서 함부로 관사를 속이고 관직에 나아갔거나 마땅히 말소되어야 할 자신의 임명장을 반납하지 않고 거짓으로 관직을 사칭한 자도 포함한다.

(2) 거짓 관을 다른 사람에게 주거나 받은 죄

거짓 관을 다른 사람에게 준 자 및 이를 받은 자는 유2000리에 처한다. 양자는 필요적 공범이므로 같은 벌에 처한다. 거짓 관을 주는 것은 유내 9품 이상은 주의(奏擬)를 위조하는 방법에 따른 것이다. 즉 유내 9품 이상의 관은 모두 임명할 안을 황제에게 상주해서 재가를 받는 과정을 거쳐 얻게 되는데, 황제에게 상주하기 위한 예비명단(奏擬)을 위조해서 거짓 관을 주는 것을 말한다. 시품관·유외관 등은 상서성 이부에서 판보하므로 이를 거짓으로 꾸미는 방법으로 준다.

(3) 견책 받아 출사할 수 없는 자가 속이고 관직을 구한 죄

견책 받아 아직 출사할 수 없는 자가 사기하여 관직을 구하여 취득한 자는 도2년에 처한다. 가령 제명된 자는 6년 뒤에 서임되는 것을 허용하고, 면관된 경우는 3년 뒤에 서임되는 것을 허용하며, 면소거관된 경우는 1년 뒤에 서임되는 것을 허용한다. 만약 이러한 처벌을 받은 사람들이 서임의 기한이 아직 되지 않았는데 속이고 관직을 구하여 취득한 때에는 도2년에 처한다. 이 밖에 죄를 범하고 관으로 죄를 당할 경우 당연히 높은 관품부터 관당해야 하는데 속이고 낮은 관품으로 관당해서 뒤에 서임될 때 높은 관에 서임되거나, 유배된 자가 아직 6년이 되지 않았는데 속이고 서임된 경우 등을 말한다. 이들은 뒤에 서임될 수 있는 자인데 단지 기한이 차지 않았는데 거짓으로 관직을 구하여 취득한 것으로 정이 가벼운 까닭에 죄를 감경하는 것이다.

(4) 사기하여 공과·연한을 증감해서 전선·천거에 참여하여 관을 취득한 죄

1) 사기하여 공과·연한을 증감해서 관을 회득한 죄

사기하여 공과·연한을 증감해서 전선·천거에 참여하여 관을 취득한 자는 도1년에 처한다. 사기하여 공과·연한을 증감했다는 것은, 사기하여 공로와 고과의 등급을 증가시키거나 혹은 그 부(負)·전(展) 및 하등의 고적으로 인한 선거 참여의 제한 연한을 줄인 것을 말하며, 이로써 전선과 천거에 참여하여 관직을 취득한 자는 도1년에 처한다.

2) 직업을 속이고 관을 취득한 죄

자신 및 동거하는 대공 이상의 친족이 직접 공·상업에 종사하거나 가에서 그러한 사업을 하고 있는 경우 출사할 수 없다(선거령, 습유 294쪽). 단 예전에 관직을 맡았다가 공·상에 종사한 것으로 인해 해임·파면되었다가 뒤에 수양하고 고쳐서 학업을 닦은 바가 있으면 3년 뒤에 출사를 허용한다. 그러나 3년 뒤에도 여전히 수양과 고침이 없을 때에는 임명장을 박탈하고 강등하여 서인으로 삼는다. 따라서 관품이 있는 사람이든 관품이 없는 사람이든 모두 선거령에 의하여 관직에 나아갈 수 없는데도 속이고 관직을 구하여 취득하거나, 3년이 되지 않았는데 정상을 숨기고 전선에 참여하여 관직을 취득한 자는 모두 공과·연한을 증감해서 선거에 참여하여 관직을 취득한 경우와 같이 도1년에 처한다. 또한 3년 뒤에 여전히 수양하지 않고 전업을 바꾸지 않았으면서도 임명장을 반납하지 않고 예전대로 관인으로 행세하는 자는 견책되어 출사가 제한된 자가 속이고 관직을 구한 죄에 따라 도2년에 처한다. 만약 임명장을 반납한 뒤에 다시 그것을 훔치거나 사사로이 속동을 내고 관리가 된 자는 위의 거짓으로 관을 취득한 죄(사9.1)로 논한다. 다시 말하면 자신의 임명장은 마땅히 말소되어야 하는데 반납하지 않고 사사로이 훔쳐서 거짓으로 관직을 사칭한 죄에 따라 논한다.

(5) 사기하여 유외관을 취득한 죄

사기하여 유외관을 취득한 때에는 유내관을 취득한 죄에서 1등을 감한다.

① 사기하여 거짓 유외관을 취득한 자는 유내관을 취득한 때의 유죄에서 1등을 감하여 도3년에 처한다.

② 사기하여 공로와 과실의 연한을 증감해서 전선·천거에 참여하여 유외관을 취득한 자는 유내관을 취득한 때의 도1년에서 1등을 감하여 장100에 처한다.

(6) 미수

사기하여 관을 구하려고 했으나 취득하지 못한 때에는 각각 2등을 감한다. 즉 만약 거짓으로 관직을 구하고자 했으나 관직을 아직 취득하지 못한 경우는 유죄에서 2등을 감하여 도2년반에 처하고, 유외관은 또 1등을 감하여 도2년에 처한다. 법에 관이 될 수 없는 자가 관직을 구하였으나 취득하지 못하였으면 2등을 감하여 도1년에 처하고, 유외관은 또 1등을 감하여 장100에 처한다. 허위로 공로와 과실의 연한을 늘이거나 줄여서 선거에 참여하여 관직을 구하였으나 취득하지 못하였으면 2등을 감하여 장90에 처하고, 유외관은 또 1등을 감하여 장80에 처하는 것을 말한다.

(7) 주사의 처벌

위의 죄행들은 주관하는 관사가 승인하거나 시행을 허용해야 의도한 바의 목적을 이룰 수 있다. 만약 주관하는 관사가 거짓으로 말한 실정을 알면서 승인하거나 시행을 허용했으면 죄인과 같은 죄를 주되 사죄에 이른 경우 1등을 감한다. 실정을 몰랐다면 처벌하지 않는다(사27).

2. 사기하여 작을 취득한 죄 및 허위의 관음으로 관을 취득한 죄

사위율10(371조)
1. (a) 정처소생의 적자가 아니고 봉작을 계승할 수 없는데도 사기하여 계승한 자는 도2년에 처하고, (b) 자·손이 아닌데 사기하여 타인의 작을 계승한 자는 사기하여 관을 취득한 법에 따른다.
2. 만약 관음이 없는데 사기하여 타인의 관음을 받아 관을 취득한 자는 도3년에 처한다.
3. 만약 관음이 없는데 사기하여 타인의 관음을 계승하여 유내가 아닌 관을 취득한 자는 장100에 처한다.

(1) 자·손이 아닌 자가 사기하여 작을 계승한 죄

1) 요건

이 죄의 요건은 자·손이 아닌 자가 사기하여 타인의 작을 계승한 것이다. 자·손이 아닌 자라는 것은 자·손 이외의 사람이라는 것을 말하며, 이들이 사기하여 적자라고 하면서 작을 계승한 것이다.

2) 처벌

자·손이 아닌 자가 사기하여 작을 계승한 때에는 사기하여 관을 취득한 법(사9.1)에 따라 유2000리에 처한다.

(2) 타인의 관음을 계승하여 관을 취득한 죄

관음이 없는데 사기하여 다른 사람의 관음을 계승하여 관을 취득한 자는 도3년에 처한다. 8품 이상 관의 자 또는 손은 부·조의 음을 얻어 관에 서용될 수 있다(봉작령, 습유300쪽). 만약 거짓으로 음을 계승하여 관을 얻은 경우 이 죄를 받는다.

(3) 유내가 아닌 관을 허위의 관음으로 취득한 죄

유내가 아닌 관을 허위의 관음으로 취득한 자는 장100에 처한다. 유내가 아닌 관이란 국자감·태학 등의 학생 및 7품의 읍호, 혹은 훈관품 이하를 얻은 것을 말한다. 국자감·태학의 학생은 반드시 관인의 자·손만이 입학할 수 있다(『당육전』권21, 559~560쪽; 『역주당육전』하, 38~42쪽). 부인이 6품 이하로 읍호는 없고 관품만 있는 경우가 있는데 잉(媵)이 그것이다. 잉은 처보다 1급 낮은 준배우자로 5품 이상 관인만이 취할 수 있으며, 남편의 관품에 따라 정5품에서 종8품까지 수여한다. 훈품은 유외의 관품이다(관품령, 습유114쪽).

(4) 주사의 처벌(사27)

위의 죄행들은 주관하는 관사가 승인하거나 시행을 허용해야 의도한 바의 목적을 이룰 수 있다. 만약 주관하는 관사가 거짓으로 말한 실정을 알면서 승인하거나 시행을 허용했으면 죄인과 같은 죄를 주되 사죄에 이른 경우 1등을 감한다. 실정을 몰랐으면 처벌하지 않는다.

제4절 민의 통제·관리 및 치안을 방해한 죄

Ⅰ. 개설

전통시대 중국에서는 수도와 주·현 등의 치소, 그리고 진·수 등 요처에 성을 쌓아 그곳에 소재하는 궁실 또는 관청과 거주하는 인민의 안전을 도모하고자 하였다. 성은 치소와 성내의 인민을 보호하기 위한 장벽이지만 인민의 활동을 통제하는 기능도 했다. 모든 사람은 반드시 성문을 통해서만 통과가 허용되었으며, 그것도 일정 시간에 한정되었다. 때문에 율에 성문을 통과하지 않은 죄와 문의 개폐 및 관건의 관리에 관한 죄(위24)가 규정되어 있다. 다만 성 가운데 궁성·황성 및 도성은 황실과 조정을 보호하기 위한 규정이라고 볼 수 있으므로 1편 국가적 법익에서 서술하였다.

당대에는 수도 사면과 각지의 요처에 관(關)을 설치하여 사람과 물자의 이동을 통제하였으며, 원칙적으로 과소를 소지한 자만 통과를 허용하였다. 따라서 과소를 소지하지 않고 몰래 관을 건넌 죄(위25) 및 관문이 아닌 곳으로 건너거나 이름을 속여 받은 과소를 가지고 건넌 죄(위26), 금물을 가지고 건넌 죄(위30) 등이 규정되어 있다. 관 가운데 변경의 관은 외국과 통할 수 있는 곳이므로 그 통제가 더욱 엄격하여, 변경의 관·새를 넘어 건너거나 외국인과 교역·혼인하거나 금병기를 넘겨준 죄(위31) 등은 처벌이 더 무겁다.

모든 사람은 원칙적으로 거주이전의 자유가 없었으며, 영업을 하거나 학업 또는 출사를 위한 경우가 아니면 여행이 허용되지 않았다(포12). 따라서 양인이 본관을 떠난 경우 도망죄로 처벌되며, 세·역이 있는 자가 도망한 경우 세·역이 없는 자에 비해 처벌이 무겁고, 정부(丁

夫)·잡장(雜匠)이 복역 중에 도망한 경우 더욱 무겁게 처벌하도록 규정되어 있다(포11). 천인은 그가 속한 관사나 주인을 떠난 경우 도망죄가 되며, 양인이 도망한 경우보다 처벌이 더욱 무겁다(포13).

이정 및 각 지역의 행정을 담당하는 관사는 관할구역 내에 도망자나 부랑자가 머무는 것을 용인한 경우 처벌을 받으며(포17), 관할구역 내에서 도적·살인이 발생한 경우 처벌하는 규정도 있다(적54).

II. 주·현·진·수의 성 및 무기고의 관리에 관한 죄

위금률24(181조)

1. (a) 주·진·수의 성 및 무기고의 담장을 넘은 자는 도1년에 처하고, (b) 현의 성을 넘은 자는 장90에 처한다. 〈모두 문금(門禁)이 있는 것을 말한다.〉

2. 관아의 담장 및 방(坊)·시(市)의 담장이나 울타리를 넘은 자는 장70에 처한다. (b) 침범하고 파괴한 자도 역시 그와 같다. (c) 〈수로 안으로 출입한 경우 성이나 담장을 넘은 것과 죄가 같다. 넘으려고 했으나 아직 통과하지 못했다면 1등을 감한다. 다른 조항의 통과하지 못한 것은 이에 준한다.〉

3. (a) 만약 주·진·관·수의 성 및 무기고 등의 문을 닫아야 하는데 잊거나 착오로 자물쇠를 채우지 않거나, 또는 열어야 하는데 자물쇠를 훼손하고 연 자는 각각 장80에 처한다. 자물쇠를 잘못 채우거나 열쇠에 의하지 않고 연 자는 장60에 처한다. (b) 이 밖의 문은 각각 2등을 감한다.

4. (a) 주·현·진·관·수의 성 및 무기고 등의 문과 이 밖의 문을 함부로 열거나 닫은 자는 각각 담장을 넘은 죄에서 2등을 더하고, (b) 만약 성주가 이유 없이 열거나 닫으면 넘은 자와 죄가 같으

며, (c) 아직 열거나 닫지 않은 때에는 각각 이미 열거나 닫은 죄에서 1등을 감한다. 〈다른 조항의 아직 열거나 닫지 않은 것은 이에 준한다.〉

1. 주·현·진·수의 성 및 무고의 담장을 넘은 죄

(1) 구성요건

주·현·진·수의 성 및 무고의 담장, 현의 성, 관아의 담장 및 방·시의 담장이나 울타리를 넘은 것, 침점하거나 파괴한 것이 이 죄의 요건이다.

1) 객체

객체는 성과 담장이다. 성은 기본적으로 주·현·진·수의 치소를 보호하기 위해 설치한 장벽을 가리키고, 담장은 무기고와 관아 등 중요한 국가의 시설과 방과 같은 도시 내 주민의 거주구역 또는 시를 보호하고 통행을 제한하기 위한 장벽을 가리킨다. 단 성이나 담장 대신 울타리·목책으로 막아놓았더라도 역시 성·담장과 같다.

2) 행위

행위는 문을 통하지 않고 성 및 무기고의 담장을 넘은 것이다. 물이 통하는 도랑으로 출입한 것은 넘은 것으로 간주한다. 성 및 담장을 침점하거나 파괴한 것도 역시 같다. 침점이란 땅을 침점하는 것을 말하고, 파괴란 성 및 관아의 담장·울타리를 무너뜨리는 것을 말하는데, 각각 넘은 죄와 같다.

(2) 처벌

① 성 및 무기고의 담장을 넘은 자는 각각 도1년에 처한다.

② 현의 성을 넘은 자는 장90에 처한다.

③ 관아의 담장 및 방·시의 담이나 울타리를 넘은 자는 장70에 처한다.

④ 성이나 담장을 침점하거나 파괴한 자는 넘은 자와 같이 처벌한다.

(3) 미수

넘으려고 하였으나 아직 통과하지 않았다면 위의 죄에서 1등을 감해서 처벌한다. 아직 통과하지 않았다는 것은 성 및 담장이나 울타리 위에 있거나 혹은 도랑의 중간에 있으면서 아직 통과하지 않은 상황을 말한다. 성 및 담이나 울타리에 이르렀으나 넘지 않은 때에는 5등을 감해서 처벌한다(위25.1c의 소).

2. 주·현·진·관·수의 성 및 무기고 등의 문을 열고 닫는 법을 위반한 죄

(1) 주·현·진·수의 성 및 무기고 등의 문을 열고 닫는 법을 위반한 죄

주·진·관·수의 성 및 무기고에는 모두 문이 있으며, 출입을 금한다. 그 문을 닫아야 할 때는 모두 반드시 자물쇠를 채워야 한다.

① 문을 닫을 때 잊거나 착오로 자물쇠를 채우지 않거나, 혹은 열 때 자물쇠를 부수고 연 자는 각각 장80에 처한다.

② 자물쇠를 잘못 채우거나 열쇠로 열지 않은 자는 장60에 처한다. 자물쇠를 잘못 채웠다는 것은 자물쇠의 암쇠와 숫쇠가 서로 맞지 않음을 말한다. 열쇠로 열지 않았다는 것은 열쇠를 사용하지 않고 연 것을 말한다.

(2) 그 밖의 다른 문을 열고 닫는 법을 위반한 죄

다른 문이라는 것은 현 및 방·시 등 관에서 출입을 금하는 문을 말하는데, 이 문을 열고 닫는 법을 위반한 자는 주·현·진·수의 성 및 무기고 등의 문에 대한 죄에서 2등을 감해서 처벌한다. 즉 닫을 때 잊거나 착오하여 자물쇠를 채우지 않거나 열어야 하는데 자물쇠를 부수고 열면 각각 장60에 처한다. 자물쇠를 잘못 채우거나 열쇠로 열지 않은 자는 각각 태40에 처한다.

3. 주·진·관·수의 성 및 무기고 등의 문을 함부로 열고 닫은 죄

(1) 수위가 문을 함부로 열거나 닫은 죄

함부로 열고 닫았다는 것은 때가 아닌데 열거나 닫은 것을 말하며, 각각 담장을 넘은 죄에 2등을 더해 처벌한다.

① 주·현·진·관·수의 성 및 무기고 등의 문을 함부로 열고 닫은 수위는 각각 담장을 넘은 죄 도1년에 2등을 더해 도2년에 처한다.

② 현의 성의 문이면 담장을 넘은 죄 장90에 2등을 더해 도1년, 관아 및 방·시의 문이면 장70에 2등을 더해 장90에 처한다.

(2) 성주가 이유 없이 문을 열거나 닫은 죄

주·진·수 등의 장관으로서 열쇠의 보관을 주관하는 자가 법식에 의거하지 않고 이유 없이 문을 열거나 닫은 때에는 담장을 넘은 죄와 같이 도1년에 처한다. 현의 장관인 현령이 이 죄를 범한 때에는 장90, 방정·시령(市令)이 범한 때에는 장70에 처한다.

원래 율문에 "성주가 이유 없이 열거나 닫으면"이라고 하였으니, 이유가 있으면 여는 것을 허용한다. 즉 만약 갑작스럽게 일어난 변고를 알리는 역사나 일이 급한 제·칙이 불시에 주·현에 이른 경우,

성주가 실상을 조사하고 또한 법식에 따라 열어야 한다. 또한 감문식에 따르면, "경성은 매일 저녁 길거리마다 초소를 세우고, 일정 시간을 돌아가며 맡아서 야간순찰하게 하는데, 북소리가 끊어지면 사람의 통행을 금하고 새벽에 북소리가 울리면 통행을 허용하며, 만약 공적인 임무를 띤 사인으로 문첩을 지닌 자는 통행을 허용한다. 만약 혼인이 있으면 통행을 허용한다."고 하였고, 그 주에 "반드시 현의 문첩을 얻어야 한다. 초상과 질병은 반드시 서로 알리러 가야하고 의사나 약을 구해야 하므로 거주하는 방의 문첩을 지닌 자도 또한 통행을 허용한다."고 하였으니, 만약 통행을 허용해야 할 경우에는 모두 그를 위해 방·시의 문을 열 수 있다. 만약 경계를 필요로 하는 화급한 사건이나 범죄인을 체포할 일이 있으면 주·현의 문도 역시 때에 구애받지 않고 여는 것을 허용한다.

(3) 미수

아직 열거나 닫지 않은 때에는 각각 이미 열거나 닫은 죄에서 1등을 감한다. 아직 열거나 닫지 않은 때라 함은 열었으나 아직 사람을 통행시키지 않는 때를 말하고, 아직 닫지 않은 때라 함은 여전히 사람이 통행할 수 있는 때를 말한다.

Ⅲ. 관의 통제 기능을 방해한 죄

1. 개설

당대에는 경성의 사면 및 수륙의 군사·교통상의 요지에 관을 설치하였다. 관은 모두 26개소로 상·중·하의 차등이 있었다. 상관은 경성의 사면에 역도(驛道)가 있는 6개의 관이고, 중관은 그 이외의 관 가운데 역도가 있거나 경성 사면에 설치된 관 중에 역도가 없는 13 개의 관이며, 하관은 상관과 중관을 제외한 나머지 7개의 관이다 (『당육전』권6, 195~196쪽; 『역주당육전』상, 629~630쪽). 또한 수변 에 세운 관이 있는데, 예컨대 동주의 용문관, 회주의 회녕관, 남주의 합하관은 황하 연변의 관으로 각각 관선 3척을 두었고, 화주 위진관 은 위수 연변의 관으로 관선 2척을 두었다(『당육전』권7, 226쪽; 『역 주당육전』상, 690쪽). 이러한 관은 대개 관중의 경계지역이나 경성 의 서쪽과 남쪽에서 관중으로 향하는 길목에 위치하여 관중으로 왕 래하는 자들을 통제하기 위한 요새였다.

2. 관을 몰래 건너거나 넘어서 건넌 죄

위금률25(82조)

1. (a) 몰래 관을 건넌 자는 도1년에 처한다. (b) 넘어서 건넌 자는 1등을 더하고, 〈문으로 건너지 않았다면 넘은 것이 된다.〉 (c) 이미 넘으려는 곳에 이르렀으나 아직 건너지 않은 때에는 5등을 감한다. 〈이미 관사가 금하고 단속하는 곳에 이르렀음을 말한 다. 다른 조항의 아직 건너지 않았다는 것은 이에 준한다.〉

(1) 관을 몰래 건넌[私度] 죄

1) 구성요건

수륙의 관에는 양쪽에 각각 통행을 금하는 문이 있는데, 행인이 이 문을 통과하려면 모두 공문서가 있어야 한다. 역사는 전부·지권 을 확인해서 통과를 허용하고, 사람이나 물건을 전송하는 경우는 공문서에 의거해서 통과를 허용하며, 군인·방인 및 정부(丁夫)는 명부가 있어야 통과를 허용한다. 그 외에는 모두 과소을 신청해서 가지고 넘어야 한다.

2) 처벌

만약 공문서 없이 몰래 관문을 통과한 자는 도1년에 처한다. 이 죄는 수범·종범의 구분이 없고(명43.3), 자수해도 용서되지 않는다(명37.6d).

(2) 관을 넘어 건넌[越度] 죄

1) 구성요건 및 처벌

관을 넘어 건넌 죄는 관의 문을 통하지 않거나 진의 나루터를 거치지 않고 건넌 자를 말하며, 몰래 건넌 죄에 1등을 더해 도1년반에 처한다.

2) 미수

이미 넘으려는 곳에 이르렀으나 아직 건너지 않은 때에는 넘어 건넌 죄에서 5등을 감해서 처벌한다. 즉 수륙의 관·책문의 양쪽 기슭은 모두 방비하고 금하는데, 넘어 건너려는 사람이 이미 그곳에 이르렀으나 아직 건너지 않은 경우에는 이미 넘어 건넌 죄에서 5등을 감하여 장70에 처한다.

3. 과소 발급에 관한 죄 및 속여서 건넌 죄

위금률26(83조)

1. (a) 관을 건널 수 없는 자에게 과소를 발급한 자, 〈취하여 건넌 자도 역시 같다.〉 (b) 또는 이름을 사칭하고[冒名] 과소를 신청해서 관을 건넌 자는 각각 도1년에 처한다. (c) 만약 과소를 타인에게 주거나 이를 받아 건넌 자도 또한 이에 준한다. (d) 만약 가인이 서로 사칭한 때에는 장80에 처한다.

2. 주사 및 관사(關司)가 정을 알았다면 각각 같은 죄를 주고, 정을 알지 못한 때에는 처벌하지 않는다.

(1) 관을 건너서는 안 되는 자에게 과소를 발급한 죄

행위의 주체는 과소 발급을 담당하는 관사이다. 그가 관을 건널 수 없는 자에게 과소를 발급한 것이 행위요건이며, 이 요건에 해당하는 자는 도1년에 처한다. 관시령(습유713쪽)에 따르면, 관을 건널 자는 먼저 거주 지역의 관사를 경유하여 과소를 신청하며, 경사에서는 상서성에서 발급하고 지방에서는 주에서 발급한다. 따라서 담당 관사는 경사의 상서성과 주의 과소 발급을 담당하는 관사이다. 관을 건널 수 없는 자는 군역을 수행 중인 자, 상번 기한 내에 있는 자 및 죄를 범해 형을 받은 죄인 등을 말한다. 이 죄는 관사가 과소를 함부로 발급한 것으로 성립하며, 과소를 발급받은 자가 관을 넘은 것을 요건으로 하지 않는다.

(2) 관을 건너서는 안 되는 자가 과소를 발급받아 관을 건넌 죄

관을 건너서는 안 되는 자가 과소를 발급받아 관을 건넌 때에는 마찬가지로 도1년에 처한다. 단 이 경우는 반드시 발급받은 자가 관을 건너야 죄가 성립한다.

(3) 이름을 사칭하여 과소를 신청해서 관을 건넌[冒度] 죄

타인의 이름을 사칭하여 과소를 신청하여 취득해서 관을 건넌 자는 도1년에 처한다. 단 과소를 신청한 자가 아직 관을 건너지 않은 때에는 5등을 감하여 장60에 처한다. 이 경우 이름을 도용당한 자는 실정을 몰랐다면 당연히 죄가 없지만 실정을 알고 묵인했다면 과소를 남에게 빌려준 죄와 같이 도1년에 처한다. 과소를 발급한 주사와 관의 관사가 정을 안 때에는 마땅히 죄가 같고, 정을 몰랐다면 처벌하지 않는다고 해석해야 한다.

(4) 과소를 남에게 준 죄 및 이를 받아 건넌 죄

① 과소를 남에게 준 자 및 이를 받아서 건넌 자는 도1년에 처한다. 이 죄는 필요적 공범이다. 모두 받아서 이미 건넌 것을 요건으로 한다.

② 과소를 받은 자가 아직 건너지 않은 때에는 정형에 따라 죄를 감경한다. 만약 관의 주사가 통행증을 검사해서 통행 여부를 판정하기 이전이면 "관을 넘으려 하였으나 아직 건너지 않은 자는 각각 5등을 감한다."는 예(위25.1c)에 준한다. 만약 이미 통행증을 검사해서 통행 여부를 판정하였으나 아직 관문을 나가지 않았다면 아직 통과하지 않은 것과 마찬가지로 각각 1등을 감한다. 과소를 준 사람은 원래 받은 사람이 건너는 데에 따라서 죄가 성립하므로, 앞의 사람이 아직 건너지 않았으면 또한 같이 감하여 처벌한다.

(5) 가인이 서로 사칭하여 건넌 죄

가인이 서로 사칭하여 건넌 때에는 장80에 처한다. 가인은 양인·천인을 구분하지 않는다. 여기서 서로 사칭했다는 것은 이름을 사칭하여 과소를 신청한 것 및 남의 과소를 가지고 건넌 것을 포괄한다.

일이 가장의 지시로 말미암았다면 가장이 비록 행하지 않았다고 하더라도 또한 오로지 가장만 처벌한다(명42.1a).

4. 말 및 다른 가축을 몰고 부당하게 관을 건넌 죄

위금률26(83조)

3. (a) 만약 말을 몰고 관을 넘어 건너거나[越度], 사칭하여 건너거나[冒度], 몰래 건넌[私度] 때에는 각각 사람이 건넌 죄에서 2등을 감하고, (b) 다른 가축은 또 2등을 감한다. 〈축산을 서로 속인 때에는 처벌하지 않는다.〉

(1) 구성요건

이 죄는 말 및 다른 가축을 몰고 넘어 건넌 행위[越度], 사칭하여 건넌 행위[冒度], 몰래 건넌 행위[私度]를 포괄한다. 다른 가축이란 말 외에 몰고 건널 것을 청한 모든 축산을 가리킨다. 단 축산을 서로 속인 행위는 처벌하지 않는다. 즉 가축의 털의 색이나 나이가 통행증에 적은 것과 같지 않더라도 모두 죄를 과하지 않는다.

(2) 처벌

1) 말을 몰고 건넌 경우

말을 몰고 건넌 경우 사람이 건넌 죄에서 2등을 감한다. 즉 말을 몰고 넘어 건넌 자는 장100에 처하고, 말을 몰고 사칭하여 건넌 자와 몰래 건넌 자는 장90에 처한다.

2) 다른 가축을 몰고 건넌 경우

다른 가축을 몰고 건넌 경우 또 2등을 감한다. 즉 다른 가축을 몰고 넘어 건넌 자는 장80에 처하고, 몰래 건넌 자와 사칭하여 건넌 자는 장70에 처한다.

5. 금물을 가지고 관을 몰래 건넌 죄

위금률30(87조)

1. (a) 사유가 금지된 물품[禁物]을 몰래 가지고 관을 건넌 자는 좌장으로 논하고, (b) 좌장죄가 사조(私造)·사유죄보다 가벼운 때에는 사조·사유한 법에 따른다.

(1) 구성요건

사유가 금지된 물품을 몰래 가지고 관을 건넌 것이 이 죄의 요건이다. 금지된 물품이라는 것은 사유가 금지된 병기 및 각종 사유가 금지된 물품으로서 모두 사가에서 소유할 수 없는 것을 말한다. 이죄는 넘어 건너거나 몰래 건넌 것과 같이 관을 건넌 사람이 위법하게 건넌 것에 대한 것이 아니라 합법적으로 건넌 사람이 사유가 금지된 물건을 몰래 가지고 건넌 것에 대한 것이다. 만약 금지된 물건을 가진 자가 위법하게 건넌 때는 두 가지 이상 죄가 함께 발각된 경우[二罪以上俱發]가 되어 무거운 것으로 죄를 논하고 가지고 건넌 금물은 관에 몰수한다.

(2) 처벌

좌장으로 논하되, 논한 죄가 금물을 사사로이 만들거나 사유한 죄보다 가벼운 경우에는 금물을 사조·사유한 죄에 따른다. 즉 금물을 몰래 가지고 관을 건넜으면 각각 좌장으로 죄를 부과하니, 그 가치가 1척이면 태20, 1필마다 1등을 더해 10필이면 도1년, 이 이상이면 10필마다 1등을 더해 최고 도3년에 처한다. 그런데 천흥률 20조의 규정에 따르면, 사사로이 갑옷 1벌 또는 쇠뇌 3벌을 소유한 것은 유2000리에 해당하고, 창[矟] 1개는 도1년반에 해당한다. 따라서 가령 사사로이 창 1개를 가지고 관을 건넜는데 삭의 가치가 견 30필이면 좌장죄에 따라 도2년에 처한다. 그러나 갑옷 1벌을 가지고 관을 건넜으면 사유한 법에 따라 유2000리에 처하고, 장물을 계산하여 처벌하지는 않는다.

IV. 변경 관·새의 통제 기능을 방해한 죄

1. 변경의 관·새를 건넌 죄

위금률31(88조)
1. 변경의 관·새를 넘어 건넌 자는 도2년에 처한다.

변경에 연해 있는 관·새는 중국과 외국 사이에 통행을 통제하기 위해 설치한 장벽과 문이다. 이 관·새의 장벽을 넘어 건넌 자는 도2년에 처한다. 말을 넘겨 보낸 자는 2등을 감해서 도1년에 처한다. 그밖의 축산을 넘겨 보낸 자는 또 2등을 감하여 장90에 처한다. 외국인이 넘어들어 온 죄도 같다. 국경의 출입은 공적인 사인이 아니면 허용되지 않으므로 단지 넘어 건넌[越度] 죄만 있고, 몰래 건넌[私度] 죄는 없다.

2. 외국인과 함께 사사로이 서로 교역한 죄

위금률31(88조)

2. 변경의 관·새를 넘어 외국인(化外人)과 함께 사사로이 서로 교역하거나 또는 주고받은 자는, 1척이면 도2년반에 처하고, 3필마다 1등을 더하되, 15필이면 가역류에 처한다.

(1) 요건

변경의 관이나 새를 몰래 넘어 외국인과 더불어 사사로이 교역한 것이 이 죄의 요건이다. 화외인(化外人)은 현대적인 의미의 외국인과 다르지만 일단 편의상 이렇게 개념을 정의하기로 하는데, 중국인이 이들과 사사로이 교역하는 것은 금지된다.

(2) 처벌

① 교역한 물건의 가치가 견 1척에 해당하면 도2년반에 처하고, 3필마다 1등을 더하며 15필이면 가역류에 처한다. 이 장죄는 절도·강도·왕법·불왕법·수소감림·좌장의 여섯 장죄 중 어느 것에도 따르지 않는데, 강도보다는 조금 가볍지만 절도보다는 많이 무겁다.

② 물건은 관에 몰수한다. 이 점에 관해서는 조문이 없고 소에도 특별히 해석한 것이 없으나, 율에서는 원래 쌍방이 죄가 있는 장물은 관에 몰수한다(명32.1).

③ 외국인이 변경의 관이나 새를 몰래 넘어와서 중국인과 교역한 경우 죄를 받는 것은 모두 중국인이 넘어 건너가서 교역한 죄와 같은데, 곧 상주해서 황제의 결정을 기다린다.

3. 변경의 관·새를 넘어 외국인에게 금병기를 준 죄

위금률31(88조)

3. (a) 변경의 관·새를 넘어 외국인에게 사사로이 금병기를 준 자는 교형에 처한다. (c) 아직 외국인의 손에 들어가지 않은 때에는 3등을 감한다.

변경의 관·새를 넘어 건너가서 사유가 금지된 병기를 사사로이 외국인에게 준 자는 교형에 처한다. 단 금병기가 외국인의 손에 들어들어가지 않은 때에는 3등을 감하여 도3년에 처한다.

4. 외국인과 혼인한 죄

위금률31(88조)

3. (b) 외국인과 혼인한 자는 유2000리에 처한다. (c) 혼인이 아직 성립하지 않은 때에는 3등을 감한다.

(1) 요건

외국인과 혼인한 것이 이 죄의 요건이다. 사인으로 외국에 가서 외국인과 혼인한 경우 이 처벌을 받는다. 단 머무는 것이 허용된 입조인의 경우에는 혼인하여 처첩을 얻을 수는 있지만 본국으로 데리고 갈 수는 없으며, 위반하면 칙을 위반한 죄로 처벌한다. 단 당률에는 칙을 위반한 죄에 대해 특별히 규정은 없고, 영을 위반한 자는 태50에 처하고, 별식은 1등을 감한다(잡61)는 규정만 있다. 주객식에 따르면, 외국의 객이 입조하면 길에서 객과 섞이게 해서는 안 되고, 또 객으로 하여금 중국 사람과 대화하게 해서는 안 되며, 주·현의 관인은 일이 없으면 또한 객과 서로 만나서는 안 된다. 따라서 국내의 관인·백성은 객과 친교를 맺거나 사사로이 혼인할 수 없으며, 혼인한 자는 이 처벌을 받는다.

(2) 처벌

① 혼인이 성립한 경우 죄는 유2000리에 해당한다.

② 혼인이 성립하지 않은 때에는 3등을 감해 도2년에 처한다.

③ 반드시 주의할 것은, 혼인은 필요적 공범이므로 양쪽 모두 위의 죄를 받는다.

5. 사인으로 가서 사사로이 교역한 죄

위금률31(88조)

4. 사행으로 인하여 사사로이 교역한 자는 절도에 준하여 논한다.

공적인 사인으로 외국[蕃國]에 들어가거나, 외국의 사인으로 중국에 들어와서 물건을 매매·교역한 자는 절도에 준하여 논하여 처벌한다. 따라서 일단 절도죄의 처벌규정에 준하지만 제명·면관·배장, 감림·주수의 가중 처벌, 가역류의 법례를 적용하지 않는다(명53.3). 이 죄는 사인으로 간 것을 이용해서 범한 것이므로 바로 일반인이 범한 죄보다는 가볍다.

6. 관을 넘는 것이 금지된 사가의 물건을 몰래 가지고 건넌 죄

위금률30(87조)

2. 가지고 관을 건너는 것이 금지된 사가의 물품을 몰래 가지고 건

넌 자는 좌장죄에서 3등을 감해서 처벌한다.

(1) 요건

사가에서 소유할 수 있는 물품이라도 가지고 서변·북변의 모든 관을 건넌 것이 이 죄의 요건이다. 관시령에는 "여러 종류의 비단(錦·綾·羅·縠·紬·綿·絹]과 실·베, 야크의 꼬리, 진주·금·은·철은 모두 서쪽 및 북쪽 변경의 모든 관을 건너가거나 연변의 모든 주에 이르러 교역할 수 없다."고 규정되어 있다. 이 같은 물품들은 사가에서 소유할 수 있지만 가지고 서변·북변의 모든 관을 건너서는 안 된다. 이를 위반하면 이 죄를 받는다.

(2) 처벌

1) 형벌

가지고 건넌 물건을 장물로 계산하여 좌장죄를 과하되 3등을 감한다. 따라서 그 가치가 1필1척이면 감하기 전 본래의 좌장죄가 태30에 해당하므로 이 죄가 성립하지 않고, 2필1척이면 태10에 해당한다.

2) 장물의 처분

사가에서 소유할 수 있는 물품 중 관을 건널 수 없도록 금지된 것은, 이미 과소가 발급되었더라도 관의 관사가 붙잡아 취득했다면 몰수하여 관으로 들인다. 만약 이미 관을 건넜거나 관문을 통하지 않고 건넜다가 다른 사람에게 적발되어 붙잡힌 때에는 3등분하여 3분의 2는 붙잡은 사람에게 상으로 주고, 3분의 1은 관으로 들인다.

V. 관·진의 관사의 직무 유기죄

1. 관·진의 관사의 직무 유기죄

위금률27(84조)
관(關)·진(津)을 건너는 사람을 이유 없이 억류한 경우 주사는 1일이면 태40에 처하고, 1일마다 1등을 더하되, 죄는 장100에 그친다.

관은 과소를 조사하여 통과 여부를 판정하는 곳으로, 적법한 과소를 소지한 자는 즉시 통과시켜야 한다. 진은 다만 사람은 건너게 할 뿐 과소를 판정하지는 않는다. 따라서 관시령(습유714쪽)에 규정된 대로 순서에 따라 건너게 해야 한다. 그럼에도 불구하고 주사가 이유 없이 억류하고 건너지 못하게 한 때에는 이 죄로 처벌한다. 주사는 관·진을 담당하는 관사이다. 이 죄는 공적인 사인이 아닌 일반인에 대한 것이다. 만약 군사업무가 긴급한데도 억류하고 건너지 못하게 함으로써 일을 지연시키거나 그르치게 한 경우는 마땅히 지연시키거나 그르치게 한 바의 무거운 죄(직33.2)에 따라 논한다.

2. 중죄인이 몰래 건너는 것을 적발하지 못한 죄

위금28(85조)
관을 몰래 건넌 자에게 다른 무거운 죄가 있는 경우, 주사가 정을 알았다면 건넌 자의 중죄로 논하고, 정을 알지 못한 때에는 통상적인 율에 의거한다.

관을 몰래 건넌 죄(위25.1a)에는 별도로 주사가 고의로 방임한 죄 및 적발하지 못한 죄를 규정하지 않았는데, 이는 위금률 1.3a조의 주에 통례가 있고, 누군가 과소 없이 관을 통과한 것을 주사가 고의로 방임하거나 적발하지 못한 죄는 이 통례에 준하는 것으로 족하기 때문이다. 그렇지만 주사가 몰래 건너 자에게 다른 중죄가 있는 것을 알면서 고의로 방임하여 통과하게 한 때에는 몰래 건넌 죄[私度罪]에 준해서 처벌할 수 없다. 그러므로 이 조항은 몰래 통과한 자의 중죄로 논한다는 것을 규정한 것이다. 이 죄는 본질상 통과해서 이르게 하고 물자를 공급한[過致資給] 죄에 해당하여 본래 죄인의 죄에서 1등을 감해야 하지만(포18.1), 이 경우 특별히 죄인의 중죄로 논하는 것이다.

이 경우 관의 주사가 실정을 알았다면 고의로 방임한 죄로 논하여 각각 건너는 사람이 지은 중죄를 받는다. 그러나 실정을 알지 못하였다면 통상적인 율(위1.3a)에 의거하여 죄인의 중죄에서 2등을 감해서 처벌한다.

3. 사람·군대의 인솔 주사가 몰래 따르는 자를 적발하지 못한 죄

위금률29(86조)

1. (a) 사람들과 군대를 인솔하여 관을 건너는데 다른 사람이 함부로 따라 건넌 경우 인솔한 주사는 관의 관사의 죄로 논하고, (b) 관의 관사가 적발하지 못한 때에는 인솔자의 죄에서 1등을 감한다. (c) 정을 안 때에는 각각 고의로 방임한 법에 따른다.
2. (a) 따라 건넌 사람이 과소를 가졌다면 관사는 당연히 통상적인 율에 따르고, (b) 인솔한 주사가 다른 사람이 함부로 따라서 건넌 정을 안 때에는 관사가 고의로 방임한 죄에서 1등을 감하며, 정을 알지 못한 때에는 처벌하지 않는다.

(1) 개설

이 죄는 사람들이나 군대를 인솔하고 관을 건너는데 다른 사람이
함부로 따라 건널 때, 인솔하는 주사가 고의로 방임한 죄 또는 적발
하지 못한 죄를 규정한 것이다. 다른 사람은 몰래 건넌 재[私度], 사칭
하고 건넌 재[冒度] 및 다른 무거운 죄를 범하고 몰래 건넌 자가 있을
수 있는데, 이에 따라 주사의 죄도 다르다. 단 군대가 관을 건너는 것
은 보통 사람이나 가축이 건너는 것과는 다르다. 관시령(습유714쪽)
에 따르면, 병마가 관을 나갈 때는 본사가 이어서 베껴 쓴 칙부(勅
符)6)에 의거하여 대조한 뒤 건너게 하고, 관을 들어올 때는 관할 구
역의 군대를 통령하는 장수가 작성한 명부에 의거하여 검사한 뒤 들
어가게 한다. 이 때 다른 사람이 틈을 노려 따라 건너기 쉽다. 때문에
관사와 인솔주사에게 임시로 확인할 책임을 부여하며, 정형에 따라서
각각 고의로 방임한 죄 또는 적발하지 못한 죄를 주는 것이다. 죄는
따라 건넌 자가 과소를 갖지 않은 경우와 가진 경우로 구분한다.

(2) 따라 건넌 자가 과소를 갖지 않은 경우

따라 건넌 자가 과소를 갖지 않은 때에는 대개 책임은 주로 인솔
주사에게 있으므로 인솔주사는 관의 주사의 죄로 처벌한다. 다만 관
사도 그 책임을 면할 수 없다.

1) 인솔주사가 고의로 방임하거나 적발하지 못한 경우

인솔주사가 고의로 방임한 때에는 따라 건넌 자와 죄가 같고, 적

---

6) 황제의 制·勅은 尙書都省에서 그 원본을 필사한 공문서를 각 官司로 내려 보내
   시행하게 하는데, 그 문서를 符라고 한다. 곧 이 조항에서 勅符란 황제의 勅을
   상서성이 符로 하달한 것으로 생각된다(『당육전』권1, 10-11쪽 및 『역주당육전』
   상, 138쪽).

발하지 못한 때에는 2등을 감해서 처벌한다. 만약 따라 건넌 자에게 다른 중죄가 있는 것을 알았다면 또한 그 중죄에 따라 죄를 과한다.

2) 관사가 고의로 방임한 죄 또는 적발하지 못한 경우

관사가 고의로 방임하였으면 건넌 자와 죄가 같고, 적발하지 못한 때에는 인솔주사의 죄에서 1등을 감한다. 즉 관사가 인솔주사가 소지한 명부를 받아보고 다른 사람이 따라 건너는 것을 적발하지 못한 때에는 인솔주사가 적발하지 못한 죄에서 1등을 감하므로 건넌 자의 죄에 3등을 감해서 처벌한다. 인솔주사가 실정을 알고 관사가 알지 못한 경우, 인솔주사는 고의로 방임한 법에 따르고 관사는 역시 건넌 사람의 죄에서 3등을 감한다. 또 인솔주사가 알지 못하고 관사가 안 경우, 인솔주사는 건넌 사람의 죄에서 2등을 감하고 관사는 건넌 사람과 같은 죄라고 해석해야 한다.

(3) 건넌 사람이 과소를 가진 자인 경우

관사가 따라 건넌 사람의 과소를 판정하고 건너게 한 경우 통상적인 율, 즉 고의로 방임한 때에는 죄인과 죄가 같고 적발하지 못한 때에는 2등을 감하는 규정을 적용하며, 인솔주사의 죄에서 1등을 감하는 규정을 적용하지 않는다. 인솔주사는 실정을 알았으면 관사가 고의로 방임한 죄에서 1등을 감하고, 실정을 알지 못한 때에는 처벌하지 않는다.

VI. 양인·역인의 도망 등의 죄

1. 정·부·잡장 및 공호·악호·잡호의 복역 중 도망죄

포망률11(461조)

1. 정(丁)·부(夫)·잡장(雜匠)이 복역 중에 도망한 때 및 공호·악호·잡호가 도망한 때에는, 〈태상음성인도 역시 같다.〉 1일이면 태30에 처하고, 10일마다 1등을 더하되, 죄는 도3년에 그친다.
2. (a) 주사가 도망을 적발하지 못한 때에는, 1인이면 태20에 처하고, 5인마다 1등을 더하되, 죄는 장100에 그친다. (b) 고의로 방임한 때에는 각각 같은 죄를 준다[與同罪].

(1) 정부·잡장의 복역 중 도망죄

정(丁)은 정역(正役)을 지는 자를 말하고, 부(夫)는 잡요를 지는 자를 말한다. 잡장(雜匠)은 여러 종류의 공장(工匠)을 말한다. 이들이 복역 중에 도망한 때에는, 1일이면 태30에 처하고, 10일마다 1등을 더하되, 최고형은 도3년이다.

(2) 공호·악호·잡호의 도망죄

공호·악호가 집에서 도망한 것은 정부·잡장이 복역 중에 도망한 것과 같으며, 1일이면 태30에 처하고, 10일마다 1등을 더하되, 최고형은 도3년이다.

(3) 주사가 도망한 것을 적발하지 못하거나 고의로 놓아준 죄

주사는 이정 및 감림·주사인데, 이들이 공호·악호·잡호의 도망을 적발하지 못한 때에는 사람 수를 계산하여 1인이면 태20에 처하고,

5인마다 1등을 더하되, 최고형은 장100이다. 고의로 방임한 때에는 죄인과 같은 죄로 처벌한다.

2. 호구의 도망죄

포망률11(461조)

3. 사람이 세·역이 있는데 호구 전체가 도망한 때에는 1일이면 태30에 처하고, 10일마다 1등을 더하되, 죄는 도3년에 그친다.
4. 군에 명적이 있는 자가 도망한 때에는 1등을 더한다.
5. (a) 단 사람이 세·역이 없거나 호구 전체가 도망하지 않은 때에는 2등을 감하고, (b) 여호(女戶)가 도망한 때에는 또 3등을 감한다.
6. (a) 이정 및 감림·주사가 고의로 호구가 도망하는 것을 방임한 때에는 각각 같은 죄[與同罪]로 처벌한다. (b) 실정을 모른 때에는 처벌하지 않는다.

(1) 세·역이 있는 사람의 호구 전체가 도망한 죄

세·역이 있는 사람의 호구 전체가 도망한 것이 이 죄의 요건이다. 과세는 있지만 요역이 없거나, 혹은 요역은 있지만 과세가 없는 호도 마찬가지로 호구 전체가 도망한 때에는 1일이면 태30에 처하고, 10일마다 1등을 더하여 최고 도3년에 처한다. 호구 일부가 도망한 때에는 2등을 감해서 1일이면 태10에 처하고, 10일마다 1등을 더하여 최고 도1년에 처한다. 이 죄는 존장만 처벌한다(명42.2a)고 해석해야 한다.

(2) 군부에 명적이 있는 자가 도망한 죄

군부에 명적이 있는 자는 위사·장한(掌閑)·가사(駕士)·막사(幕士) 따위와 같이 이름이 군부에 등록되어 있는 자 모두를 가리킨다. 단 위위시에 속하는 막사나 태복시에 속하는 가사와 같이 군부에 속하지 않은 자의 경우는 군부에 명적이 있는 자의 예와 같게 하지는 않는다. 군부에 명적이 있는데 도망한 자는 비록 호구 전체가 도망하지 않았다고 해도 1등을 더하여 1일 태40, 10일마다 1등을 더하여 최고 유2000리에 처한다.

(3) 세·역이 없는 사람의 호구 전체가 도망한 죄

세·역이 없는 사람의 호구 전체가 도망한 때에는 2등을 감해서 1일이면 태10, 10일에 1등을 더하되, 최고형은 도2년이다. 호의 일부가 도망한 때에는 4등을 감해서 처벌한다고 해석해야 한다.

(4) 여호가 도망한 죄

여호란 남부가 없어 여자가 호주가 된 호를 말한다(호1.1c의 소). 이 호가 도망한 때에는 세·역이 있는 호 전체가 도망한 죄에서 5등을 감하여 최고 장100에 처한다. 이 경우 계산해 보면 도망한 일수가 21일이면 태10이 된다. 또한 이 호 전체가 도망한 것이 아니면 또 2등을 감해서 최고 장80에 처한다.

(5) 이정 및 감림·주사가 호구의 도망을 고의로 방임한 죄

주체는 이정 및 감림·주사이다. 군부에 명적이 있는 자에 대해서는 절충부의 관사가 감림·주사가 된다. 이들이 호구나 군인이 도망하는 것을 고의로 방임한 때에는 도망한 자와 죄가 같다. 실정을 모른 때에는 죄주지 않는다.

3. 공호·악호·잡호의 명부 제거죄

사위율19(380조)

1. 사기하여 공호·악호·잡호의 명부를 없앤 자는 도2년에 처한다.
4. 속인 것의 노임을 계산하여 무거운 경우는 각각 좌장으로 논한다.

사기하여 공호·악호·잡호의 명부를 없앤 자는 도2년에 처한다. 태상음성인은 주·현에 적관이 있는데 속여서 음성인의 이름을 없앤 경우도 역시 악호에 대한 죄와 같이 처벌한다. 이 죄는 허위로 관호·노비를 제거한 것과 같은데, 다만 공악호의 지위가 그에 비해 높기 때문에 별도로 죄명을 세운 것이다. 속인 것의 노임을 계산하여 무거운 경우는 각각 좌장으로 논한다.

VII. 양인·천인의 통제·관리 및 치안에 관한 죄

1. 민이 다른 곳에서 부랑한 죄

포망률12(462조)

1. (a) 도망은 아니지만 타지에서 부랑하는 자는 10일이면 태10에 처하고, 20일마다 1등을 더하되, 죄는 장100에 그친다. (b) 만약 공무가 있어 타지에 머물다가 일을 마치고도 머물러 살면서 귀환하지 않은 자도 역시 이와 같다. (c) 만약 영업하여 재물을 구하는 자나 학업 또는 출사를 하려는 자는 각각 논하지 않는다,
2. 부역을 포탈한 자는 각각 도망법에 따른다.

(1) 다른 곳에서 부랑한 죄

1) 요건과 처벌

자기가 사는 곳이 아닌 다른 곳에서 부랑한 자는 10일을 경과하면 태10에 처하고, 20일마다 1등을 더하되, 최고형은 장100이다. 부랑이란 어떤 일을 회피하고자 도망한 것이 아니고 단지 다른 곳에서 떠돌아다니는 것을 말한다. 관의 일로 다른 곳에 갔다가 일을 마쳤는데 머물고 귀환하지 않은 자도 역시 부랑한 자와 같이 처벌한다.

2) 소극적 구성요건

만약 재물을 구하기 위해 영업을 하거나 학문을 하거나 관직을 구하기 위해 다른 곳에 가서 머무는 자는 각각 죄를 논하지 않는다. 재물을 구하기 위해 영업한다는 것은 교역하여 이윤을 추구하는 것을 말한다. 학문을 한다는 것은 책 상자를 지고 스승을 따르는 것을 말하고 관직을 구한다는 것은 관직을 구하기 위해 본관을 떠나는 것을 말한다. 이들은 각각 사업을 추구하기 위해 가서 머무는 것이므로 논하지 않는 것이다.

(2) 부랑하면서 부역을 포탈한 죄

부랑하면서 부역을 포탈한 때에는 각각 도망한 죄에 의거하여 처벌한다. 만약 전체 호구가 부역을 포탈한 때에는 최고 도3년에 처하고, 호구 일부가 포탈한 때에는 2등을 감한다. 이 경우 영업을 하거나 학문을 하거나 관직을 얻기 위해 다른 곳으로 가서 머무는 자 모두 포함된다고 해석해야 한다.

2. 야간통행금지 위반죄

잡률18(406조)

1. (a) 야간통행금지를 위반한 자는 태20에 처하고, (b) 사유가 있을 때에는 처벌하지 않는다. 〈문을 닫는 북을 친 뒤부터 문을 여는 북을 치기 전에 통행한 것은 모두 야간통행금지를 위반한 것이 된다. 사유란 긴급한 공무 및 길사·흉사·질병 따위를 말한다.〉
2. (a) 방(坊)이나 거리에서 숙직하면서 통행을 허용해야 하는데 허용하지 않거나 통행을 허용해서는 안 되는데 허용한 자는 태30에 처하고, (b) 만약 당직할 때 도적이 통과하는 것을 적발하지 못한 자는 태50에 처한다.

(1) 야간통행금지를 위반한 죄

1) 구성요건과 처벌

문을 닫는 북을 친 뒤부터 문을 여는 북을 치기 전까지 거주하는 방 밖으로 통행하는 것은 모두 야간통행금지 위반이 된다. 궁위령(습유363쪽)에 따르면, 5경3주에 순천문에서 북을 쳐서 사람의 통행을 허용하고, 낮 시간이 다 지나가면 순천문에서 북을 치는데, 4백 번을 다 치면 성문을 닫으며, 뒤에 다시 6백 번을 치면 방문을 모두 닫고 사람의 통행을 금지한다. 따라서 이를 위반하고 방 밖으로 통행한 자는 태20에 처한다. 단 방 내에서 통행하는 것은 이 죄에 구애되지 않는다.

2) 처벌 배제 사유

사유가 있는 자는 처벌하지 않는다. 사유란 공적으로 긴급한 일 및 길·흉·질병 따위를 말한다. 다만 관사의 일로 반드시 통행해야 할지라도 본현의 문첩이 있어야 하고. 사가의 길사·흉사·질병과 같은 일이 있더라도 모두 사는 방에서 발행하는 문서가 있어야만 비로소 통행할 수 있다. 만약 문서가 없다면 비록 죄는 없지만, 거리를 지키는 사람이 통과를 허용해서는 안 된다.

(2) 방(坊)·가(街)의 통행금지 관리에 관한 죄

① 모든 방의 닫아야 하는 문과 모든 길의 수위하는 곳에 당직·숙직하는 자가 있는데, 이들이 통행을 허용해야 하는데 허용하지 않았거나 통행을 허용해서는 안 되는데 허용한 때에는 태30에 처한다.

② 만약 당직하면서 도적이 통과하는 것을 적발하지 못한 자는 태50에 처한다. 만약 적발하고도 통행을 허용한 때에는 당연히 주사가 고의로 방임한 죄에 해당하며, 죄인과 같은 죄를 준다.

3. 관할 구역 안에 다른 지역의 도망자·부랑자 및 도망한 관호·부곡·노비를 용인한 죄

포망률17(467조)

1. (a) 관할 구역 내에 다른 지역의 도망자나 부랑자가 머무는 것을 용인한 경우, 1인이면 이정은 태40에 처하고, 〈15일 이상을 경과한 경우를 말한다. 방정·촌정은 이정의 죄와 같다. 만약 가구를 거느리고 도망·부랑한 자는 1호를 1인과 같은 죄로 처벌한다.〉 4인마다 1등씩 더한다. (b) 현 내는 5인이면 태40에 처하고, 10인마다 1등을 더한다. (c) 주는 관할하는 현에 연동해서 계산해서[通計] 죄준다. 〈모두 장관을 수범으로 하고 좌직을 종범으로 한다.〉 (d) 각각 죄는 도2년에 그친다.

2. 단 관호·부곡·노비도 역시 같다.

3. 만약 군역하는 곳에 도망자·부랑자가 머무는 것을 용인한 경우,

대정 이상 절충 이하는 각각 관할 구역 내에서 도적이 발생한 것에 관한 법에 준한다.

(1) 관할 구역 내에 다른 지역의 도망자나 부랑자가 머무는 것을 용인한 죄

1) 요건

① 행위주체는 이정, 현 및 주이다. 방정·촌정은 이정과 같다. 현과 주는 장관을 수범으로 하고, 좌직을 종범으로 하며, 주전은 연좌가 미치지 않는다.

② 행위는 관할 구역 내에 다른 지역의 도망자나 부랑자가 머무는 것을 용인한 것이다. 단 15일 이상 경과되어야 죄의 요건이 된다. 즉 15일 이상이 경과될 때까지 머무는 것을 용인하였으면 비로소 이정 등에게 죄를 과한다.

2) 처벌

① 이정이 도망자·부랑자 1인이 머무는 것을 용인한 때에는 태40에 처하고, 4인마다 1등을 더하여 최고 도2년에 처한다. 즉 도망자·부랑자가 5인이면 태50, 25인이면 장100, 37인이면 최고형인 도2년이 된다. 만약 가구를 거느리고 도망·부랑한 경우는 1호를 1인과 같이 처벌하는데, 가구의 많고 적음을 불문한다.

② 현은 5인이면 태40에 처하고, 10인마다 1등을 더하여, 최고 도2년에 처한다.

③ 주는 관할하는 현에 수에 연동해서 계산하여 현과 같은 죄를 준다. 즉 주가 2개 현을 관할하는 경우 10인이면 태40, 20인마다 1등을 더하여 190인이면 최고형인 도2년이 된다.

(2) 관할 구역 내에 도망한 관호·부곡·노비를 용인한 죄

관할 구역 내에 다른 지역의 도망한 관호·부곡·노비를 용인한 죄는 앞의 관할 구역 안에 다른 지역의 도망자·부랑자를 용인한 죄와 그 객체를 달리하는 것을 제외하고는 죄의 요건과 처벌 내용은 완전히 같다.

(3) 군역하는 곳에 다른 지역의 도망자·부랑자가 머무는 것을 용인한 죄

1) 요건

행군·정역이 있는 구역 내에 도망자·부랑자가 머무는 것을 허용하는 것이 행위요건이다. 행위주체는 지휘관들인데, 지위에 따라 죄를 차등 적용한다. 즉 대정·대부는 이정과 같고, 교위·여수는 1등을 감하며, 절충·과의는 관할하는 교위의 수에 연동해서 계산하여 죄를 준다.

2) 처벌

위의 요건에 해당하는 자는 각각 관할 구역 내에서 도적이 발생한 때 처벌하는 법(적54.4)에 준해서 처벌한다. 즉 대정·대부는 머무는 것을 용인한 도망자·부랑자가 1인이면 태50, 1인마다 1등을 더하되, 최고형은 도2년이다. 교위·여수는 1등을 감하니 1인이면 태40, 1인마다 1등을 더하되, 최고형은 도1년반이다. 절충·과의는 만약 관할하는 교위가 셋인 경우 용인한 도망자·부랑자가 3인이면 태40의 죄를 주며, 이 수에 차지 않으면 처벌하지 않는다. 좌직 이상은 주·현의 법과 같이 연좌해서 처벌한다.

4. 관할 구역 내에 도적·살인이 발생하거나 도둑이 머무는 것을 용인한 죄

적도율54(301조)

1. (a) 관할 구역 내에서 1인이 도죽질하거나 1인의 도둑이 머무는 것을 용인한 경우 이정은 태50에 처하고, 〈방정·촌정도 같다.〉 3인마다 1등을 더한다. (b) 현 내는 1인이면 태30에 처하고, 4인마다 1등을 더하며, (c) 〈관할 구역의 경계 내에서 도·살인이 발생한 것은 한 곳을 1인으로 논하며, 살인은 강도와 같은 법으로 단죄한다.〉 (d) 주는 관할하는 현의 다소에 연동해서 계산해서 [通計] 죄준다. (e) 각각 죄는 도2년에 그친다.
2. 강도이면 각각 1등을 더한다. 〈모두 장관을 수범으로 하고, 좌직을 종범으로 한다.〉
3. (a) 만약 절도한 사람이 있거나 절도 및 살인이 발생한 후 30일 내에 체포하면 〈타인이 체포하거나 자신이 체포하거나 같다.〉 주사는 각각 논하지 않고, (b) 기한이 지나서 체포하였으면 3등을 추후에 감한다.
4. 만약 군역하는 곳에 범함이 있으면 대정 이상 절충도위 이하는 각각 관할 구역 안에서 정인이 이름을 속인 법에 준하여 주·현과 같은 죄를 준다.

(1) 요건

관할 구역 내의 사람이 강·절도를 행하거나 경내에서 강·절도 및 살인 사건이 발생한 것 및 그 죄인이 머무는 것을 용인한 것이 요건이며, 주체는 이정 및 주·현의 관사이다. 관할 구역 내라는 것은 주·현·리가 관할하는 지역의 안을 말한다. 관할 구역 내의 사람이 범하거나, 외부의 죄인이 경내로 들어와 머무는 것을 용인한 것 모두 해당한다.

사람이 강·절도를 행했다는 것과 강·절도가 발생했다는 것의 차이는, 전자는 관할 구역에 속한 사람이 강·절도를 행한 것이고, 후자는 범한 자를 알 수 없는 절도 사건이 발생한 것으로 이해할 수 있을 것이다.

(2) 처벌
처벌은 절도 사건을 기본으로 하고 강도·살인은 죄를 더한다.

1) 이정
① 1인이 절도했으면 이정은 태50에 처하고, 3인마다 1등을 더하되, 최고형은 도2년이다. 방정·촌정도 같다 .

② 강도 및 살인 사건은 각각 1등을 더한다. 따라서 관할 구역 내의 1인이 강도·살인하거나 머무는 것을 허용하면 이정 등은 장60에 처하고, 3인마다 1등을 더하되, 최고형은 도2년반이다.

2) 현의 관사
현의 관사는 그 지역 안에서 절도 등의 범행이 발생하거나 머무는 것을 용인한 죄인이 1인이면 태30에 처하고, 4인마다 1등을 더하여 최고 도2년에 처한다. 모두 장관을 수범으로 하고, 좌직을 종범으로 한다. 관할 구역 내에서 풍속을 선도하여 숙청하는 것은 마땅히 장관의 임무이기 때문에 장관을 수범으로 한다. 만약 현령이 없는 경우에는 차관이 수범이 된다. 종범이 되는 좌직에 주전은 포함되지 않는다. 이는 공죄 연좌(명40.1)의 특별한 형태이다.

3) 주의 관사
주는 관할하는 현의 다소에 연동해서 계산해서 현과 같이 처벌한다. 모두 장관을 수범으로 하고, 좌직을 종범으로 한다.

(3) 소극적 구성요건

1) 죄의 유예

도·살인이 발생한 뒤 30일 내에 포획하면 주사는 죄를 논하지 않는다. 타인이 체포하거나 자신이 체포하거나 같다. 다시 말하면 관할 구역 내에서 어떤 사람이 도둑질했거나 그 경내에서 도가 발생했거나 관할하는 사람이 타인을 살해했거나 경내에서 사람이 타인에게 살해당한 경우, 사건이 발생한 후 30일 내에 자신이 체포했거나 또한 타인이 체포하였으면, 주사는 각각 논하지 않고 모두 면죄한다.

2) 추후의 감형

기한이 지난 뒤에 체포된 때에는 3등을 추후에 감한다. 추후에 감한다는 의미는 주사의 죄가 판결되었더라도 여전히 감형한다는 것이다. 단 상주해서 이미 황제가 재결한 때에는 형을 감하지 않는다(포 1.4의 주).

(4) 군역하는 곳에서 도·살인이 발생한 때의 처벌

1) 요건

행군 및 군인을 통솔하여 요역하는 곳에서 도죄나 사람을 살해한 일이 발생하거나 도둑을 머무르도록 용인한 것이 요건이다. 주체는 군의 관사이다.

2) 처벌

대정 이상 절충도위 이하는 각각 관할 구역 안에서 정인이 이름을 속인 자를 처벌하는 법에 준하여 주·현의 관사와 같이 처벌한다.

① 대정·대부는 이정과 같이 단 내의 1인이 절도를 하거나 도둑을 머무르도록 용인하거나 혹은 도둑이 발생한 바가 있는 경우 각각 태50에 처하고, 3인마다 1등을 더하되, 25인이면 죄의 최고형인 도2년에 처한다. 만약 강도나 살인이면 1등을 더한다.

② 교위·여수는 대정·대부의 죄에서 1등을 감한다. 따라서 관할 구역 안에서 1인이 절도를 하거나 도둑을 머무르도록 용인하였다면 여수·교위는 태40에 처하되, 25인이면 죄의 최고형인 도1년반에 처한다.

③ 절충·과의는 관할하는 교위의 다소에 연동해서 계산해서 죄준다. 가령 절충·과의가 만약 3명의 교위를 관할하는 경우 3인이면 태40에 처하고, 75인이면 도1년반에 처한다. 4명의 교위를 관할하는 경우 4인이면 태40에 처하며, 100인이면 죄의 최고형인 도1년반에 처한다. 주·현과 마찬가지로 장관을 수범으로 하고, 좌직을 종범으로 한다.

5. 강도·살인이 발생했는데 즉시 구조하지 않은 죄

포망률6(456조)

1. (a) 이웃[隣·里]이 강도 및 살인을 당하여 알렸는데 구조하지 않은 자는 장100에 처하고, (b) 소리를 듣고도 구조하지 않은 자는 1등을 감한다. (c) 힘과 형세가 약하여 즉시 달려가 구조할 수 없는 때에는 신속하게 가까운 관사에 알려야 하며, 만약 알리지 않은 자는 역시 구조하지 않은 것으로 논한다.
2. 단 관사가 강도 및 살인을 즉시 구조하지 않은 때에는 도1년에 처한다.
3. 절도의 경우는 각각 2등을 감한다.

(1) 이웃이 당하는 강도·살인을 구조하지 않은 죄

1) 통보받은 경우

이웃[隣·里]이 강도 및 살인을 당하여 알렸는데 통보를 받고 구조하지 않은 자는 장100에 처한다. 1리는 100호이고, 1린은 주위의 4가이다(호령, 습유214쪽). 같은 부락에서 이웃하여 살고 있는 사람들은 강도 및 살인을 당하는 때에는 모두 반드시 차례로 통보하여 즉시 구조하게 하여야 하며, 그렇게 하지 않은 자는 처벌한다.

2) 소리를 들은 경우

이웃이 강도 및 살인을 당하는 소리를 듣고도 구조하지 않은 자는 1등을 감하여 장90에 처한다. 비록 통보를 받지 않았더라도 구조를 요청하는 소리를 듣고도 구조하지 않은 자를 말한다.

3) 힘과 형세가 약하여 구조할 수 없는 경우

힘과 형세가 약하여 즉시 달려가 구조할 수 없는 경우, 신속하게 가까운 관사에 통보하지 않은 자는 구조하지 않은 자와 같이 처벌한다. 도적의 세력이 강한데 구조할 사람이 적거나 혹은 연로·연소하고 신체가 쇠약하여 즉시 달려가서 구조할 수 없는 경우를 말한다. 마땅히 통보를 받은 것 및 소리를 들은 것으로 나누어 전의 정형은 장100, 뒤의 정형은 장90에 처해야 한다.

4) 도난을 당한 경우

이웃이 도난을 당하는데 구조하지 않은 자는 각각 2등을 감한다. 즉 이웃이 절도를 당하여 알렸는데 통보를 받고도 구조하지 않은 자는 장100에서 2등을 감하고, 절도당하는 소리를 듣고 구조하지 않은 자는 장90에서 2등을 감한다.

(2) 관사가 강도·살인을 구조하지 않은 죄

1) 강도·살인이 발생한 경우

관사가 강도 및 살인을 당한 것을 통보받았는데 즉시 구조하지 않은 때에는 도1년에 처한다. 포망령(습유729쪽)에 따르면, 도적 및 살상이 발생하면 즉시 가까운 관사·촌·방·둔·역에 통보해야 하며, 통보를 받은 곳에서는 인근의 군인 및 정부를 거느리고 사건이 발생한 장소로 가서 죄인을 체포해야 한다. 따라서 여기서 관사는 마땅히 촌·방·역의 담당자를 포괄한다고 해석해야 한다.

2) 절도가 발생한 경우

절도 사건이 발생했는데 관사가 즉시 구조하지 않은 때에는 2등을 감하여 장90에 처한다.

제5절 토지 관리에 관한 죄

I. 개설

전령(습유607~623쪽)에 따르면, 정남과 18세 이상 중남은 영업전 20무와 구분전 80무의 토지를 받으며, 영업전은 세습할 수 있고 구분전은 18세가 되면 받고 60세가 되면 반환한다. 토지의 매매는 제한적으로 허용된다. 이 밖에도 관인들에게는 각각 품급에 따라 영업전을 지급하는 규정이 있고, 각 관사에는 공해전, 직사관에게는 직분전, 과부와 노인 그리고 장애인 등에 대한 급전 규정도 있었다.

그렇지만 최근에 돈황에서 발견된 호적문서상의 토지소유 상황을 살펴보면 실제에서 이와 같은 토지제도가 시행되었다고 보기 어려운 점이 많다. 호적에는 호마다 받을 수 있는 토지라는 의미의 응수전(應受田)과 이미 지급된 토지라는 의미의 이수전(已受田), 응수전에서 이수전을 뺀 미수전액과 이미 급전된 것을 의미하는 이수전의 면적과 전지의 종류가 기재되어 있다. 그러나 기재 방식으로 미루어 볼 때 이수전은 국가가 실제로 토지를 지급하였다기보다는 민이 본래 소유하고 있던 토지를 영업전과 구분전으로 구분하여 기재한 것에 불과한 것이다.

호적의 기재 내용은 전령의 규정과는 다른 실제 상황을 보여주지만, 율에는 구분전을 판 자, 한도 이상의 토지를 점유한 자, 토지의 지급하고 환수하는 것을 규정대로 하지 않은 이정과 주·현의 관사에 대한 처벌이 규정되어 있다. 단 그 처벌은 비교적 경미한 편인데, 그렇더라도 율에 금지 규정이 있다는 것은 영의 시행에 대해 어느 정도 강제성이 있다는 것을 의미한다.

II. 사인이 토지에 관한 법을 위반한 죄

1. 구분전을 판 죄

호혼률14(163조)

1. 구분전을 판 자는, 1무이면 태10에 처하고, 20무마다 1등을 더하되, 죄는 장100에 그치며, 전지는 본래 주인에게 돌려주고 전지

의 대금은 몰수하고 돌려주지 않는다.

2. 법적으로 팔 수 있는 경우는 이 율을 적용하지 않는다.

(1) 구성요건

이 죄의 요건은 함부로 구분전을 판 것이다. 구분전은 구수를 헤아려 받는 것 가운데 영업전이나 거주원택지가 아닌 것을 말한다. 구분전은 매매할 수 없고 경작하던 사람이 죽으면 다시 국가가 회수하여 다른 사람에게 다시 분배하는 것이 원칙이다. 따라서 구분전은 사사로이 팔아서는 안 되며, 이를 위반하고 판 자는 처벌한다.

(2) 처벌

판 것이 1무이면 태10에 처하고, 20무마다 1등을 더하여 최고 장100에 처한다. 또한 그 전지는 본래 주인에게 돌려주고 전지의 대금은 몰수하고 돌려주지 않는다.

(3) 소극적 구성요건

만약 법적으로 팔 수 있는 경우에는 이 율을 적용하지 않는다. 율은 구분전을 판 것만을 죄의 요건으로 설정하고 있기 때문에 일단 영업전과 거주원택지를 파는 것은 소극적 구성요건에 해당하는 것처럼 보인다. 그러나 반드시 그렇게만 해석될 수 있는 것은 아니다. 소에서 법적으로 파는 것이 허용된 경우로 열거한 것을 보면 영업전도 부득이한 경우에 한하여 팔 수 있다. 즉 집이 가난하여 장례비용으로 충당하기 위해서는 영업전을 팔 수 있다. 구분전은 주택·물레방아·저점 따위를 짓는데 충당하거나 전지가 부족한 곳에서 전지가 여유 있는 곳으로 이주하는 경우에 팔 수 있다. 이 밖에 사전(賜田)이나 5품 이상 관인 또는 훈관의 영업전도 또한 파는 것을 허용한다. 또한 호령(습유630쪽)에 따르면, 유배자 및 이향자도 영업전을 팔 수 있다.

2. 한도를 초과하여 전지를 점유한 죄

호혼률15(164조)
1. 한도를 초과하여 전지를 점유한 자는, 1무이면 태10에 처하고, 10무마다 1등을 더하며, 장60이 넘으면 20무마다 1등을 더하되, 죄는 도1년에 그친다.
2. 만약 전지가 넓고 여유 있는 곳이면 처벌하지 않는다.

(1) 구성요건

한도 이상의 전지를 점유한 것이 이 죄의 요건이다. 정남·중남은 농전 100무를 받을 수 있고, 관인의 영업전은 관품에 따라 받을 수 있는 면적이 규정되어 있으며, 노남·소남·과부도 일정한 전지를 받을 수 있다. 관향이 아닌데 영에 규정된 한도 이상의 전지를 점유한 때에는 처벌한다.

(2) 처벌

한도 이상으로 점유한 것이 1무이면 태10에 처하고, 10무마다 1등을 더하며, 장60이 넘으면 20무마다 1등을 더하되, 최고형은 도1년이다. 한도를 넘은 전지는 관에 몰수하는가에 대해 율에는 조문이 없고, 소에도 언급이 없다. 아마도 관에 몰수하지 않는다고 해석해야 옳을 것이다.

(3) 소극적 구성요건

1) 협향

받을 사람에 비해 전지가 부족한 지역이 협향인데, 이곳에서는 규정된 면적을 충족시킬 수 없으므로 사서 채울 수 있다. 다만 전지를 매입하는 경우 규정된 수를 초과할 수 없는데, 비록 협향이라도 역시 관향의 제도에 따른 수까지 채우는 것을 허용한다.

2) 관향

받을 사람의 전지를 충족시킬 수 있는 지역을 관향이라고 하는데, 이곳에서는 한도를 넘어 점유하더라도 처벌하지 않는다. 즉 구수를 헤아려 지급할 전지를 충족하고도 아직 남은 토지가 있다면 개간에 힘쓰게 하여 토지의 이로움을 다하기를 기대하는 까닭에, 비록 점유한 토지가 많더라도 율에서는 처벌하지 않는다. 단 이 경우에도 반드시 문서로 신고해서 등록해야 하므로 신고하지 않고 점유한 경우에는 상부에 보고해야 하는데 보고하지 않은 죄(직27.2)에 따라 처벌한다.

3. 호주가 전지를 황무하게 한 죄

호혼률21(170조)
2. 호주가 전지를 황무(荒蕪)하게 한 때에는 5분으로 논하여 1분이면 태30에 처하고, 1분마다 1등을 더한다.

갈지 않은 것을 황(荒)이라 하고, 김매지 않은 것을 무(蕪)라고 한다. 5분으로 논하여 매 1분마다 1등을 더한다. 가령 호 내의 전지 50무 중 10무가 황무되었다면 호주를 태30에 처하고, 20무이면 태40,

30무이면 태50, 40무이면 장60, 50무이면 장70에 처한다. 전지가 더 많을 경우 각각 이에 준하여 처벌한다.

4. 산·들·방죽·호수의 이익을 독점한 죄

잡률17(405조)
산·들·방죽·호수의 이윤을 독점한 자는 장60에 처한다.

산·들·방죽·호수에서 나는 물산의 이익은 모두가 함께 해야 한다. 어떤 사람이 이를 독점하고 타인이 이용하는 것을 배제한 경우 이 죄를 적용한다. 오직 힘을 들여 취득한 것은 빼앗지 않는다. 마땅히 공력을 들여 이용한 경우 그 원상회복을 명령하지 않는다는 뜻이다. 다만 이 때도 처벌은 법대로 한다고 해석해야 한다.

III. 관사의 토지 관리 부실죄

1. 관할 구역 내의 전지가 황무하게 된 것에 대한 죄

호혼률21(170조)
1. 관할 구역 내의 전지가 황무하게 된 때에는 10분으로 논하여, 1분이면 태30에 처하고, 1분마다 1등을 더하되, 죄는 도1년에 그친다. 〈주·현은 각각 장관을 수범으로 하고, 좌직을 종범으로 한다.〉

(1) 구성요건
주·현 또는 이의 관할 구역 내의 전지가 황무하게 된 것이 구성요건이 된다. 단 황무하게 된 전지가 관할하는 지역의 전지를 10분하여 1분 이상이 되어야 비로소 처벌한다.

(2) 처벌

1) 주·현 및 이정

10분으로 논하여 1분에 태30에 처하고, 1분마다 1등을 더하되, 최고형은 도1년이다. 즉 관할 구역 내의 구수에 의거해서 지급한 토지를 모두 합산하여 1/10이 황무하게 된 때에는 태30에 처한다. 가령 토지 100경을 관할하는데 10경이 황무되었으면 태30에 처한다. 1분마다 1등을 더한다는 것은, 10경마다 1등을 더하며, 90경이 황무되었다면 최고형인 도1년에 처한다.

2) 연좌

주·현은 각각 장관을 수범으로 하고 좌직을 종범으로 한다. 따라서 현에서는 현령을 수범으로 하고 현승·현위를 종범으로 하며, 주에서는 자사를 수범으로 하고 장사·사마·사호참군사를 종범으로 한다. 주·현의 검구관은 품관인 경우 좌직으로 간주한다. 주전은 율문에 죄명이 없으므로 마땅히 처벌하지 않는다고 해석해야 한다. 이 죄는 공죄이므로 본래 4등관으로 나누어 차례로 연좌해야 하지만, 여기서는 단지 수범·종범으로만 구분한다.

2. 전지를 주고받는 것과 농사를 권과하는 것을 법대로 하지 않은 죄

호혼률22(171조)

1. 이정은 영에 의거하여 사람들에게 전지를 주고, 농사와 양잠을

권과해야 한다. 만약 받아야 하는데 지급하지 않거나, 환수해야 하는데 환수하지 않거나, 권과해야 하는데 권과하지 않은 것, 이와 같은 일 따위로 법을 위반한 때에는 실책한 일이 1건이면 태40에 처하고, 〈1건이란 한 사람에게 한 가지 일을 실책한 것을 말한다. 만약 한 사람에게 여러 가지 일을 실책하거나 한 가지 일을 여러 사람에게 실책한 경우에는 모두 누계하여 처벌한다.〉 3건마다 1등을 더한다.

2. (a) 현은 실책한 일이 10건이면 태30에 처하고, 20건마다 1등을 더한다. (b) 주는 관할하는 현의 다소에 연동해서 계산해서 죄준다. (c) 〈주·현은 각각 장관을 수범으로 하고, 좌직을 종범으로 한다.〉

3. 각각 죄는 도1년에 그친다.

4. 고의인 때에는 각각 2등을 더한다.

(1) 요건

전령(습유621쪽)에 따르면, 호 내의 영업전에는 1무 당 뽕나무 50그루 이상, 느릅나무·대추나무 각각 10그루 이상 심어야 하며, 토질이 적절하지 않은 곳에서는 지역의 농사법에 따른다. 또 다른 조항(습유621쪽)에 따르면, 환수하고 지급해야 할 전지는 매년 10월 1일부터 이정이 미리 조사하여 문서를 작성하고, 현령이 회수해야 할 사람과 지급해야 할 사람을 모두 모아 놓고 지급한다. 또 다른 조항(습유637쪽)에 따르면, 전지를 지급할 때에는 세·역이 있는 자를 먼저하고 세·역이 없는 자를 나중으로 하며, 전지가 없는 자를 먼저 하고 전지가 적은 자를 나중에 하며, 가난한 자를 먼저 하고 부유한 자를 나중에 한다. 따라서 이정은 반드시 영에 의거하여 문서를 만들고 정리하여 현에 보내고, 농사와 양잠을 권과해야 한다. 만약 전지를 받아야 하는데 지급하지 않거나, 공전으로 환수해야 하는데 환수하지 않거나, 농사를 권과해야 하는데 권과하지 않거나, 뽕나무·대추나무를 심도록 권과해야 하는데 권과하지 않은 것과 같이 법을 위반한 경우에는 처벌한다.

(2) 처벌

1) 이정

이정은 1건의 일을 실책할 때마다 태40에 처하고, 3건마다 1등을 더하되, 최고형은 도1년이다. 1건의 일이란 한 사람에게 1건의 일을 가리킨다. 가령 1호에 뽕나무·대추나무를 심도록 권과하지 않았다면 태40에 처해야 한다. 만약 한 사람에게 여러 가지 건을 실책하거나 1건을 여러 사람에게 실책한 경우에는 모두 누계하여 처벌한다. 여기서 한 사람에게 여러 건을 실책했다는 것은 한 사람이 받아야 할 것을 지급하지 않고, 또 뽕나무·대추나무를 심도록 권과하지 않고, 토지가 황무하게 된 것 따위를 말한다. 또한 1건을 여러 사람에게 실책한 경우는, 환수해야 하는데 환수하지 않은 것과 같은 일이 여러 사람에게 있는 것을 말하며, 모두 누계하여 처벌한다. 가령 이정이 권과해야 하는데 권과하지 않은 것이 1건이고, 토지를 받아야 하는데 지급하지 않은 것이 2건이고, 환수해야 하는데 환수하지 않은 것이 3건이고, 토지를 지급할 때에 세·역이 없는 자를 먼저하고 세·역이 있는 자를 나중에 한 것이 4건이고, 토지가 적은 자를 먼저 하고 토지가 없는 자를 나중에 한 것이 5건이고, 부유한 자를 먼저하고 가난한 자를 나중으로 한 것이 6건이고, 토지를 황무하게 된 것이 7건이면, 모두 누계하여 28건을 실책한 것이 된다. 단 누계해야 할 경우에는 3건마다 1등씩 더하여 실책이 22건이면 최고형인 도1년에 해당하므로 22건을 실책한 것과 같이 처벌한다.

2) 현

현은 실책이 10건이면 태30에 처하고, 20건마다 1등씩 더하여 최고 도1년에 처한다.

3) 주

① 주는 관할하는 현의 다소에 연동해서 계산해서 처벌하되, 죄는 도1년에 그친다. 가령 2개의 현을 관할하는 주는 실책이 20건이면 태30에 처하고, 340건이면 도1년에 처한다. 관할하는 현이 많은 경우에도 이에 준해서 연동해서 계산해서 처벌한다.

② 1개의 현만을 관할하는 주는 현의 죄에서 1등을 감한다.

4) 주·현관의 연좌

주·현의 죄는 각각 장관을 수범으로 하고, 좌직을 종범으로 한다. 즉 주는 자사, 현은 현령을 수범으로 하고, 장관이 없을 경우에는 차관을 수범으로 하며, 좌직 및 호조를 관장하는 관인을 종범으로 한다.

(3) 전지 지급과 농사와 양잠의 권과를 고의로 법대로 하지 않은 죄

1) 고의로 범한 경우

전지 지급과 농사와 양잠의 권과를 고의로 법대로 하지 않은 때에는 위의 죄에 2등을 더해서 처벌한다. 따라서 이정은 1건이면 장60에 처하고, 현은 10건이면 태50에 처하며, 주는 2개의 현을 관할하는 경우 20건이면 태50에 처한다. 각각 죄의 최고형은 도2년이다.

2) 고의와 실책을 범한 경우

고의로 범한 것과 실수로 범한 것은 죄명과 형의 등급이 같지 않으므로 함께 범한 경우 합산하는 법[併滿法](명45.b와 주②)에 따른다. 가령 토지 지급 등으로 7건을 실책하여 장60에 해당하고, 또 고의로 3건을 범하여 역시 장60에 해당하면, 고의로 범한 3건을 실책으로 범한 7건에 병합해서 10건을 실책한 것으로 계산하여 장70에 처한다. 주·현의 누계하여 병합하는 경우도 각각 이에 준한다.

제6절 세·역 관리에 관한 죄

Ⅰ. 개설

1. 당의 호구 및 세·역

당 전기에 세와 역을 징수하는 대상은 기본적으로 호구였다. 따라서 호구의 파악을 위해 3년에 한번 호적을 작성하는데, 여기에는 인정과 점유한 전지 및 기타 가축과 물레방아 등 자산을 기재함으로써 세·역 징수의 기초 자료로 삼았다. 인정은 시대에 따라 변화가 있었지만, 대체로 황(3세), 소(4~15세), 중(16~20세), 정(21~59세), 노(60세 이상)로 구분하여 호적에 등재하였는데, 이 중 정남이 세·역의 주 부담자였다.

정남은 매년 조용조를 납부해야 했다. 조는 1년에 겉곡식[粟] 2석을 내는 것이고, 용은 1년에 취역할 20일의 역 대신 견 1.5필(1일 3척)을 내는 것이다. 조는 견 0.5필과 면 3냥이며, 견이 생산되지 않는 지방에서는 마포 0.5단과 마사로 대신한다. 따라서 정남은 매년 조용조로 겉곡식 2석과 견 2필과 약간의 면 또는 마포 2단과 약간의 마사를 납부하였다. 조용조는 건강한 양인 정남을 대상으로 부과하는 것이며, 천인과 장애인은 대상에서 제외되었다. 또 흉작이 든 해에는 피해의 정도에 따라 부담을 덜어 주었다. 조용조 외에도 지방의 역역으로서 잡요가 있었는데, 원칙적으로 중남과 가벼운 병약자를 대상으로 하였다. 이 밖에 호를 대상으로 부과하는 호세와 경작지의 면적에 따라 부과하는 지세가 있었다.

2. 호구·세역 관리에 관한 죄와 그 의의

호구를 호적에 등재하는 것은 세와 역을 징수하기 위한 것으로 국가의 가장 기본적인 행정이다. 따라서 호적에서 탈루한 자는 엄하게 처벌함은 말할 것도 없고, 호적에 등재되었더라도 나이와 신체상태 등을 증감한 자는 처벌한다(호1.2). 탈호죄는 등재 의무가 있는 가장에 일차적인 책임을 묻지만(호1.1), 이를 적발하지 못한 이정과 현·주의 관사는 모두 연대 책임을 진다(호2). 호구의 호적 등재를 강제하고 탈루나 부정한 기재를 처벌하는 것은 세·역의 포탈을 방지하기 위한 것이지만, 비록 호적에 등재된 자라도 세·역 포탈을 위한 각종 기만이 있을 수 있다. 예컨대 세·역 면제의 자격을 속인 행위(사19), 질병 사칭 및 자해(사19), 조부모·부모의 나이 및 질병을 더해 시양을 꾀한 행위(직3.1), 거짓으로 합호한 행위(호12)를 처벌하는 규정을 두고 있는데, 이는 당의 징세제도가 인정을 대상으로 하는 인두세이기 때문이다. 세·역 징수는 곧 재화를 취급하는 행정이기 때문에 기층에서 이를 담당하는 이정과 현·주의 관사들의 위법한 행위 및 부정행위에 대해 구체적이고 세밀한 처벌 규정을 두고 있다. 예컨대 이정과 관사가 탈루·증감하여 세·역을 증감한 죄(호4), 관할구역 내의 재해보고를 부실하게 한 죄(호20), 세·역을 면제해주어야 하는데 면제하지 않은 죄(호23), 부역 차과를 균평하게 하지 않은 죄(호24), 과세물품의 양을 채우지 못한 죄(호25) 등이 그것이다.

II. 호구 탈루 등의 죄

1. 탈호죄

호혼률1(150조)

1. (a) 탈호한 때에는 가장을 도3년에 처하고, (b) 세·역이 없을 때에는 2등을 감한다. (c) 여호는 또 3등을 감한다. 〈탈호는 1호 모두를 호적에 올리지 않은 것을 말한다. 만약 가장으로 말미암은 것이 아니면 그 말미암은 자를 처벌한다. 만약 현재 관에서 복역하거나 직무에 임하고 있는 자의 호는 탈호하거나 누락한 구가 많더라도 각각 구를 누락한 법에 따른다.〉

(1) 세·역호의 탈호죄

모든 사람은 모두 호적이 있어야 한다. 만약 세·역호 전부가 호적에 오르지 않았는데 원인이 가장에게 있다면 가장을 도3년에 처한다. 다만 가장으로 말미암은 것이 아니라면 그 말미암은 자를 처벌하고 가장은 처벌하지 않는데, 이는 가장이 탈호의 정을 알지 못한 경우를 말한다. 다시 말하면 가장은 호적 신고에 관여치 않고 가족 가운데 다른 사람이 가장 몰래 탈호한 경우를 말한다. 탈호죄의 요건은 사람 수를 계산하지 않고 오직 하나의 호가 호적에 오르지 않은 것에만 의거한다. 가령 한 사람이 하나의 호를 이루었는데 호적에 올리지 않았다면 바로 탈호죄의 처벌법에 의거해서 도3년에 처해야 한다. 그러나 만약 하나의 호에 100명이 있는데 단지 1명만 호적에 올리고 나머지는 올리지 않았다면 아래의 구를 누락한 법에 따라 처벌한다.

(2) 현재 사역하는 자에 대한 특례

현재 관에서 사역하는 자는 비록 호 전체가 호적에서 빠졌더라도 각각 구를 누락한 법에 따른다. 현재 본인이 관에서 사역되고 있는 자는 원래 세·역이 없다. 따라서 만약 그 한 사람이 하나의 호를 이루고 있는데 탈호했다면 구를 누락한 죄에 따라 장60에 처한다. 그 호 내에 구가 많은데 과구를 누락했다면 최고 도3년에 처하고, 누락한 구 가운데에 과구가 없다면 최고 도1년반에 처한다.

(3) 세·역이 없는 호의 탈호죄

가장 본인 및 호 내의 가족이 모두 세·역이 없는데 탈호한 때에는 세·역이 있는 호의 탈호죄에서 2등을 감해 도2년에 처한다.

(4) 여호의 탈호죄

호 내에 남부가 전혀 없어 여인이 호주가 된 호가 탈호한 때에는 세·역호의 탈호죄에서 5등을 감해 장100에 처한다.

2. 탈구·누구죄 및 나이·신체상태 증감죄

호혼률1(150조)
2. 탈구하거나 나이·신체상태를 〈장애·노·중·소 따위를 말한다.〉 증감하여 세·역을 면한 때에는 1구이면 도1년에 처하고, 2구마다 1등씩 더하되, 죄는 도3년에 그친다.

3. (a) 단 나이·신체상태를 증감하였더라도 세·역을 면한 것이 아니거나 세·역이 없는 구를 누락한 때에는 4구를 1구로 간주하고, 죄는 도1년반에 그치며, (b) 만약 4구 미만이면 장60에 처한다. 〈부곡·노비도 역시 같다.〉

(1) 탈구·누구 및 나이·신체상태의 증감으로 세·역을 면한 죄

1) 행위

(a) 탈구와 누구

여기서 탈구는 세·역구를 누락한 것이고 누구는 세·역이 없는 구를 누락한 것을 의미하지만, 단 광의의 누구는 탈구를 포괄한다(호2).

(b) 나이나 신체상태의 증감

나이나 신체상태를 증감했다는 것은 가의 구가 비록 호적에 등재되어 있더라도 나이나 신체상태를 증감한 것이다.

① 나이를 증감했다는 것은 나이를 높여 노남에 속하게 하고, 나이를 내려 중남·소남에 속하게 하는 것을 말한다. 나이는 황(3세), 소(4~15), 중(16~20), 정(21~59), 노(60세 이상)로 구분하며, 세·역은 21~59세의 정남만이 징수 대상이다. 여자와 60세 이상의 노남, 16-20세의 중남, 15세 이하의 소남은 모두 세·역을 부담하지 않는다. 또한 80세 이상은 시정(侍丁) 1인, 90세 이상은 2인, 100세 이상은 5인을 둘 수 있고, 시정은 세·역을 면제받는다. 따라서 나이를 증감하면 세·역을 면할 수 있고, 조부모·부모의 나이를 과장하면 시정 자격을 얻을 수 있다.

② 신체상태를 더했다는 것은 신체상태를 과장해서 무거운 장애인에 속하게 하는 것을 말한다. 장애는 잔질·폐질·독질로 구분하는

데, 폐질·독질은 세·역을 면하고, 잔질은 잡요만 부담한다. 또한 독질인은 세·역을 면할 뿐만 아니라 시정 1인을 둘 수 있다. 따라서 역시 장애의 상태를 과장해서 세·역을 면하고 시정 자격을 얻을 수 있는 것이다.

③ 이 죄는 목적범으로 세·역을 면하는 것을 요건으로 하며, 나이나 신체상태를 증감시키는 것은 세·역을 면하기 위한 수단이다. 과는 조·조이고, 역은 정역이다. 만약 역을 하지 않을 때는 용을 징수한다.

2) 처벌

호적에서 탈구하거나 나이나 신체상태를 증감하여 세·역을 면한 때에는 1구이면 가장을 도1년에 처하고, 2마다 1등을 더하여 최고 도3년에 처한다. 행위가 가장으로 말미암은 것이 아닐 때에는 그 행위자를 처벌하고 가장을 죄를 면한다.

(2) 세·역의 면함이 없이 나이·신체상태의 증감 및 구를 누락한 경우

1) 요건

나이를 증감하거나 신체상태를 과장했으나 세·역을 면함이 없거나 세·역이 없는 구를 누락한 때에는 가장 또는 그 행위를 한 자를 처벌한다. 세·역이 없는 구란, 신체상으로는 비록 정남이라 하더라도 현재 세·역이 없는 자, 또는 장애자·노남·중남·소남 및 부녀자인 경우를 말한다. 부곡·노비도 또한 불과구와 같다.

2) 처벌

① 세·역이 없는 4구를 세·역구 1구에 비하여 최고 도1년반에 처한다. 만약 4구 미만이면 장60에 처한다. 즉 4구를 누락시켰다면 도1

년에 처하고, 12구를 누락시켰다면 도1년반에 처하며, 4구 미만이면 장60에 처한다.

② 만약 호 내의 누락한 구 중에 혹은 세·역이 있고 혹은 세·역이 없어서 그 죄명이 같지 않은 경우에는 합산하는 법[併滿法](명45.3b와 주②)에 따라 과구를 불과구에 누계하여 처벌한다. 만약 과구 1구를 누락시킨 죄로 죄의 최고형에 이르렀거나 혹은 죄를 누계하여 더 이상 가중할 수 없을 경우에는 무거운 한 쪽에 따라서만 처벌한다(명45.4).

3. 이정이 호구 탈루를 적발하지 못한 죄

호혼률2(151조)
1. (a) 이정이 호구의 탈루나 나이·신체상태의 증감을 적발하지 못한 때에는 1구이면 태40에 처하고, 3구마다 1등씩 더하며, 장100이 넘으면 10구마다 1등씩 더하되, 죄는 도3년에 그친다. (b) 〈탈호를 적발하지 못한 때에도 구를 누락한 법에 따르는 것을 허용한다. 주·현의 탈호 역시 이에 준한다.〉
2. 만약 실정을 안 때에는 각각 가장과 같은 법으로 처벌한다.

(1) 구성요건

1) 주체

주체는 이정이다. 호령(습유 239쪽)에 따르면, 이정은 100호를 단위로 하는 기층 행정조직의 장이다. 이정의 임무는 호구를 파악하고, 이의 민이 작성한 수실(手實)을 거두어 호적의 기초 자료를 작성하는 것이다.

2) 행위

이정이 탈호·누구 및 나이나 신체상태를 증감한 것을 적발하지 못한 것이다. 적발하지 못한 것은 과실이고, 실해가 되지 않는 것을 말한다. 적발하지 못한 경우와 정을 알면서 방임한 경우의 처벌법은 같지 않다.

(2) 처벌

1) 적발하지 못한 죄

1구이면 태40에 처하고, 3구마다 1등을 더한다. 장100이 넘으면 10구마다 1등을 더하되, 최고형은 도3년이다. 이정이 탈호를 적발하지 못한 것도 구를 누락한 법에 따르는 것을 허용한다. 따라서 호 내 구수의 다소에 관계없이 모두 누락된 구수를 계산하여 처벌한다. 즉 탈호의 법에 따르지 않으며, 또 마땅히 과구와 불과구를 구분하지 않는다고 해석해야 한다.

2) 정을 알면서 방임한 죄

각각 가장에 대한 처벌법과 같다. 만약 이정이 이 내에서 탈루나 나이 및 신체상태를 증감한 정을 알면서 방임한 때에는 탈루 및 증감한 구의 수를 계산하여 가장을 처벌하는 법과 같이 처벌한다. 탈루 및 증감한 호구 가운데에 그 정을 안 것도 있고, 알지 못한 것 있다면 또한 합산하는 법[併滿法](명45.3b와 주②)에 의거하여 처벌한다.

4. 주·현이 호구 탈루를 적발하지 못한 죄

호혼률3(152조)

1. (a) 주·현이 탈루 및 나이·신체상태의 증감을 적발하지 못한 때에는, 현은 관내에 10구이면 태30에 처하고, 30구마다 1등을 더하며, 장100이 넘으면 50구마다 1등을 더한다. (b) 주는 관할하는 현의 다소에 연동해서 계산해서[通計] 죄준다. 〈연동해서 계산한다는 것은 2개의 현을 관할할 경우 20구이면 태30에 처하고, 3개의 현을 관할할 경우 30구이면 태30에 처하는 것과 같은 것을 말한다. 죄를 더하는 것을 계산할 때에도 역시 이에 준한다. 탈루하거나 증감한 것이 모두 1개의 현에서만 일어난 경우에도 관할하는 모든 현에 연동해서 계산해야 한다. 또 주가 1개의 현만을 관할하는 경우에는 현의 죄에서 1등을 감한다. 다른 조문에서 연동해서 계산하는 경우에도 이에 준한다.〉 (c) 각각 죄는 도3년에 그친다.

2. 단 실정을 안 때에는 각각 이정을 처벌하는 법과 같다. 〈탈루하거나 증감한 것을 적발하지 못했다면, 문서와 장부가 없는 경우에는 장관을 수범으로 하고, 문서와 장부가 있는 경우에는 주전을 수범으로 하며, 좌직 이하는 차례로 연좌한다.〉

(1) 현이 탈루를 적발하지 못한 죄

현이 탈루 및 증감을 적발하지 못한 때에는 10구이면 태30에 처하고, 30구마다 1등씩 더하며, 장100이 넘으면 50구마다 1등을 더하여 최고 도3년에 처한다. 정을 알면서 방임한 때에는 가장에 대한 처벌법과 같다.

(2) 주가 탈루를 적발하지 못한 죄

주가 2개의 이상의 현을 관할하는 경우 관할하는 현의 다소에 연동해서 계산해서 죄준다. 여기서 연동해서 계산한다는 것은 현의 죄가 성립하는 기준수 및 등급을 더하는 수에 관할하는 현의 수를 곱하여 주의 죄를 삼는 방법이다. 가령 주가 2개의 현을 관할하는 경우에는 20구이면 태30에 처하고, 60구마다 1등씩 더하며, 장100이 넘으면 100구마다 1등을 더하여 최고 도3년에 처한다. 3개의 현을 관할하는 경우에는 30구이면 태30에 처하고 90구마다 1등을 더하며, 10개의 현을 관할하는 경우에는 300구마다 1등을 더한다. 만약 탈루 및 증감이 모두 1현에 있는 경우도 주 내의 모든 현의 수에 연동해서 계산할 수 있다. 예를 들면 주가 3개의 현을 관할하는데 1개의 현 내에서만 탈루한 것이 30구이면 주는 태30에 처하고, 만약 4개의 현을 관할하는데 1개의 현 내에만 탈루한 것이 40구이면 주는 역시 태30에 처한다. 주가 1개의 현만을 관할하는 경우에는 현의 죄에서 1등을 감한다. 즉 그 현이 30구를 탈루했다면 그 주는 태20에 처한다. 따라서 10구 이상 40구 미만인 경우 주는 태20에 해당한다.

(3) 주·현의 관사의 연좌

탈루를 적발하지 못한 것은 공죄이므로 연대 서명하는 관사는 등급에 따라 연좌하는데(명40.1a), 문서·장부가 없는 경우에는 장관을 수범으로 하고, 문서·장부가 있는 경우에는 주전을 수범으로 하며, 좌직 이하는 등급에 따라 연좌한다. 즉 탈루나 증감을 적발하지 못하였는데, 장부가 없는 경우 및 적서에 올리지 않은 경우 담당 관리를 통솔하고 지도하는 것은 원래 장관의 임무이기 때문에 장관을 수범으로 하여 모두 탈루·증감을 적발하지 못한 죄로 처벌하고, 통판관을 제2종범으로 하며, 판관을 제3종범으로 하고, 주전을 제4종범으로 한다. 현재 문서·장부가 있는데 탈루·증감된 경우 서류를 확인하는 것은 원래 문서 담당자의 임무이므로 주전을 수범으로 하고, 판관을 제2종범으로 하며, 통판관을 제3종범으로 하고, 장관을 제4종범으로 한다. 그들 가운데 정황을 알고 있는 관사가 있다면 모두 가장이 탈루·증감한 죄와 같이 사죄(私罪)의 수범·종범으로 처벌한다.

III. 세·역 포탈 및 태만의 죄

1. 조부모·부모의 나이나 신체상태를 더하여 시양을 꾀한 죄

직제율31(121조)

1. 망령되이 조부모·부모의 나이나 신체상태를 더하여 시양을 꾀한 자는 도1년에 처한다.

조부모·부모의 나이가 80세가 되지 않거나 본래 독질이 아닌데 장애를 과장해서 독질이라고 하여 시양자격을 구한 자는 도1년에 처한다.

80세 및 독질에게는 1인, 90세에게는 2인~5인의 시양인을 지급한다(습유231쪽). 모두 먼저 자손을 취하고 그 다음에 근친을 취하며, 모두 먼저 세·역이 가벼운 자를 취한다. 근친이 없다면 친족 밖에서 백성의 중남을 취하는 것을 모두 허용한다.

대개 사기하여 시양 자격을 구하는 것은 역의 회피를 위한 것이다. 예컨대 명례율 26조에는 "십악이 아닌 사죄를 범했으나, 부조가 노·장애로 시양해야 하는데 집안에 기친 성정이 없는 경우에는 황제의 재가를 청한다. 유죄를 범한 경우에는 임시로 머물러 존친을 시양하도록 한다."고 규정되어 있고, 또 명례율 27.3조의 주에는 존친

이 노·장애여서 시양해야 할 경우 비록 절도나 상해로 인한 도·유죄라도 장형으로 대체하는 법에 따른다고 규정되어 있으므로, 이러한 경우 죄인이 형을 피하기 위해 사기하여 시양 자격을 구하였으리라 추정할 수 있다.

2. 거짓으로 호를 합한 죄

호혼률12(161조)
1. (a) 거짓으로 서로 호를 합한 자는 도2년에 처하고, (b) 세·역이 없는 자는 2등을 감한다. 〈먼 친속을 가까운 친속으로 삼아 회피를 꾀하는 바가 있는 것을 말한다.〉
2. 주사가 정을 알았다면 더불어 같은 죄를 준다.
3. 법에 따라 마땅히 별도로 호를 세울 수 있는데 호적을 달리하는 것을 허용하지 않거나, 호를 합할 수 있는데 호를 합하는 것을 허용하지 않은 경우 주사는 장100에 처한다.

(1) 구성요건
행위 요건은 크게 두 단계로 구분한다.

① 거짓으로 호를 합한 것이 첫째 요건이다. 호령(습유236쪽)에 따르면, 부모와 자식이 두 개의 호적으로 등록된 경우 및 고향을 잃어 호적이 나누어진 경우 호를 합할 수 있다. 또한 형제와 숙질은 호적을 나눈 뒤에 다시 호를 합하는 것이 금지되지 않는다. 이러한 사유가 없는데도 거짓으로 호를 합한 경우 이 죄를 받는다. 대개는 먼 친속을 가까운 친속으로 하여 호를 합한 것을 말하지만, 친속이 아닌데 가까운 친속으로 속여 호를 합한 경우도 역시 물론 같다.

② 회피를 꾀한 바가 있는 것이 둘째 요건이다. 즉 먼 친속을 가까운 친속으로 속여 호를 합함으로써 회피를 꾀하는 것이 있는 경우를

말한다. 단 율은 세·역 회피를 꾀한 경우와 세·역이 없는 경우의 형을 달리한다.

(2) 처벌

1) 세·역을 회피한 경우

거짓으로 합호하여 세·역 회피를 꾀한 경우는 도2년에 처한다. 부역령(습유686쪽)에 따르면, 문무 직사관 3품 이상이나 군왕의 기친 및 동거하는 대공친, 5품 이상과 국공의 동거하는 기친은 모두 세·역을 면제한다. 그러므로 직사관 3품의 대공친이나 5품 이상의 기친은 동거가 아니었다면 세·역을 면제받을 수 없는데, 뒤에 세·역을 면제받기 위해 합호하였다면 이 처벌을 받는다는 것이다.

2) 세·역 회피가 없는 경우

거짓으로를 합호하였으나 세·역이 없는 자는 도1년에 처한다. 이에 대해서 이 조항의 소는 "세·역이 없는 자라도 혹 친속의 음으로 형을 속할 수 있는데, 사안이 원래 세·역보다는 가볍기 때문에 2등을 감하여 도1년에 처하는 것이다."라고 해석하였다. 그런데 감장(명10)·속장(명11)을 살펴보면 음의 도움은 결코 호적을 같이 하는 것을 요건으로 하는 것은 아니기 때문에 이 소의 해석은 타당하지 않은 것 같다. 이 규정은 세·역보다는 은닉죄의 면책(명46.1a)과 관계가 있을 것 같다. 즉 동거공재의 친속은 서로 숨겨줄 수 있는데, 친속은 멀고 가까움을 막론하고 호적이 같고 다름을 불문한다.

3) 호를 합한 죄와 다른 죄가 경합하는 경우

다만 거짓으로 호를 합함으로써 세·역을 감면받은 것 또는 음의 도움을 받은 것의 죄가 위의 죄보다 무거운 때에는 각각 본조의 법에 따라 처벌한다. 세·역의 면한 것에 대한 본조는 호혼율 1조이고, 음의 도움을 받아 죄를 속한 것에 대한 본조는 사위율 10조인데, 이 조항에는 거짓으로 관을 취득하거나 적처의 소생이 아니면서 작을 계승한 죄도 포함된다. 기타 죄인을 숨겨준 것에 대한 본조는 포망률 18조이다. 또 이 죄는 필요적 공범이고, 서로 거짓을 꾸민 경우 각각 처벌하며 수범과 종범을 나누지 않는다.

4) 주사의 처벌

주사가 정황을 알고 방임한 때에는 죄인과 같은 죄로 처벌하며, 세·역이 있는 경우와 없는 경우를 구분한다. 주사는 이정 이상을 말한다. 주사가 정을 모른 경우 처벌하지 않는다고 해석해야 한다.

(2) 호를 합하거나 달리할 수 있는데 주사가 허용하지 않은 죄

호를 합하거나 달리할 수 있는데 주사가 허용하지 않은 때에는 장 100에 처한다. 죄의 요건은 두 가지이다.

① 법에 따라 호적을 합할 수 있는데 허용하지 않은 것이 요건의 하나이다. 멀리 유랑하면서 흩어지고 고향을 잃어 부·자가 호적이 다르다면 호령(습유236쪽)에 의거하여 호를 합해야 한다. 그런데도 주사가 허용하지 않을 경우 이 처벌을 받는다. 이것은 합호할 수 있는 것의 일례일 뿐이며, 달리 합해야 하는 사유가 있는 경우 모두 해당한다.

② 호적을 달리해야 하는데 허용하지 않은 것이 요건의 둘이다. 부모가 사망하고 복상 기간이 이미 끝난 뒤 형제가 호적을 달리하고자 하는 경우 허용해야 한다. 이것은 호적을 달리할 수 있는 하나의 예이다. 호령(습유234쪽)에 따르면, 자·손으로 하여금 대가 끊어진

호를 계승하게 하기 위해 호를 분리하는 경우 18세 이상이 아니면 할 수 없다. 자·손의 나이가 17세 이하인데 다른 호의 계승을 명한 경우 단 본생 호적 내에 18세라고 주기 된 경우에만 허용한다. 다만 승계하는 쪽에 모가 있으면 비록 어리더라도 나누어 호를 만드는 것을 허용한다.

3. 과세 및 관에 수납할 물품을 포탈·기망한 죄

구고22(217조)
1. 수납해야 할 과세와 관에 들여야 할 물품을 회피하고 거짓으로 숨기며 수납하지 않거나, 혹은 교묘하게 속여서 젖거나 조악한 것으로 수납했다면, 결손된 것을 계산해서 절도에 준하여 논한다.
2. 주사가 정을 알았으면 같은 죄를 주고, 정을 몰랐다면 4등을 감한다.

(1) 요건과 처벌
수납해야 할 조용조·지세 등의 과세 물품 및 기타 관에 들여야 할 물품을 회피하거나 거짓으로 숨기며 바치지 않거나, 혹 교묘하게 속여서 젖거나 조악한 물품을 수납함으로써 결손을 발생케 한 것이 죄의 요건이다. 이 요건에 해당하는 자는 결손된 것을 계산해서 절도에 준하여 논하고, 수납하지 않은 것은 반드시 수납하게 하고 위조품이나 젖거나 조악한 물품은 반드시 양질의 물품으로 대체하게 한다.

(2) 주사의 죄
주사는 실정을 알면서 행하는 것을 허용한 경우와 실정을 알지 못한 경우로 나누어 죄를 달리에 처한다.

1) 현의 관사

현의 관사는 실정을 알았다면 죄인과 같은 죄로 처벌하고, 실정을 몰랐다면 4등을 감한다. 단 현의 관사 가운데 연좌해야 할 자는 역시 등급에 따라 죄를 준다(명40.1a).

2) 주의 관사

주의 관사는 적발하지 못했다면 각각 현의 관사가 받아야 할 죄에서 1등을 차례로 감해서 처벌한다. 실정을 안 자는 같은 죄인과 같은 죄로 처벌한다.

3) 주·현의 강(綱)·전(典)

주·현의 강·전이 이를 적발하지 못하였다면 각각 본사의 최하 종범과 같은 죄로 처벌한다. 강은 관물 및 죄수·축산 따위를 부송(部送)하는 조직의 책임자이고, 전은 그 부책임자이다(직43.1의 소). 부송은 부대를 편성하여 운송하는 것을 가리킨다(『신당서』권53, 1368쪽). 만약 주·현에서 법에 따라 발송하였는데 강·전이 도중에서 혹은 수납하는 곳에서 속인 경우 주·현은 죄가 없다. 대개 강·전은 특수한 관이므로 주·현의 다른 관사는 연좌하지 않는다.

4. 과세물을 매입해서 수납한 죄

구고율26(221조)
1. 세물을 수납해야 하는데, 함부로 재화를 가지고 가서 수납할 곳에 이르러 시장에서 사서 충당한 자는 장100에 처한다.
2. 인솔하는 주사가 정을 알았다면 더불어 같은 죄를 준다.

(1) 수납할 과세물을 매입해서 충당한 죄

세물을 수송하는 자는 모두 반드시 세물을 내는 곳에서 수납처까지 운송해야 한다. 만약 함부로 재화를 가지고 수납할 곳에 이르러 시장에서 사서 충당한 자는 장100에 처한다.

(2) 인솔하는 주사가 정을 안 때의 처벌

인솔하는 주사가 재화를 가지고 수납할 곳에 이르러 시장에서 사서 충당한 것을 안 때에는 수납한 사람과 죄가 같다. 설령 1인이 물품을 사서 납부하였더라도 역시 이 죄를 받는다.

5. 정·부·잡장이 기일을 위반하고 도착하지 않은 죄

천흥률23(246조)
1. 차출되어 충당된 정(丁)·부(夫)·잡장(雜匠)이 지체하며 오지 않은 때에는, 1일이면 태30에 처하고 3일마다 1등을 죄를 더하되, 죄는 장100에 그치며,
2. 인솔하는 주사는 1등을 더한다.
4. 책임이 인솔자에게 있으면 인솔자만 처벌한다. 〈그 밖의 조항에서 인솔자가 지체한 것은 이에 준한다.〉

(1) 요건

무릇 징발된 정부와 잡장이 기일을 위반하고 도착하지 않은 것이 죄의 요건이다. 이는 지체 원인이 정·부·잡장과 인솔주사 중 어느 쪽에 있느냐에 따라 그 처벌이 다르다. 즉 정·부·잡장에게 원인이 있다면 인솔주사는 1등을 더해 처벌하지만, 인솔주사에게 원인이 있다면 인솔주사만 처벌한다.

(2) 처벌

1) 정·부·잡장

1일이면 태30에 처하고 3일마다 1등을 죄를 더하며 그 죄의 최고형은 장100이다.

2) 인솔하는 주사

인솔하는 주사는 1등을 더한다. 1일이면 태40이고 3일마다 1등을 죄를 더하며 그 죄의 최고형은 도1년이다. 단 만약 인솔자로 말미암아 기일을 위반한 경우에는 인솔자만 처벌한다.

6. 사기로 자신의 세·역을 면제받은 것 등의 죄

사위율19(380조)
1. 사기로 자신의 세·역을 면제받거나 또는 사기로 사망하였다고 한 자는 도2년에 처한다.
2. 만약 사기로 사역을 면제받은 자는 도1년에 처한다.
3. 단 현재 사역에 충당된 자가 사기로 스스로 이탈하거나 이탈시켜준 자는 장60에 처한다.
4. 속인 바의 노임을 계산하여 장죄가 무거운 때에는 각각 좌장으로 논한다.

(1) 사기로 자신의 세·역을 면제받은 죄

사기로 세·역을 면제받은 죄는 둘로 구분할 수 있다.

① 세·역의 면제에 관한 규정은 격·영에 갖추어져 있는데, 예를 들면 외국에서 새로 귀환한 자나 방면된 천인은 세·역을 면제받는다(『통전』권6, 106쪽). 이에 해당하는 않는 자가 사기로 해당한다고 하

여 세·역을 면한 자는 도2년에 처한다.

② 사기로 사망했다고 허위의 사망문서를 만들어 세·역을 포탈한 자는 역시 도2년에 처한다.

(2) 사역을 면제받은 죄

허위로 잡임과 같은 역인이 되어 사역을 면제받은 자는 도1년에 처한다.

(3) 잡역을 면제받은 죄

임시로 잡역에 충당된 자가 사기로 스스로 이탈한 때 장60에 처하며, 그를 이탈시켜준 자도 역시 장60에 처한다. 잡역은 충부(充夫) 및 잡사(雜使)를 말한다.

7. 장애를 사칭하거나 자해하여 사역을 기피한 죄

사위율20(381조)

1. (a) 사기로 장애가 있다고 하고 기피한 바가 있는 자는 장100에 처하고, (b) 만약 고의로 자신을 상해한 자는 도1년반에 처한다. 〈기피가 있든 없든 같다. 비록 상해가 잔질이 되기에 족하지 않더라도 때에 임해서 일을 기피한 자도 모두 그러하다.〉
2. (a) 고용되거나 청탁을 받아 사람을 상해한 자는 더불어 같은 죄를 준다. (b) 이로 인해 사망에 이르게 된 때에는 투살죄에서 1등을 감한다.

(1) 사기로 장애가 있다고 역을 기피한 죄

사기로 장애가 있다고 하고 사역을 기피하거나 휴가를 구한 자는 장100에 처한다.

(2) 자신을 상해한 죄

자신을 상해한 때에는 기피한 것이 있든 없든 모두 도1년반에 처한다. 다만 고의로 자신을 상해하였는데 기피한 것이 없고 잔질 이상이 되지 않은 때에는 '마땅히 해서는 안 되는데 행한' 죄의 무거운 쪽(잡62.2)에 따라 장80에 처한다. 사역해야 할 때가 되어 스스로 상해해서 기피한 자는 비록 잔질이 되지 못했더라도 역시 도1년반에 처한다.

(3) 고용되거나 청탁을 받아 사람을 상해한 죄

고용되거나 혹은 청탁을 받아 타인을 상해한 자는 스스로 자신을 상해한 것과 죄가 같다. 단 이로 인해 그 사람을 사망에 이르게 한 때에는 존비귀천을 불문하고 투살죄(투5.1a)에서 1등을 감하여 유3000리에 처한다. 만약 조부모·부모의 부탁을 받고 그 자손을 상해하거나 이로 인하여 사망에 이르게 한 때에는 과실법(투38)에 따라 처벌한다. 과실법에 따르므로 부탁한 조부모·부모는 죄를 논하지 않으며, 고용·청탁받은 사람은 상해를 받은 사람과의 관계에 따른 본법에서 1등을 감하고, 과실법에 따라 속동으로 논한다(투38).

(4) 관사의 처벌

위의 죄행들은 관사가 승인하거나 시행을 허용해야 의도한 목적을 이룰 수 있다. 만약 관사가 사기의 실정을 알면서 승인하거나 시행을 허용했으면 죄인과 같은 죄를 주되 사죄에 이른 경우 1등을 감한다. 실정을 몰랐으면 처벌하지 않는다(사27).

IV. 세·역 관리 부실의 죄

1. 이정 및 관사가 망령되이 탈루·증감하여 세·역을 덜거나 더한 죄

호혼률4(153조)

1. (a) 이정 및 주·현의 관사가 망령되이 호구를 탈루하거나 구의 나이·신체상태를 증감하여 세·역을 덜거나 더한 때에는, 1구이 면 도1년에 처하고, 2구마다 1등을 더한다. (b) 덜거나 더한 세· 역을 왕법의 장물로 계산하여 죄가 탈루한 죄보다 무겁고, 그 장 물을 자기에 들인 때에는 왕법으로[以枉法] 논하되, 사죄에 이르 는 때에는 가역류에 처한다.
2. 관에 넣은 때에는 좌장으로 논한다.

(1) 요건

이정 또는 주·현의 관사가 각각 망령되이 관할하는 구역 내의 호 구를 탈루하거나 구의 나이나 신체상태를 증감하여 세·역을 덜거나 더한 것이 이 죄의 요건이다. 여기서 망령되이 했다는 것은 고의로 스스로 범한 것을 말하는 것으로 위에서 탈루·증감을 알면서 묵인한 것과는 다르다. 이 죄는 전적으로 과구에 대한 것으로 불과구는 포 함되지 않는 것 같으며, 반드시 세·역을 덜고 더하는 것을 목적으로 한 때에 비로소 죄를 준다.

(2) 처벌

장물이 가벼운 때에는 세·역을 덜거나 더한 것이 1구이면 도1년에 처하고, 2구마다 1등을 더하여 15구이면 최고형인 유3000리에 처한 다. 장물이 무거운 때에는 자기에게 들인 경우와 관에 들인 경우의 처벌이 다르다. 장물이 여러 사람으로부터 거둔 것이면 누계하고 절반해서 논한다.

1) 자기에게 들인 경우

자기에게 들인 경우에는 수재왕법(직48.1a)으로 논하며, 사죄에 이른 경우 가역류에 처한다. 수재왕법죄는 1척이면 장100, 1필마다 1등을 더하여 15필이면 교형에 처한다. 따라서 장물이 2필1척이면 도1년반이 되어 세·역을 덜거나 더한 죄보다 무거우므로, 이 경우부터 왕법으로 논하되 다만 사죄에 이른 때에는 교형 대신 가역류에 처한다. 그러나 품관의 경우에는 비록 장물을 받은 것이 가볍더라도 왕법으로 논하여 1필 이상이면 제명하며, 반드시 장죄가 무거울 필요는 없다(명18.2의 주).

2) 관에 들인 경우

관에 들인 경우에는 좌장으로 논한다. 좌장은 1척이면 태20, 1필마다 1등을 더하며, 10필이면 도1년, 10마다 1등을 더하되 최고형은 도3년이다. 따라서 장물이 20필일 때부터 좌장으로 논하되, 최고형은 도3년이다. 이 경우 제명 처분은 없다.

2. 면제받아야 할 역을 면제해 주지 않은 죄

호혼률23(172조)
1. 세·역을 면제[復除]받아야 하는데 면제해 주지 않거나 세·역을 면제받아서는 안 되는데 면제해 준 자는 도2년에 처한다.
2. 단 소요역(小徭役)일 때에는 태50에 처한다.

(1) 요건과 처벌

1) 장물이 가벼운 경우

세·역을 면제받아야 하는데 면제해 주지 않거나 세·역을 면제받아서는 안 되는데 면제해 준 것이 이 죄의 행위 요건이다. 세·역을 면제할 수 있는 정황은 부역령(습유681쪽)에 규정되어 있다. 예를 들면, 협향에 거주하던 자가 기꺼이 관향으로 이주할 경우, 본래 거주하던 곳에서 1000리 밖으로 이주하면 3년간 세·역을 면제하고, 500리 밖으로 이주하면 2년간 세·역을 면제하며, 300리 밖으로 이주하면 1년간 세·역을 면제한다. 이 같이 세·역을 면제받아야 하는데 담당관사가 면제해 주지 않거나 세·역을 면제받아서는 안 되는데 주관관사가 거짓으로 면제해 준 경우에는 도2년에 처한다.

2) 장물이 무거운 경우

① 부당하게 면제하거나 하지 않은 것을 자기에게 들인 경우 4필1척이면 왕법죄로 도2년반에 해당하므로 왕법죄로 논하고, 그 이하면 도2년에 처한다.

② 관에 들인 경우 40필이면 좌장죄로 도2년반에 해당하므로 좌장으로 논하고, 그 이하면 도2년에 처한다.

(2) 청탁자의 처벌

이 죄는 주사에 대한 것이다. 청탁해서 면제받은 자는 종범으로 처벌한다. 타인을 위해 청탁한 자는 청탁법에 따른다(직45.2b).

(3) 소요역에 대해 범한 경우의 처벌

담당관사가 소요역을 면해주어야 하는데 면해주지 않고 역을 시켜

야 하는데 시키지 않은 때에는 태50에 처한다. 소요역은 충부(充夫)
및 잡사(雜使)7)를 말한다.

3. 부역의 차과를 위법하게 한 죄

호혼률24(173조)

1. 부역을 차과하는데 법을 어기거나 균평하게 하지 않게 한 자는
   장60에 처한다.
2. (a) 만약 법대로 하지 않고 함부로 세역을 징수하거나하거나 법
   대로 세역을 징수했지만 함부로 더한 것을 좌장의 장물로 계산
   한 죄가 장60보다 무거운 때에는, 관에 들인 것은 함부로 더 거
   둔 것을 계산하여 좌장으로 논하고, (b) 사인에게 들인 것은 왕
   법으로 논하되, 사죄에 이른 때에는 가역류에 처한다.

(1) 부역을 차과하는데 법을 위반한 죄

부역을 차과하는데 법을 어기거나 균평하게 하지 않은 것이 이 죄
의 요건이다. 부역령(습유 690쪽)에 따르면, 부역을 차과할 때는 부
유한 호와 신체가 강건한 자를 우선하고 가난한 호와 신체가 허약한
자를 나중으로 하며, 정남이 많은 호를 우선하고 정남이 적은 호를
나중으로 해야 한다. 따라서 호의 빈부, 신체의 강약, 정남의 다과,
농한기와 농번기 등을 고려하지 않고 균평하지 않게 부역을 차과한
담당 관사는 장60에 처한다.

---

7) 充夫·雜使는 中男이나 殘疾者 등에게 부과하는 가벼운 徭役[小徭役]으로, 지방
   의 토목사업이나 임시 差遣, 또는 門夫·烽子·執衣·白直 등과 같은 官司의 사역
   인원에 충당된다(『당육전』권5, 162쪽; 『역주당육전』상, 531~533쪽).

(2) 함부로 세·역을 징수한 죄

1) 요건

법에 의하지 않고 함부로 세·역을 징수하거나 법대로 징수하였으나 함부로 더한 것이 이 죄의 요건이다. 매년 정에게 과하는 세·역은 조용조로, 겉곡식 2석과 견 2필과 약간의 면 또는 마포 2단과 약간의 마사이다. 만약 때에 따라 별도로 차과하는 경우에는 당연히 임시처분에 따른다. 이 법에 의거하지 않고 함부로 징수하거나 혹은 비록 법에 의거했더라도 함부로 더한 경우 처벌한다.

2) 처벌

① 장물을 좌장으로 논하여 장60보다 가벼운 경우 그대로 위의 법에 따라 장60에 처한다.

② 좌장으로 논한 죄가 장60보다 무겁고 장물을 관에 들인 경우 함부로 거둔 것을 계산하여 좌장으로 논한다. 가령 함부로 더 거두어 관에 넣은 장물이 견 100필이면 여러 사람으로부터 재물을 거둔 것이므로 절반해야 하는데(명45.2), 절반한 50필을 좌장으로 논하면 최고형인 도3년이 된다.

③ 사인에게 들인 경우는 왕법으로 논하고, 사죄에 이른 때에는 가역류에 처한다. 반드시 자기의 것으로 하지 않았더라도 단지 관에 넣지 않은 것은 사인에게 들인 것으로 간주한다. 주체는 봉록이 있는 자와 없는 자로 구분하며, 형에 차이가 있다. 즉 봉록이 있는 관인은 장물의 가치가 견 1척이면 장100에 처하고, 1필마다 1등씩 더하며(직48.1a), 15필이면 교형에 이른다. 봉록이 없는 자는 1등을 감하며. 20필이면 교형에 이른다(직48.2b). 그러나 이 조항은 "사죄에 이른 경우에는 가역류에 처한다."고 규정하고 있으므로 교형에 처해서는 안 된다.

④ 징수한 것 중에 일부는 관에 넣고 일부는 사인에게 들였다면 양자는 죄명과 그 형량이 같지 않으므로 마땅히 합산하는 법[倂滿法] (명45.2b와 주)에 따른다. 가령 거짓으로 거둔 것이 100필인데 90필은 관에 넣고 10필은 사인에게 들였다면, 관에 넣은 90필을 절반한 45필은 좌장죄로 도2년반에 해당하고, 개인에게 들인 10필을 절반한 5필 역시 왕법죄로 도2년반에 해당한다. 그렇지만 양자를 누계하여 도5년에 처해서는 안 되고, 반드시 사인에게 들인 10필을 관에 넣은 90필에 합하고 다시 절반하면 50필이 되므로, 이를 좌장으로 논하여 도3년에 처한다.

4. 관할 구역 내의 과세물품의 양을 채우지 못한 죄

호혼률25(174조)
1. (a) 관할 구역 내의 과세물품을 수납하는데 기한이 위반하고 정해진 양을 채우지 못한 때에는 10분으로 논하여, 1분을 어겼다면 태40에 처하고, 1분마다 1등을 더한다. (b) 〈주·현은 모두 장관을 수범으로 하고, 좌직 이하는 차례로 연좌한다.〉
2. 호주가 정해진 양을 채우지 못한 때에는 태40에 처한다.

(1) 요건

주체는 이정 및 주·현의 관사이다. 이들이 관할 구역 내의 과세물품을 수납하는데 기한을 위반하고 채우지 못한 것이 죄의 요건이다. 과세물품이란 조용조 및 지세·잡세와 같은 것을 말한다. 물품에는 정해진 양이 있고, 수납하는 기한이 있다. 기한이 지나도록 정해진 양을 채우지 못한 경우 처벌한다. 이 죄는 공죄인 까닭에 동직이 차례로 연좌한다.

(2) 처벌

수납할 것의 총계를 10분하여, 1분을 어겼으면 태40에 처하고, 1분마다 1등을 더한다.

1) 이정

이정은 이 내에서 100석의 곡물을 징수하는데 10석을 채우지 못한 경우 태40에 처하고, 매 10석마다 1등을 더한다. 기한을 위반하고 납부하지 않은 자는 도2년에 처한다. 이정은 이 내의 일이 그 한 사람에게 맡겨져 있어 원래 연좌할 수 없으므로 구역 내에서 채우지 못한 죄를 받는 것이다.

2) 주·현

주·현 또한 각각 관할 구역 내에서 수납할 것의 총계를 10분하여, 1분을 어겼다면 태40에 처하고, 1분마다 1등을 더한다. 단 주·현은 모두 장관을 수범으로 하고 좌직 이하는 차례로 연좌한다. 자사와 현령은 선도의 최고 책임자이므로 과세 기한을 위반한 것은 그 책임이 장관에게 있다. 따라서 장관을 수범으로 하고, 통판관을 제2종범으로 하며, 판관을 제3종범으로 하고, 주전 및 검구관을 제4종범으로 한다. 이는 일을 판정할 때 적용하는 일반적인 연좌등급과는 같지 않다.

3) 호주가 기한 내에 채우지 못한 죄

호주가 과세를 수납해야 하는데 기간 내에 채우지 못한 때에는 태40에 처한다. 이정이나 주·현과는 달리 10분한 것에 의거하여 처벌하지 않는다. 즉 채우지 못한 것이 얼마인가는 논하지 않고, 그저 채우지 못했으면 태40에 처한다.

V. 검사 부실의 죄

1. 관할 구역 내의 자연재해에 대한 보고부실의 죄

호혼률20(169조)

1. 관할 구역 내에 가뭄, 장마, 서리, 우박, 병충해, 메뚜기의 피해를 당한 곳이 있으면 주사는 보고해야 한다. 보고하지 않거나 거짓으로 보고한 자는 장70에 처한다.
2. 검사를 사실대로 하지 않은 자도 같은 죄를 준다.
3. 만약 왕법하여 징수하거나 면제한 바가 있는데 장물이 무거운 때에는 좌장으로 논한다.

(1) 주사가 재해를 보고하지 않거나 거짓 보고한 죄

주사가 관할 구역에서 발생한 가뭄, 장마, 서리, 우박, 병충해, 메뚜기 떼의 피해를 보고하지 않거나 거짓으로 보고한 것이 이 죄의 요건이다. 영에 의거하여, 10분의 4 이상이 손실되었으면 조를 면제하고, 6 이상이 손실되었으면 조·조를 면제한다. 7 이상이 손실되었으면 세·역 모두를 면제한다. 만약 뽕나무나 마 등의 작물이 모두 손실된 때에는 각각 조를 면제한다(부역령, 습유676쪽). 이 같은 상황이 되어 세·역을 면제해야 할 경우에는 모두 주사가 보고해야 한다. 주사는 이정 이상을 말한다. 이정은 반드시 현에 보고해야 하고, 현은 주에 보고해야 하고, 주는 상서성에 보고해야 하며, 손실이 많은 경우에는 황제에게 아뢴다. 그런데도 보고하지 않거나 거짓으로 보고한 경우 이 처벌을 받는다.

(2) 검사를 사실대로 하지 않은 죄

가뭄, 장마, 서리, 우박, 병충해, 메뚜기 떼의 피해가 발생한 지역에 사인을 임명하여 검사하였는데, 사인이 사실대로 보고하지 않은 경우 주사와 같은 죄로 처벌한다.

(3) 왕법하여 징세하거나 면제한 죄

1) 요건

재해를 사실대로 보고하지 않고 망령되이 증감해서 왕법하여 징수하거나 면하기에 이른 것이 죄의 요건이다. 이는 손실이 있어 면제해야 하는데 징수하거나, 손실이 없는데 면제한 것을 말한다.

2) 처벌

율문에는 다만 관에 들인 것만을 규정하고, 착복한 것에 대해서는 문답으로 해석했다.

① 왕법하여 징수하거나 면한 것을 관에 들인 장물이 무거운 때에는 좌장으로 논한다. 여기서 무겁다는 것은 장물이 6필1척으로 좌장으로 논한 죄가 장80에 해당하는 것을 말한다. 죄의 최고형은 도3년이다. 이것은 장물로 죄가 된 것이므로 모두 누계해서 절반하여 단죄한다.

② 착복한 장물은 왕법으로 논하되, 사죄에 이른 때에는 가역류에 처한다.

2. 질병 및 사망·상해에 대한 검험을 사실대로 하지 않은 죄

사위율23(384조)

1. 질병 및 사망·상해를 사칭함이 있는데, 사명을 받고 검사하고 확인하는 것을 사실대로 하지 않은 자는 각각 속인 바에 따르되 1등을 감한다.

2. 만약 실제로 질병·사망 및 상해가 있는데 사실대로 검험하지 않은 자는 고의로 사람에게 죄를 더한 것으로 논한다.

(1) 사칭한 질병 및 사망·상해에 대한 검험을 사실대로 하지 않은 죄

질병 및 사망·상해가 있다고 사칭한 사람에 대해 사명을 받고 검사하고 확인하는 것을 사실대로 하지 않은 자는 속인 바의 죄에서 1등을 감해 처벌한다. 즉 거짓으로 질병이 있다고 하고 회피한 바가 있는 경우 죄는 장100에 해당하므로(사20.1) 검험을 사실대로 하지 않은 자는 1등을 1등을 감해 장90에 처하고, 자해해서 회피한 바가 있는 경우 죄는 도1년반에 해당하므로 1등을 감해 도1년에 처하며, 사망을 사칭한 경우 죄는 도2년에 해당하므로(사19.1) 1등을 감해 도1년반에 처한다.

(2) 실제로 질병·사망 및 상해가 있는데 사실대로 검험하지 않은 죄

실제로 질병·사망 및 상해가 있는데 사실대로 검험하지 않은 자는 고의로 사람의 죄를 더한 죄(단19.1)로 논해 처벌한다. 가령 실제로 질병이 있는데 검사한 결과 없다고 한 자는 질병을 사칭한 죄(사20.1)를 더한 것으로 논해 장100에 처하고, 자해한 것이 아닌데 자해한 것이라고 검험한 자는 자해한 죄(사20.1)를 더한 것으로 논해 도1년반, 실제로 사망했는데 사칭한 것이라고 검험한 자는 사망을 사칭한 죄를 더한 것으로 논해 도2년에 처한다. 검험을 받는 자의 형이 아직 집행되지 않은 경우 고의로 사람의 죄를 더한 죄의 예(단19.1)에 따라 사자의 죄는 1등을 감한다.

VI. 정·부의 차견을 공평하게 하지 않은 죄

천흥률22(245조)

1. 정(丁)·부(夫)를 차출하는데, 차견이 공평하지 않거나 모자라거 나 남음이 있게 한 자는, 1인이면 태40에 처하고, 5인마다 1등을 더하되, 죄는 도1년에 그친다.
2. 정·부의 복역 기간이 만료되었는데도 풀어 놓아주지 않은 자는 1일이면 태40에 처하고, 1일마다 1등을 더하되, 죄는 장100에 그 친다. 〈각각 그 책임질 바에 따라 처벌한다.〉

1. 정·부의 차견을 공평하게 하지 않은 죄

정·부를 차출하여 파견함이 공평하지 않거나 모자라거나 남음이 있는 때에는 1인이면 태40에 처하고, 5인마다 1등을 죄를 더하여 최 고 도1년에 처한다. 차출하여 파견하는 법에 따르면, 부유한 자와 신 체가 강건한 자를 먼저하고 가난하고 허약한 자를 나중에 하며, 정 이 많은 호를 먼저하고 정이 적은 호를 나중에 해야 한다. 또한 정을 분번하여 복역시키는 경우 집안에 정이 2인 이상 있는 호는 농번기 에 할당하고, 집이 가난하고 정이 1인만 있는 호는 농한기에 할당해 야 한다. 이를 위반하고 공평하게 하지 않게 하거나, 징발인의 수가 모자라거나 남음이 있는 때에 이 죄를 받는다.

2. 복역기간이 만료된 정·부를 방환하지 않은 죄

복역 중에 있는 사람의 복역기간이 만료되었는데도 풀어 놓아주지 않은 자는 1일이면 태40에 처하고, 1일마다 1등을 더하여 최고 장

100에 처한다. 각각 그에 대해 책임 있는 자를 처벌하며, 연좌법(명 40.1)은 적용하지 않는다.

제7절 도사·여관·승·니의 관리에 관한 죄

Ⅰ. 개설

『당육전』(권4, 125~126쪽;『역주당육전』상, 446~452쪽)에 따르면, 전국의 도관은 총 1,687소이고, 관마다 관주 1인, 상좌 1인, 감재 1인이 있어 사무를 관장하였다. 불사는 총 5,358소이고, 사마다 상좌 1인, 사주 1인, 도유나 1인이 있어 사무를 관장하였다. 이들이 도관·불사의 삼강(三綱)이다. 도사·여관·승·니의 적은 3년에 1번 작성하였으며, 1부는 상서성 사부에 송부하고, 1부는 홍려시에 송부하며, 1부는 주·현에 남겨둔다.

도사·여관·승·니는 모두 암자색·옥색·황색·검정색의 색의 복장을 착용해야 하였다. 또한 엄격한 행동 규정이 있어 이를 위반한 자는 모두 환속시킨다. 집집마다 방문하여 포교하거나, 합의하여 혼인하거나, 술과 고기를 먹거나, 5가지 자극적인 채소를 먹거나, 음악을 연주하고 도박을 하거나, 삼강을 헐뜯고 욕하거나 장로에게 멋대로 행동한 자는 모두 고사(苦使)[8]에 처한다. 당조의 역대 황제·황후의 기일이 되면 도사·여관과 승·니는 지정된 도관·불사에 모여 재를 올리고 향을 피우고 예배해야 하였다.

---

8) 지정된 장소에서 규칙에 따라 사경하게 하는 노역 징계이다. 글을 모르는 자에게는 도관·불사 내의 다른 일을 부과하였다.

II. 도사·여관·승·니의 관리에 관한 죄

호혼률5(154조)

1. (a) 사사로이 출가한 자 및 그를 출가시킨 자는 장100에 처하고, 〈만약 가장으로 말미암았다면 가장이 죄를 받는다.〉 (b) 이미 호적에서 삭제된 때에는 도1년에 처한다.
2. 본적지의 주사 및 도관·불사의 삼강이 정을 안 때에는 같은 죄를 준다[與同罪].
3. 만약 법을 어겨 도관·불사를 떠나야 하는데, 관의 판결을 받고도 환속하지 않은 자는 사사로이 출가한 것에 대한 법에 따른다.
4. 만약 감림관이 사사로이 함부로 사람을 출가시킨 때에는, 1인이면 장100에 처하고, 2인마다 1등씩 더한다.

1. 사사로이 입도한 죄

(1) 구성요건

사사로이 출가한 것 및 사사로이 출가시킨 것이 죄의 요건이다. 사사로이 출가했다는 것은 도사·여관·승·니 등이 되었는데 관에서 허가증을 발급한 것이 아니고, 사사로이 출가한 것을 말한다. 사사로이 출가한 자와 그를 출가시킨 자는 필요적 공범이며, 처벌은 모두 같다. 사사로이 출가한 행위의 주체는 통상 사사로이 출가한 사람이지만, 단 가장으로 말미암았으면 가장이 죄를 받는다. 이 경우 가장에게 죄를 주므로 사사로이 출가한 자는 처벌하지 않는다(명42.2).

(2) 처벌

사사로이 출가하였으나 호적이 아직 삭제되지 않은 때에는 출가자 및 출가시킨 자는 각각 장100에 처한다. 호적이 이미 삭제된 때에는 도1년에 처한다. 이는 대개 그가 세·역을 면할 것을 염려하는 까닭에 더 무겁게 처벌하는 것이다.

(3) 특별죄명

본적지의 주사 및 도관·불사의 삼강이 정황을 안 때에는 출가자 및 가장과 같은 죄로 처벌한다. 본적지의 주사는 출가자의 호적이 있는 주·현의 관사를 말한다.

2. 환속 판결을 받고 환속하지 않은 죄

법을 어겨 도관·불사를 떠나야 하는데, 관의 판결을 받고도 환속하지 않은 것이 죄의 요건이다. 만약 위반하면 환속 처분하는 법을 범하여 도관·불사를 떠나야 하고, 관인이 판결을 마치고 문첩으로 도관·불사에 알렸는데도 여전히 환속하지 않은 자는 사사로이 출가한 자에 대한 법에 따라 처벌한다. 또한 판결 후 진술할 때에는 반드시 속의를 입어야 하는데 여전히 법복을 입고 있는 자도 역시 장100에 처한다.

3. 감림관이 사사로이 출가시킨 죄

(1) 구성요건

감림관이 법에 의하지 않고 함부로 사람을 출가시킨 것이 죄의 요건이다. 이 죄는 사람을 함부로 출가시킨 것으로 처벌하므로 만약 주·현의 관사가 출가시킨 사람 중에 세·역을 면한 자가 많아 죄가 더 무거운 때에는, 당연히 관사가 함부로 나이나 신체상태를 증감하여 세·역을 덜거나 더한 죄(호4.1)에 의거하여 처벌한다.

(2) 처벌

1) 감림관
감림관이 사사로이 함부로 사람을 출가시킨 때에는 1인이면 장100에 처하고, 2인마다 1등씩 더하여 최고 유3000리에 처한다.

2) 출가한 사람
관사가 사사로이 사람을 출가시켰는데, 출가한 사람이 정을 안 때에는 종범으로 처벌하고, 정을 모르고 받은 때에는 죄가 없다.

제8절 국가 축산의 관리에 관한 죄

Ⅰ. 개설

축산은 전근대 국가에서 용도가 매우 많았다. 황제와 관인이 타거나 수레를 끄는 용도는 말할 것도 없고, 역전, 군용, 제사의 희생 등 국가의 제 분야에서 그 쓰임이 매우 컸다. 따라서 축산의 사육과 증식 및 적절한 관리와 이용에 관한 제도가 주밀하게 마련되어 있었다.

당대에 축산을 사육하는 기구는 목(牧)인데, 목은 주로 농우도의 여러 주에 분포되어 있었다. 목에는 감 1인을 두어 통솔하게 하였으므로 감목 혹은 목감이라 불렸다. 모든 목감은 방목하는 말의 다소에 따라 상·중·하 3등으로 구분하였는데, 말 5천 필 이상은 상감, 3천 필 이상이면 중감, 그 이하는 하감이었다(『당육전』권17, 486쪽;

『역주당육전』중, 539쪽).

II. 축산의 증식에 관한 죄

1. 축산의 증식에 관한 죄

구고율1(196조)

1. 방목하는 축산은, 제하는 것으로 규정된 것 외에 죽거나 잃어버린 것 및 부과된 증식 수량을 채우지 못한 것이 1두이면 목장(牧長)과 목자(牧子)는 태30에 처하고, 3두마다 1등을 더하며, 장100을 넘으면 10두마다 1등을 더하되, 죄는 도3년에 그친다.
2. 양은 3등을 감한다. 〈다른 조항에서 양은 이에 준한다.〉
3. (a) 새로 부임하여 만 1년이 되지 않는데 죽거나 잃어버린 축산이 있는 경우, 1년 내의 월별로 제할 수 있는 수량을 합계해서 제하고 남은 것으로 죄를 준다. (b) 만약 증식해야 할 수량을 채우지 못한 경우, 새로 부임한 사람이 교배의 시기에 검교를 담당한 때에는 부족한 수에 준해서 처벌하고, 검교를 담당하지 않은 때에는 처벌하지 않는다. (c) 〈교배 후에 손상되거나 낙태된 경우는 새로 부임한 사람을 처벌한다.〉
4. (a) 줄로 매어 사육하는 축산의 경우는, 죽은 때에는 각각 1등을 더하고, (b) 잃어버린 때에는 또 2등을 더한다.
5. (a) 목위 및 목감은 각각 관할하는 목의 다소에 연동해서 계산해서 죄를 주되, (b) 그대로 장관을 수범으로 하고 좌직을 종범으로 한다. 〈다른 관이 목을 관장하는 때에도 역시 이에 준한다.〉

(1) 구성요건

1) 행위주체

구목령(습유699쪽)에 따르면, 말·소를 기를 때에는 모두 120두를 1무리로 하고, 낙타·나귀·노새는 각각 70두를 1무리로 하며, 양은 620두를 1무리로 한다. 1무리별로 목장 1인을 두고, 대략 목장 15인에 목위 1인을 둔다. 단 목감은 목위의 다소를 따지지 않는다. 따라서 이 죄의 주체는, 목자 및 목장을 직접 책임자로 하고, 목위와 목감은 연좌한다. 다른 관사가 목을 관장하는 경우 목위와 목감의 법에 준한다. 다시 말하면 목은 목감이 관할하는 경우가 많지만 주·현이 관할하는 것도 있는데, 이 경우도 이상과 같은 예에 준하여 주체가 정해진다.

2) 방목시의 죄의 요건

구목령(습유702쪽)에 따르면, 방목하는 축산 중에서 죽거나 손실되는 것은 매년 100두의 비율로 논하여, 낙타는 7두를 제하고, 노새는 6두를 제하며, 말·소·나귀·염소는 10두를 제하고, 백양은 15두를 제한다. 외국에서 새로 들여 온 경우 말·소·나귀·염소는 모두 첫해에는 20두를 제하는 것을 허용하고, 2년 차에는 15두를 제한다. 낙타는 첫해에 14두를 제하고, 2년 차에는 10두를 제한다. 노새는 첫해에 12두를 제하고, 2년 차에는 9두를 제한다. 백양은 첫해에 25두를 제하고, 2년 차에는 20두를 제한다. 3년 차부터는 모두 기존의 것과 같다. 외국에서 들여온 축산이라도 세 번째 해부터는 기존의 축산과 같이 제한다. 이 밖에도 역병이나 서리 눈으로 인해 죽은 수를 제하는 법이 규정되어 있다(『당육전』권17, 487쪽; 『역주당육전』중, 544~545쪽). 요컨대 100두 내에서 위의 영에 적시한 두 수만큼 모자라는 경우 죄를 과하지 않고, 이 수 이상 죽거나 잃은 경우 곧 이 죄가 성립한다.

3) 부과된 증식 수량를 채우지 못한 것

구목령(습유700쪽)에 따르면, 암말·암나귀는 100두당 망아지·송아지 60두를, 나귀는 100두당 새끼 30두를 증식해야 한다. 외국에서 새로 들여온 말은 첫해에 100두당 망아지 40두를 증식해야 하고, 이듬해에는 50두를 증식해야 하며, 3년 차에는 기존의 말과 같이 증식해야 한다. 암낙타는 3년간 100두당 70두의 새끼낙타를 증식하여야 한다. 백양은 매년 100두당 새끼 양 70두를 증식하여야 하며, 염소는 100두당 새끼염소 80두를 증식하여야 한다. 이 영에 규정된 수만큼 증식 수량을 채우지 못하면 죄가 성립한다.

(2) 처벌

1) 목장과 목자

제할 수 있는 수량을 초과해서 1두가 더 죽거나 잃어버린 경우 및 증식 수량을 채우지 못한 경우 목장과 목자는 태30에 처하고, 3두마다 1등을 더하며, 22두가 부족하면 장100에 처한다. 장100이 넘으면 10두마다 1등을 더하며, 부족한 것이 72두이면 죄의 최고형인 도3년에 처한다.

2) 목위와 목감

① 관할하는 목의 다소에 연동해서 계산해서 죄준다. 다른 관사가 목을 관장하는 경우도 이에 준한다.

② 장관을 수범으로 하고 좌직을 종범으로 한다. 예컨대 목위는 15개의 무리를 관할하므로 제할 수 있는 수를 초과한 것이 15두이면

태30에 처하고 45두마다 1등을 더하며, 좌직은 1등을 감해서 처벌하는 것 따위이다. 이 죄는 공죄이지만 4등관을 연좌하는 통례(명 40.1a)에 따르지 않는데, 이는 무리로 목축하는 일이 중요하여 장관에게 맡기기 때문이다. 따라서 죽거나 잃어버리거나 증식할 수량을 채우지 못한 경우 목감을 수범으로 하고, 부감 및 승·주부를 종범으로 한다. 여기서 좌직을 종범으로 한다고 규정하고 있으므로 주전은 죄가 없음이 분명하다.

3) 직무 기간이 1년 미만일 때 절산하는 방법

① 목위·목장·목자가 새로 임용되어 만 1년이 되지 않은 경우 죽거나 잃어버린 축산은 1년 동안 제할 수 있는 것을 월별로 나누어 근무한 월수만큼 제한다. 가령 노새를 외국에서 구입하였다면 그 해에 12두를 제할 수 있으니 곧 한 달에 1두를 제할 수 있다는 것이다. 그러므로 새로 임명되어 3개월 근무했다면 3두를 제하고, 5개월이면 5두를 제한다. 다른 축산의 경우 새로 부임한 때에 따라 종류별로 정한 1년 동안의 죽거나 잃어버리는 수를 기준으로 제하며, 월별로 나누는 것도 이 같은 방식에 준해서 환산한다.

② 증식해야 할 수량을 채우지 못한 경우 새로 임용된 목위·목장·목자가 교배시킬 때 검교를 담당한 경우 부족한 수에 따라 처벌한다. 즉 구목령(습유700쪽)에 따르면, 암말·암나귀는 매년 3월에 교배시킨다. 따라서 이 시기에 교배를 검교하지 않았다면 증식해야 하는 수량을 채우지 못했더라도 율에 의거하여 처벌하지 않는다. 단 교배된 뒤에 어미가 손상되거나 새끼가 낙태된 것에 대해서는 교배된 뒤에 취임한 자에게 죄를 준다.

(3) 특별죄명

1) 줄로 매어 사육하는 축산에 대한 죄

줄로 매어 사육하는 경우 이치상 잘 죽지 않으므로 죄를 1등 더한다. 더구나 매어 기르는 축산은 잃어버리거나 낙태시키면 안 되기 때문에 죄를 2등 더한다. 따라서 줄로 매어 사육하는 축산이 제할 수 있는 수량을 1두 초과하여 죽었다면 태40에 처하고, 그 이상이면 차례로 죄를 더하여 최고 유2000리에 처한다. 이 축산의 제하는 수를 1두 초과하여 잃어버렸다면 장60에 처하고, 그 이상이면 차례로 죄를 더하여 최고 유3000리에 처한다.

2) 양에 대한 죄

목장 등이 기르던 양 중에서 죽거나 잃어버린 것 및 부과된 증식 수량을 채우지 못한 것이 규정상 제할 수 있는 것을 초과한 때의 죄는 말·소에 대한 죄에서 3등을 감한다. 따라서 초과한 수가 3두 이하이면 죄가 없고, 4두가 부족하면 태10에 처하며, 3두마다 1등을 더하여 최고 도1년 반에 처한다. 즉 양은 초과한 수가 반드시 4구가 되어야 죄가 성립한다.

2. 축산의 검사를 부실하게 한 죄

구고율2(197조)
1. 축산의 검사를 사실대로 하지 않는 자는, 1두이면 태40에 처하고, 3두마다 1등을 더하되, 죄는 장100에 그친다.
2. 만약 이 때문에 축산의 가치에 증감이 발생하여 장물이 무거운 때에는 증감된 가치를 계산해서 좌장으로 논한다. 장물을 자기에게 들인 때에는 절도로[以盜]로 논한다.

(1) 축산의 검사 부실의 죄

구목령(습유709쪽)에 따르면, 절충부 내의 관마 및 전송용의 말·나귀는 매년 모두 자사·절충도위·과의도위 등이 검사해서 가려낸다. 그 가운데 늙고 병들어 타고 쓸 수 없는 것이 있으면, 절충부 내의 관마는 주의 관사가 지켜보는데서 가려내고, 경조부 관내의 축산은 상서성에 보내 가려내서 편의대로 판다. 이때 검열해서 가려내리는 자는 모두 사실대로 검사해야 하며, 도태해서는 안 되는 것을 도태시키거나 값을 매기는 것을 부실하게 한 때에는, 1두이면 태40에 처하고, 3두마다 1등을 더하여 최고 장100에 처한다.

(2) 검사 부실로 증감된 축산의 가치가 무거운 때의 죄

검사 부실로 증감된 축산의 가치가 무거운 때에는 좌장으로 논하여 처벌한다. 즉 검열해서 가려내는 것을 사실대로 하지 않아 축산의 가치에 증감이 발생하였으면, 증감된 가치를 장물로 환산하여 좌장으로 논하되, 그 죄가 검사부실의 죄보다 무거운 때에는 좌장죄로 처벌한다. 예컨대 말 1두의 검사부실죄는 태40인데, 부실검사로 증감한 가치가 견 3필1척이면 좌장죄는 태50이 되므로 이 경우 좌장죄로 처벌하며, 가치가 2필1척(좌장죄 태40)이 안 되면 그대로 검사부실죄로 태40에 처한다.

(3) 검사 부실로 증감된 축산의 가치를 착복한 죄

검사 부실로 증감된 가치를 착복한 때에는 착복한 것을 계산하여 절도로[以盜] 논하고, 그대로 배장을 징수하며(명53.4), 감림·주수이면 2등을 더하고(적36), 장물의 가치가 1필 이상이면 제명 처분한다(명18.2와 주).

(4) 일부는 착복하고 일부는 착복하지 않은 때의 처벌 방법

감림·주수가 검사를 사실대로 하지 않아 가치에 증감이 발생한 것 가운데 착복한 것도 있고, 자기에게 착복하지 않은 것도 있는 경우, 만약 한 곳에서 범했다면 곧 하나의 사안이 나누어져 두 죄가 되고 처벌하는 법도 같지 않으니 곧 무거운 죄의 장물을 가벼운 죄의 장물에 병합하여 처벌하는 합산하는 법을 적용해야 하지만(명45.2b), 단 제명·면관·배장은 본법을 다 적용한다. 간단히 말하면 이 경우 도죄로 논하는 착복한 장물도 착복하지 않은 장물에 더하여 좌장죄로 처벌하지만, 단 도죄로 논하는 장물에 대해서는 제명·면관·배장을 그대로 적용한다는 것이다.

(5) 양의 검사 부실의 죄

양의 검사를 부실하게 한 자는 3등을 감하여 1두이면 태10에 처하고, 3두마다 1등을 더하여 최고 장70에 처한다. 단 증감된 가치를 장물로 계산한 좌장죄가 검사 부실의 죄보다 무거워 좌장으로 논하거나, 그것을 자기에게 들여 절도로[以盜] 논해야 하는 경우는 감하지 않고 처벌한다.

III. 축산의 관리에 관한 죄

1. 병약한 관의 축산을 관리하지 않은 죄

구고율3(198조)
1. 허약하거나 병든 관의 축산을 받아서 돌보고 치료하는 것을 법대로 하지 않았으면 태30에 처하고,

2. 그 때문에 죽은 경우에는 1두이면 태40에 처하고, 3두마다 1등을
   더하되, 죄는 장100에 그친다.

구목령(습유711쪽)에 따르면, 관의 축산이 길에서 허약해지거나
병들어 계속 나아갈 수 없는 것이 있으면 인근 주·현에 맡겨 돌보아
먹이고 치료해서 구하게 하되, 사료·건초 및 약은 관에서 공급한다.
따라서 해당 지역의 관사는 그것을 받아서 돌보고 치료하여야 하는
데 법의 규정대로 하지 않은 경우 태30에 처하며, 그 때문에 죽은 경
우 1두이면 태40에 처하고, 3두마다 1등을 더하여 최고 장100에 처
한다.

2. 관의 축산을 상해하거나 수척하게 한 죄

구고율6(201조)

1. 관의 축산을 타거나 부리다가 등·목에 상처를 냈는데, 상처의 크
   기가 3촌이면 태20에 처하고, 5촌 이상이면 태50에 처한다. 〈상
   처의 둘레를 촌으로 계산한다.〉
2. (a) 만약 축산을 방목하여 사육하다가 수척하게 한 자는 10분으
   로 계산하여 처벌하는데, 1/10은 태20에 처하고, 1/10마다 1등을
   더하며, (b) 만약 10두에 차지 않은 경우 1두이면 태30에 처하
   고, 1두마다 1등을 더한다. (c) 각각 죄는 장100에 그친다.

(1) 관의 축산을 타거나 부리다가 등·목에 상처를 낸 죄

1) 개설

이 죄는 관·사의 축산 상해죄(구8)에 대한 특별죄명으로, 관의 축
산에 대해 가벼운 상해를 입힌 경우 처벌하기 위하여 설정한 것이

다. 만약 타거나 부리다가 손상한 것이 아니고 고의로 상해하였다면 관의 축산을 상해한 죄(구8.1b)에 따르고 이 죄를 적용하지 않는다. 사인의 축산을 타다가 등·목에 상처를 낸 때에는 이 죄가 적용되지 않고 또 구고율 8조의 축산을 상해한 죄를 적용하지도 않는다.

2) 구성요건

관의 축산을 타거나 부리다가 등·목에 3촌 이상의 상처를 낸 것이 이 죄의 요건이다. 축산은 소·말·낙타·나귀·노새를 말한다. 타는 자가 등에 상처를 내거나, 수레를 모는 자가 목에 상처를 낸 것이 3촌 이상인 것을 말한다. 상처의 크기는 상처의 둘레를 촌으로 계산하며, 둘레가 3촌이면 지름이 1촌이고, 둘레가 5촌1분이면 지름이 1촌7분이다. 비록 상처가 네모지거나 둥글더라도 모두 상처의 둘레를 촌으로 측정한다.

3) 처벌

상처가 3촌이면 태20에 처하고, 5촌 이상이면 태50에 처한다. 율문에서 이상이라고 하였으므로 상처가 더 크더라도 역시 죄를 더하지 않는다.

(2) 방목하는 관의 축산을 수척하게 한 죄

1) 구성요건

관의 축산을 방목하여 사육하다가 수척하게 한 것이 요건이다. 행위주체는 목감·목위·목장 및 목자이다. 10두 이상인 경우 수척한 것이 10분의 1 이상이 되어야 하고, 만약 10두 이하면 1필이 수척하더라도 처벌한다.

2) 처벌

① 10분으로 계산하여 처벌하는데, 1/10이 수척하면 태20에 처하고, 1분마다 1등을 더하여 최고 장100에 처한다. 가령 1무리 100두의 말이 있는데, 그 가운데 10두가 수척해졌으면 1/10이 되어 태20에 처한다. 또한 10두마다 1등을 더하며, 90두 이상이 수척해졌으면 최고형인 장100에 처한다.

② 만약 10두에 차지 않은 경우는, 1두가 수척하게 된 때에는 태30에 처하고, 1두마다 1등을 더하여 최고 장100에 처한다. 가령 8두인 경우, 1두가 수척해졌으면 태30에 처하고, 8두가 모두 수척해졌으면 7등을 더해 최고형인 장100에 처한다.

③ 목감 및 목위는 모두 관할하는 목의 수에 연동해서 계산해서 죄준다.

④ 다른 축산도 수를 기준으로 죄를 받는 것은 모두 이에 준한다.

⑤ 양은 3등을 감한다.

3. 타고 부릴 관마를 조련하지 않은 죄

구고율7(202조)

관마를 타거나 부려야 하는데 조련되지 않은 경우 1필이면 태20에 처하고, 5필마다 1등을 더하되, 죄는 장100에 그친다.

태복식에 따르면, 말은 2살이 되면 조련하며, 목위 1인마다 조련하는 사람 10인씩 배치하여 5번으로 나누어 근무하게 하는데, 매년 3월 1일부터 근무하여 4월 30일에 마치게 한다. 또 구목령(습유708쪽)에 따르면, 전중성 상승국과 동궁에는 습어(習馭)를 두어 말을 조련하되, 단 목의 말을 검열하는 관사가 관마를 타는 것을 허락하면 비로소 조련한다. 그러므로 관마를 타거나 부려야 하는데 조련되지 않은 것이 1필이면 태20에 처하고, 5필마다 1등을 더하여 41필이면 최고형인 장100에 처한다. 황제와 황태자에게 바치는 어마가 조련되지 않아서 죄를 받는 것은 이 조항보다 무거워야 하므로 곧 직제율의 황제가 타는 수레를 끄는 말이 조련되지 않은 경우의 죄(직15.3)에 따라 죄준다.

제9절 관호·관노비 관리에 관한 죄

Ⅰ. 개설

관노비는 모반·대역에 연좌되어 국가에 몰수된 자이며, 관노비의 자손은 신분이 세습된다. 관노비는 한번 신분 상승하면 관호가 된다. 관노비의 신분 상승은 황제의 사면에 의해 이루어지는 것이 일반적이지만, 노령이나 질병 및 훈공에 의해 주어지는 경우도 있다. 관노비와 관호는 각각 소속 관사에 등록된다. 관노비는 축산 또는 자재와 같은 국가의 재산이며, 관호도 거의 같은 존재로 간주된다(명47.4의 소, 적1.1c의 소 참조). 따라서 이를 관리하기 위한 규정이 엄정하게 마련되어 있으며, 이를 위반한 자는 처벌한다.

II. 관천인의 관리 기능 방해의 죄

1. 관호·관노비를 허위로 제·거·사·면하거나 교환한 죄

사위율15(376조)

1. (a) 관호·노비를 사기하여 제(除)·거(去)·사(死)·면(免)하거나 사사로이 교환한 자는 도2년에 처하고, (b) 만약 교환한 장물이 무거운 때에는 관물을 교환한 법에 따른다.

(1) 구성요건

이 죄의 요건은 두 가지이다.

① 관호·관노비는 관사에 등록되는데, 그 명부에 허위로 제(除)·거(去)·사(死)·면(免)이라고 기재하여 각각 본래의 신분에서 벗어나게 하는 것이 요건의 하나이다. 제라는 것은 명부에 허위로 하사된 것으로 기재하는 것이다. 거라는 것은 그들의 명부를 없애는 것을 말한다. 사라는 것은 허위로 사망이라고 기재하는 것을 말한다. 면이라는 것은 나이를 더하여 60세가 되었다거나 폐질이라고 기재하는 것을 말한다. 이러한 것들은 각각 본래의 신분에서 벗어나게 하는 행위의 일종이다.

② 관노비를 사노비와 교환하는 것이 다른 하나의 요건이다. 단 관노비를 자신으로 부곡으로 삼거나 관호를 자신의 노비로 삼은 경우는 관물을 사물과 교환한 법이 아니라 별도의 죄로 논한다. 왜냐하면 노비는 법적으로 매매가 가능하고 그 몸값이 형성되어 있으나, 부곡은 매매가 금지되어 있고 오직 주인을 바꾸어 섬기게[轉事] 할 수 있기 때문이다. 그런데 실제로는 부곡을 타인에게 넘길 때 그 동안 부곡을 부양한 비용이라는 명목으로 몸값을 받는다. 다시 말하면

부곡을 전사할 때 받는 부양비는 그 명목 상 몸값은 아니기 때문에 값을 매겨 장물로 삼을 수 없다. 따라서 관노비를 취하여 자신의 노비로 삼은 경우는 당연히 절도로[以盜] 논하지만 부곡을 노비와 교환한 것은 이치상 부곡을 억압하여 노비로 삼은 법례에 따르며, 따라서 이 경우 두 개의 죄가 성립하므로 그중 무거운 죄에 따라 처벌한다(명45.3b). 그러나 사노비 혹은 부곡을 관호와 교환한 경우에는 마땅히 거짓으로 관호를 면한 것으로 죄를 과해야 한다.

(2) 처벌

위의 요건에 해당하는 자는 각각 도2년에 처한다. 단 교환한 관노비를 도죄의 장물로 계산하여 죄가 도2년보다 무거운 때에는 사물을 관물과 교환한 법에 따른다(적43). 다시 말하면 교환한 장죄가 가벼운 때에는 도2년, 장죄가 무거운 경우는 관물을 사물과 교환한 법에 따라 그 등가를 계산하여 절도에 준하여 논하고 이익 본 것을 계산하여 절도로[以盜] 논한다. 그러므로 이 경우 사물을 관물과 교환한 법이 보충가중 규정이 된다.

2. 관호·관노비를 은닉·탈루한 죄

사위율15(376조)

2. (a) 관호·관노비가 자식을 낳고 은닉하거나 전리(典吏)가 이를 탈루한 때에는 도1년에 처하고, 〈자식을 낳고 말하지 않은 것을 은닉이라 하고, 전리가 장부에 등재하지 않은 것을 탈루라고 한다.〉 (b) 주사가 은닉·탈루를 적발하지 못한 때에는 이정이 탈루를 적발하지 못한 경우의 법에 따른다.

(1) 구성요건

관호·관노비를 은닉하거나 탈루한 것이 죄의 요건이다. 은닉은 관호·관노비가 자식을 낳았는데 말하지 않은 것이고, 탈루는 전리가 이를 알고도 장부에 등재하지 않은 것이다. 전리는 관호·관노비의 관리를 담당하는 이속이다.

(2) 처벌

1) 관호·관노비 및 전리

위의 요건에 해당하는 관호·관노비 및 전리는 각각 도1년에 처한다. 단 자식을 낳은 관호·관노비는 마땅히 가장만을 처벌한다고 해석해야 한다(명42.2a). 또 이는 자식 하나를 숨긴 때의 처벌이다. 다시 말하면 호혼율 1조의 가장이 고의로 호구를 탈루한 죄에 준하여, 1구이면 도1년, 2구마다 1등씩 더하여 최고 도3년에 처한다. 숨긴 자식이 아직 세·역을 담당하는 나이가 아닌 경우는 4구를 1구의 죄로 계산해서 처벌하되, 최고형은 도1년반이다.

2) 주사

① 주사가 은닉·탈루를 적발하지 못한 때에는 이정이 탈루를 적발하지 못한 법례에 따른다. 이정이 탈루·증감을 적발하지 못한 때에는 1구이면 태40에 처하고, 3구마다 1등을 더하며, 장100를 초과하면 10구마다 1등을 더하여 최고 도3년에 처한다(호2.1).

② 주사가 실정을 안 때에는 각각 부모가 고의로 은닉한 죄와 같이 처벌한다. 주사는 4등관을 연좌하지 않고 단지 원인 제공자만 처벌한다.

③ 전리 및 주사가 은닉하고 탈루한 구가 많으면 율에 의거하여 이정이 탈루한 것에 준하므로 마땅히 누계해서 처벌해야 한다. 또

주사가 은닉·탈루한 구수에 대해 안 경우도 있고 모른 경우도 있는 경우에는, 안 경우의 구수를 모른 경우의 구수에 더하여 모른 경우의 법을 적용해서 처벌한다.

3. 관호·관노비의 질병을 치료하지 않은 죄

잡률8(396조)
관호·관노비에게 질병이 있는데, 주사가 치료할 의약을 청하지 않거나, 청하였는데 주지 않은 자는 태40에 처하고, 그로 인해 사망에 이른 한 때에는 도1년에 처한다.

관호·관노비가 본사에서 복무하면서 질병이 생겼는데, 관할하는 주사가 의사와 약을 청하지 않거나 비록 청하였지만 의사와 약을 주관하는 관사가 공급하지 않아 치료가 제대로 되지 않은 때에는 태40에 처한다. 의사와 약을 청하지 않거나 구료하지 않은 까닭에 죽음에 이르게 된 때에는 각각 도1년에 처한다. 이들 주사는 치료의무가 있는데, 이 때문에 사람을 죽게 했다면 미필적 고의에 의한 살인이라고 말할 수 있으므로 율은 별도로 단지 도1년에 처하는 규정을 둔 것이다.

4. 관호·관노비 및 부곡·사노비의 도망죄

포망률13(463조)
1. 관호·관노비가 도망한 때에는 1일이면 장60에 처하고, 3일마다 1등씩 더한다. 〈부곡·사노비도 역시 같다.〉
2. (a) 주사가 적발하지 못한 때에는 1구이면 태30에 처하고, 5구마다 1등을 더하되, 죄는 장100에 그친다. (b) 관호가 도망하는 것

을 고의로 방임한 자는 같은 죄를 주고, 관노비가 도망하는 것을 방임한 자는 절도에 준하여 논한다.

3. (a) 만약 관·사노비가 도망하도록 유도한 자는 절도에 준하여 논하고, (b) 아울러 배상하게 한다.

(1) 관호·부곡 및 관·사노비의 도망죄

관호·관노비가 도망한 때에는 1일이면 장60에 처하고, 3일마다 1등을 더한다. 최고형에 대한 규정은 보이지 않는다. 부곡 및 사노비도 같다. 양인 여자가 부곡의 처가 되었더라도 만약 도망하였다면 죄는 부곡과 같다.

(2) 주사가 관호·관노비의 도망을 적발하지 못한 죄

주사가 관호·관노비의 도망을 적발하지 못한 때에는 1구이면 태30에 처하고, 5구마다 1등을 더하되, 최고형은 장100이다.

(3) 주사가 관호·관노비의 도망을 고의로 방임한 죄

1) 관호의 도망을 고의로 방임한 경우

주사가 관호의 도망을 방임한 때에는 관호가 도망한 것과 같은 죄로 처벌한다. 그런데 관호가 범한 도·유죄는 장형으로 대체한다(명 47.2). 따라서 관호의 도망죄가 도·유죄에 이르더라도, 그로 인해서 죄를 받게 된 주사도 또한 장형에 처한다.

2) 관노비의 도망을 고의로 방임한 경우

관노비의 도망을 방임한 경우 절도에 준하여 논한다. 즉 노비를 장물로 계산하여 5필이면 도1년에 처하고, 5필마다 1등을 더한다. 단 최고형은 유3000리이고, 죄인으로 인해서 죄를 받게 된 것이기 때문에 역시 장형으로 대체한다. 부곡 및 사노비에 대해서는 고의로 방임한 죄명이 없다. 따라서 죄의 주체는 주사에 한하고 일반인에게는 미치지 않는다.

(4) 관·사노비의 도망을 유도한 죄

1) 구성요건

행위주체는 주사와 일반인을 불문한다. 행위객체는 관·사노비에 한하며, 관호·부곡은 아니다. 단 만약 관호·부곡의 도망을 유도한 경우는 법률에 해당 조문이 없지만 '마땅히 해서는 안 되는 행한' 죄의 무거운 쪽에 따라 장80에 처한다. 관호·노비 등 도망자와 동행한 자는 죄인에게 통과해서 이르게 하거나 의복이나 식량을 공급한 것(포18.1)과 같은 죄로 처벌한다. 도망을 유도한 것은 자신의 소유로 하려는 것은 아니고 도망가도록 유도한 경우를 말한다. 자신의 소유로 한 것은 즉 유인으로 간주하여 절도로 논한다(적46.1a).

2) 처벌

관·사노비가 도망가도록 유도한 자는 절도에 준하여 논하며, 관·사노비의 몸값을 배상토록 한다. 이 점은 고의로 방임한 것과 같지 않다. 대개 고의로 방임한 것은 적극적으로 그 도망을 방임한 것이고 유도는 적극적으로 이끈 것이기 때문이다.

제10절 국가의 재화 관리에 관한 죄

Ⅰ. 총설

1. 당 전기의 국가재정

당 전기의 국가재정은 원칙적으로 현물의 출납을 통해 이루어졌다. 다시 말하면 대부분의 국가 재정수입은 현물 수납방식을 통해 이루어졌다. 예컨대 정남에게 부과하는 조용조는 겉곡식 2석과 견 2필을 원칙적으로 현물로 징수했으며, 그 밖에 지세·호세 등도 현물 수납이 원칙이었다. 또 다른 재원인 각지의 공헌도 현물임은 말할 것도 없으며, 그 밖에 실형 대신 징수하는 속동도 현물이고, 죄수로부터 몰수하는 재물도 역시 현물이었다. 마찬가지로 재정 지출도 현물을 지급하는 방식으로 이루어졌다. 관인들에게 지급되는 월봉은 곡물이나 비단과 같은 현물이었다. 황실이나 관사, 그리고 군대에서 필요한 재화는 모두 현물로 지급되는 것이 원칙이었다.

2. 관물의 범주

구고율28(223조)

사인에게 들여야 할 관물로 이미 관의 창·고에서 내었지만 아직 지급하지 않은 것, 또는 관용에 공급할 사물이 이미 운송되어 관에 있는 것 및 관인에게 제공할 물품, 비록 관용으로 공급된 것은 아니지만 관에서 관장하고 있는 것은 모두 관의 물품에 관한 예를 적용한다.

전형적인 관물은 관에 소유권이 있는 모든 것 및 관에 보관되어 있는 물품이다. 다만 관물의 출납과 수급에는 원래 절차가 있고, 또 관·사 사이에는 때때로 차(借)·대(貸)가 있기도 한다. 그러므로 관물과 사물의 경계가 모호한 점이 있다. 이 조항은 관물의 정의를 확대하여 비단 관의 소유물뿐만 아니라 장차 마땅히 관 밖으로 나갈 것이라도 아직 관에 장악되어 있거나 관에 보관되어 있다면 역시 그대로 관물로 간주한다. 구체적으로 적시하면 다음과 같이 네 가지로 정리할 수 있다.

① 관의 물품 가운데 개인에게 지급해야 할 것으로 이미 관의 창·고에서 내었는데 아직 지급하지 않은 것, 예컨대 관의 물품 가운데 장차 관인이나 백성에게 지급하거나 사여하거나 빌려주려고 창·고에서 이미 꺼내었지만 관아에 보존되어 아직 당사자에게 인도되지 않은 기간의 물품은 관물의 범위에 포함한다.

② 관에서 쓰도록 제공되어야 할 사인의 물품으로 이미 관에 운송된 것, 예컨대 개인에게 빌려서 관용으로 충당할 물품이나 징수할 과세물 등으로 이미 관아에 옮겨져 저장된 물품은 관물의 범위에 포함한다.

③ 관인에게 제공되어야 하거나 관에서 쓰도록 공급된 물품은 아니지만 관에서 관장하고 있는 것, 예컨대 아직 지급되지 않은 공해의 물품 및 관인의 월봉 등은 관물의 범위에 포함된다.

④ 조사 중인 장물이나 뇌물 혹은 쌍방이 소유권을 다투는 쟁송 중의 재물로 관에서 보관하고 있으면 모두 관의 물품에 대한 법례를 적용한다.

3. 국가 재정에 관련된 죄

국가 재정의 기반이 되는 현물의 수량이 방대하고 출납 및 보관의 사무가 복잡하므로, 이에 관한 철저한 관리는 국가의 재정 운영에 필수불가결한 요소라 할 수 있다. 따라서 이에 대한 금령도 치밀하고 엄정하게 규정되어 있다. 즉 관물의 범주(구28), 관물의 창·고의 출비에 대한 엄격한 통제와 절도방지(구15), 관물의 적법한 보관(구19), 관물 관리의 인수인계(잡52), 관물의 봉인(구25), 감림·주수의 관물 유용죄(구17), 감림·주수의 관물 차용죄(구18), 관물 낭비죄(구21), 감림·주수의 세물 대리 운반의 죄(구23), 관물을 수납하지 않은 죄(구16), 관물의 귀속을 적법하게 하지 않은 죄(구20), 관물을 출납하지 않은 죄(구24), 관물의 출납을 위법하게 한 죄(구27) 등이 규정되어 있다.

II. 창·고 방위에 관한 죄

구고율15(210조)

1. (a) 사람이 창·고에서 나오면 방위주사는 응당 수색하고 검사해야 하며, 수색하고 검사하지 하지 않았다면 태20에 처한다. (b) 이 때문에 절도를 적발하지 못하게 된 때에는 절도한 자의 죄에서 2등을 감한다. (c) 만약 야간 경비 당번이 절도를 적발하지 못했다면 3등을 감한다.

2. 주수가 절도를 적발하지 못한 경우, 견 5필이면 태20에 처하고, 10필마다 1등을 더하며, 장100을 넘으면 20필마다 1등을 더하되, 죄는 도2년에 그친다.

3. 만약 지키는 것을 규정대로 하지 않아 그 때문에 절도를 당하게 되었다면 각각 1등을 더한다.

4. (a) 고의로 방임한 때에는 각각 절도한 자와 같은 죄를 준다. (b) 만약 고의로 방임하여 절도당한 장물이 만 50필이면 가역류에 처하고, 100필이면 교형에 처한다.
5. 만약 강도를 당한 때에는 각각 논하지 않는다.

1. 창·고의 방위주사가 수색·검사하지 않고 절도를 고의로 방임한 죄

(1) 방위주사가 수색·검사를 하지 않은 죄

방위주사가 창·고에서 나오는 사람을 수색·검사하지 않은 때에는 태20에 처한다. 방위주사는 창·고를 지키는 사람이다. 단 창·고에서 나오는 사람이라도 5품 이상의 관인은 모두 수색·검사하지 않는다.

(2) 방위주사 및 야간 경비 당번이 과실로 절도를 적발하지 못한 죄

1) 방위주사의 죄

방위주사가 수색·검사해야 하는데 하지 않아서 절도를 적발하지 못하게 된 경우 절도한 자의 죄에서 2등을 감한다. 즉 수색·검사하지 않아서 물품이 몰래 반출되었다면 반출된 물품을 절도(적35.2)의 장물로 계산하여 반출한 사람의 죄로 삼는데, 방위주사는 이 죄에서 2등을 감해서 처벌한다.

2) 야간 경비 당번의 죄

야간 경비 당번이 절도를 적발하지 못한 때에는 3등을 감한다. 즉 물품이 저장된 창·고에서 교대로 경비를 서는 사람이 당번할 때 도둑이 물품을 훔치는 것을 적발하지 못한 경우에는 절도한 자의 죄에서 3등을 감해서 처벌한다. 가령 절도를 적발하지 못한 것이 견 5필이면 절도한 자의 죄 도1년에서 3등을 감해서 장80에 처한다.

(3) 방위주사 등이 규정대로 방위하지 않아 절도를 적발하지 못한 죄

방위주사가 지키는 것을 규정대로 하지 않고 사람이 창·고에서 나오는데 수색·검사하지 않아서 절도를 적발하지 못하게 된 때 및 야간 경비 당번이 규정대로 하지 않아 절도를 적발하지 못한 때에는 절도한 자의 죄에서 1등 및 2등을 감하여 처벌한다.

(4) 고의로 절도를 방임한 죄

1) 장물이 50필 미만인 경우

방위주사 및 야간 경비 당번이 절도를 고의로 방임한 때에는 절도한 자와 같은 죄[與同罪]로 처벌한다. 이 경우 제명·면관·배장 및 감림·주수의 경우 가중 처벌하는 법례를 적용하지 않는다(명53).

2) 장물이 50필 이상인 경우

방위주사 및 야간 경비 당번이 고의로 방임하여 도난당한 장물이 견 50필이면 가역류에 처하고, 100필이면 교형에 처한다.

국가의 창·고는 본래 관리를 담당하는 주사가 있는데, 만약 주사가 정을 알면서 절도를 용인하였다면 죄를 받는 것은 절도한 자보다 무겁다. 그런데 명례율 53.3조에 "같은 죄로 처벌하는 경우에는 가역류의 법례를 적용하지 않는다."는 규정을 두고 있기 때문에, 창·고에 관한 율문에 특별히 "50필이면 가역류에 처하고, 100필이면 교형에 처한다."는 규정을 둔 것이다. 다시 말하면 그 장물이 50필 미만이면 절도한 자와 더불어 죄가 같은 죄[與同罪]를 주므로, 따라서 제명·면관 처분하지 않는다. 그러나 장물이 견 50필이 된 경우 가역류에 처하고, 제명·유배를 법대로 하며, 장물이 견 100필이면 교형에 처한다. 이것은 고의로 1인을 놓아준 죄에 대해서 말한 것이다. 만약 여러 번의 절도나 여러 사람의 절도를 고의로 방임한 때에는 각각 누계하여 반으로 나누는 법(명45)에 따른다.

(5) 강도를 당한 경우

만약 강도를 당하였다면 각각 죄를 논하지 않는다. 즉 위협이나 폭력을 사용했기 때문에 막을 수 없는 경우에는 죄를 논하지 않는다.

2. 창·고의 주수가 절도를 적발하지 못한 죄 및 고의로 방임한 죄

(1) 창·고의 주수가 절도를 적발하지 못한 죄

주수가 절도를 적발하지 못한 장물이 견 5필이면 태20에 처하고, 10필마다 1등을 더한다. 장100을 넘으면 20필마다 1등을 더하여 최고 도2년에 처한다. 주수는 관품의 유무에 관계없이 직접 창·고를 주관하고 담당하는 자를 말한다. 다른 사람이 물품을 절도하는 것을 적발하지 못한 때에는 견으로 환산하여 5필이면 태20에 처하므로, 5필이 차지 않으면 죄를 받지 않는다. 10필마다 1등을 더하므로 85필이면 장100에 처한다. 장100을 넘으면 20필마다 1등을 더하니, 105필이면 도1년, 125필이면 도1년반, 145필이면 죄의 최고형인 도2년에 처한다.

(2) 창·고의 주수가 규정대로 하지 않아 절도를 적발하지 못하게 된 죄

주수가 규정대로 하지 않았다는 것은 자물쇠 채움 및 봉인을 규정대로 하지 않은 것을 말하며, 이 때문에 도난을 당하게 된 때에는 1등을 더하여 처벌하니, 5필이면 태30에 처하고, 10필마다 1등을 더하여 85필이면 도1년에 처한다. 도1년이 넘으면 20필마다 1등을 더하여 145필이면 죄의 최고형인 도2년반에 처한다.

(3) 창·고의 주수가 고의로 절도를 방임한 죄

① 주수가 고의로 절도를 방임한 때에는 절도한 자와 같은 죄로 처벌한다. 이 경우 제명·면관·배장 및 감림·주수의 경우 가중처벌하는 법례를 적용하지 않는다(명53.3).

② 주수가 절도를 고의로 방임하였는데, 그 장물이 견 50필이 된 때에는 가역류에 처하고, 100필이면 교형에 처한다. 구체적인 것에 대해서는 방위주사 및 야간 경비 당번이 범한 죄에서 설명했다. 만약 강도를 당하였다면 각각 논하지 않는 것도 같다.

III. 관물의 관리에 관한 죄

1. 창·고 및 적취한 재물을 적법하게 보관하지 않아 손상한 죄

구고율19(214조)
1. 창·고 및 적취의 재물을 규정대로 보관하지 않거나, 또는 햇볕에 말리는 것과 통풍하는 것을 때맞추어 하지 않아 훼손·부패되었다면 훼손·부패된 바를 계산하여 좌장으로 논한다.
2. (a) 주·현은 장관을 수범으로 하고, (b) 감(監)·서(署) 등도 역시 이에 준한다.

(1) 요건

1) 주체
주체는 장관 이하 관련된 업무를 담당하는 모든 관리를 포함한다.

2) 행위
행위는 두 가지이다.

① 창·고의 재물과 적취의 재물을 규정대로 보관하지 않은 것이 하나의 행위요건이다. 창은 좁쌀·보리 등을 저장하는 곳이다. 고는 기물·병장기·면·견 등을 저장하는 곳이다. 적취란 땔감·건초·잡물 등을 쌓아 저장하는 곳이다. 모두 반드시 지대가 높고 건조한 곳에 안전하게 보관해야 한다.

② 햇볕에 말리는 것과 통풍하는 것을 때맞추어 하지 않은 것이 다른 하나의 행위요건이다. 볕을 쬐거나 통풍해야 할 물품은 또한 반드시 때맞추어 볕을 쬐거나 통풍시켜야 한다. 이 두 행위로 말미암아 재물이 훼손되거나 부패되었다면 훼손되고 부패된 바를 계산하여 좌장으로 논한다.

(2) 처벌

1) 죄의 계산
부패하거나 훼손된 재물을 장물로 계산하여 좌장으로 처벌한다. 따라서 그 재물의 가치가 1척이면 태20, 1필마다 1등을 더하여 10필이면 도1년에 처하고, 10필마다 1등을 더하여 최고 도3년에 처한다.

2) 연좌

주·현은 장관을 수범으로 하고, 좌직 이하 차례로 종범으로 한다 (명40.1a). 감·서 등도 또한 이에 준하여 처벌한다.

2. 관물의 봉인을 함부로 개봉한 죄

구고율25(220조)
관의 물품에 봉인(封印)이 있는데 담당하는 관사에게 신청하지 않고 주전이 함부로 개봉한 때에는 장60에 처한다.

관의 물품은 포장해서 봉한 뒤에 날인하고 주기한다. 개봉하려면 모두 담당 관사에게 신청해야 한다. 만약 주전이 담당 관사에 신청하지 않고 함부로 개봉한 때에는 장60에 처한다. 이는 단지 개봉한 것만으로 죄를 받는 위험범이다.

3. 주수가 관물의 장부를 망실한 죄 및 교대 시 정안을 인계하지 않은 죄

잡률52(440조)
1. 관물을 주수하는 사람이 장부를 망실하여 수에 틀림이 있게 된 때에는 틀린 수를 계산하여 주수가 절도를 적발하지 못한 것으로 논한다.
2. 단 주전이 교체될 때는 문안은 모두 정안을 작성하여 후임자에게 인계해야 한다. 위반한 자는 장100에 처한다. 〈관을 떠나도 결코 죄를 면하지 못한다.〉

(1) 주수가 관물의 장부를 망실한 죄

관물을 주관하는 주수가 장부를 망실하여, 그 때문에 관리하던 재물의 수에 틀림이 있게 된 때에는 절도를 적발하지 못한 것으로 논하여 처벌한다. 따라서 틀린 수가 5필이면 태20에 처하고 10필마다 1등을 더한다. 장100이 넘으면 20필마다 1등을 더하여 최고 도2년에 처한다(구15.2).

(2) 주전이 교대할 때 정안을 인계하지 않은 죄

주전이 교대할 때 정안을 후임자에게 인계하지 않은 때에는 장100에 처한다. 주전은 교대할 경우 모든 문안을 정안으로 작성하여 후임자에게 인계해야 한다. 위반하고 인계하지 않은 자는 처벌한다. 원래 유죄 이하 공죄의 경우 관을 떠난 뒤에 사건이 발각되었다면 죄를 논하지 않는 것이 원칙이다(명16.2). 그러나 이 죄는 비록 공죄이지만 관을 떠나도 면하지 못한다.

IV. 관물 유용의 죄

1. 감림·주수가 관물 및 공해물을 유용한 죄

구고율17(212조)

1. (a) 감림·주수가 관의 물품을 사사로이 빌리거나, 타인에게 빌려주거나, 그것을 빌린 자는 문기(文記)를 남기지 않았으면 절도로[以盜] 논하고, 문기가 있다면 절도에 준하여 논한다. 〈문기란 초록이나 서명이 있는 영수증 등을 말한다.〉 (b) 판안(判案)을 작성했다면 2등을 감한다.

2. (a) 만약 관물을 공해에 충당한 때 및 공해의 물품을 사사이로 사용하거나 또는 내다파는 것을 사사로이 사용한 때에는 각각 1등을 감하여 처벌한다. (b) 〈비록 빌렸더라도 역시 같다. 다른 조항의 공해의 물품도 이에 준한다. 만약 주수가 사사로이 빌렸는데 문기가 없다면 절도의 법에 의거해서 처벌한다.〉

3. 관의 물품을 빌린 사람이 배상할 수 없을 때에는 판정하고 서명한 관에게서 추징한다. 〈아래 조항의 사사로이 빌린 것도 이에 준한다.〉

(1) 감림·주수가 관물을 빌린 죄

1) 구성요건

(a) 죄의 주체

죄의 주체는 감림·주수이다. 단 여기서 말하는 감림·주수는 현장에서 관물을 관장하여 담당하는 관사를 가리킨다.

(b) 행위

행위 요건은 담당하는 관사가 직접 관장을 담당하는 관물을 사사로이 빌리거나, 남에게 빌려주었거나 그것을 빌려 받은 것, 이 세 가지이다.

(c) 문기의 유무

문기가 있든 없든 구분하지 않고 처벌한다. 문기는 초록 및 서명이 있는 영수증 따위를 말하며, 따라서 명부가 있거나 초록 및 서명이 있는 영수증 따위가 있더라도 모두 처벌한다. 단 처벌은 다르다.

2) 처벌

(a) 문기가 없는 경우

문기가 없는 경우에는 절도로[以盜]로 논한다. 절도로 논한다는 것은 진정 절도와 같이 처벌한다는 것이니(명53.4), 만약 감림·주수가 스스로 관물을 문기 없이 빌린 때에는 역시 일반 도죄에 2등을 더하여 빌린 물품의 가치가 견 30필이면 교형에 처하고(적36), 아울러 제명·면관·배장 처분한다.

(b) 문기가 있는 경우

문기가 있으면 절도에 준하여 논한다. 따라서 이 경우 감림·주수는 일반 도죄에 2등을 더하지 않고, 빌린 관물이 5필이면 도1년에 처하고 5필마다 1등을 더하되 가역류에 이르지 않고, 제명·면관·배장 처분하지 않는다(명53.3).

(c) 판정하거나 서명한 자

판정하거나 서명한 자는 절도에 준하여 논하여 2등을 감해서 처벌하니, 빌린 관물이 5필이면 장90에 처하며, 5필마다 1등을 더하여 최고 도2년반에 처하는 것으로 해석된다.

(2) 감림·주수가 관물·공해물을 유용한 죄

이 죄는 관물을 공해에 충당한 죄, 공해의 물품을 사사로이 사용한 죄, 창·고·적취의 관물을 사람에게 주어 내다팔게 했는데 그 사람이 사사로이 유용한 죄로 구분하며, 일단 앞의 관물에 대해 적용하는 죄를 준용하되, 모두 1등을 감해서 처벌한다[坐之]. 좌지(坐之)의 처벌법은 그 죄를 처벌하는데 그치고, 제명·면관·배장·감림가죄·가역류의 예를 적용하지 않는 것이 원칙이다(명53.3). 여기서 사사로이 사용한 것은 사사로이 빌린 것과 같다. 단 주수가 공해의 물품을 사사로이 빌렸는데 문기가 없는 경우에는 절도의 법에 따라 일반도죄에 2등을 더하고 배장을 징수하며, 관이 있는 자는 제명한다. 바꾸어 말하면 주수가 공해의 물품을 사사로이 빌린 죄는 앞의 좌지(坐之)의 예를 따르지 않는다.

(3) 추징하고 변상하게 하는 방법

스스로 빌린 사람, 다른 사람에게 빌려주어 이를 받은 사람은 모두 배상한다. 다시 말하면 감림·주수가 사사로이 스스로 빌리거나, 다른 사람에게 빌려준 재물이나 축산 따위는 비록 은사령이 내려 죄를 면하더라도 반드시 추징한다. 관의 물품을 빌린 사람이 배상할 수 없다면 판정하고 서명한 관리에게서 추징한다. 이는 빌린 사람이 배상하는 것을 전제로 하여 판정·서명한 관리에게 보충적 책임을 지우는 것이다.

2. 감림·주수가 관의 물품을 사사로이 차용한 죄

구고율18(213조)

감림·주수가 관물을 사사로이 스스로 빌리거나 또는 다른 사람에게 빌려주거나, 그것을 빌린 자는 태50에 처하고, 10일이 경과하였으면 좌장으로 논하되 2등을 감한다.

(1) 요건

주체는 감림·주수이다. 이들이 이 관의 물품을 사사로이 빌리거나, 남에게 빌려준 것이 죄의 요건이며, 감림·주수가 빌려준 것을 받아 쓴 자도 같은 처벌을 받는다. 죄의 객체는 감림·주수가 감림하고 주수하는 관의 의복·담요·장막·완구 등이다.

(2) 처벌

위의 요건에 해당하는 자는 태50에 처하고, 10일이 지난 때에는 좌장으로 논하되 2등을 감한다. 따라서 장물이 견 1필에 해당하면 태10, 10필이면 장90, 그 이상은 10필마다 1등을 더해 최고 도2년에 처한다. 모두 배상하게 한다. 단 감림·주수가 차용해준 것을 받아 쓴 자가 배상할 수 없는 때에는 판정하고 서명한 관리에게서 추징한다 (구17.3).

3. 관물을 낭비한 죄

구고율21(216조)
1. 관물을 낭비한 자는 좌장으로 논한다. 〈관물을 내서 구입하거나 제작하거나 제사·연회에 공급하는 것이 과다한 것 따위를 말한다.〉
2. 물품이 남아 있으면 관에 환수하고, 이미 소비된 것은 추징하지 않는다. 〈영조하는데 예산이 과다하여 물품이 남고, 제사를 마치고 다 먹어서 소비된 것을 말한다.〉

(1) 요건

죄의 요건은 관물을 낭비한 것인데, 관물을 내서 관을 위해 필요한 것을 구매하거나 제작·영조하거나 제사·연회에 공급하는 것이 과다한 것 등을 말한다.

(2) 처벌

각각 필요한 것보다 과다하게 책정하여 공급한 것을 장물로 계산해서 좌장죄(잡1.1)를 적용한다. 사용하지 않은 물품이 남아 있을 때에는 관에 환수한다. 그러나 제사의 의식을 마쳤거나, 연회에서 음식을 다 먹어버린 때에는 모두 추징하지 않는다.

V. 관물을 수납하지 않은 죄

1. 관의 물품을 빌려갔다가 반환하지 않은 죄

구고율16(211조)

1. 관물을 빌렸다가 일이 끝난 뒤 10일이 지나도록 반환하지 않는 자는 태30에 처하고, 10일마다 1등을 더하되, 죄는 장100에 그친다.
2. 반환하지 않고 사사로이 사용한 때에는 1등을 더한다.
3. (a) 만약 빌린 관의 물품을 잃어버린 경우 담당 관사에게 스스로 보고하였다면 배상은 규정대로 하게 하고, (b) 직접 보고하지 않은 자는 잃어버린 것으로 논한다.

(1) 요건과 처벌

관물을 신청해서 빌렸다는 것은 길·흉사가 있어 의장 물품을 공급받거나 혹은 장막·담요 등을 빌리는 것을 말한다. 이렇게 빌린 것을 일이 끝난 뒤 10일이 지나도록 반환하지 않은 때에는 태30에 처하고, 10일마다 1등을 더하며, 80일이 넘으면 이 죄의 최고형인 장100에 처한다.

(2) 특별죄명

1) 반환하지 않고 사사로이 사용한 때의 처벌

반환하지 않고 사사로이 사용했다는 것은 반환하지 않고 길·흉사 외에 별도로 사사로이 사용한 것을 말하며, 각각 1등을 더하여 처벌하고, 80일이 지난 때에는 도1년에 처한다.

2) 빌린 관물을 잃어버린 경우의 처분

① 관물을 잃어버린 사실을 담당관사에 직접 보고하지 않았다가 다른 사람에 의해 발각되었다면 망실로 논하고, 변상하게 한다. 잡률 54.2조에 의거하면, 관물을 망실한 때에는 절도에 준하여 논하여 3등을 감해서 처벌한다.

② 잃어버린 사실을 담당관사에 직접 보고한 자는 죄를 면제하되 규정대로 변상하게 한다.

2. 재물의 귀속을 잘못한 죄

구고율20(215조)
관이나 개인에게 들여야 하는 재물을 들이지 않거나, 관이나 개인 에게 들여서는 안 되는데 들인 자는 좌장으로 논한다.

관과 사인이 쟁송하여 재물을 나누어야 하는데, 관에 들여야 할 것을 사인에게 들이거나, 사인에게 들여야 하는데 관에 들이거나, 갑에게 들여야 하는데 을에게 들이거나, 사인에게 들여야 하는데 공해에 들인 것이 죄의 요건이다. 이 요건에 해당하는 자는 각각 들여서는 안 되는데 들인 것을 계산하여 좌장으로 논한다.

3. 관물을 출납하는 관이 지체시키고 출납하지 않은 죄

구고율24(219조)

1. (a) 수납하거나 지급하는 것이 있는데, 받고 지급하는 관사가 까닭 없이 지체하여 받지 않거나 지급하지 않은 경우, 1일이면 태50에 처하고, 3일마다 1등을 더하되, 죄는 도1년에 그친다. (b) 문사가 지체시켰다면 역시 이에 준한다.
2. 만약 지급의 신청이나 수납이 뒤에 이르렀는데도 주사가 순서에 따르지 않고 먼저 지급하거나 먼저 받은 때에는 태40에 처한다.

(1) 수납·지급을 지체한 죄

1) 요건

관에 물품을 수납하거나 관의 물품을 내서 사람에게 지급하는 관사가 까닭 없이 지체시키며 받지 않거나 지급하지 않은 것 및 문사가 트집을 잡아 지체시키는 것이 죄의 요건이다.

2) 처벌

지체시키는 것이 1일이면 태50에 처하고, 3일마다 1등을 더하여 최고 도1년에 처한다.

(2) 주사가 순서에 따르지 않고 수납·출급한 죄

수납·출급을 요청한 자가 늦게 이르렀는데 주사가 순서에 따르지 않고 먼저 수납·출급하거나, 먼저 이르렀는데 뒤에 수납·출급한 때에는 태40에 처한다.

4. 관물의 출납을 위법하게 한 죄

구고율27(222조)

1. (a) 관의 물품을 출납하는데 지급하고 받는 것을 위법하게 한 경우에는 부족하거나 더한 것을 계산해서 좌장으로 논한다. 〈위법이란 많이 받고 적게 내주거나 묵은 것을 내주어야 하는데 새 것을 내주거나, 상등품을 받아야 하는데 하등품을 받는 것 등을 말한다.〉 (b) 그 물품이 아직 출급해서는 안 되는데 출급한 경우에도 죄는 역시 이와 같다.
2. 관물을 되돌려 관용에 충당하는데 위법하게 한 경우에는 태40에 처한다.
3. 단 주사가 부족하거나 더 받은 것을 알면서도 이를 보고하지 않은 때에는 좌장으로 논하되 2등을 감한다.

(1) 관물의 출납을 위법하게 한 죄

관물을 감림·주수하는 관사가 출납하는데 위법이 있는 것이 이 죄의 요건이다. 출납하는데 위법했다는 것은, 저울질하는 물품은 출납할 때 반드시 공평하게 해야 하는데 만약 무겁게 받고 가볍게 내주면 곧 더함이 있게 되고, 묵은 물품을 내주어야 하는데 새 물품을 내주거나, 상등 물품을 받아야 하는데 하등 물품을 받았다면 이는 곧 부족함이 있게 된다. 이와 같이 더함이나 부족이 발생하면 그 가치를 계산하여 좌장으로 논하여 죄를 과한다. 또한 만약 가볍게 받고 무겁게 내주거나 새 것을 내주어야 하는데 묵은 것을 내주거나 상품을 받아야 하는데 중품을 받은 것도 같은 죄를 받는다. 지급해서는 안 되는 물품을 지급한 죄도 역시 같다. 예컨대 "녹봉은 춘추로 나누어 지급한다."는 영(녹령, 습유324쪽)을 위반하고 아직 지급 시기에 이르지 않았는데 지급한 경우에는 역시 좌장으로 논하여 죄를 준다.

(2) 특별죄명

1) 관용으로 충당한 경우

관물을 되돌려 관용으로 충당할 때 출납에 위법이 있는 경우 태40에 처한다.

2) 주사가 고발하지 않은 경우의 처벌

흠결이나 잉여가 있는 것을 알면서도 이를 고발하지 않은 때에는 부족하거나 더한 것을 계산하여 좌장으로 논하되 2등을 감한다.

제11절 군사에 관한 죄

I. 개설

당 전기의 국방 체제는 평시와 전시가 달랐다. 평시에는 변경에 진·수를 설치하고 군대를 배치하여 외적의 침입에 대비하였다. 진·수의 주둔군을 방인(防人)이라 하였는데, 방인은 교대로 근무하는 것이 원칙이었다. 전시에는 행군(行軍)을 편성하여 외척의 침입을 방어하거나 적을 공격하였다. 행군은 전쟁이 발발하면 편성하고 전쟁 상황이 종결되면 해체하는 것이 원칙이었다. 행군의 군인을 정인(征人)이라 칭했다. 정인은 부병(府兵)의 위사 가운데서 선발하거나 위사가 아닌 일반 정남 가운데서 징모하는데, 후자만을 정인이라 칭하는 경우도 있다(천4.1의 소). 정인의 선발을 간점이라고 하였다. 당률의 각 편에 규정된 군사에 관한 죄를 유형별로 분류해 보면 다음과 같다.

(1) 병력 및 군수품을 함부로 조발한 죄

(2) 위사·정인의 간점과 관리에 관한 죄

(3) 군무 기피·태만의 죄

(4) 정인·방인의 도망죄

(5) 봉후와 변경 성·수의 방비에 관한 죄

II. 병력 및 군수품을 함부로 조발한 죄

1. 병력을 함부로 조발하거나 파견한 죄

천흥률1(224조)

1. (a) 함부로 병력을 조발(調發)한 것이, 10인 이상이면 도1년에 처하고, 100인이면 도1년반에 처하되 100인마다 1등씩 더하며, 1,000인이면 교형에 처한다. 〈경급한 일이 없거나, 또는 먼저 보고하지 않고 함부로 병력을 조발한 경우를 말한다. 비록 보고하였으나 답을 기다리지 않았다면 마찬가지로 함부로 조발한 것이 된다. 병력을 조발하는 문서가 시행되었으면 곧 처벌한다.〉 (b) 병력을 지급한 자는 지급한 수에 따라 함부로 병력을 조발한 죄에서 1등을 감한다. 〈역시 먼저 보고하지 않거나 답을 기다리지 않은 경우를 말한다. 파견을 통고하였다면 곧 처벌한다.〉

3. 만일 도망자나 도적이 있어 임시로 인부를 차출하여 추적해서 체포해야 하는 경우는 이 율을 적용하지 않는다.

(1) 구성요건

이 죄의 요건은 함부로 병력을 조발한 것과 함부로 병력을 파견한 것의 둘이다.

1) 함부로 병력을 조발한 것

군방령(습유371쪽)에 의하면, 10인 이상을 차견할 때에는 모두 반드시 칙서와 함께 내려온 동어부를 확인하고 맞추어 보아 서로 일치하여야만 비로소 선발해서 보낼 수 있다. 단 긴급하게 병력이 필요한데 노정에 비추어 상주할 수 없을 때에는 편의상 선발해서 보내는 것을 허락하는데, 보낸 뒤에는 반드시 즉시 위에 보고해야 한다.

① 긴급한 일이 없는데 조발한 것 및 먼저 보고하지 않고 함부로 조발한 것이 하나의 요건이다.

② 비록 보고는 하였으나 지시를 기다리지 않은 것도 함부로 조발한 것과 같다. 절차에 따라서 보고한 자는 모두 반드시 지시를 기다려야 하는데, 만일 지시를 기다리지 않았다면 함부로 발병한 것과 같다.

③ 조발의 문서가 시행되었으면 곧 처벌하며, 반드시 병사를 확보한 때에만 처벌하는 것은 아니다. 이 죄는 단지 문서로 대병관(帶兵官)에게 조발을 요구했다면 설령 군대를 확보하지 못했더라도 곧 이 죄를 적용한다는 것이다.

④ 단 임시로 인부를 뽑아 보내는 것은 함부로 병력을 조발한 것으로 간주하지 않는다. 즉 도망자나 도적이 있어 임시로 인부를 파견하여 추적·체포해야 하는 경우에는 이 율을 적용하지 않는다. 적병의 침입이 아니라 바로 도망자나 도적이 있다면 해당 지역의 관사는 임시로 인부를 파견하여 추적·체포할 수 있으므로 이 율을 적용하지 않는 것이다.

2) 함부로 병력을 지급한 것

① 비록 발병 문서가 있더라도 병력을 관장하는 자가 동어부와 칙서를 맞춰보지 않고 병력을 지급한 것과 먼저 보고했더라도 지시를

기다리지 않고 지급한 것이 또 하나의 요건이다.

③ 파견하라고 명했으면 곧 처벌한다. 다시 말하면 단지 명령을 내렸으면 설령 군대가 아직 출발하지 않았더라도 곧 이 죄를 받는다.

(2) 처벌

1) 조발한 자

10인 이상을 조발하였으면 도1년에 처하고, 100인이면 도1년반에 처하며, 100인마다 1등을 더하여 700인이면 유3000리, 1000인이면 교형에 처한다. 따라서 700인 이상 1000인 이하는 100인마다 형을 더하지 않고 그대로 유3000리에 처하는데, 유죄에서 사죄로 올리는 것은 신중해야 하기 때문이다. 9인 이하는 율에 조문이 없지만 '마땅히 해서는 안 되는데 행한' 죄의 무거운 쪽(잡62.2)을 적용하여 장80에 처한다.

2) 지급한 자

함부로 병력을 지급한 때에는 지급한 병력 수에 따라 함부로 병력을 조발한 죄에서 1등을 감해서 처벌한다. 9인 이하는 '마땅히 해서는 안 되는데 행한' 죄의 가벼운 쪽(잡62.1)에 따라 태40에 처한다고 해석해야 한다.

2. 긴급한데 조발하지 않거나 지급하지 않은 죄

천흥률1(224조)

2. (a) 단 외적[寇賊]이 갑자기 내침하여 공습하려 하거나, 성·둔이 반란을 일으키거나, 적의 내응이 있어 급히 병력이 필요한 때에

는 편의에 따라 병력을 조발할 수 있다. 비록 소속이 아닌 이웃 지역의 관사도 조발·지급할 수 있으나, 모두 즉시 보고하여야 한다. 〈각각 급히 병력이 필요하여 먼저 보고할 겨를이 없는 경우를 말한다.〉 (b) 이 경우 만약 즉시 조발하지 않거나 즉시 지급하지 않은 자는 필요로 하는 병력 수에 준하여 모두 함부로 조발한 죄와 같이 처벌한다. (c) 단 즉시 보고하지 않은 자는 또한 조발한 병력 수에 준한 죄에서 1등을 감한다.

(1) 요건

외적이 갑자기 경내로 침입하여 공격·엄습하려 하거나, 국내의 성·진이나 병마를 주둔시킨 곳에서 반란을 일으키거나, 외적 내에서 반란이 일어나 중국에 내응하려 하는 경우, 이와 같은 일이 있어 급히 병력이 필요한 때에는 편의에 따라 병력을 조발할 수 있다. 비록 소속하는 바가 아닌 이웃 구역의 관사도 병력을 조발할 수 있으며, 또한 이에 응하여 지급할 수 있다. 단 이 경우에도 모두 즉시 보고해야 한다. 편의에 따라 조발할 수 있다는 것은 보고하거나 지시를 기다릴 필요 없이 상황에 따라 즉시 조발을 허가하고, 병마를 관장하고 있는 담당자도 상황에 따라 지급할 수 있다는 것이다. 이 경우 즉시 병력을 조발하지 않았거나 즉시 지급하지 않은 것이 죄의 요건이다.

(2) 처벌

1) 조발하지 않은 자와 지급하지 않은 자

즉시 조발하지 않거나 즉시 지급하지 않은 자는 필요로 하는 병력 수에 준하여 모두 함부로 조발한 죄와 같이 처벌한다. 따라서 10인 이상이 필요한데 즉시 조발하지 않거나 즉시 지급하지 않았으면 각각 도1년에 처하고, 100인을 필요로 한 경우는 각각 도1년반에 처하며, 100인마다 각각 1등을 더하여 700인 이상이면 유3000리, 1,000인 이상은 각각 교형에 처한다. 이 경우 즉시 조발하지 않은 때와 지급하지 않은 때의 형이 같은데, 이는 통상적 경우 함부로 지급한 죄는 함부로 조발한 죄에서 1등을 감하는 것과 같지 않다.

2) 보고하지 않은 자

병력을 긴급 조발·지급하고 즉시 보고하지 않은 자는 조발·지급한 병력 수에 준하여 위의 죄에서 1등을 감하여 처벌한다.

3. 사가의 물품을 함부로 조발한 죄

천흥률2(225조)

1. (a) 잡물을 조발하여 군사에 공급해야 할 때에는 모두 먼저 보고하고 지시를 기다려야 한다. 〈군용으로 공급하기 위해 민간에서 내야 하는 것은 모두 그러하다는 것을 말한다.〉 위반한 자는 도1년에 처하고, (b) 공급한 자는 1등을 감한다.
2. (a) 만일 사태가 긴급하면 편의에 따라 조발하고 지급할 수 있으나 모두 즉시 보고하여야 한다. 만약 사태가 긴급한데도 조발하지 않거나 지급하지 않은 자도 또한 도1년에 처하고, (b) 즉시 보고하지 않은 자는 각각 1등을 감한다.

(1) 보고하여 답을 기다리지 않고 사가의 물품을 조발한 죄

이 죄는 사가의 물품을 조발하여 군용으로 공급할 때는 반드시 보고하고 답을 기다려야 하는데 이를 위반하고 함부로 조발한 것을 요건으로 한다. 군대가 필요로 해서 공급하는 것은 비록 병력이 아니라도 모두 먼저 보고하고 지시를 받은 다음에 비로소 조발할 수 있다. 그런데 관물로 공급할 경우에는 당연히 통상의 규정이 있지만, 사가에서 징발할 때는 그런 규정이 없으므로 반드시 먼저 보고하고 지시를 기다려야 한다. 이를 위반하고 사가의 물품을 조발한 자는 도1년에 처하고, 이를 징발해서 공급한 자는 1등을 감하여 장100에 처한다. 공급한 자는 마땅히 조발의 명을 받은 주·현 등의 관인이며, 이를 내는 백성이 아니다.

(2) 사태가 긴급한데 필요한 물품을 즉시 조발하고 공급하지 않은 죄

사태가 긴급하면 편의에 따라 조발하여 공급하고 즉시 보고하여야 한다. 만약 사태가 긴급한데 조발하지 않거나 공급하지 않은 자는 각각 도1년에 처한다. 여기서 공급자는 역시 주·현 등의 관인임은 말할 필요도 없다. 조발한 자와 공급한 자가 즉각 보고하지 않은 때에는 각각 1등을 감하여 장100에 처한다.

4. 공문에 의하지 않고 병기를 지급한 죄

천흥15(238조)
1. 공문으로 내주라고 한 것이 아닌데 병장기를 함부로 내준 경우, 주사는 도2년에 처한다.
2. 비록 공문[符·牒]이 있어 지급해야 하더라도 판정하지 않았는데 내준 때에는 장100에 처한다.
3. 의장은 각각 3등을 감한다.

(1) 공문에 의하지 않고 병기를 지급한 죄

병기를 공문에 의하지 않고 함부로 내어 지급한 주사는 도2년에 처한다. 주사는 판정하고 서명하는 것을 담당하는 자를 말한다. 또

한 유수하는 곳이나 모든 주·부에서 병기를 조발할 때는 동어부와 칙서를 사용해야 하는데, 사용하지 않은 자도 역시 도2년에 처한다.

(2) 특별죄명

1) 부·첩을 판정하기 전에 지급한 경우

비록 부·첩이 담당 관사에 도착하였더라도 판관이 부·첩을 판정하기 전에 내어 지급한 자는 장100에 처한다. 이 경우 부·첩에 준하여 지급한 것을 말한다.

2) 의장(儀仗)을 공문 없이 함부로 지급한 경우

의장을 공문 없이 함부로 지급한 자는 장100에 처하고, 공문이 있더라도 판정하기 전에 지급한 자는 장70에 처한다. 의장이라는 것은 길·흉례의 의장이나 문에 세우는 창 등을 말한다.

5. 청구하여 받은 군기를 반납하지 않거나 훼손한 죄

잡률56(444조)
1. (a) 청구하여 받은 군기를 일이 끝난 뒤에도 남겨두고 반납하지 않은 자는 10일이면 장60에 처하고, 10일마다 1등씩 더하여 100일이면 도1년에 처한다. (b) 100일이 넘었는데 반송하지 않은 자는 금병기 사유죄에서 2등을 감한다.
2. 단 버리거나 훼손한 자는 절도에 준하여 논한다.
3. (a) 만약 망실 및 착오로 훼손한 자는 10분으로 논하여, 망실한 것이 1분이거나 훼손한 것이 2분이면 장60에 처하고, 망실한 것이 2분이거나 훼손한 것이 4분이면 장80에 처하며, 망실한 것이 3분이거나 훼손한 것이 6분이면 장100에 처한다. (b) 만약 10분

에 차지 않으면 1건을 1분으로 논한다. (c) 단 전투하다가 손실
한 때에는 처벌하지 않는다.

4. 의장은 각각 2등을 감한다.

(1) 청구하여 받은 군기를 반납하지 않은 죄

1) 구성요건

구성요건은 군기를 청구하여 받고 정행(征行) 및 방어의 일이 끝났
는데 남겨두고 반납하지 않은 것이다. 군기는 투구·갑옷·창·쇠뇌·
활 등을 말한다.

2) 처벌

① 10일이면 장60에 처하고 10일마다 1등씩 더하며, 100일이면 도
1년에 처한다.

② 100일을 초과한 때에는 금병기사유죄에서 2등을 감한다(천20.1).

(2) 청구하여 받은 군기를 훼손한 죄

청구하여 받은 군기를 버리거나 훼손한 자는 절도에 준하여 논한
다. 따라서 적도율 28.1조에 의거해서, 청구하여 받은 갑옷·쇠뇌를
버리거나 훼손한 자는 절도한 자와 같이 유2000리에 처하고, 금병기
이면 도2년에 처한다. 만약 절도한 죄가 사유한 죄보다 가벼우면 사
유한 것과 같이 처벌한다.

(3) 군기를 망실하거나 착오로 훼손한 죄

1) 구성요건
구성요건은 청구하여 받은 군기를 망실하거나 착오로 훼손한 것이
다. 단 전투하다가 손실한 경우는 처벌하지 않고 배상시키지도 않는다.

2) 처벌
통상 10분으로 죄를 논한다. 단 10건에 차지 않을 때는 1건을 1분
으로 하여 논한다.

① 10건이 이상인 경우는 10분으로 논한다. 10분으로 논한다는 것
은 가령 100건을 청구하였다면 10건을 1분으로 하는 것 따위를 말한
다. 예컨대 1분을 망실하거나 2분을 훼손하였다면 각각 장60에 처한
다. 만약 2분을 망실하거나 4분을 훼손하였다면 장80에 처한다. 3분
을 망실하거나 6분을 훼손하였다면 장100에 처한다. 장100은 이 죄
의 최고형이다.

② 10건 미만인 경우는 1건을 1분으로 하여 논한다는 것은, 가령
9건을 청구하였다면 9분으로 하는 것 등을 말하며, 역시 망실·훼손
의 10분법에 준해서 죄를 준다. 예컨대 7건을 청했는데 3건을 망실
했다면 장100, 2건을 청했는데 2건을 착오로 훼손했다면 장60에 처
한다.

③ 영에 따라 배상하게 한다.

(4) 의장을 과실로 훼손한 죄
의장은 병기가 아닌 군기를 말한다. 만약 의장을 망실하거나 착오
로 훼손한 자는 각각 10분으로 논하고, 각각 군기를 망실하거나 훼
손한 죄에서 2등을 감한다.

Ⅲ. 위사·정인의 간점 및 관리에 관한 죄

1. 위사·정인의 간점을 불공평하게 한 죄

천흥률4(227조)

1. 위사를 간점하는데 〈정인도 역시 같다.〉 취하고 놓아두는 것을 공평하지 않게 한 자는, 1인이면 장70에 처하고, 3인마다 1등을 더하되, 죄는 도3년에 그친다. 〈공평하지 않다는 것은 부자는 놓아두고 가난한 자를 취하거나, 강한 자를 놓아두고 약한 자를 취하거나, 정이 많은 호를 놓아두고 정이 적은 호를 취하는 것 따위를 말한다.〉
2. (a) 만약 군인의 명적이 이미 정해져 있는데 차견을 공평하지 않게 한 때에는 2등을 감하고, (b) 만약 주수를 차견해야 하는데 위사를 차견한 때에는 1등을 더한다.
3. 단 모자람이나 남음이 있을 때에는 각각 1등을 더한다.

(1) 위사·정인의 간점을 불공평하게 한 죄

위사·정인을 간점하는데 취하고 놓아두는 것을 불공평하게 한 자는 1인이면 장70에 처하고 3인마다 1등을 더하여 최고 도3년에 처한다. 위사는 경사에 상번하는 부병을 말한다(위18). 정인은 위사가 아니라 임시로 징모되어 출정하는 자를 말한다. 통상의 간점은 3년에 한번 하며, 성정이 되면 간점 대상이 되고 60세에 면한다(군방령, 습유377쪽). 간점하는 법은, 재산이 같으면 강건한 자를 뽑고, 체력이 같으면 부유한 자를 뽑으며, 재산과 체력이 모두 같으면 정이 많은 호에서 뽑는다. 이를 위반한 것이 취하고 놓아두는 것을 불공평하게 한 것이다. 다시 말하면 부자는 놓아두고 가난한 자를 취하거나 신체가 강한 자를 놓아두고 약한 자를 취하거나, 정이 많은 호를 놓아두고 정이 적은 호를 취하는 것과 같은 것들을 말한다. 이는 예시이며, 나이의 많고 적음이나 능력이 있고 없는 것 등 변별하는 것이 공평하지 않은 것은 모두 죄의 요건에 포함된다.

(2) 특별죄명

1) 차견을 공평치 않게 한 경우

군인의 명적이 이미 정해져 있는데 차견을 공평하게 하지 않은 자는 죄를 2등 감하여, 1인이면 태50에 처하고, 3인마다 1등을 더하여 최고 도2년에 처한다. 때를 당하여 위사 등을 차견하는 것을 공평하지 않게 한 것을 말한다.

2) 주수 대신 위사를 파견한 죄

마땅히 주수를 파견해야 하는데 위사를 파견한 자는 1인이면 장60에 처하고 3인마다 1등을 더하여 최고 도2년반에 처한다. 주수는 대부 이상을 말하며, 위사와 달라 정이 무거우므로 1등의 죄를 더하는 것이다.

3) 위사·정인의 간점을 모자람이나 남음이 있게 한 경우

위사나 정인을 간점하는데 모자람이나 남음이 있게 한 자는 각각 본죄에 1등을 더하여 처벌한다. 여기서 모자란다는 것은 간점 인원수가 부족한 것이고 남는다는 것은 인원수가 과잉하다는 것이다. 각각 위 조문의 각 죄에 1등을 더한다. 차견을 공평하게 하지 않은 동시에 간점에도 모자라거나 남음이 있게 했다면 본래 죄명이 같지 않으므로 합산하는 법[併滿法]에 준하여 처벌한다.

2. 정인이 이름을 속이고 서로 대신한 죄

천흥률5(228조)

1. (a) 정인이 이름을 속이고 서로 대신한 경우 도2년에 처하되, (b) 동거하는 친속이 대신한 때에는 2등을 감한다.

(1) 정인이 이름을 속이고 다른 사람이 대신하게 한 죄

전사의 출정 명단이 확정되면 남의 이름을 빌어서는 안 된다. 정인이 이름을 속이고 다른 사람을 대신 출정시킨 때에는, 이름을 속인 정인과 그를 대신한 사람 가운데 수범은 도2년, 종범은 도1년반에 처한다. 만약 이름을 속여 대신한 자가 출정한 전장에서 공훈을 세웠다면 양자 모두 서훈해서는 안 된다.

(2) 특별죄명

동거하는 친속이 대신한 경우는 2등을 감해서 처벌한다. 동거하는 친속이라는 것은 거주를 같이하며 재산을 공유하는 자를 말한다(명 46.1의 소). 만약 가인이 함께 범한 경우 존장만 처벌하는 데 그친다고 해석해야 한다(위26.1c의 소 참조).

3. 관할 구역 내의 정인이 이름을 속여 대신한 자를 적발하지 못한 죄

천흥률5(228조)

2. (a) 만약 관할 지역 내의 정인이 이름을 속여 서로 대신한 자가 있다면, 이정은 태50에 처하고, 1인마다 1등을 더하며, (b) 현 내에 1인이면 주전은 태30에 처하고, 2인마다 1등을 더한다. (c) 주

는 관할하는 현 수의 다소에 연동해서 계산해서 죄준다. (d) 각각 죄는 도2년에 그친다. (e) 〈좌직 이상은 등급에 따라 처벌한다.〉 (6) 주사가 정을 알았다면 이름을 속인 자와 같은 죄를 준다.

3. (a) 단 군대에서 이름을 속인 경우 대정은 이정과 같고, 〈대정이라고 말한 경우 대부도 같다.〉 (b) 여수·교위는 대정의 죄에서 1등을 감하며, (c) 과의·절충은 관할하는 교위의 다소에 연동해서 계산해서 죄준다. 〈단 주전 이상은 모두 주·현에 대한 규정과 같다.〉

(1) 이정 및 주·현의 죄

1) 이정

이정이 관할 구역 내에서 정인이 이름을 속이고 다른 사람이 대신하게 한 것을 적발하지 못한 때에는, 1인이면 태50에 처하고, 1인마다 1등을 더하여 최고 도2년에 처한다.

2) 현

현 내에 이름을 속이고 대신한 사람이 1인 있으면, 주전은 태30에 처하고 2인마다 1등을 더하여 15인이면 장100, 21인이면 도2년에 처한다. 좌직 이상을 등급에 따라 연좌하므로, 현위는 제2종범으로 주전의 죄에서 1등을 감하고, 현승은 제3종범으로 2등 감하며, 현령과 주부·녹사는 제4종범으로 3등을 감해서 처벌한다.

3) 주

주는 관할하는 현 수의 다소에 연동해서 계산하여 처벌한다. 따라서 2현을 관할하는 주에서 이름을 속인 자가 2인이면, 주전은 태30에 처하고 4인마다 1등을 더하며, 3현을 관할하는 주에서 이름을 속인 자가 3인이면 주전은 태30에 처하고 6인마다 1등을 더한다. 각각 최고형은 도2년이다. 주의 좌직인 판관 이상의 연좌는 모두 현과 같다.

4) 이정과 주·현의 주전이 이름을 속인 정을 안 경우

이정과 주·현의 파병담당관인 주전이 이름을 속이고 대신한 것을 알았으면 모두 이름을 속인 자와 같은 죄로 처벌한다.

(2) 군대에서 서로 이름을 속이고 대신한 것을 적발하지 못한 죄

① 위사 이상이 이 죄를 받으면 모두 정인과 같은 죄로 처벌한다.

② 대정·대부는 이정과 같다. 즉 대정·대부가 관할 부대 내에서 이름을 속인 자를 적발하지 못한 때에는, 이정에 준하여 1인이면 태50에 처하고, 1인마다 1등을 더하여 최고 도2년에 처한다.

③ 여수·교위는 대정의 죄에서 1등을 감한다. 이들은 원래 친히 감독을 담당하지 않는 자이므로 대정의 죄에서 1등을 감하여, 1인이면 태40에 처하고 1인마다 1등을 더하여 최고 도1년반에 처한다.

④ 과의·절충은 관할하는 교위 수의 다소에 따라 연동해서 계산해서 죄준다. 절충부는 교위 다섯을 관할하는 곳과 넷·셋을 관할하는 곳이 있으므로, 교위 셋을 관할하는 곳은 이름을 속인 자 3인, 넷을 관할하는 곳은 4인, 다섯을 관할하는 곳은 5인이면 각각 태40에 처한다. 이 수에 차지 않으면 처벌하지 않는다. 연동해서 계산하는 방법은 모두 위의 주가 현을 관할하는 규정에 준한다(호3). 좌직을 연좌하여 등급에 따라 처벌하는 것 또한 주·현에 대한 규정과 같다. 따라서 절충부의 부전(府典)은 주의 주전과 같고, 병조는 제2종범이 되며, 장사·과의는 제3종범, 절충도위는 제4종범이 되고, 녹사 또한 제4종범이 된다. 4등관이 모두 갖추어지지 않은 경우는 현재 있는 절충부의 관직 체계에 준하여 처벌한다.

4. 군소 및 진·수에서 사사로이 정인·방인을 풀어 돌려보낸 죄

천흥률12(235조)

1. (a) 군소(軍所) 및 진·수에서 사사로이 정인·방인을 풀어 돌려보 낸 자는 각각 정인·진인의 도망죄로 논하고, (b) 만약 사사로이 풀어 함부로 군·진을 이탈하게 한 자는 각각 2등을 감한다. (c) 만약 풀어준 사람이 많은 때에는 1인을 1일에 준하고, 풀어준 날 이 많은 때에는 1일을 1인에 준한다. 〈3인을 각각 5일 동안 풀어 주거나 5인을 각각 3일 동안 풀어주었다면 누계하여 15일이 되 는 것 따위를 말한다. 모두 밤을 경과해야 처벌한다.〉
2. 군대가 정토에 임하고 있는데 풀어준 자는 참형에 처하고,
3. 풀려난 자는 각각 1등을 감한다.

(1) 구성요건

군소는 행군하는 곳, 즉 작전 수행하는 장소이며, 이곳에서 작전 을 수행하는 군인이 정인이다. 진·수는 변경 요처에 군대를 주둔하 여 지키는 곳을 가리키며, 이곳을 지키는 군인이 방인이다. 정인·방 인이 집으로 돌아가서는 안 되는데 함부로 풀어 놓아준 것이 행위 요건이다. 율문에는 행위의 주체가 언급되어 있지 않으나, 풀려난 사람은 죄를 감해서 처벌하므로 주사가 행위의 주체라고 해석해야 한다.

(2) 처벌

각각 정인·진인의 도망죄로 논해서 처벌한다. 죄의 환산 방법이 복잡하기 때문에 풀어 돌려보낸 자가 1인일 때와 다수일 때로 나누 어 설명해야 한다.

1) 1인일 때

포망률 7조에 따르면, 정토에 종군하다가 도망한 자는 1일이면 도 1년에 처하고, 1일마다 1등을 더하며, 15일이면 교형에 처한다. 적군과 대치하다가 도망한 자는 참형에 처한다. 주사가 고의로 방임한 때에는 더불어 죄가 같다. 따라서 만약 정인을 풀어 돌아가게 한 자는 각각 이 죄를 받는다. 또 포망률 8조에 따르면, 방인이 수자리로 가다가 또는 수자리에서 복무기간이 다 차지 않았는데 도망한 자는 1일이면 장80에 처하고, 3일마다 1등을 더한다. 따라서 방인을 풀어 돌려보낸 자는 각각 이 죄를 받는다.

2) 다수일 때

풀어 돌려보낸 자가 다수일 때는 1인을 1일로, 일 수가 많은 때에는 1일을 1인으로 간주하며, 사람 수와 일 수가 많은 때에는 일 수와 사람 수를 곱하여 그 총 일 수에 준하여 죄를 과한다. 따라서 예컨대 15인의 정인을 풀어 돌아가게 한 자는 1일이 지났더라도 교형에 처해야 한다. 또한 3인이 각각 5일 지나거나, 5인이 각각 3일 지나거나, 7인이 각각 2일이 지나고 또 1인이 1일 지났다면 또한 모두 15일이 되어 교형에 처해야 한다. 그런가 하면 진·수인을 풀어 돌려보낸 자는, 1인에 1일이면 장80에 처하고 3일마다 1등을 더하며 31일이면 유3000리에 처하므로, 만약 31인을 풀어 돌려보냈다면 1일이 지났더라도 유3000리에 처한다. 단 모두 밤을 경과해야만 처벌하니 밤을 경과하지 않았으면 무죄이고, 밤을 경과했더라도 만 1일이 되지 않은 자 1인은 '마땅히 해서는 안 되는데 행한' 죄(잡62)를 적용하는데, 정인은 무거운 쪽에 따라 장80, 진·수인은 가벼운 쪽에 따라 태40에 처한다. 주에 "모두 밤을 경과해야만 처벌한다."고 언급한 뜻은, 10인이 반일 지났다면 5인을 풀어 돌려보낸 죄로 처벌할 것을 염려하여 모두 반드시 밤을 경과해야만 처벌한다고 규정한 것이다. 따라서 반드시 100각이 지나야 비로소 1인1일이 되며 여러 사람 모두 100각이 차지 않는 경우 누계하여 죄를 과할 수 없다. 그러므로 10인을 풀어 돌려보낸 뒤 반일이 지났다면 5인 1일 또는 1인 5일로 계산하여 죄를 과할 수 없고 다만 '마땅히 해서는 안 되는데 행한' 죄를 과할 수 있을 뿐이다.

(3) 특별죄명

1) 정·방인을 사사로이 풀어 함부로 군·진을 이탈하게 한 죄

정·방인을 사사로이 풀어 함부로 군·진을 이탈하게 하였지만 집으로 돌아가게 한 것이 아닌 때에는 집으로 돌아가게 한 죄에서 2등을 감해서 처벌한다. 정인을 놓아주어 군대를 떠나게 한 경우 1일이면 장90에 처하고 1일마다 1등을 더하며 15일이면 도3년에 처한다. 방인을 놓아주어 진을 떠나게 한 경우 1일이면 장60에 처하고 3일마다 1등을 더하여 최고 도2년반에 처한다.

2) 정토에 임하고 있을 때 정인을 풀어준 자에 대한 처벌

군대가 정토에 임하고 있을 때, 즉 적과 대치하고 있을 때 함부로 정인을 풀어 준 자는 1일이 되지 않았더라도 즉시 참형에 처한다.

3) 풀려난 자에 대한 처벌

풀려난 자는 각각 풀어준 주사의 죄에서 1등을 감해서 처벌한다.

5. 진·수의 교대 근무자 파견 기한을 위반한 죄 및 풀어주지 않은 죄

천흥률16(239조)

1. (a) 진·수에 순번에 따라 교대할 자를 파견해야 하는데 기한을 위반하고 파견하지 않은 자는, 1일이면 장100에 처하고 3일마다 1등을 더하되 죄는 도2년에 그치며, (b) 교대할 자가 도착하였는데 풀어주지 않은 자는 1등을 감한다.

(1) 진·수의 교대 근무자의 파견 기한을 위반한 죄

군방령(습유387쪽)에 따르면, 방인은 모두 10월 1일에 교대한다. 관사가 이 기한을 위반하고 파견하지 않는다든지, 만약 행정에 비추어 지체하면서 일찍 파견하지 않은 것이 죄의 요건이다. 이 요건에 해당하는 관사는, 위반한 것이 1일이면 장100에 처하고 3일마다 1등을 더하여 최고 도2년에 처한다.

(2) 교대 근무자가 도착하였는데도 풀어 놓아주지 않은 죄

교대할 방인이 10월 1일이 되어 도착하였는데 복무하던 방인을 풀어주지 않은 관사는, 위반한 것이 1일이면 장90에 처하고, 3일마다 1등을 더하여 최고 도1년반에 처한다.

6. 방인을 부당하게 사역시킨 죄

천흥률16(239조)

2. 진·수의 관사가 방인을 부당하게 사역시켜 도망에 이르게 한 때에는, 1인이면 장60에 처하고 5인마다 1등을 더하되, 죄는 도1년반에 그친다.

군방령(습유386·388쪽)에 따르면, 방인은 복역할 때 진지를 굳게 지키는 것 이외에 오직 군기·성황·공해·가옥만 수리할 수 있다. 또한 방인의 수를 헤아려 주둔지 부근의 공한지를 지급하고, 토양의 마땅한 바에 따라 경작하게 하며, 아울러 여러 채소도 가꾸어 양식을 보충하고 방인 등의 식량을 충당해야 한다. 단 이것은 방인의 본래 임무가 아니므로 전력을 요구해서는 안 되며 당연히 반드시 고락을 공평히 하고 힘을 헤아려 부려야 한다. 그럼에도 불구하고 진·수의 관사가 부당하게 방인을 사역하여 도주하게 만든 때에는, 도주한 자가 1인이면 장60에 처하고 5인마다 1등을 더하여 최고 도1년반에 처한다. 만약 부당하게 사역시켰다면 방인이 도주하지 않았더라도 위령죄(잡61.1)를 적용하여 태50에 처한다.

7. 처벌규정이 없는 방인의 죄

천흥14(237)
진·수에서 범함이 있는데 본조에 처벌규정[罪名]이 없는 경우는 각각 정인의 죄에서 2등을 감한다.

군대의 활동 범위는 정행과 진·수이며, 정행에 참여하는 정인과 진·수의 방어에 참여하는 방인의 죄행에 대해서는 처벌 규정이 있다. 그러나 어떤 죄의 경우 번거로움을 피하기 위해 방인의 죄를 따로 정하지 않은 경우도 있는데, 이 경우를 위해 각각 정인의 죄에서 2등을 감한다는 통례를 규정해 둔 것이다. 진·수에서 발생한 범행은 비단 방인만이 아니라 주사가 범한 것도 포괄해서 본 조문에서 처벌 규정이 없는 경우는 각각 정인의 죄에서 2등을 감한다. 예컨대 진·수의 방인이 이름을 속여 서로 대신하거나, 이를 주사가 그 사정을 알았거나 몰랐거나, 혹은 진·수에서 적을 방어해야 하는데 교묘한 속임수로 역을 피하거나, 혹은 교시(校試)에서 능한 것을 능하지 않다고 한 경우 등에 대해서는 처벌규정이 없는데, 이 경우 각각 정인의 죄에서 2등을 감하여 처벌한다.

IV. 군무 기피·태만의 죄

1. 대집교열의 기한을 어긴 죄

천흥률6(229조)

1. 대집교열(大集校閱)하는데 기한을 어기고 도착하지 않은 자는 장100에 처하고, 3일마다 1등씩 더한다.
2. 주사가 범한 때에는 2등을 더한다.
3. 차견되어 황제의 행차에 종행하는데 도착 기한을 어긴 자는 각각 1등씩 감한다.

(1) 대집교열의 기한을 어긴 죄

대집교열은 황제가 참여하는 군사훈련이다. 이 훈련의 기한을 어기고 도착하지 않은 자는 장100에 처하고, 3일이 지날 때마다 1등씩 더한다. 주수가 범한 때에는 2등씩 더하므로, 기한을 어기고 도착하지 않은 때에는 도1년반에 처하고, 3일이 지날 때마다 1등씩 더한다. 주수는 대부 이상 장군 이하의 지휘관을 가리킨다.

만약 담당 관사가 고지하지 않은 때에는 담당 관사에게 죄를 묻는다. 아래의 황제의 행차에 종행하는 경우나 절충부의 교열의 경우도 같다.

(2) 황제의 행차에 종행하는데 기한을 어긴 죄

차견되어 황제의 행차에 종행하는데 도착 기한을 어긴 자는 각각 대집교열의 기한을 어긴 죄에서 1등씩 감한다. 따라서 주수가 아닌 자가 기한을 어기고 도착하지 않은 때에는 장90에 처하고, 3일마다 1등씩 더한다. 주수가 기한을 어기고 도착하지 않은 때에는 도1년에 처하고, 3일마다 1등씩 더한다.

(3) 절충부의 교열의 기한을 어긴 죄

절충부의 교열의 기한을 어기고 도착하지 않은 자는 각각 위식죄 (잡61.2)에 준하여 태40에 처한다.

2. 핍군흥의 죄

천흥률7(230조)
1. 핍군흥(乏軍興)한 자는 참형에 처하며, 고의든 과실이든 같다. 〈군대의 정토에 임하여 조발하는 것이 있는데 지체하거나 갖추지 못한 것을 말한다.〉
2. 군장을 갖추지 않은 자는 장100에 처한다. 〈군대의 정토에 임하여 세소한 물품이 결핍된 것을 말한다.〉

(1) 핍군흥을 범한 죄

핍군흥을 범한 자는 참형에 처한다. 군대를 일으켜 정토에 임하여 조발하는 것이 있는데 조발을 지체하거나 확보하지 못한 것을 핍군흥이라 한다. 군대를 일으켜 정토하는 것은 국가의 대사이므로, 병마나 군대에 반드시 필요한 기계, 혹은 전투 도구는 각각의 규정 기일에 따라 조발하여 정해진 날짜에 모두 완비되어야 한다. 이를 지체하거나 확보하지 못한 것이 죄의 행위요건이다. 이 행위의 주체는 군인에 한하지 않고 조발을 담당하는 주사나 백성도 포함된다. 또한 사인으로 임명되어 군사행동의 기일을 전달하는데 기한을 어겨서 일을 그르쳤다면 이것도 핍군흥이다. 핍군흥은 고의로 범한 것이든 과실로 범한 것이든 죄가 같다. 사안이 중대하므로 과실이라도 죄를 감하지 않는 것이다.

(2) 군장을 갖추지 않은 죄

군장을 갖추지 않은 자는 장100에 처한다. 군장이란 병사가 몸에 지녀야할 물품 및 화구·오포막·행군용구 등 세소한 물품을 말하며 (군방령, 습유368쪽), 이 중 하나라도 갖추어지지 않았으면 이 처벌을 받는다. 전투에 임해서는 따로 구할 수 없는 것을 기준으로 한다. 만약 아직 종군하기 전이면 찾아 구하는 것은 허용하되 위식죄(잡61.2)에 따라 태40에 처한다.

3. 정인이 지체한 죄

천흥률8(231조)

1. 정인이 지체한 경우, 1일이면 장100에 처하고, 2일마다 1등씩 더하되 20일이면 교형에 처한다.
2. 군대가 정토에 임하는데 기일을 지체하였다면 유3000리에 처하고, 3일을 지체한 때에는 참형에 처한다.
3. 죄주고 용서하고는 정황에 따르며, 이 율에 구애되지 않는다. 〈혹은 기한에 맞추어 위급한 곳에 달려와야 하는데 기한을 어겼다면 바로 참형에 처할 수도 있고, 혹은 죄를 용서하여 군공을 세우기를 바란다면 비록 태만했더라도 죽이지 않아도 된다. 이와 같은 것 따위는 각각 때에 따라 처단하는 것이므로 일반 법

률에 얽매이지 않는다.〉

(1) 정인이 지체하여 뒤처진 죄

종군할 자로 확정된 정인이 군대가 모두 출발했음에도 즉시 길을 떠나지 않고 머물러 지체한 때에는, 1일이면 장100에 처하고 2일마다 1등을 더하며, 20일이면 교형에 처한다. 교형에 처하는 20일은 군대가 출발한 날부터 계산하여 만 20일이 되는 것을 말한다.

(2) 군이 정토에 임하고 있을 때 정인이 기일을 위반한 죄

적군와 아군이 대치하여 교전의 기일을 정해서 교전하려 할 때 기일을 지체한 정인은 유3000리에 처하고, 3일을 지체한 때에는 참형에 처한다.

(3) 장수의 재량권

죄주고 용서하는 것을 융통성 있게 할 필요가 있으면 이 율문에 구애되지 않는다. 즉 혹은 기한에 맞추어 위급한 곳에 달려와야 하는데 기한을 어겼다면 바로 참형에 처할 수도 있고, 혹은 죄를 용서하여 군공을 세우기를 바란다면 비록 태만하였지만 죽이지 않아도 된다. 군중의 호령은 임기응변과 신속한 것이 귀중하므로 상황에 따라서, 혹 군령을 어겼더라도 이후에 남다른 군공을 세우기를 바라거나 혹 비록 기한을 어겼으나 훗날 효과를 거둘 수 있을 것으로 판단하면 용서할 수도 있으니 사안에 따라 처단하는 것이다. 이와 같은 것들은 각각 형편에 따라 처단하는 것이므로 일반 법률에 얽매이지 않는 것이다. 장수가 출정하면 황제가 일체의 권한을 위임하여 장수 스스로 옳다고 생각하면 그렇게 할 수 있는 것이다.

4. 정토에 임하고 있는데 교묘하게 정역을 피한 죄

천흥률13(236조)

1. (a) 군이 정토에 임하는데 교묘하게 속여 정역(征役)을 피하거나, 〈교묘하게 속이는 방법은 갖가지인데, 혹은 남을 무고하거나 고의로 가벼운 죄를 범하는 것 따위를 말한다.〉 만약 시험해서 평가하는데, 능하면서 능하지 않게 함으로써 지체시키거나 결핍하게 한 자는 핍군흥으로 논하되, (b) 일을 그르치게 하지는 않은 때에는 1등을 감한다.
2. (a) 주사가 철저히 조사하지 않아 속임수를 인정한 경우 죄를 2등을 감하고, (b) 정을 안 때에는 같은 죄를 주되, 사죄에 이른 때에는 가역류에 처한다.

(1) 요건

요건은 크게 두 가지이다.

① 군이 적과 대치하여 추격해서 토벌하려 하는데 교묘한 속임수로 정역을 피한 것이 하나이다. 교묘하게 속이는 방법은 갖가지인데, 혹은 남을 무고하거나 고의로 가벼운 죄를 범하는 것 등을 말한다. 가령 남이 죄를 범했다고 무고하여 추국 대질을 바라거나, 고의로 가벼운 법을 범하여 계속 붙잡혀 있으려고 하거나, 고의로 자신의 신체에 상처를 내고 지체를 부러뜨리거나, 꾀병을 앓는 것 등 갖가지여서 이루다 늘어놓을 수 없다.

② 군이 정토에 임하고 있을 때는 한 가지 이상의 무예로 군에 이바지해야하므로 군대 안에서 시험한다. 이 때 능하면서 교묘하게 능하지 않은 것처럼 속임으로써 군사가 지체되거나 차질이 빚어졌거나 결핍되어 그르치게 한 것이 다른 하나의 요건이다.

(2) 처벌

이 요건에 해당하는 자는 핍군흥으로 논하여 고의든 과실이든 불문하고 모두 참형에 처한다.

(3) 능함을 속였으나 군사를 그르치지 않은 자에 대한 처벌

1) 능함을 속인 자

능하면서 능하지 않은 것처럼 속였지만 군사를 그르치게 하지 않은 자는 1등을 감해서 유3000리에 처한다.

2) 주사

① 주사가 철저히 조사하지 않아 적발하지 못하고 속임수를 인정한 때에는 2등을 감해서 도3년에 처한다. 여기서 주사는 마땅히 검사하고 확인하며 시험하는 사람을 말한다. 이는 과실범이다.

② 주사가 실정을 알면서 속임수를 인정한 때에는 범인과 같은 죄를 주며, 사죄에 이른 경우에는 가역류에 처하며, 군사를 그르치게 하지 않은 때에는 유3000리에 처한다.

5. 방인이 기일을 위반한 죄

천흥23(246조)

3. 방인이 지체한 때에는, 1일이면 장60에 처하고, 3일마다 1등씩 더하되 죄는 도2년에 그친다. 인솔하는 주사는 1등을 더한다.

방인이 기일을 위반하고 지체한 때에는 1일이면 장60에 처하고, 3일마다 1등을 죄를 더하며 그 죄의 최고형은 도2년이다. 인솔담당

주사는 1등씩 더한다. 만약 인솔담당 주사로 말미암았다면 인솔자만 처벌한다.

V. 군인의 도망죄

1. 성을 지키지 못한 죄

천흥률10(233조)
1. 주장(主將)이 성을 지키다가 적에게 공격을 받았는데, 굳게 지키지 않고 성을 버리고 도망하거나 방어 준비를 갖추지 않고 있다가 적에게 습격당하여 패한 때에는 참형에 처한다.
2. (a) 만약 적과 연접해 있으면서 척후병으로 파견되었는데 적이 오는 것을 알아차리지 못한 자는 도3년에 처하고, (b) 그로 인하여 패하게 된 때에는 역시 참형에 처한다.

(1) 주장이 성을 지키지 못한 죄
주장이란 군대를 통령하며 친히 주장이 되는 자, 예컨대 진장·수주이나 변방의 성이나 주·현의 성을 지키는 주장 등을 말한다. 이들이 성을 지키다가 적에게 공격을 받았는데, 굳게 지키지 않고 성을 버리고 퇴각하거나, 미리 방어 준비를 하지 않거나 순찰과 경계를 삼엄하게 하지 않아서 적의 습격을 받아 패한 때에는 참형에 처한다.

(2) 적과 대치한 상황에서 적이 오는 것을 알아차리지 못한 척후의 죄
① 적군과 아군의 보루가 연접하여 서로 군기를 바라볼 수 있는 상황에서 척후병으로 파견된 자가 적이 경내로 들어 왔는데도 알아

차리지 못한 때에는 도3년에 처한다.

② 적이 들어온 것을 알아차리지 못함으로써 적의 습격을 받아 성이 함락되고 군대가 패하게 된 때에는 참형에 처한다.

2. 주장 이하가 전투에 임해서 먼저 퇴각한 죄

천흥률11(234조)
1. 주장 이하가 전투에 임하여 먼저 물러서거나, 또는 적병이 대진하다가 무기를 버리고 투항하거나, 적을 저버리고 와서 항복했는데 함부로 살해한 때에는 참형에 처한다.
2. 만약 군령을 위반하였는데 회군 후에 율에 조문이 있으면 율에 따라 처벌하고 조문이 없으면 논하지 않는다.

(1) 주장 이하가 전투에 임해서 먼저 퇴각한 죄

주장 이하라고 한 것은 전투에 임한 전사 이상의 모든 사람을 말한다. 이들이 전투에 임하여 교전하다가 먼저 퇴각한 때에는 참형에 처한다.

(2) 항복한 적을 함부로 죽인 죄

대진해 있던 적병이 적을 배반하여 무기를 버리고 아군에 투항하거나 대진해 있지 않더라도 적을 버리고 와서 항복했는데 함부로 살해한 자는 참형에 처한다.

(3) 전시의 군령 위반죄

대개 전시의 군중에서는 반드시 임기응변하여 임시로 군령을 발할 수 있는 까닭에 본률을 적용하지 않고 군중 주사가 임시로 처단하는 것을 허용한다. 그렇지만 이 임시처단은 전쟁이 끝난 뒤에는 즉시 시행을 멈춰야 하며, 이후에는 반드시 통상으로 돌아와 본률을 적용해야 한다. 다만 전투에 임하여 군령을 위반하였는데 아직 처벌하지 않은 경우, 그 위반한 죄가 율에 조문이 있는 경우 회군 후 율에 따라 처벌한다. 그러나 율에 조문이 없으면 논해서는 안 된다.

3. 정토에 종군할 자의 도망죄

포망률7(457조)

1. (a) 출정자로 이름이 정해졌거나 정벌에 종군하고 있다가 도망한 자는 1일이면 도1년에 처하고, 1일마다 1등을 더하며, 15일이면 교형에 처한다. (b) 적과 대치하고 있다가 도망한 자는 참형에 처한다.
2. 주사가 고의로 방임한 때에는 같은 죄를 준다[與同罪]. 〈아래의 조항은 여기에 준한다.〉
3. (a) 군대가 귀환하는데 먼저 귀환한 자는 각각 5등을 감한다. (b) 단 도망한 자는 집에서 도망한 것과 같은 법을 적용한다.

(1) 구성요건

출정명단이 이미 확정된 위사 및 모집한 정인이 도망한 것이 죄의 요건이다. 위사는 경사에 상번한 부병을 말한다(위18.1). 모집한 정인은 위사가 아니고 임시 모집해서 정행인으로 정해진 자를 말한다(천4.1의 소).

(2) 처벌

도망한 것이 1일이면 도1년에 처하고, 1일마다 1등을 더하며, 15일이면 교형에 처한다. 8일 이상 15일 미만이면 그대로 유3000리에 처한다.

(3) 특별죄명

1) 적과 대치한 상황에서 도망한 죄

적과 참루를 서로 마주 대하고 화살과 돌이 교차하는 상황에서 도망한 자는 참형에 처한다. 이는 역시 전투를 해야 할 사람에 대한 것인데, 단지 도망했으면 처벌하고 도망한 일수 및 도망간 거리의 길고 짧음은 고려하지 않는다.

2) 주사가 정인의 도망을 고의로 방임한 죄

주사가 실정을 알면서 도망을 고의로 방임한 때에는 도망자와 같은 죄로 처벌한다. 단 도망자가 참형에 해당하면 주사는 교형에 처한다.

3) 군대가 귀환하기 이전에 귀환한 죄

군대가 비록 개선하더라도 반드시 대오에 따라야 한다. 만약 대오를 따르지 않고 함부로 먼저 귀환한 자는 각각 군에서 도망한 죄에서 5등을 감한다. 따라서 1일이면 장60에 처하고, 1일마다 1등을 더하며, 5일 이상 15일 미만은 장100, 15일이면 도1년반에 처한다. 단이는 먼저 귀환한 일수가 15일 이하일 때에 한한 것이며, 만약 먼저 귀환한 일수가 15일보다 많으면 종군 명단이 확정된 자의 도망죄로 처벌한다.

4) 군대가 귀환하는데 도망한 죄

군대가 귀환하는데 도망한 자는 집에서 도망한 것과 같은 죄를 적용하여, 1일이면 태40에 처하고, 10일마다 1등을 더하여 최고 유2000리에 처한다(포11.4).

(4) 주의사항

정토에 종군하다가 도망하였는데, 그가 도망한지 15일이 안 된 때 군대가 귀환하였다면, 군대가 귀환하기 전의 도망 일 수는 정토 종 군할 때 도망한 것으로 논하고, 귀환한 이후의 도망 일 수는 군대가 귀환할 때 도망한 것으로 단죄하되, 군대가 귀환하기 이전의 도망 일 수를 군대가 귀환한 이후의 도망 일 수에 합하여 처벌한다. 다만 누계해도 가중하지 않는 경우에는 무거운 것에 따르는데 그친다(명 45.4).

4. 방인의 도망죄

포망률8(458조)
방인(防人)이 방수하는 곳으로 가다가, 또는 방수 기간이 아직 완료 되지 않았는데 도망한 때에는 〈진인(鎭人)도 역시 같다.〉 1일이면 장80에 처하고, 3일마다 1등을 더한다.

변경에는 진·수를 설치하는데, 그 병사를 방인이라 한다. 진의 병 사는 특별히 진인이라 한다. 이들이 방수하러 가다가 혹은 복역 기 간이 만료되지 않았는데 도망한 때에는, 1일이면 장80에 처하고 3일 마다 1등을 더한다. 죄의 한도를 규정한 명문이 없으니 최고형은 유 3000리이고(명56.3), 도망한 일 수는 31일이 된다. 도망 일 수가 31일 이 되기 전에 복역 기간이 이미 만료된 때에는, 복역기간 중의 일 수 를 계산하고 또 집까지 귀환하는데 걸리는 일 수를 계산하여, 전자 를 후자에 합해서 군부에 명적이 있는 자가 도망한 죄를 적용하여 처벌한다.

VI. 봉후와 변경의 성·수의 방비에 관한 죄

1. 봉후에 관한 죄

위금률33(90조)

1. (a) 봉후가 경계하지 않아 외적[寇賊]이 변경을 침범하게 되거나 봉수를 올려야 하는데도 올리지 않거나, 많은 봉수를 피워야 하는데 적은 봉수를 피운 때에는 각각 도3년에 처한다. (b) 만약 봉수를 피우는 것을 이미 마쳤는데 다음 봉수가 올라오지 않는데도 곧장 가서 알리지 않은 때의 죄 역시 그와 같다.
2. 이 때문에 호구·군인·성수가 함락되거나 패퇴한 때에는 교형에 처한다.
3. 만약 봉수를 올려서는 안 되는데 올리거나, 또는 봉수를 적게 피워야 하는데 봉수를 많이 피우거나, 봉수대 주위 2리 안에서 거짓으로 연기나 불을 피운 자는 각각 도1년에 처한다.

(1) 봉후가 경계하지 않은 죄

변경에서 경사까지 연이어 봉수대를 설치하고 봉수를 서로 호응케 해서 비상시에 대비한다. 망보는 자가 봉수를 올리지 않아, 이 때문에 미리 대비하지 못해서 외적이 변경을 침범할 수 있게 된 때에는 도3년에 처한다. 그 결과 호구·군인·성수가 함락·패퇴된 때에는 교형에 처한다. 이것은 결과적가중범이다.

(2) 봉수하는 법을 위반한 죄

봉수를 피우는 것의 많고 적음에 대해서는 별도로 식에 갖추어져 있다(군방령, 습유389쪽). 율은 위험성의 대소를 구별하여 형을 달리했다. 위험성이 큰 것은 결과에 대해서도 가중 처벌한다.

1) 봉수 올리는 방법을 위반한 죄

봉수를 올려야 하는데도 올리지 않거나, 많은 봉수를 올려야 하는데 적은 봉수를 올린 자는 도3년에 처한다. 봉수를 올리는 것의 많고 적음은 식의 조문에 갖추어져 있지만, 그 일은 은밀하고 비밀스럽기 때문에 이 조문의 소에서는 구체적으로 인용하지 않은 것이다. 만약 범하는 자가 있으면 그 때마다 식에 의거하여 죄를 처단한다. 단 봉수를 적게 올려야 하는데 봉수를 많이 올린 자는 도1년에 처한다. 이는 위험성이 적기 때문에 형이 가벼운 것이다.

2) 봉수가 호응하지 않을 때 알리지 않은 죄

만약 봉수 올리는 것을 이미 다 마쳤는데 다음 봉수가 올라오지 않으면 곧장 연락병을 보내서 알려야 한다. 이를 위반한 자는 도3년에 처한다.

3) 올려서는 안 되는 봉수를 올린 죄

멀리서 연기나 먼지가 피는 것을 보면 즉시 봉수를 올려야 한다. 만약 사고가 없으면 올려서는 안 된다. 이 같이 올리지 않아야 하는데 올린 자는 도1년에 처한다.

(3) 봉수대 주위 2리 안에서 함부로 연기나 불을 피운 죄

봉수대 주위 2리 안에서 함부로 연기나 불을 피운 자는 도1년에 처한다. 낮에 연기를 피우고 밤에 불을 피우는 것을 말한다.

2. 변경의 성·수에 간인이 출입하는 것을 적발하지 못한 죄

위금률32(89조)

1. (a) 변경의 성·수 안으로 외국의 간인이 들어오거나 〈무리가 사(師)·여(旅)를 이루지 않은 것을 말한다.〉 국내의 간인이 밖으로 나가는데 망보는 자가 적발하지 못한 때에는 도1년반에 처하고, (b) 주사는 도1년에 처한다. 〈국내·국외의 간인이 출입하는 길이 망보는 자의 범위 안에 들어있는 경우를 말한다.〉

2. 단 간인이 들어오고 나감이 있는데 망보는 자의 역량으로 대적할 수 없을 때에는 가까운 성·수에 전하여 보고해야 한다. 만약 신속하게 보고하지 않거나 보고했는데 지체하여 즉시 함께 체포하지 못해서 간악한 외적[姦寇]을 놓친 때의 죄 역시 그와 같다.

(1) 내외의 간인의 출입을 적발하지 못한 죄

1) 구성요건

국경의 연변에는 모두 성·수를 설치하여 외적을 막고, 뜻하지 않은 변고를 미리 대비한다. 이곳에서 망보는 자가 외국의 간악한 자가 내부로 침입하는 것이나 국내의 간악한 자가 밖으로 나가는 것을 알아차리지 못한 것이 죄의 요건이다.

외국인이 안으로 들어오는 것은, 외국인이 범행을 저지르거나 간첩 행위를 하는 것을 말하며, 무리가 여(旅)·사(師)를 이루지 않은 것을 말한다. 『주례』에 따르면, 500인을 여라 하고 2,500인을 사라 하므로, 작은 규모의 외적이 노략질하는 것에 대한 것이다. 만약 사·여를 이룬 외적을 적발하지 못한 자는 당연히 천흥률 10.1a조의 "외적과 인접하여 척후로 파견되었는데 적이 오는 것을 적발하지 못하면 도3년에 처한다."는 규정에 의거해서 처벌한다.

국내의 간악한 자가 밖으로 나간다는 것은 경우 국내의 사람이 범죄를 저지르고 국외로 나가거나 혹은 황량한 해변이나 깊은 산 속으로 가는 것을 말한다. 망보는 자가 적발하지 못한 것은 국내·국외의 간악한 자가 출입하는 길이 망보는 자의 범위 안에 드는 경우에 한한다. 다시 말하면 내외의 간인이 출입하는 길이 후망의 범위 내에 있는데 그 출입을 적발하지 못한 것이다.

2) 처벌

행위의 주체는 망보는 자이며, 요건에 해당하면 도1년반에 처한다. 주사는 망보는 자가 아니지만 감독 책임이 주밀하지 못한 것을 문책하여 연좌해서 도1년에 처한다.

(2) 특별죄명

1) 역량이 필적하지 못할 때 가까운 성·수에 전하여 알리지 않은 죄

간인들이 들어오고 나감이 있으면 지나는 곳의 성·수는 모두 즉시 체포해야 한다. 만약 역량이 필적하지 못할 때에는 즉시 가까운 성·수에 전하여 알려 함께 체포하고 추격해야 한다. 신속하게 알리지 않은 자는 도1년에 처한다.

2) 알렸는데도 지체하여 곧장 함께 체포하지 않은 죄

신속하게 알려는데 이를 전달받은 이웃 성·수가 즉시 함께 체포하지 않음으로써 간악한 자를 놓친 때에는 역시 도1년에 처한다.

제12절 영조에 관한 죄

I. 개설

건축의 영조와 기물의 제작에 관한 율은 매우 간략해서, 오직 영조를 일으킬 것을 보고하지 않거나 답을 기다리지 않은 죄(천17.1), 공사에 필요한 재물과 인력을 실제와 다르게 산정한 죄(천17.2), 불법으로 흥조한 죄(천18), 공작을 규정대로 하지 않은 죄(천19) 및 공력을 허비한 죄와 업무상 과실살인죄(천21)에 관한 규정이 있을 뿐이다. 이 밖에 제방을 수리하지 않거나 수리했어도 때를 놓친 죄 및 물을 건너는 곳에 다리·부교를 만들지 않은 죄(잡36)와 배의 수리를 법대로 하지 않은 죄(잡39)가 있다.

II. 함부로 영조를 일으킨 죄

1. 영조를 일으킬 것을 보고하지 않거나 답을 기다리지 않은 죄

천흥률17(240조)

1. 영조를 일으킬 것이 있으면 보고하여야 하는데 보고하지 않거나, 답을 기다려야 하는데 기다리지 않았다면, 각각 그 노임을 계산하여 좌장으로 논하되 1등을 감한다.

성곽의 보수나 제방의 축조 등 인력을 동원하여 공사할 것이 있으면 영선령(습유800쪽)에 따라 소요되는 인력의 수를 계산하여 상서성에 보고하고 답을 받은 다음에 착공해야 한다. 보고를 하지 않거나 답을 기다리지 않았으면, 각각 그 노임을 계산하여 좌장으로 논하되 1등을 감하여 처벌한다. 단 노임은 절반하여 논하며, 죄의 최고형은 도2년반이다.

2. 공사에 필요한 재물과 인력을 실제와 다르게 산정한 죄

천흥률17(240조)

2. 만약 필요한 재물과 인력의 다소를 실제와 다르게 산정하여 신청한 자는 태50에 처하고, 만약 일이 끝나서 재물 및 인력이 허비되었는데, 각각 잘못 사용된 재물 및 인력을 좌장의 장물로 계산한 죄가 무거운 경우에는 좌장으로 논하되 1등을 감한다. 〈본래 산정이 부실하였다면 산정을 맡은 자를 처벌하고 신청자가 부실하였다면 신청을 맡은 자를 처벌한다.〉

(1) 공사비를 실제와 다르게 산정하여 신청한 죄

관사에 공사할 것이 있어 시장에서 필요한 물자를 구입하여야 하는 경우 미리 소요될 재물을 산정해서 동원하여야 할 인력을 신청해야 하는데, 고의로 실제대로 하지 않은 자는 태50에 처한다. 본래 산정이 부실하였다면 본래의 산정을 맡은 자만을 처벌하고, 신청자가 부실하였다면 바로 신청자를 처벌해야 한다.

(2) 실제대로 산정하지 않은 인력과 재물이 사용된 때의 처벌

잘못 사용된 인력과 재물을 계산하여 죄가 무거운 경우에는 좌장을 적용하여 논하되 1등을 감한다. 여기서 죄가 무겁다는 것은 손실된 재물과 허비된 인력의 노임을 장물로 계산한 좌장죄가 태50보다 무거운 경우에는 좌장죄를 적용하여 논하되 1등을 감하여 처벌한다. 가령 좌장죄의 장물이 5필1척이면 장70에 해당하고 1등을 감하면 장60이 되니, 이것이 장죄가 무거운 경우이다. 단 명례율 45.2a조에 따르면, 장물로 죄가 되었는데 여러 번 범한 경우에는 모두 누과하되 각각 절반으로 논한다. 그런데 이 죄는 재물을 손실하고 여러 사람의 공력을 허비하여 죄를 받는 것이므로 모두 누계한 것을 절반하여 처벌해야 한다. 만약 관사의 재물만 허비하고 인력은 허비하지 않았다면 허비한 재물을 절반하지 않고 처벌한다. 또한 비록 인력을 허비하였더라도 관물과 누계하고 절반한 것이 관물을 허비한 쪽보다 무겁지 않다면 다만 관물을 허비한 것으로만 처벌한다. 과실인 경우는 각각 3등을 감하여 처벌한다.

3. 불법으로 영조를 일으킨 죄

천흥률18(241조)
법에 어긋난 흥조 및 잡다한 요역을 사역한 것이 10인 이상이면 좌장으로 논한다. 〈공사를 위해 사역했으나 법령에 허용되지 않는 것을 말한다.〉

(1) 요건

법령에 규정이 없는 흥조를 하거나 규정이 있더라도 때가 아닌데 흥조한 것이다. 가령 연못을 파고 정자를 짓거나 빈관을 짓는 것과 같은 것이다. 잡요를 사역하였다는 것은 법에 규정되지 아니한 시기에 정부를 모아 사역한 것으로, 공공사업을 위해 사역시켰으나 법령상 허용되지 않는 것을 말한다. 이 세 가지 일에 동원된 인공이 10용 이상인 경우가 처벌요건이다. 용은 정남 1인의 노임이다. 따라서 10

용은 정남 1인의 10일분의 노임인 셈이다.

(2) 처벌

동원된 인력이 10용(庸) 이상인 때에는 좌장죄(잡1)로 처벌한다. 그런데 이는 여러 사람을 동원하여 사역한 것이므로 절반해서 좌장죄를 적용한다. 이 사업으로 인하여 거두어들인 재물 또한 모두 누계하여 좌장죄로 처벌하되 이 또한 절반으로 계산한다. 이는 법에 의하지 않고 거두어들인 것이지만 개인적으로 착복한 것이 아니기 때문에 죄가 가벼운 것이다.

Ⅲ. 공작을 법대로 하지 않거나 공력을 허비한 죄

1. 공작을 법대로 하지 않은 죄

천흥률19(242조)

1. (a) 공작을 법대로 하지 않은 것이 있으면 태40에 처하고, (b) 사용할 수 없거나 다시 만들어야 하는 때에는 허비된 재물과 노임 등을 모두 합산하여 좌장으로 논하되 1등을 감한다.
2. 단 황제에게 바치기 위해 만든 경우는 2등을 더한다.
3. 공장(工匠)은 각각 책임질 바로써 죄준다.
4. 감독하는 관사는 각각 3등을 감한다.

(1) 요건

공작을 법대로 하지 않은 자는 태40에 처한다. 관사에서 영조·제작할 때 함부로 양식을 위반하고 법대로 하지 않은 것이 행위요건이며, 죄의 주체는 영조·제작을 담당한 공장이다.

(2) 처벌

① 법대로 공작하지 않은 데 책임이 있는 자는 태40에 처한다.

② 완성된 것이 사용할 수 없거나 다시 만들어야 하는 경우에는 허비된 재물과 인력 등을 모두 합산하여 좌장으로 논하되 1등을 감한다. 사용할 수 없다는 것은 때에 맞지 않아 사용할 수 없는 것을 말한다. 이 경우 다시 만들어야 하는 것 및 사용하지 못하게 된 것의 허비된 재물과 인력의 노임을 모두 누계하고 절반에 처하여 좌장으로 논하되 1등을 감하니, 10필이면 장100에 처하고, 10필마다 1등을 더하여 최고 도2년반에 처한다. 단 누계하여 절반한 것이 관물을 허비한 것보다 무겁지 아니하면 관물의 값으로만 계산하여 처벌하되, 절반에 처하지 않는다.

(3) 특별죄명

1) 황제에게 바치는 것을 제작하는 경우

황제에게 바치는 것을 규정대로 영조·제작하지 않은 때에는 2등을 더해 장60에 처하고, 사용할 수 없거나 다시 만들어야 하는 경우 허비된 재물을 계산하여 좌장죄로 처벌하되 1등을 더하여 최고 유2000리에 처한다.

2) 관사의 처벌

법대로 하지 않은 영조·제작을 친히 감독을 담당한 관사는 공장의 죄에서 3등을 감하여 태10에 처하고, 사용할 수 없거나 다시 만들어야 하는 경우 좌장죄로 처벌하되 4등을 감하여 최고 도1년에 처한다. 황제께 바치기 위해 제작한 때에는 여기서 2등을 더하므로 최고 형은 도2년이 된다.

2. 공력을 허비한 죄

천흥21(244조)
1. 공력을 부려 채취한 것이 쓸모가 없을 때에는 허비한 노임을 계산하여 좌장으로 논하되 1등을 감한다.

공력을 들여 채취한 것이 쓸모가 없으면 허비한 인력의 노임을 계산하여 좌장으로 논하되 1등을 감한다. 예컨대 관사가 공력을 들여 약재나 재목 등을 채취했는데 쓸모가 없는 경우, 전부 쓸모없는 때에는 들인 인력 전부의 노임을 계산하고, 만약 일부만 쓸모없는 때에는 쓸모없는 것을 채취하는데 들인 인력을 계산하되 절반으로 하여 좌장죄에서 1등을 감해서 처벌한다.

IV. 제방이나 배의 수리를 법대로 하지 않은 죄

1. 제방을 수리하지 않았거나 수리했어도 때를 놓친 죄

잡률36(424조)
1. (a) 제방을 수리하지 않거나 수리했더라도 때를 놓친 경우 주사는 장70에 처하고, (b) 이로 인해 인가가 훼손되어 피해를 입거나 재물이 물에 떠내려가 잃게 된 때에는 좌장으로 논하되 5등을 감하고, (c) 이 때문에 사람이 살상된 때에는 투살상죄에서 3

등을 감한다. 〈물이 범람하여 사람에게 해를 입힌 것을 말한다. 만약 사람이 스스로 건너다 죽은 경우는 아니다.〉 (d) 만약 물·비가 평소보다 많아 인력으로 막을 수 없었던 경우는 논하지 않는다.

(1) 요건과 처벌

영선령(습유805쪽)에 따르면, 황하 및 큰 강 부근의 제방이 있는 곳의 자사·현령은 수시로 점검해야 하며, 만약 수리가 필요하면 매년 추수가 다 끝난 뒤 작업량을 헤아려 인부를 뽑아 수리한다. 만약 큰물이 범람하여 제방이 파손되거나 무너져 사람들에게 뜻밖의 재난이 벌어진 경우에는 즉시 수리하고 제방을 쌓아야 하며 때의 제한에 구애받지 않는다. 만약 파손되거나 무너졌는데 그 즉시 보수하지 않거나 혹은 보수했더라도 때를 놓친 주사는 장70에 처한다. 다만 물이나 비가 평소보다 많아 인력으로 막을 수 없는 경우에는 무죄이다. 즉 제방이 파손되거나 무너졌더라도 만약 통상적인 정도로는 수리할 수 없는 때에는 이 죄가 성립하지 않는다.

(2) 특별죄명

1) 제방을 수리하지 않아 물적 피해가 발생한 때의 죄

제방을 제때 보수하지 않거나 보수했더라도 때를 놓쳤기 때문에 물에 의해 인가가 훼손되거나 피해를 입었고 재물이 물에 떠내려가 잃게 된 때에는 좌장으로 논하되 5등을 감한다. 만약 여러 사람이 재물을 잃었다면 누계한 것을 절반하여 논한다. 따라서 이렇게 계산한 장물이 30필이 되면 비로소 이 죄명에 의거해서 장80에 처한다. 30필 미만이면 제방을 수리에 처하지 않은 죄로 장70에 처한다.

2) 제방을 수리하지 않아 인적 피해가 발생한 때의 죄

제방을 수리하지 않았기 때문에 사람이 사상한 때에는 투살상죄(투1~5)에서 3등을 감해서 처벌한다. 단 물이 범람하여 사람에게 해를 입힌 것을 말한다. 만약 사람이 스스로 건너다 죽은 경우에는 주사는 처벌하지 않는다. 이 역시 투살상죄에서 3등을 감한 죄가 장70보다 무거운 때에만 사람을 살상한 죄를 주며, 장70 이하이면 그대로 제방을 수리하지 않은 죄로 처벌한다.

2. 물을 건너는 곳에 다리·부교를 만들지 않은 죄

잡률36(424조)

2. (a) 만약 물을 건너는 곳에 다리·부교를 만들거나 배·뗏목을 설치해야 하는데 만들어 설치하지 않은 자 및 함부로 다리·나루를 옮긴 자는 장70에 처하고, (b) 이로 인하여 행인을 건너지 못 가게 한 자는 장100에 처한다.

(1) 구성요건

하천을 건너는 곳에는 다리·부교를 만들거나 배·뗏목을 설치해서 행인을 건너게 해야 하는데 이를 만들지도 설치하지도 않은 것 및 함부로 다리나 나루를 옮긴 것이 기본요건이다.

(2) 처벌

위의 기본요건에 해당하는 주사는 장70에 처한다. 이로 인하여 행인을 건너지 못 하게 한 때에는 죄를 가중하여 장100에 처한다.

3. 배의 수리를 법대로 하지 않은 죄

잡률39(427조)

1. (a) 선인이 배의 운항, 배를 땜질하고 누수를 퍼내는 것, 안전표 지하고 정박하는 것을 법대로 하지 않거나, 또는 배·뗏목은 마땅히 회피하여야 하는데 회피하지 않은 자는 태50에 처하고, (b) 이 때문에 관·사의 재물이 손실된 때에는 좌장으로 논하되 5등을 감하며, (c) 사람이 살상된 때에는 투살상에서 3등을 감한다.
2. 단 급류·암초가 있는 특히 험난한 곳에서 손해를 입힌 때에는 또 2등을 감한다.
3. 감독을 담당하는 주사는 각각 1등을 감한다.
4. 갑자기 풍랑을 만난 때에는 논하지 않는다.

(1) 요건

선인이 배를 운항하고 관리할 때는 반드시 법식을 준수해야 한다. 여기서 선인은 공적·사적으로 배를 운항하는 사람을 말한다. 율에서는 위법행위로 다음의 3종을 들고 있다. 첫째 배의 터진 틈을 땜질해서 틈새를 잇고 메우는 것을 법식대로 하지 않고, 누수를 퍼내는 것을 하지 않은 것이다. 둘째 배는 반드시 포구나 섬 안에 정박하고 안전표지를 하여 오는 배가 살필 수 있게 해야 하는데 이를 하지 않은 것이다. 셋째 다른 배나 뗏목은 마땅히 회피해야 하는데 회피하지 않은 것이다. 즉 순류와 역류가 만나는 곳이나 혹은 모래톱·섬 같이 험한 곳에서 서로 회피하지 않는다면 전복되어 물에 빠지는 경우가 많으므로 반드시 배의 운항법에 준해 각각 서로 회피해야 한다. 가령 급류나 암초가 있는 곳에서는 거슬러 올라가는 배가 내려오는 배를 위하여 피해주어야 한다.

(2) 처벌

이상 세 가지 사안 중 하나에 위법이 있으면, 각각 태50에 처한다.

(3) 특별죄명

1) 위법한 배의 운항으로 관·사의 재물이 손실된 때의 처벌

배의 틈을 때우지 않고, 누수를 퍼내지 않고, 회피해야 하는 것을 피하지 않았기 때문에 관·사의 재물에 손실을 입힌 경우 좌장으로 논하되 5등을 감한다. 따라서 손실된 재물이 10필이면 장60에 처하고, 10필마다 1등씩 더하여 최고 장100에 처한다. 손실된 재물이 10필이 안 될 때는 태50에 처하며, 10필 이상인 때만 좌장죄를 적용한다. 갑자기 폭풍이나 큰 물결을 만나 재물을 손실시킨 때에는 처벌하지 않는다.

2) 위법한 배의 운항으로 사람을 살상한 죄

위법한 배의 운항으로 사람을 살상한 때에는 투살상죄에서 3등을 감한다. 가령 사람이 사망한 때(투5.1)에는 도2년반에 처하고 팔·다리 1개가 부러진 때(투4.1a)에는 도1년반에 처한다. 갑자기 폭풍이나 큰 물결을 만나 사람이 살상된 때에는 모두 처벌하지 않는다.

3) 급류·암초가 있어 특히 험난한 곳에서 손해를 입힌 죄

급류·암초가 있어 특히 험난한 곳에서 손해를 입힌 때에는 또 2등을 감한다. 즉 재물을 잃게 한 때에는 좌장죄에서 7등을 감하고 사람이 살상된 때에는 투살상죄에서 5등을 감한다. 단 율문은 다만 손해를 입힌 때의 감형에 대해서만 말하고 있으므로 비록 급류·암초가 있어 특히 험난한 곳이라도 배의 운항이 위법했으면 그대로 법에 따라 죄를 과한다.

4) 감독을 담당하는 주사의 직무과실죄

감독을 담당하는 주사는 선인의 죄에서 각각 1등을 감해서 처벌한다.

제13절 공사자(公死者) 처리 및 공상·공병의 치료에 관한 죄

Ⅰ. 공사자 처리에 관한 죄

1. 공사자를 송환하지 않은 죄

잡률19(407조)

1. 종정(從征) 및 종행(從行)·공사(公使)로 간 사람이 소재지에서 죽은 경우, 영에 의거하여 본향으로 송환해야 한다. 위반하고 보내지 않은 자는 장100에 처한다.

종정하는 사람 및 종행하는 사람과 공사가 소재지에서 사망하여 영에 따라 본향으로 송환해야 하는데, 영을 위반하고 송환하지 않은 관사는 장100에 처한다.

종정하는 사람은 정토에 종군하는 사람이다. 종행하는 사람은 황제 또는 황태자를 수행하는 사람이다. 공사는 공적인 일로 사인으로 충당된 자이다. 이들이 현지에서 사망한 때에는 영에 의거해서 본향으로 송환해야 한다. 군방령(습유378쪽)에 따르면, 정행하는 위사 이상이 행군 중에 사망하면, 몸에 딸린 재화 및 시신을 모두 기록하여 그가 속한 절충부의 사람에게 맡겨 가지고 돌아가게 한다. 그가 속한 절충부의 사람이 없는 경우에는 가까운 주·현에 맡겨 차례로 보내게 한다. 상장령(습유817쪽)에 따르면, 사인이 현지에서 사망한 때에는 모두 장례비용을 지급하고 체송하여 집에 이르게 한다. 병부식에 따르면, 종행하는 사람이 사망하면, 절충은 30단, 과의는 20단, 별장은 10단을 부의로 주고 아울러 상여를 만들어 체송하여 절충부로 송환한다. 대부 이상은 각각 견 2필을 주고 위사는 견 1필을 주어 수의로 충당하게 하고, 모두 관을 주고 체송하여 집으로 송환한다. 그 나머지 별도의 규정이 없는 경우는 바로 공사의 예와 같다.

2. 사망한 관인을 본향으로 송환하지 않은 죄

잡률19(407조)

3. 만약 사망한 관인의 집에 인력이 없어 운송할 수 없는 경우 부송(部送)을 부탁하여 고향으로 송환한다. 위반하고 송환하지 않은 자는 장100에 처한다.

관인이 재임 중에 사망했는데 집안이 가난하여 직접 운반할 인력이 없어 고향으로 송환할 수 없는 경우 사망한 현지에서 부송(部送)하여 고향으로 송환해야 한다. 부송이라는 것은 사람을 차출해서 부대를 편성하여 고향으로 체송하는 것이다. 잡령(습유861쪽)에 따르면, 이임하는 관인의 가구 중 유약자는 체송해서 돌아가게 할 수 있다고 규정하고 있으니, 이것으로 유추해 보면 사망한 관인의 집안이 가난하여 운반한 여력이 없는 경우 반드시 관사에서 인력을 파견하여 귀환하게 하는 것은 당연하다. 이를 위반하고 송환하지 않은 자는 역시 장100에 처한다.

II. 공상·공병자 및 복역자를 치료하지 않은 죄

1. 방인의 질병을 치료하지 않은 죄

잡률8(396조)

정장이 노역 중에, 방인이 방수 중에 질병이 있는데, 주사가 의사·약을 공급해서 치료해 줄 것을 청하지 않은 때에는 태40에 처하고, 그 때문에 사망에 이르게 된 때에는 도1년에 처한다.

(1) 구성요건

정장이 노역하는 곳에서, 방인이 진수하는 곳에서 질병을 앓을 때 주사가 의사·약의 지급과 치료를 청구해서 제공하지 않은 것과 주사가 청했으나 의사·약을 주관하는 관사가 지급하지 않아 치료를 하지 못한 것이 이 죄의 요건이다.

(2) 처벌

위의 요건에 해당하는 자는 태40에 처한다. 그로 인해 사망에 이른 때에는 도1년에 처한다.

2. 공상·공병자를 치료하지 않은 죄

잡률19(407조)

2. (a) 만약 종정 및 종행·공사로 간 사람이 다치거나 병들었는데 의료와 음식에 부족함이 있게 한 자는 장60에 처하고, (b) 그로 인해 사망에 이른 때에는 도1년에 처한다.

종정하는 사람 및 종행하는 사람과 공사가 다치거나 병들었으면 반드시 치료하고 음식을 공급해야 한다. 관사가 이들에 대한 의료와 음식에 부족함이 있게 한 때에는 장60에 처하고, 그로 인해 사망에 이른 때에는 도1년에 처한다.

제4장
국가의 사법적 기능에 대한 죄

Ⅰ. 당의 사법제도와 사법에 관한 죄

1. 당의 사법제도

당의 사법제도는 재판권을 독립적으로 행사하는 법원이나 검찰권을 독립적으로 행사하는 검찰청과 같은 기구가 없이 행정과 사법이 일체화되어 있었다. 범죄가 있으면 지방에서는 모두 발생한 현에서 추국하여 판결한 뒤, 장죄 이하는 그대로 현에서 형을 집행하고 도죄 이상은 주로 보내 복심하였다. 경사에서는 장죄 이하는 해당 관사에서 단죄하고, 도죄 이상은 대리시에서 판결하고 상서성으로 보내 복심하였다. 대리시에서 판결한 것과 주에서 복심한 것 중 유죄 이상 및 제명·면관·관당 처분해야 할 것으로 판결된 경우, 모두 반드시 형부에 보고하여 재심사한 뒤에 황제에게 아뢰고 재결을 받아 시행하였다. 사형은 먼저 형부에서 재심사한 다음 중서문하에 보고하고 상세히 복심하여 죄와 형이 정해지면 황제에게 아뢰고 재결을 받아 시행하였다(『당육전』권6, 189쪽; 『역주당육전』상, 596~597쪽).

2. 당의 사법에 관한 죄

사법이 행정과 분리되지는 않았지만, 당의 사법제도에는 수사의 단서가 되는 고소·고발 및 탄핵에 관한 규정, 죄수 관리 및 신문에 관한 규정,

재판에 관한 규정, 그리고 형벌의 집행에 관한 규정 등이 포함된 형사 관련 절차법이 제정되어 있었다(옥관령, 습유757~799). 비록 피해자의 인권을 중시하는 현대의 형사소송법에 비할 수는 없지만, 이러한 절차법 에는 무고를 최소화하기 위해 고소·고발의 정식화를 위한 규정과 정확한 수사와 엄정한 재판 및 형벌의 집행을 위한 세밀한 규정들이 포함되어 있다. 물론 현대적 관점에서 보면 매우 불합리한 규정들도 있었다. 예컨대 혐의가 있는 죄인의 신문 과정에서 고문하는 것을 허용하고 있는 점, 증인도 죄인과 마찬가지로 신문하고 심지어 고문을 할 수도 있는 점, 형사절차법 가운데 재판의 집행 특히 사형 집행에 관한 규정이 압도적으로 많다는 점 등은 현대의 형사소송법과 크게 다른 점들이다.

당률에서 형사절차에 관한 법을 위반한 죄는 주로 단옥률·투송률· 포망률에 모아져 있다. 단옥률에는 죄인의 구금과 관리에 관한 죄(단 1~5), 신문과 고문에 관한 죄(단6, 8~11, 13~15, 27), 재판에 관한 죄(단 12, 16~20, 22, 23, 30, 31), 형벌의 집행에 관한 죄(단14, 24~26, 28~29, 32~33) 등이 규정되어 있다. 투송률(투39~60)에는 고소·고발에 관한 죄가 규정되어 있고, 포망률(포1~5)에는 죄인의 체포에 관한 죄가 규정되어 있다. 이 밖에도 사위율(사23, 25~26)에 위증 등의 죄가 규정되어 있고, 위금률(위25)·직제율(직40)·적도율(적18)에도 사법 관련 죄가 규정되어 있다. 본장에서는 이 같은 죄들을 정리하여 7절로 구성한다.

1절 고·소에 관한 죄
2절 죄인의 체포에 관한 죄
3절 죄수의 관리에 관한 죄
4절 죄수의 도망과 탈취에 관한 죄
5절 죄인의 신문에 관한 죄
6절 재판에 관한 죄
7절 형벌의 집행에 관한 죄

제1절 고·소에 관한 죄

Ⅰ. 고(告)와 소(訴)

고(告)라는 것은 관에 타인의 죄행을 알린다는 뜻으로, 현대의 법에서 말하는 고발·고소 또는 민사소송을 제기한다는 뜻을 모두 포괄할 수 있는 용어이다. 고언(告言)·논고(論告) 등도 모두 같은 뜻이다. 또한 율에서는 소(訴)·사소(辭訴)·이소(理訴) 등 '소(訴)'-字를 써서 소송을 표현하는 용어로 사용하고 있다. 대비하여 말하면, 고는 타인이 죄를 범한 사실을 관에 고발한다는 것이고, 소는 자기가 타인으로부터 받은 침해 또는 억울함에 대해 구제해 줄 것을 요청하는 문서를 관에 제출하는 것으로, 양자는 확실히 다른 뜻으로 쓴다. 그러나 율의 용례를 보면 자기가 직접 피해를 입은 것이 아닌 타인의 범죄를 고발하는 것을 예외 없이 고(告)라고 하고 소(訴)라고 하지 않지만, 고와 소에 기초한 두 종류의 수속이 제도적으로 완전히 구분되는 것은 아니다. 예를 들면 율은 적·계·자모 또는 양부모가 친부를 살해한 경우 모두 이소(理訴)하는 것을 허용하는데(투44.2의 문답2), 이는 타인의 살해행위를 법정에 고하는 것을 소(訴)라고 표현한 것이다.

한편 최초 판결에 불복하여 상부 관사에 상소하는 것은 예외 없이 소(訴)라고 표현하고 있다. 예컨대 단계를 건너뛰어 소를 제기하는 것을 월소(투58.1)라고 하지만, 심지어는 황제에게 직접 상소하는 것도 소라고 한다(투58.2). 생각해 보면 상부 관사 또는 황제에게 소하는 것은 자신에게 불리하게 판결되었음을 호소하는 것이니, 여기서 소는 관으로부터 받은 억울함을 풀어줄 것을 요청한다는 의미로 쓴 표현일 것이다.

II. 고(告)에 관한 죄

1. 불명확한 고장(告狀)을 제출한 죄

투송률54(355조)

1. (a) 타인의 죄를 고할 때는 모두 반드시 년·월을 명확히 기입하고 사실을 적시해서 진술해야 하며, 혐의를 말해서는 안 된다. 위반한 자는 태50에 처한다. (b) 관사가 수리한 때에는 고한 바의 죄에서 1등을 감한다.
2. 살해·도난 및 결수·방화로 손해를 입은 때에도 또한 혐의를 말해서는 안 되지만, 비록 거짓이라도 모두 반좌하지 않는다.

(1) 불명확한 고장을 제출한 죄

1) 요건과 처벌

타인의 죄를 고할 때는 모두 반드시 죄를 범한 년·월을 명확히 기입하고, 범한 죄의 사실을 적시하여 진술해야 하며, 혐의만 칭해서는 안 된다. 이 중 한 가지라도 위반한 때에는 태50에 처한다. 고장이 아직 관사에게 들어가지 않았더라도 또한 이 죄를 받는다. 단 관사가 수리한 때에는 처벌이 다르다.

2) 소극적 구성요건

살해·도난을 당해 피해가 특히 심하거나 혹은 타인의 결수·방화로 재물이 떠내려가거나 소실되었다면(잡46), 일·월을 명확히 기입하지 않고 혐의만으로 고했고 조사한 결과 고한 것이 거짓으로 밝혀졌더라도 무고는 아니므로 반좌하지는 않는다.

(2) 관사가 불명확한 고장을 접수하여 처리한 죄

1) 요건과 처벌

관사가 혐의만 칭한 고장을 접수하여 추국한 때에는 고한 바의 죄에서 1등을 감해서 처벌하며, 접수한 자를 수범으로 한다. 따라서 혐의만 칭한 고장에 의하여 사죄가 고발되었다면 접수한 관사는 유3000리에 처하고, 유죄가 고발되었다면 도3년에 처한다. 이 때 고한 자는 종범으로 간주하여 고한 바의 죄에서 또 1등을 감하므로, 사죄를 고한 때에는 도3년, 유죄를 고한 때에는 도2년반에 처한다.

2) 소극적 구성요건

살해·도난 및 결수·방화를 당한 자도 혐의만 칭해서는 안 되지만, 고한 것이 비록 거짓이라도 모두 반좌하지는 않는다. 마찬가지로 관사도 살해·도난 및 결수·방화에 대한 혐의만 칭한 고장을 접수해서는 안 되지만, 비록 접수하였더라도 죄를 면할 수 있다. 여기서 이른바 혐의만 칭했다는 것은 당연히 적극적이지 않지만 단지 범죄의 혐의가 있다는 것만으로 고한 것을 말한다.

2. 익명서를 던져 타인의 죄를 고한 죄 및 이를 수리한 죄

투송률50(351조)
1. 익명서를 던져 타인이 죄를 고한 자는 유2000리에 처한다. 〈성명을 숨기거나 타인의 성명을 빌어 자신이 작성한 것을 모르게 한 것을 말하며, 던져놓거나, 놓아두거나, 걸어두는 것 모두가 그렇다.〉
2. (a) 익명서를 취득한 사람은 모두 즉시 태워야 하며, 만약 관사

로 보낸 자는 도1년에 처한다. (b) 관사가 접수해서 처리한 때에는 2등을 더하고, 고발된 자는 처벌하지 않으며, (c) 함부로 올려 황제에게 아뢴 자는 도3년에 처한다.

(1) 익명서를 던져 일반인을 고한 죄

자신의 이름을 숨기거나 혹은 타인의 성명으로 쓴 고장을 몰래 던져서 타인이 죄를 범했다고 고발한 자는 고발한 죄의 경중을 불문하고 유2000리에 처한다. 익명서를 길거리에 던져두거나 혹은 관아에 놓아두거나 혹은 정표 따위에 걸어두는 것 등은 모두 익명으로 고발한 죄로 처벌한다. 타인의 성명을 빌렸으나 관사의 수속을 거쳐 타인이 죄를 범했다고 고발하였다면 위령죄(잡61.1)를 준다. 이는 익명서를 던진 것은 아니므로 영을 위반한 죄를 주는 것이다.

(2) 익명서를 던져 친속을 고한 죄

① 익명서를 던져 조부모·부모를 고한 자는 교형에 처한다(투44.1).

② 익명서를 던져 기친 이하 존장을 고한 자는, 조문 및 소에 언급이 없지만 이 조항에 의해 유2000리에 처한다고 해석해야 한다. 이죄는 통상의 고죄보다 무겁기 때문이다. 통상의 방식에 따라 기친존장을 고한 죄는 사실인 경우 도2년에 해당하고 무고인 경우 3등을 더해 유2000리에 해당하며, 그 이하 존장은 차례로 감한다(투45).

③ 익명서를 던져 기친 이하 비유를 고한 자는 일반인을 익명으로 고한 죄 유2000리에서 2등을 감하여 도2년반, 대공친 비유는 1등을 감하여 도3년, 소공친 이하 비유는 일반인과 같이 유2000리에 처한다. 자·손·외손과 자·손의 처·첩 및 자신의 첩에 대해 범했다면 법례(투46.2)에 따라 역시 죄주지 않는다고 해석해야 한다.

(3) 양·천 및 주·천 사이에 익명서를 던져 고한 죄

1) 양·천 사이에 익명서를 던져 고한 죄

양인·천인 사이에 익명서를 던져 고한 경우에는 일반인과 같은 법을 적용한다. 즉 익명서를 던져 타인의 부곡·노비를 고한 경우 싸우다 서로 구타·상해한 죄(투19.3)와 달리 1등 또는 2등을 감해서는 안 된다. 따라서 부곡·노비가 양인을 익명으로 고한 경우 죄를 더하지 않는다고 해석해야 한다.

2) 주인·천인 사이에 익명서를 던져 고한 죄

주인이 부곡·노비를 익명서를 던져 고한 경우 죄주지 않는다고 해석해야 한다. 주인의 부곡·노비에 대한 무고가 죄가 안 되므로(투 48.2의 소) 익명서를 던져 고한 경우도 역시 같다고 보아야 한다. 부곡·노비가 익명서를 던져 주인을 고한 죄는 모두 교형에 해당한다(투48.1).

3) 가천과 주인의 친속 사이에 익명서를 던져 고한 죄

(a) 시마 이상 친속의 부곡·노비를 고한 죄

시마 이상 친속의 부곡·노비를 고한 때에는, 일반범 유2000리를 기준으로 하고 싸우다 서로 구타·상해한 죄에 따라 감한다. 즉 기친은 주인과 같이 죄가 없고, 주인의 대공친이 부곡을 익명서로 고한 것은 일반범에서 4등을 감해서 도1년반에 해당하며, 소공·시마친은 3등을 감해서 도2년에 해당한다. 노비를 고한 때에는 각각 또 1등을 감한다.

(b) 부곡·노비가 주인의 시마 이상 친속을 익명으로 고한 죄

부곡·노비가 주인의 시마 이상 친속을 익명으로 고한 것은 마땅히 주인의 친속을 무고한 법에 따라야 한다(투48.1). 즉 주인의 기친 및 외조부모를 익명서를 던져 고한 경우 유죄이고, 대공 이하 친속의 경우도 일반인을 익명서를 던져 고한 죄보다는 무거워야 하므로 유2000에 더하지만, 단 더해서는 사죄에 이르지는 않는 것이 원칙이므로(명56.3) 역시 유죄를 과하고 모두 장200으로 대체해야 한다(명47.2).

(4) 익명서를 관사로 보내거나 수리한 죄 및 황제에게 아뢴 죄

던져놓은 익명서는 검토해서는 안 되므로 취득한 자는 그 즉시 반드시 태워서 거짓된 일이 생길 수 있는 길을 막아야 한다. 따라서 던져놓은 익명서를 태우지 않고 관사로 보낸 자는 도1년에 처한다. 관사가 이를 접수해서 처리한 때에는 2등을 더해 도2년에 처하고, 황제에게 아뢴 때에는 또 2등을 더해 도3년에 처한다.

(5) 주의사항

1) 피고자

익명서로 고발당한 자는 처벌하지 않는다. 즉 고발된 것이 사실이더라도 처벌해서는 안 된다. 단 만약 고발된 내용이 자수로 용서받을 수 없는 일이고(명37.6), 이후에 따로 어떤 사람이 그 일을 고한 때에는 죄를 받아야 한다.

2) 모반·대역을 고한 문서를 취득한 경우

만약 모반·대역을 고한 문서를 취득했는데 일을 헤아리기 어렵고 이치상 반드시 황제에게 아뢰어야 할 경우 태워 없애서는 안 된다.

모반·대역의 죄상을 적은 익명서를 취득한 경우에는 태워서는 안 되므로 관사로 보내 황제에게 아뢰는 것을 허락한다. 익명서의 내용이 사실이면 반드시 아뢰어 황제의 재가에 따르고, 고발한 것이 거짓이면 이치상 무고의 법(투40.1)에 의거한다.

3. 고할 수 없는 자의 고장을 접수한 죄

투송률51(352조)

1. 죄수로 구금된 자는 다른 사건을 고할 수 없다. 단 옥관이 자신에게 가혹행위를 한 때에는 고하는 것을 허락한다.
2. 80세 이상, 10세 이하 및 독질자는 모반·대역·모반과 자·손의 불효 및 동거 이내가 타인에게 침범당한 때에는 고하는 것을 허락하지만, 이 밖의 다른 것은 결코 고할 수 없다.
3. 관사가 수리한 때에는 각각 수리한 바의 죄에서 3등을 감한다.

(1) 고할 수 없는 사람

율에서 고할 수 없는 사람은 증거능력이 인정되지 않는 사람을 말한다. 대개 구금된 사람과 노·소인 및 장애인으로 나누어 볼 수 있다.

1) 구금된 죄수

구금된 죄수는 타인의 죄를 고할 수 없다. 죄수는 오직 옥관이 자신에게 가혹행위를 한 경우에만 고할 수 있고, 이밖에 타인의 죄는 결코 고할 수 없다. 만약 구금된 죄수가 타인을 고하는 것을 허용하면 거짓되고 망령된 짓을 함부로 할 것이 염려되기 때문에, 형사정책상 죄수가 타인의 죄를 고하는 것을 금지하는 것이다.

또한 유죄수가 유배지로 가는 길이거나, 도죄수가 복역 중이거나,

목에 칼이 씌워지고 발에 족쇄가 채워졌거나 혹은 감시인이 있는 경우 등도 구금된 것과 같으므로 타인의 죄를 고할 수 없다. 단 구금되어 있더라도 모반(謀叛) 이상의 범죄에 대해 알고 있다면 고하는 것을 허용하며(투51.1의 소), 관사는 이를 수리해야 한다. 또한 죄수가 다른 죄를 자수하다가 타인이 연좌된 경우는 수리해야 한다.

2) 80세 이상 10세 이하 및 독질자

나이 80세 이상 및 10세 이하, 또는 독질인 자는 원칙상 타인의 죄를 고할 수 없다. 오직 모반·대역·모반, 자·손의 불효 및 조부모·부모에 대해 공양에 모자람이 있는 경우(투47), 그리고 동거 내의 사람이 침범당한 경우는 모두 고하는 것을 허락한다. 이외의 다른 일은 고할 수 없다.

(2) 요건과 처벌

관사가 위의 고할 수 없는 사람의 고를 수리한 때에는 수리한 바의 죄에서 3등을 감해서 처벌한다. 가령 고할 수 없는 사람이 타인이 도1년의 죄를 지었다고 고하였는데 관사가 이를 수리한 때에는 장80에 처한다.

4. 군부의 관이 자수를 접수하고 열람한 죄

투송률52(353조)

1. 죄를 범하고 자수하고자 하는 자는 모두 소재지의 관사에 공문서로 신고하며, 군부의 관은 함부로 접수해서는 안 된다. 단 모반(謀叛) 이상 및 도적의 경우는 접수하는 것을 허락하지만, 즉시 가까운 관사로 보내야 한다. 만약 접수하고 1일이 지나도록

보내지 않거나 월권하여 다른 일을 열람한 때에는 각각 본죄에서 3등을 감한다.

2. 단 모반 이상으로 반드시 엄습해서 체포해야 할 것이면 그대로 앞 조항의 고하는 법에 의거한다.

투송률54(355조)

3. (a) 단 군부의 관은 함부로 사건을 고하는 문서를 접수할 수 없으나, (b) 만약 모반 이상 및 도적을 고한 것이면 앞 조항에 의거한다.

(1) 개설

죄가 아직 발각되지 않은 때에는 모두 자수를 허락하는데, 자수는 소재지의 관사에 문서로 신고해야 한다. 다만 군부의 관은 자수를 신고하거나 이를 수리할 수 있는 관사가 아니다. 다시 말하면 군부의 관은 자수를 접수해서는 안 된다. 또한 범죄의 고장을 수리해서도 안 된다. 군부의 관은 모든 위 이하 절충부 이상 군부의 각급 지휘관을 말한다. 이들이 자수나 고장을 수리하는 것은 허락하지 않지만, 모반 이상 및 도적의 경우에는 수리하는 것을 허락한다. 단 접수한 즉시 가까운 관사에 보내야 한다. 모반(謀叛) 이상의 일은 위해가 중대하고, 도적의 무리는 모두 즉시 추적하여 엄습하여야 하므로 군부에 자수하거나 고하는 것을 허락하는 것이다.

(2) 요건 및 처벌

1) 자수를 접수한 경우

도적의 자수를 접수하고 1일이 지나도록 가까운 주·현으로 보내지 않은 때에는 자수한 바의 죄에서 3등을 감해 처벌한다.

2) 월권하여 소관 사항이 아닌 일에 관여한 경우

또한 군부가 월권하여 소관 사항이 아닌 일에 관여한 때에도 마찬가지로 3등을 감해 처벌한다. 탈호죄는 도3년에 해당하는 죄인데(호1.1a), 가령 어떤 사람이 탈호했다고 고한 것을 군부에서 접수하여 조사한 때에는 3등을 감해 도1년반에 처한다.

3) 모반(謀叛) 이상을 접수한 경우

모반 이상의 죄를 접수하고 반일이 지나도록 엄습하지 않은 때에는, 모반 이상의 죄를 알고도 고하지 않은 죄(투39.1a)와 같이 처벌한다. 따라서 모반·대역을 접수하고 반일이 지나도록 엄습하지 않은 때에는 교형에 처하고, 모대역·모반을 접수하고 반일이 지나도록 엄습하지 않은 때에는 유2000리에 처한다(투39.2a).

5. 사면되기 전의 일을 고한 죄 및 이를 수리한 죄

투송률53(354조)

1. (a) 은사령이 내리기 전의 사건을 고한 자는 고한 그 죄로 죄준다. (b) 관사가 접수하여 처리한 때에는 고의로 사람의 죄를 더한 것으로 논한다. (c) 사죄에 이른 때에는 각각 가역류에 처한다.
2. 만약 일이 반드시 추구되어야 할 것이면 이 율을 적용하지 않는다. 〈추구되어야 할 것이란 위법한 혼인이나 천인을 양인으로 삼은 것, 은사령이 내린 뒤의 자수 기한이 지난 뒤에도 은닉하고 있어 마땅히 고쳐 바로잡아야 하는 것이거나 징수해야 하는 것 및 현재하는 장물을 추징해야 하는 것 따위를 말한다.〉

(1) 은사령이 내리기 이전의 일로 타인의 죄를 고한 죄

1) 요건과 처벌

사건이 은사령으로 사면될 수 있는 것이면 은사령이 내린 뒤에는 이 사건으로 고해서는 안 된다. 가령 은사령이 내려 감림·주수가 스스로 범한 절도죄가 사면되었는데 어떤 사람이 이 죄를 고하였다면 고한 그 죄로 처벌한다. 단 그 죄가 도1년에 해당하는 것이면 감림·주수는 원래 제명에 해당하는데(명18.2), 제명은 도3년에 비정하므로 (명23.1) 고한 자 역시 도3년에 처한다. 단 고한 죄가 사죄이면 가역류에 처한다.

2) 소극적 구성요건

통상의 은사령으로 사면되지 않는 죄(단20.2)는 그대로 예전처럼 고할 수 있다. 다시 말하면 은사령이 내린 뒤에도 고한 자는 죄를 받지 않는다.

(2) 관사가 사면되기 전의 일에 관한 고장을 수리한 죄

관사가 사면되기 전의 일을 고한 것을 수리한 때에는 고의로 사람의 죄를 더한 죄(단19)로 논한다. 사면되기 전의 일을 탄핵한 때에도 같다. 단 수리한 죄 및 탄핵한 바의 죄가 사죄이면 가역류에 처한다.

(3) 추구되어야 하는 사안

사안이 반드시 추구되어야 할 경우에는 이 율을 적용하지 않는다. 예컨대 율을 위반한 혼인(호43 등)은 비록 사면되더라도 반드시 이혼시켜야 하며, 노를 양자로 삼은 때에는(호10.4)과 원래의 신분으로 회복시켜야 한다. 또한 은사령이 내리면 자수해야 하고(명35) 위법한 것은 고쳐 바로잡고 징수하지 않은 것은 징수해야 하는데(명36).
기한이 지나도록 자수하지 않거나 또는 장부를 정리할 때까지 바로
잡지 않고 징수하지 않은 것은 반드시 바로잡고 징수해야 한다. 아
울러 절도나 사기하여 취득한 장물은 비록 은사령이 내리기 전에 발
각되지 않았더라도 은사령이 내린 후라도 찾아서 획득한 장물은 추
징해야 한다. 이상과 같은 것을 이행하지 않은 것은 고할 수 있으므
로 이 율을 적용하지 않는 것이다.

III. 월소에 관한 죄

1. 개설

당의 사법제도에서도 모든 소송은 하급 관사에서 시작하는 것이
원칙이었다. 따라서 율은 월소를 엄격하게 금지한다(투58.1). 그러나
다른 한편으로는 억울함을 펴지 못한 자에게 특별히 은혜를 베풀기
위해 황제에게 직접 소하는 것을 허용한다(투58.2b). 단 이 경우에도
사실이 아닌 경우에는 처벌한다(투57.1). 황제에게 소하는 것은 심급
을 무시하고 고소를 허용하는 것이니 이론상 월소 금지에 저촉된다.
다만 황제가 민의 아픔을 보살핀다는 것을 표시하려고 이 법례를 둔
것이다.

2. 월소 및 월소를 접수하지 않은 죄

투송률58(359조)
1. 월소한 자 및 이를 접수한 자는 각각 태40에 처한다.

2. (a) 접수해야 하는 월소를 구실을 대며 미루거나 억누르면서 접수하지 않은 자는 태50에 처하고, 3건에 1등씩 더하여 10건이면 장90에 처한다. (b) 만약 황제의 수레를 맞이하거나, 등문고를 치거나 또는 표를 올려 소하였는데 주사가 즉시 접수하지 않은 때에는 죄를 1등 더한다.

3. 단 황제의 수레를 맞이하여 소하다가 부오(部伍) 안으로 들어간 자는 장60에 처한다. 〈부오란 황제의 수레를 인도하는 의장대 안으로 들어온 것을 말한다.〉

(1) 월소죄

모든 소송은 아래에서 시작해야 한다. 아래에서 위로 이르는 절차는 공식령(습유600쪽)에 규정되어 있는데, 현을 거쳐 주·부와 성으로 올라가는 것이 원칙이다. 이를 건너뛰어 고소한 자 및 그 고소를 접수한 관사는 각각 태40에 처한다. 만약 관사가 접수하지 않았다면 소송한 자도 죄가 없다. 그러므로 월소는 관사가 접수하는 것을 그 처벌조건으로 삼으며, 사실인가 허위인가는 불문한다. 만약 현을 건너뛰어 주에 고소하였는데, 고장을 접수한 관인이 판정하여 현에 보내 처리하게 한 때에는 처벌하지 않는다.

(2) 접수해야 하는 월소를 접수하지 않은 죄

1) 개설

소를 접수하지 않은 죄는 두 가지로 나누는데, 하나는 통상의 소를 접수하지 않는 것이고, 둘은 황제에게 소한 것을 즉시 접수하지 않는 것이다. 단 소는 억울한 판결이나 재판이 지체되는 것에 대한 사유서인 불리장(不理狀)을 신청해서 올리는데(『당육전』권6, 192쪽 및 『역주당육전』상, 615~616쪽), 신청한 불리장을 발급하지 않은 자는 위령죄(잡61)를 과하여 태50에 처한다(투58.2a의 소).

2) 통상의 소를 접수하지 않은 죄

월소가 아니라 영에 따라 접수해야 하는 통상의 소장은 접수해야 한다. 구실을 대어 억누르고 접수하지 않은 자는 1건이라도 태50에 처하고, 3건마다 1등을 더하며, 10건이면 장90에 처하는데, 이것이 최고형이다.

3) 황제에게 올린 소를 즉시 접수하지 않은 죄

황제가 행차할 때 길에서 황제의 수레를 기다렸다가 억울함을 소하거나 대궐 정문 아래에서 등문고를 쳐서 황제에게 아뢸 것을 요구하거나 표를 올려 자신의 일을 진술하였는데, 주사가 즉시 접수하지 않은 때에는 1등을 더해서, 1건을 접수하지 않았다면 장60에 처하고, 4건이면 장70, 10건은 장100에 처한다.

(3) 황제에게 소하다가 의장대 안으로 들어간 죄

황제가 행차할 때는 의장대가 호위한다. 만약 황제에게 소하는 사람이 이 의장대 안에 들어간 때에는 장60에 처한다.

3. 황제에게 거짓을 소한 죄

투송률57(358조)

1. (a) 황제의 수레를 맞이하거나, 등문고를 치거나, 또는 표를 올려 자신의 일에 대해 스스로 억울함을 소한 것이[自理訴] 허위로 밝혀진 때에는 장80에 처한다. (b) 〈고의로 정상을 증감하거나 감추거나 속인 것이 있을 때에는 상서를 속이고 부실하게 한 것에

따라 논한다.〉

2. (a) 스스로 상해한 자는 장100에 처한다. (b) 비록 소한 것이 사실이라도 자해한 자는 태50에 처한다.

3. 만약 친속이 서로를 위해 소한 때에는 자신이 소한 것과 같다.

(1) 구성요건

① 황제가 행차할 때 길에서 황제의 수레를 기다렸다가 억울함을 호소하거나 대궐 정문 아래에서 등문고를 쳐서 황제에게 아뢸 것을 요구하거나 표를 올려 자신의 일을 진술하는데 부실하게 한 것이 죄의 요건이다. 부실하다는 것은 고의로 죄상을 증감한 것을 말한다. 만약 감추거나 거짓이 있을 때에는 경우는 황제에게 글을 올리는데 속이고 거짓으로 한 죄(사7.1a)에 따라 논한다.

② 친속이 서로를 위해 소한 때에는 자신을 위해 소한 것과 같다. 친속은 시마친 이상 및 대공친 이상과 혼인한 집을 말한다(직53.3의 주).

③ 궁전의 뜰 내에서 직소한 것은 황제의 수레를 기다렸다가 소하는 것과 같다(투58.3의 문답).

(2) 처벌

① 소한 것이 부실한 때에는 장80에 처한다. 사실이면 논하지 않는다.

② 소한 것 중에 감추는 것이나 거짓이 있을 때에는 황제에게 글을 올리는데 속이고 거짓으로 한 죄에 따라 도2년에 처한다(사7.1a).

(3) 황제에게 소하다가 자해한 죄

황제의 수레를 기다렸다가 억울함을 소하다가 자해한 때에는 소한 것이 사실이 아니면 장100에 처하고, 사실이면 태50에 처한다.

Ⅳ. 불고의 죄

1. 모반·대역을 고하지 않은 죄

투송률39(340조)

1. (a) 모반(謀反) 및 대역을 안 때에는 가까운 관사에 밀고해야 한다. 고하지 않은 자는 교형에 처한다. (b) 모대역(謀大逆)·모반(謀叛)을 알면서 고하지 않은 자는 유2000리에 처한다. (c) 황제를 비판한 것 및 요언(妖言)을 알면서 고하지 않은 자는 각각 본죄에서 5등을 감한다.

(1) 요건과 처벌

모반 등의 죄행을 알면서 관사에 고하지 않은 것이다. 인지한 바의 범죄에 따라 형이 다르다.

1) 모반 및 대역을 알고 밀고하지 않은 자

모반 및 대역을 알고 밀고하지 않은 자는 교형에 처한다. 모반을 알았다는 것은 타인이 은밀히 모의하여 사직을 위해하려고 하는 것을 알게 된 것을 말한다. 여기서 사직은 황제를 가리키는데, 감히 황제라는 존호를 가리켜 반을 모의했다고 말할 수 없으므로 가탁하여 사직이라 한 것이다(명6.1의 주). 대역을 알았다는 것은 타인이 종묘나 능묘·궁궐을 이미 훼손한 것을 알게 된 것(명6.2의 주)을 말한다. 모두 반드시 가까운 관사에 밀고해야만 한다. 알고서도 즉각 고하지 않은 자는 교형에 처한다.

2) 모대역·모반(謀叛)을 알고 관사에 고하지 않은 자

모대역·모반을 알고 관사에 고하지 않은 자는 유2000리에 처한다.
모대역을 알았다는 것은 종묘·능묘 등을 훼손하고자 모의하는 것을
알았다는 것을 말한다. 모반을 알았다는 것은 국가를 배반하고 적대
정권을 따르고자 모의하는 것을 알았다는 것(명6.3의 주)을 말한다.

3) 황제를 비판한 것 및 요언을 알고 고하지 않은 자

황제를 비판한 것(직32.1a) 및 요언(적21.1)을 알면서 관사에 고하
지 않은 자는 본죄에서 5등을 감하여 처벌한다. 황제를 비판한 것은
정황과 이치상 그 정도가 심하여 황제의 권위를 해친 경우를 말하며,
본죄는 참형에 해당하므로 알면서 고하지 않은 자는 5등을 감하여 도
1년반에 처한다. 요언에 관한 죄는 요언을 만든 것과 전한 것, 그리고
이용한 것 등으로 모두 교형에 해당한다. 따라서 이를 알면서 관사에
고하지 않은 때에는 각각의 죄에서 5등을 감하여 도1년반에 처한다.

(2) 처벌 면제 사유

모반(謀反) 이하의 범죄를 알고 가까운 관사에 밀고하지 않았더라
도 자신이 직접 체포하여 압송한 경우 또한 밀고한 것과 같이 처벌
하지 않는다(투39.2b의 소).

2. 강도·살인 사건을 고하지 않은 죄

투송률59(360조)
1. 강도 및 살인의 범죄가 발생하면 해를 입은 집이나 같은 오(伍)에
   속한 사람은 즉시 그 주사에게 고해야 한다. 만약 가인 및 같은 오
   에 속한 사람이 한 사람뿐이거나 미약하면 이웃 오가 고해야 한다.

마땅히 고해야 하는데 고하지 않았다면 1일이면 장60에 처한다.

3. 절도는 각각 2등을 감한다.

(1) 요건

강도 및 살인이 발생했는데 피해를 입은 집이나 같은 오에 속해 있는 사람이 즉각 주사에게 고하지 않은 것이 죄의 요건이다. 집안에 16세 이상의 남자가 있는데도 고하지 않은 경우를 말하며, 피해를 당한 집 및 같은 오에 속한 사람이 한 사람 뿐이거나 미약하다면 즉시 고하지 않았더라도 처벌하지 않는다. 주사는 방정·촌정·이정 이상을 말한다. 오는 대개 주위의 4가를 가리키는데 서로 보호해야 하므로 오 내에 사건이 발생하면 즉시 주사에게 고해야 한다. 또한 피해를 당한 집이나 오에 속한 사람이 신고할 수 없을 때에는 이웃 오의 사람이 신속히 고해야 한다.

(2) 처벌

① 강도·살인이 발생했는데 고하지 않은 자는 1일이면 장60에 처하는데 이것이 최고형이다. 여기서 1일은 만 하루 100각이며, 반드시 관사로부터 원근을 계산하여 행정(行程)을 제외하고 죄를 논한다.

② 절도가 발생했는데 고하지 않은 때에는 2등을 감한다.

③ 살인을 모의하여 이미 상해한 경우 및 부곡·노비가 살해된 경우 고하지 않은 것은 절도를 고하지 않은 것에 비추어 처벌한다.

3. 주사가 강도·살인 사건을 즉시 상부에 보고하지 않은 죄

투송59(360조)

2. (a) 주사가 강도 및 살인의 범죄를 즉시 위로 보고하지 않은 경

우, 1일이면 장80에 처하고, 3일이면 장100에 처한다.

3. 절도는 각각 2등을 감한다.

강도 및 살인 사건이 발생했는데 주사가 즉시 상부에 보고하지 않은 때에는 1일이면 장80에 처하고, 3일이면 장100에 처한다. 절도 사건이면 각각 2등을 감한다.

4. 감림·주사가 관할구역 내의 범법을 검거해서 추궁하지 않은 죄

투송률60(361조)

1. (a) 감림·주사가 관할구역 내에 범법이 있음을 알고도 이를 검거해서 추궁하지 않은 때에는 죄인의 죄에서 3등을 감한다. (b) 규탄하는 관은 2등을 감한다.

(1) 구성요건

감림·주사가 관할구역 내에 범법이 있음을 알고도 이를 검거해서 추궁하지 않은 것이 요건이다. 감림은 통섭하는 관을 말한다(명54). 주사란 어떤 일의 처리를 담당하는 자 및 이정·촌정·방정 이상을 말한다. 이들은 관할구역 내에 있는 사람이 법·영·격·식을 위반한 일이 있으면 검거해서 추궁해야 하며, 이 임무를 다하지 않은 경우 처벌된다.

(2) 처벌

1) 감림·주사

감림·주사는 죄인의 죄에서 3등을 감해서 처벌한다. 가령 어떤 사람이 도1년의 죄를 범하였는데 규찰·탄핵하지 않은 때에는 장80에 처한다.

2) 규찰·탄핵하는 관

규찰·탄핵을 직무로 하는 관은 2등을 감한다.

3) 금오위

금오위는 궁중 및 경성을 주야로 순찰하며 경계하여 범법을 막는 일을 관장한다(『당륙전』권25, 638쪽, 『역주당육전』하, 216쪽). 금오위가 사찰을 담당하는 곳에 범법이 있음을 알고도 규찰·탄핵하지 않은 때에는 역시 2등을 감한다.

5. 이웃집에서 발생한 범죄를 고하지 않은 죄

투송률60(361조)
2. (a) 만약 이웃집에 범함이 있는데 알면서 살펴서 고하지 않은 자는 사죄이면 도1년, 유죄이면 장100, 도죄이면 장70에 처한다. (b) 단 집에 오직 부녀 및 15세 이하의 남자만 있는 경우는 모두 논하지 않는다.

(1) 구성요건

① 이웃집에 범죄가 있는데 알면서 살펴서 고하지 않은 것이 요건이다. 호령(습유 229쪽)에 따르면, 이웃 5가는 서로 보호하는 범위에 있다. 때문에 이웃의 어떤 집에서 범죄가 발생했다면 반드시 살펴서 고해야 한다. 비록 이웃 사람이라도 이웃 안에서 범한 것이 아니면 알면서 규고하지 않았더라도 죄를 주어서는 안 된다.

② 반드시 범한 바가 도죄 이상이어야 한다. 장100 이하의 죄를 범한 경우에는 이웃 사람이 고하지 않아도 죄가 없다.

③ 반드시 집에 16세 이상 남자가 있어야 한다. 이웃집에 오직 부

녀와 15세 이하의 남자만 있어 고를 감당할 수 없다면 비록 알면서 고하지 않았더라도 역시 모두 죄를 논하지 않는다. 부녀와 15세 이하의 남자만 있는 것을 소극적 구성요건으로 삼는 것이다.

(2) 처벌

① 사죄를 범한 것을 알면서 살펴서 고하지 않은 때에는 도1년에 처한다.

② 유죄를 범한 것을 알면서 살펴서 고하지 않은 때에는 장100에 처한다.

③ 도죄를 범한 것을 알면서 살펴서 고하지 않은 때에는 장70에 처한다.

제2절 죄인의 체포에 관한 죄

Ⅰ. 죄인의 체포와 구조에 관한 죄

1. 개설

죄인을 체포하는 것은 관사의 책무이다. 만약 그 책임을 다하지 않거나 그 사실을 누설하면 처벌한다(포1 등). 체포하는 것은 절차가 있어 만약 위법한 경우 역시 처벌한다. 일반인은 원칙상 이 책무가 없으므로 관을 사칭하고 사람을 체포하는 것 및 함부로 체포 구금하는 것을 금한다(사11, 포3.2). 일반인은 오직 특수정형에서만 체포하는 관사를 도울 의무가 있거나(포4), 이웃을 구조할 의무가 있다(포

6). 일반인은 골절상 이상 및 강·절도와 강간 및 같은 호적 내의 화간의 경우만 죄인을 체포 구금할 수 있다(포3).

2. 관사가 모반·대역의 고를 접수하고 즉시 엄습·체포하지 않은 죄

투송률39(340조)

2. (a) 관사가 모반(謀反) 및 대역에 대한 고발을 접수하고 즉각 엄습해서 체포하지 않고 반일이 경과했을 때에는 각각 고하지 않은 죄와 같이 처벌한다. (b) 만약 상황이 반드시 준비가 필요해서 시한을 위반한 때에는 처벌하지 않는다.

(1) 요건과 처벌

관사가 모반 등에 대한 고발을 접수하고 즉시 엄습해서 체포하지 않고 반일이 지난 때에는 각각 고하지 않은 죄와 같이 처벌한다. 반일이 경과했다는 것은 50각이 경과했다는 것(명55.1)을 말한다.

(2) 처벌을 배제하는 사유

만약 상황이 반드시 준비가 필요했기 때문에 시한을 어겼을 경우에는 처벌하지 않는다. 체포할 사람이 많아서 반드시 인원과 무기를 확보해야만 하는 경우를 말하며, 이와 같이 준비하다가 그로 인해 시한을 어기게 되어 죄인을 놓쳤을 경우에는 처벌하지 않는다.

3. 관사가 강도 및 살인의 고를 접수하고 즉시 수사·체포하지 않은 죄

투송률59(360조)

3. 관사가 강도 및 살인 사건을 즉시 수사·체포하지 않거나 미루고 피한 바가 1일이면 도1년에 처한다.
4. 절도는 각각 2등을 감한다.

관사가 강도 및 살인 사건에 대한 고를 접수하고 즉시 수사하여 체포하지 않거나 미루고 회피한 때에는, 1일이면 도1년에 처한다. 고를 접수한 관사가 즉시 조사·체포하지 않거나, 부근의 주·현·진·수·절충부·감 등과 서로 미루거나 혹은 다른 일을 구실로 미룬 것을 말한다. 절도 사건이면 각각 2등을 감해서 장100에 처한다.

4. 도망자 체포를 위한 출동을 지체한 죄

포망률1(451조)

1. (a) 죄인이 도망하였는데, 장(將)·이(吏)가 추격하여 체포하라는 사명을 받고도 출동하지 않거나 지체한 경우, 〈고의로 편의에 따른 것을 말한다.〉 그리고 비록 출동했더라도 도망자와 만나서 인원과 무기가 대적하기에 충분한데도 싸우지 않고 퇴각한 때에는 각각 죄인의 죄에서 1등을 감하고, 싸우다 퇴각한 때에는 2등을 감한다. (b) 만약 인원과 무기가 부족하여 대적할 수 없어 싸우지 않고 퇴각한 때에는 3등을 감하고, 싸우다 퇴각한 때에는 처벌하지 않는다.
2. 만약 장·이가 아니라 때를 당하여 차출되어 파견된 자는 각각 장·이의 죄에서 1등을 감한다.

3. (a) 30일 안에 도망한 죄인의 절반 이상을 직접 포획하거나, 비록 절반을 포획하지는 못했더라도 일단 포획된 자의 죄가 가장 무거우면 모두 그 죄를 면제하고, (b) 비록 1인이 죄인을 포획했더라도 체포 임무를 띤 다른 사람도 죄를 면제한다. (c) 만약 죄인이 이미 사망하거나 자수하여 다 없어졌다면 역시 죄를 면하는 법에 따른다. 다 없어지지 않았다면 다만 없어지지 않은 사람만으로 처벌한다.

4. (a) 만약 시한이 지나 장·이에 대한 도·유죄가 집행되거나 속동을 징수한 뒤에 직접 죄인을 포획한 때에는 각각 소급하여 3등을 감한다. (b) 만약 타인이 포획했거나 죄인이 이미 사망하거나 혹은 자수했으면 각각 소급하여 2등을 감한다. (c) 〈이미 처결을 주청한 때에는 소급하여 감하는 법례를 적용하지 않는다. 다른 조항에서 소급하여 감하는 것은 여기에 준한다.〉

(1) 구성요건

① 죄인이 도망하였다는 것은 사건이 발각된 뒤에 도망한 것을 말하며 수감되었든 수감되지 않았든 모두 같다. 이미 발각되었다는 것은 관사에 고발된 것을 말한다(명29.1소). 단 관사에 고발되지 않았더라도 도망하는 중이거나 국가를 배반하는 길을 나선 자는 다 같이 도망자이다(포18.1의 소).

② 포망령(습유728쪽)에 따르면, 죄수 및 출정인·방수인·유배인·이향인이 도망하거나 도적의 무리에 들어가고자 하거나, 혹은 강도나 살상이 있을 경우는 모두 추격해서 체포해야 한다. 따라서 도망한 죄인을 추격하여 체포하라는 명령을 받은 장·이는 지체해서는 안 된다. 장은 현임 무관이고, 이는 현임 문관이다.

(2) 직무 태만의 형태 및 처벌

① 장·이가 출동하지 않거나 지체한 때에는 죄인의 죄에서 1등을 감한다. 이는 고의로 회피하여 지체하거나 질병을 사칭하여 가지 않은 경우 등을 말하며, 도망한 죄인의 죄가 사형에 해당하면 장·이는 유3000리에 처한다. 만약 죄인이 다수이면 마땅히 가장 무거운 자의 죄를 기준으로 한다. 이하도 역시 같다.

② 비록 출동했더라도 도망자와 만나서 인원과 무기가 대적하기에 충분한데 싸우지 않고 퇴각한 때에는 각각 죄인의 죄에서 1등을 감해서 처벌한다.

③ 출동해서 싸우다 퇴각한 때에는 2등을 감한다. 이는 인원과 무기가 대적하기에 충분하여 싸우며 퇴각한 경우를 말하며, 이 경우 가령 죄인이 사형에 처할 자이면 장·이는 도3년에 처한다(명56.2 참조).

④ 만약 인원과 무기가 대적할 수 없어 싸우지 않고 퇴각한 때에는 3등을 감한다. 이는 도적의 무리는 많은데 인원이 적거나 혹은 무기가 대적하기에 충분하지 않은 것을 말하며, 이 경우 죄인이 사형에 처할 자이면 장·이는 도2년반에 처한다.

⑤ 싸우다 퇴각한 때에는 처벌하지 않는다. 인원과 무기가 대적하기에 충분하지 않고, 계책이 다하고 세력이 끝이 나서 더 싸우기 어렵다는 것을 알고 퇴각한 때에는 처벌하지 않는다.

(3) 임시로 차출해서 파견된 직무 태만죄

현임의 장·이가 아니라 임시로 차출 파견되어 죄인을 체포하는 자는 현임의 죄에서 1등을 감한다. 즉 주·현에서 임시로 차출·파견한 전 직사관이나 훈관 등이 사람을 통솔하여 추격·체포하는 때에는 1등을 감해서 처벌한다. 단 비록 장·이는 아니더라도 조칙을 받들어 차출·출동한 자는 1등을 감하지 않고, 역시 장·이와 같은 법으로 처벌한다.

(4) 추후 체포와 형의 감면

1) 형을 면하는 추후 체포

두 종류의 정형이 있다.

① 30일 안에 직접 죄인을 체포한 때에는 죄를 면제한다. 죄를 면제하는 기준은 절반 이상을 포획하거나 비록 절반을 포획하지는 못했더라도 포획한 자의 죄가 가장 무거운 경우이다. 가령 10인이 도망하였는데 5~6명을 포획한 때에는 죄를 면제하고, 또한 도죄수·유죄수·사죄수가 일시에 도주하였는데 그 가운데 사죄수 1인만을 포획했다면 나머지 도죄수·유죄수 9명을 포획하지 못했더라도 역시 그 죄를 면제한다. 여기서 비록 1인이 죄인을 포획했더라도 체포임무를 띤 타인도 역시 마찬가지로 죄를 면제한다.

② 만약 죄인이 모두 사망하거나 전부 각각 자수하면 역시 장·이의 죄를 면제한다. 죄인의 사망은 죄인이 자살하거나 타인에게 피살되거나 같다. 또한 일부분의 사람이 이미 사망하고 나머지 사람은 모두 자수했다면 역시 장·이의 형을 면제한다고 해석해야 한다. 모두 사망하거나 자수하지 않았다면 나머지 사람으로 장·이를 처벌한다. 나머지 사람으로만 죄준다는 것은 그 가운데 가장 무거운 죄로써 죄를 과하여 처단하는 것이지 각 죄인의 형을 병과하는 것은 아니다.

2) 소급하여 감하는 추후 체포

장·이의 형을 소급하여 감하는 정형은 두 가지가 있다.

① 30일의 체포 시한이 지나 장·이의 형이 집행된 뒤에 장·이 자신이 직접 죄인을 포획한 때에는 각각 소급하여 죄를 3등 감한다. 즉

죄인이 도망친 지 30일이 지날 때까지 체포하지 못하면 관·음이 없는 자는 도·유형에 처하고, 관·음이 있는 자는 도·유형에 처하거나 속동을 징수하게 되는데, 형이 집행된 뒤 장·이가 직접 죄인을 체포하면 각각 앞서 처단한 죄에서 소급해서 3등을 감한다.

② 만약 타인이 포획하거나 죄인이 이미 사망하거나 혹은 자수했으면 각각 소급하여 2등을 감한다.

단 장·이 이하의 죄를 집행하도록 황제에게 주청한 때에는 소급하여 감하는 법을 적용하지 않는다.

5. 죄인의 체포를 돕지 않은 죄

포망률4(454조)
1. 죄인을 추격하여 체포하다가 힘으로 제압할 수 없어 길가는 행인에게 알렸는데, 그 행인이 도울 힘이 있는데도 돕지 않은 때에는 장80에 처한다.
2. 형세 상 도울 수 없을 때에는 논하지 않는다. 〈형세 상 도울 수 없다는 것은 험난함으로 막혀 있거나 역마로 달리고 있는 것 따위를 말한다.〉

(1) 요건과 처벌

장·이 이하가 죄인을 추격·체포하거나(포1), 사인이라도 체포·포박이 허용된 골절상 이상의 상해죄인이나 강·절도 및 강간죄인을 체포·포박하다가(포3), 세력으로 제압할 수 없어 길가는 행인에게 알렸는데, 그 행인이 도울 힘이 있는데도 돕지 않은 때에는 장80에 처한다. 행인의 인원과 무기가 죄인을 제압할 수 있는 정도일 때를 말한다.

(2) 소극적 구성요건

형세 상 도울 수 없는 때에는 죄를 논하지 않는다. 형세 상 도울 수 없다는 것은 험난한 지형으로 막혀 있거나 급한 일로 역마를 달리는 것과 같은 경우를 말한다. 즉 하천이나 계곡, 담장이나 울타리, 참호나 목책 등으로 격절되어 있어 뛰어넘어 통과할 수 없는 경우나 급한 일로 역마를 타고 달리는 것과 같은 경우를 말한다. 그 외에 관에 급한 일이 있거나 사가에서 질병을 치료해야 하거나 상사를 알리기 위해 가는 등 사정이 급박한 때에는 역시 각각 죄가 없다.

6. 체포의 사실을 누설·폭로하여 죄인을 도망하게 한 죄

포망률5(455조)

1. (a) 죄인을 체포하는데 그 사실을 누설·폭로함으로써 도망할 수 있게 한 자는 죄인의 죄에서 1등을 감한다. (b) 〈죄인에게 여러 죄가 있으면 단지 체포하려고 하는 바의 죄로 처벌한다.〉
2. (a) 누설·폭로한 사람의 죄가 아직 단죄되기 전에 스스로 체포하면 그 죄를 면제하고, (b) 서로 숨겨줄 수 있는 자가 체포한 것도 역시 같다. 〈다른 조항에서 서로 숨겨줄 수 있는 자가 대신 체포한 것도 역시 이에 준한다.〉
3. 만약 타인이 체포하거나 또는 죄인이 이미 사망한 때 및 자수한 때에는 또 각각 1등을 감한다.

(1) 요건과 처벌

죄인을 체포하는데 그 사실을 누설·폭로함으로써 도망할 수 있게 한 자는 죄인의 죄에서 1등을 감해서 처벌한다. 대개 누설·폭로한 사람은 사후공범이기 때문에 1등을 감한다. 죄인을 체포한다는 사실이란 위 조항(포1)의 장·이 이하가 죄인을 추격 체포하라는 사명을 받은 것을 말하며, 이를 누설·폭로함으로써 죄인이 도망할 수 있게 한 경우 처벌한다.

죄인에게 여러 죄가 있더라도 체포하려는 바의 죄만으로 처벌한다. 가령 1인이 혹 강도를 행하고 아울러 다시 살인을 저지르고 또 모반(謀叛)하려고 했는데, 만약 죄인이 모반으로 체포하려 한 경우 누설·폭로한 자는 모반죄에서 1등을 감하며, 만약 강도 혹은 살인으로 체포하려 했다면 누설·폭로한 자는 강도죄 및 살인죄에서 1등을 감하고 모반은 논하지 않는다.

(2) 면죄 기간

죄인을 체포하거나 죄인이 이미 사망하거나 자수했으면 누설·폭로한 자의 죄를 면제하거나 감한다.

1) 형을 면하는 경우

아직 누설·폭로한 사람의 죄가 확정되기 전에 스스로 죄인을 체포했으면 그 죄를 면제한다. 서로 숨겨줄 수 있는 자가 죄인을 체포한 경우도 역시 같다. 서로 숨겨줄 수 있는 자는 동거자나 대공 이상 친속, 외조부모·외손, 또는 손부, 남편의 형제 및 형제의 처 등을 가리킨다(명46.1a).

2) 감형되는 경우

타인이 죄인을 체포한 경우, 혹은 죄인이 이미 사망하거나 자수한 경우에는 또 1등을 감한다. 즉 누설·폭로한 사람의 죄는 죄인의 죄에서 2등을 감한다.

II. 위법한 체포의 죄

1. 저항하는 죄인을 살해한 죄

포망률2(452조)

1. 죄인을 체포하는데 죄인이 무기를 가지고 저항하여 가격하여 살해하거나, 도주하므로 추격하여 살해하거나 〈도주자가 무기를 가졌든 맨손이든 같다.〉 또는 죄인이 궁지에 몰려 자살한 때에는 모두 논하지 않는다.

2. 만약 죄인이 맨손으로 저항하는데 살해한 자는 도2년에 처한다.

3. (a) 이미 체포되었거나 저항하지 않는데도 살해하거나 골절상을 입혔다면 각각 투살상으로 논한다. (b) 날붙이를 사용한 때에는 고살상의 법에 따르되, (c) 죄인이 본래 범한 죄가 사형에 해당하는데 살해한 자는 가역류에 처한다.

4. (a) 만약 죄인이 저항하며 체포하는 자를 구타한 때에는 본죄에 1등을 더하고, (b) 상해한 때에는 투상죄에 2등을 더하며, (c) 살해한 때에는 참형에 처한다.

(1) 체포하다가 죄인을 살해한 것이 무죄인 정형

① 죄인을 체포하려 하는데 죄인이 무기를 가지고 저항하여 체포하는 자가 때려서 살해한 때에는 무죄이다. 죄인을 체포하려 한다는 것은 앞 조항(포1)의 장·이 이하가 죄인을 체포하는 것을 말한다. 무기는 병기 및 몽둥이 따위를 말한다(위2.1의 주).

② 도주하는 죄인을 추격하다가 살해한 때에도 무죄이다. 도주하는 자가 무기를 가졌든 맨손이든 같다. 죄인의 도주를 염려하기 때문에 비록 맨손이었더라도 역시 살해하는 것을 허용하는 것이다.

③ 죄인이 궁지에 몰려 자살한 경우 체포하는 자는 모두 죄를 논

하지 않는다. 죄인이 궁지에 몰려 자살하거나 혹은 구덩이나 함정에 떨어져 사망하거나 같다.

(2) 죄인을 체포하는데 위법한 정형 및 그 처벌

1) 맨손으로 저항하는 죄인을 살해한 경우

죄인이 맨손으로 저항하는데 살해한 자는 도2년에 처한다. 죄인이 맨손이라면 비록 저항하더라도 체포자를 해칠 정도는 아니다. 그런데도 때려서 살해한 자는 도2년에 처한다.

2) 체포되었거나 저항하지 않는데 살해·상해한 경우

이미 체포되었거나 저항하지 않는데 살해하거나 혹은 상해한 자는 두 정형으로 나눈다.

① 죄인이 본래 유죄 이하의 죄를 범한 경우 날붙이를 사용하지 않았다면 각각 투살상으로 논한다. 이는 죄인이 이미 체포되었거나 원래 대항할 마음이 없는데도 살해하거나 상해한 것이므로 각각 투송률(투2~5)에 의거하여 투살상으로 논하는 것이다. 날붙이를 사용한 때에는 고살상법에 따른다(투5).

② 죄인의 본래 범한 죄가 사형에 해당하는데 살해한 때에는 가역류에 처한다. 즉 죄인의 본래 범한 죄가 사형에 해당하는데, 이미 체포되었거나 대항하지 않는데도 체포하여 살해한 때에는 가역류에 처한다.

(3) 죄인이 저항하며 체포하는 자를 구타·살상한 죄

죄인이 저항하며 체포자를 구타·살상한 것이 요건인데, 이는 죄인의 갱범이다. 처벌방법은 구타·상해·살해에 따라 다르다.

① 저항하며 체포자를 구타한 자는 본래 범한 죄에 1등을 더한다. 가령 죄인이 본래 도3년에 해당하는 죄를 범하였는데, 체포자에게 저항하며 구타하였으면 유2000리에 처한다.

② 상해한 때에는 투상죄(투1~4)에 2등을 더한다. 가령 저항하며 체포자를 구타하여 이를 1개 부러뜨렸다면 일반 투상죄의 도1년(투 2.1)에 2등을 더하여 도2년에 처한다. 이는 본죄와 병과한다.

③ 살해한 때에는 참형에 처한다. 즉 체포자를 살해한 자는 참형에 처하며, 체포자의 신분은 귀천을 가리지 않는다.

2. 일반인이 강도·강간 등 중죄인이 아닌 범인을 체포·구금한 죄

포망률3(453조)

1. (a) 사람이 구타·가격당하여 골절상 이상을 입거나 혹은 강·절 도 및 강간당했다면, 비록 인근의 사람이라도 모두 범인을 체 포·포박하여 관사에 송치할 수 있다. (b) 〈체포·가격을 허용하 는 법은 위 조항에 준한다. 만약 같은 호적 내에서 간하였으면 비록 화간이라도 체포·가격을 허용하는 법에 따르는 것을 허용 한다.〉

2. (a) 만약 이 밖의 다른 범죄에 대하여 관사에 알려 요청하지 않 고 함부로 체포·포박한 때에는 태30에 처한다. (b) 사람을 살상 한 때에는 고살상으로 논하되, (c) 본래 범한 죄가 사형에 해당 하는 죄인을 살해한 때에는 가역류에 처한다.

(1) 개설

죄인을 체포하는 것은 장·이의 직책이며 이 밖의 사람은 원칙적으 로 체포할 수 없다. 단 다음 정형에서는 가능하다. 어떤 사람이 타인 을 구타하여 이나 손·발가락을 부러뜨린 골절상 이상의 상해를 입힌 경우(투11.2의 주, 투2.5), 절도와 강도, 강간(잡22~27), 같은 호적 내의 사람을 간한 경우는 화간이더라도 체포·가격의 법에 따르는 것을 허용한다. 같은 호적의 내라고 하였으므로, 귀천과 친소를 불문함이 분명하다. 즉 어떤 사람이 호적을 같이 하는 사람을 간한 경우, 그 호적 내의 타인이라면 친소 불문함은 말할 필요도 없고 부곡·노비까지도 모두 체포·포박할 수 있다. 여기서 체포·포박할 수 있는 사람은 같은 호적 내 사람에 한하고 이웃 사람은 포함되지 않는다. 또 비록 친속이 체포·포박하더라도 역시 친속을 고한 죄(투44~46)를 과하지 않는다.

(2) 구성요건

타인을 구타하여 골절상 이상의 상해를 입힌 것, 혹은 절도·강도 및 강간, 혹은 같은 호적 내 사람들 사이의 화간이 아닌 그 밖의 다른 범행을 한 자를 관사에 알려 체포·구금할 것을 요청하지 않고 함부로 체포·포박한 것이 죄의 요건이다. 주체는 장·이 이외의 사람이다.

(3) 처벌

① 체포·포박한 자는 태30에 처한다.

② 사람을 살상한 때에는 고살상으로 논한다.

③ 본래 범한 죄가 사형에 해당하는 죄인을 살해한 때에는 가역류에 처한다. 위의 요건에서 열거한 범죄가 아닌 다른 범죄가 사형에 해당하는 것을 말한다.

III. 죄인 은닉의 죄

포망률18(468조)

1. 죄를 범한 정을 알면서 죄인을 숨겨주거나 또는 통과해서 이르게 하고 물자를 공급해서 〈사건이 발각되어 추격을 받거나 도망·반(叛)하는 것 따위를 말한다.〉 은신·도피할 수 있게 한 자는 각각 죄인의 죄에서 1등을 감한다. 〈①숨겨준 것은 일 수의 제한이 없으며, 통과해서 이르게 하고 물자를 공급한 것도 역시 같다. 만약 비유가 숨겨주고 죄상이 이미 성립한 뒤에 존장이 알고 그것을 허용했더라도 비유만 처벌한다. 부곡·노비가 먼저 죄인을 숨겨주었는데 주인이 뒤에 알았다면 같은 죄로 처벌한다[與同罪]. ②만약 존장이 죄인을 숨겨주었는데 존장이 사망한 뒤에도 비유가 그대로 숨겨준 때에는 5등을 감한다. 존장이 사망한 뒤에는 비록 전에 숨겨주었더라도 죄인이 다른 곳으로 떠난 뒤에 일이 발각되었거나 서로 숨겨줄 수 있는 자의 공범을 숨겨준 때에는 모두 처벌하지 않는다. 소공친 이하는 역시 같이 감하는 예를 적용한다. ③만약 은사령이 내리기 전에 죄인을 숨겨주었는데 죄인이 사면에 해당하지 않아 은사령이 내린 뒤에도 이전과 같이 숨겨준 경우와, 사람이 죄가 있음을 모르고 의탁할 것을 허용한 뒤에 알게 되었으면서도 그대로 숨겨준 경우에는 모두 율과 같이 처벌한다. ④단 옮겨가며 서로 부탁하여 죄인을 숨겨준 경우, 정을 안 자는 모두 처벌하고 정을 모른 자는 논하지 않는다.〉

2. 죄인에게 여러 개의 죄가 있는 경우는 아는 것만을 처벌하는데 그친다.

1. 구성요건

구성요건은 타인이 죄를 범한 정을 안 것과 그 사람을 숨겨주거나 도망하는 것을 지원한 것의 두 가지이다.

(1) 타인이 죄를 범한 정을 안 것

1) 사건이 발각되어 추격을 받고 있는 경우

사건이 발각되어 추격을 받고 있다는 것은, 만약 범죄 사건이 발각되지 않았으면 아직 죄인이 아니므로 반드시 범죄 사건이 발각되어 추격을 받아야 비로소 정을 안 죄상으로 판결한다는 것이다. 다시 말하면 죄인이 통상범죄를 범한 경우 숨겨준 사람이 반드시 죄인이 죄를 범했다는 사실과 추격당하고 있다는 사실을 알아야 한다는 것이다.

2) 도망·반(叛)하고 있는 경우

도망 혹은 국가에 배반한 것 따위는 아직 추격을 받고 있지 않더라도 행하고 있으면 도망자라는 것을 알 수 있다. 심산이나 늪지대로 망명하여 추후 소환에 따르지 않는 것(적4)은 국가에 배반한 것과 같다. 여기서는 숨겨준 사람이 죄인이 추격당하고 있는 것을 요건으로 하지는 않고 다만 죄인이 행하고 있으면 정을 안 것으로 간주한다.

(2) 죄인을 숨겨주거나 도망을 지원한 것

죄인임을 알면서 주인이 죄인을 숨겨준 것과 지나갈 때 도움을 준 것이다. 도움을 주었다는 것은 죄인에게 도망갈 길을 알려 주거나 험난한 곳을 통과하게 하여 그 이동을 돕거나 아울러 의복과 양식을 지급함으로써 마침내 죄인이 다른 지역에 몰래 숨을 수 있도록 한 것을 말한다. 숨겨준 것은 일 수의 제한이 없다. 즉 일 수의 많고 적음을 한정하지 않고 단지 숨겨주기만 해도 처벌한다. 도망갈 길을 알려주거나 의복이나 식량을 지급한 것도 역시 일 수의 제한이 없다.

2. 처벌

① 죄인을 은닉한 자는 죄인의 죄에서 1등을 감해서 처벌한다. 은닉인의 죄는 원칙적으로 죄인이 받아야 할 형을 기준으로 1등을 감하여 과하는데, 죄인이 면죄되거나 감형되면 은닉인도 여기에 준한다. 죄인이 장형으로 대체해야 할 자이거나 속할 수 있는 자인 경우 은닉인도 같다.

② 죄인이 사망한 경우 은닉인은 2등을 감하는 것을 허용한다.

③ 일반인이 제명·면관해야 하는 관인을 은닉한 경우에는 제명·면관을 도죄에 비정하고 1등을 감해서 죄를 과한다. 즉 제명은 도3년, 면관은 도2년, 면소거관은 도1년에 비정하므로, 숨겨준 관인이 제명의 죄를 범한 죄인이면 도2년반, 면관의 죄를 범한 죄인이면 도1년반, 면소거관의 죄를 범한 죄인이면 장100에 처한다.

④ 연좌(連坐)·연좌인(緣坐人)을 은닉한 경우에는 역시 그 죄에서 1등을 감한다. 즉 몰관될 사람을 은닉했으면, 몰관은 유3000리에 비정하므로(단23) 유3000리에서 1등을 감해서 도3년에 처한다.

⑤ 죄가 있는 사람인지 모르고 의탁할 것을 허용한 뒤에 알게 되었지만 숨겨준 경우에는 모두 죄인을 은닉한 죄에 의거하여 처벌한다.

⑥ 죄인에게 여러 개의 죄가 있으면 단지 아는 것만을 처벌한다. 죄인에게 살인·강간·절도의 죄가 있다면, 이 가운데 은닉한 자가 아는 죄에서 1등을 감해서 처벌한다.

⑦ 은사령이 내리기 전에 죄인을 숨겨주었는데 죄인이 사면에 해당하지 않지만 은사령이 내린 뒤에도 전과 같이 숨겨준 경우 모두 율과 같이 처벌한다. 가령 십악을 범한 사람을 숨겨주었다면 은사령을 만나도 십악은 사면에 해당하지 않는데(단21), 은사령이 내린 뒤에도 전과 같이 숨겨준 경우 모두 죄인을 은닉한 죄에 의거하여 처벌한다.

3. 소극적 구성요건

(1) 서로 숨겨줄 수 있는 자의 경우

1) 죄인이 숨겨줄 수 있는 자인 경우
죄인은 반드시 숨겨줄 수 있는 자가 아니어야 한다. 일정 범위의 친속은 서로 숨겨주더라도 역시 그 처벌이 면제되며, 부곡·노비가 주인을 은닉해도 역시 같다(명46.1). 소공 이하의 친속에 대해서는 역시 같은 감하는 예를 적용한다. 명례율 46.2조에, "소공 이하 친속이 서로 숨겨주면 일반인의 죄에서 3등을 감한다."고 하였으니, 지금 죄를 범한 소공·시마친을 숨겨주었으면 죄인의 죄에서 4등을 감하게 된다.

2) 죄인이 숨겨줄 수 있는 자의 공범인 경우
서로 숨겨줄 수 있는 자의 공범을 숨겨준 때에는 모두 처벌하지 않는다. 가령 대공친이 타인과 함께 절도를 범한 뒤 사건이 발각되어 추격을 받아 함께 와서 은닉하였는데, 만약 그 공범을 신고하면 친속의 죄도 드러나게 되어 서로 연루될 것을 염려할 것이므로, 모두 처벌하지 않는 것이다.

(2) 동거인이 죄인을 숨겨준 것을 알고 허용한 경우

1) 비유가 죄인을 숨겨준 것을 존장이 알고 허용한 경우

비유가 숨겨주고 죄상이 이미 성립한 뒤에 존장이 알고 그것을 허용했더라도 비유만 처벌한다. 비유가 동거인으로 서로 숨겨줄 수 있는 자이기 때문에 존장이 알고 허용했으면 오직 비유만을 처벌하고 존장은 처벌하지 않는 것이다. 대개 존장이 설령 실정을 알았더라도 친속 사이에는 서로 숨겨줄 있다는 뜻으로 타인을 숨겨준 죄를 가하지 않는 것이다.

2) 존장이 죄인을 숨겨준 것을 존장이 사망한 뒤에 비유가 그대로 숨겨준 경우

존장이 죄인을 숨겨주었는데, 존장이 사망한 뒤에도 비유가 그대로 숨겨준 때에는 5등을 감한다. 존장이 생존 시에 직접 죄인을 숨겨주었는데 존장이 사망한 뒤에 비유가 이전과 같이 죄인을 숨겨주었다면 역시 일 수의 많고 적음에 관계없이 존장의 죄에서 5등을 감해서 처벌한다. 즉 비유는 죄인의 죄에서 6등을 감해서 처벌한다.

단 존장이 사망한 뒤에 존장이 숨겨준 죄인을 비유가 그대로 숨겨주었더라도 죄인을 떠나보낸 뒤에 은닉한 사실이 발각된 경우 비유는 처벌하지 않는다.

3) 부곡·노비가 죄인을 숨겨준 것을 주인이 뒤에 알고 허용한 경우

부곡·노비가 먼저 죄인을 숨겨주었는데 주인이 뒤에 알았다면 같은 죄로 처벌한다. 왜냐 하면 주인은 부곡·노비를 위해서 숨겨줄 수 없기 때문이다(명46.1b의 소 참조).

4) 옮겨가면서 서로 부탁하여 죄인을 숨겨준 경우

옮겨가면서 서로 부탁하여 죄인을 숨겨주도록 한 경우, 실정을 안 자는 모두 처벌하고 실정을 모른 자는 논하지 않는다. 가령 갑이 실정을 알고도 죄인을 숨겨주었고, 또 을에게 그 죄인을 숨겨주도록 부탁하였으며, 을은 또 병에게 죄인을 숨겨주도록 부탁하였는데, 이와 같이 옮겨가면서 서로 죄인을 숨겨주도록 한 경우 을·병이 죄인임을 알았다면 은닉한 죄를 받게 되고, 실정을 몰랐으면 죄가 없다. 대개 원래 실정을 알지 못한 것은 구성요건을 구비하지 못하기 때문이다.

제3절 죄수의 관리에 관한 죄

Ⅰ. 죄수의 관리에 관한 법을 위반한 죄

1. 관사가 죄수의 구금에 관한 법을 위반한 죄

단옥률1(469조)

1. (a) 죄수가 구금되어야 하는 자인데 구금하지 않거나, 또는 형구를 채워야 하는 자인데 채우지 않거나 벗겨준 자는, 죄수의 죄가 장형의 죄인 경우 태30에 처하고, 도죄 이상인 경우 차례로 1등을 더한다. (b) 채울 형구를 바꾼 자는 각각 1등을 감한다.
2. 만약 죄수가 스스로 채운 형구를 벗거나 바꾼 때에도 죄는 역시 같다.
3. 만약 구금하지 않아야 하는 죄수를 구금하거나, 형구를 채우지 않아야 하는데 형구를 채운 자는 장60에 처한다.

(1) 개설

본죄의 행위주체는 감옥의 관사이며, 죄수의 구금은 단죄된 자이든 그렇지 않은 자이든 불문한다. 구금하는데 위법이 있는 경우 그 형태에 따라 형의 경중이 다르다. 구금에 관한 규정은 옥관령(습유781쪽)에 있는데, 일반인과 관인 및 관인의 친속으로 구분할 수 있다.

1) 일반인

태형의 죄를 범한 자는 구금해서는 안 되고, 장죄 이상은 모두 구금하여 추국한다. 구금의 방법은 형구를 채우지 않는 산금(散禁)과 형구를 채우는 계금(械禁)으로 구분할 수 있는데, 죄수의 연령과 신체의 상태 및 형의 등급에 따라 다르다.

(a) 산금하는 자

장형의 죄를 범한 죄수와 80세 이상 및 10세 이하(명30.2)와 폐질(명30.1)·임신부·주유(侏儒)(폐질의 일종) 따위이다.

(b) 목칼·수갑을 채우는 자

남자 사죄수는 목칼과 수갑을 채운다. 목칼은 목에 채우는 형구이고 수갑은 손에 채우는 형구이다. 유죄·도죄수는 목칼만 채우고 수갑을 채우지 않는다. 여죄수는 사·유·도죄를 막론하고 다 같이 목칼만 채운다.

2) 관인 및 관친

옥관령에는 관인 및 관인의 친속이 죄를 범할 경우 구금하는 방법에 관하여 의(議)·청(請)·감(減)할 수 있는 자와 8~9품 및 속할 수 있는 자의 두 종류로 나누어 규정되어 있다(옥관령, 습유783쪽).

(a) 의·청·감할 수 있는 자

의·청·감할 수 있는 자(명8~10)가 유죄 이상의 죄를 범하거나 또는 제명·면관·관당에 해당하는 죄를 범한 경우 모두 쇠사슬을 채워 구금하고, 공죄의 유죄 또는 사죄의 도죄를 범한 때에는 보석하여 심문한다. 모두 관당이 아닌 경우를 말한다.

(b) 8~9품 및 관이 없는데 속할 수 있는 자

8~9품 및 관이 없는데 속할 수 있는 자가 도죄 이상 또는 제면·관당에 해당하는 죄를 범한 때에는 목칼을 채워 구금하고, 공죄로 도죄를 범한 때에는 모두 형구를 채우지 않고 두건과 허리띠를 벗기지 않으며, 관(款)이 정해지면 밖에 있게 하면서 심문한다. 단 款이 정해진다는 것의 정확한 뜻을 현재로서는 알기 어렵다.

(2) 요건 및 처벌

1) 죄수를 구금해야 하는데 구금하지 않은 죄

장죄수를 구금해야 하는데 구금하지 않은 때에는 태30에 처하고, 도죄수 이상은 1등을 더한다. 따라서 구금하지 않은 것이 도죄수이면 태40, 유죄수이면 태50, 사죄수이면 장60에 처한다.

2) 목칼·쇠사슬·수갑을 채워야 하는데 채우지 않은 경우

(a) 서민

도죄수의 목칼을 채우지 않은 때에는 태40, 유죄수의 목칼을 채우지 않은 때에는 태50, 사죄수의 목칼·수갑을 채우지 않은 때에는 장60에 처한다.

(b) 관인 및 관친

의·청·감할 수 있는 자로 유죄수의 쇠사슬을 채우지 않은 때에는 태50, 사죄수이면 장60에 처한다. 8~9품 및 속할 수 있는 자로 도죄수이면 태40, 유죄수 태50, 사죄수 장60에 처한다.

3) 착용할 형구를 바꾼 경우

착용할 형구를 바꾼 자는 각각 1등을 감한다. 즉 목칼을 채워야 하는데 쇠사슬을 채우거나 쇠사슬을 채워야 하는데 목칼을 채운 때에는 각각 1등을 감한다. 죄수가 도죄이면 태30에 처하고, 유죄이면 태40에 처하며, 사죄이면 태50에 처하는 것을 말한다.

4) 구금해서는 안 되는데 구금하거나 형구를 채워서는 안 되는데 채운 경우

죄수를 구금하지 않아야 하는데 구금했거나, 형구를 채우지 않아야 하는데 형구를 채운 자는 장60에 처한다. 모두 위에서 보듯이 구금하거나 형구를 채워서는 안 된다고 규정된 경우에 해당한다. 이 경우 형의 등급은 막론한다.

(3) 죄수가 스스로 형구를 벗거나 또는 착용한 형구를 바꾼 죄

죄수가 스스로 함부로 형구를 벗어버린 경우 도죄수는 태40에 처하고, 유죄수는 태50, 사죄수는 장60에 처한다. 만약 죄수가 스스로 착용한 형구를 바꾼 때에는 각각 1등을 감한다.

2. 죄수에게 필요한 의·식·의약을 청·급하지 않은 죄

단옥률5(473조)

1. (a) 마땅히 의·식·의약의 지급을 요청해야 할 자인데 지급을 요청하지 않거나, 혹은 가인이 들어가 돌보는 것을 허락해야 할 자인데 허락하지 않거나, 목칼·쇠사슬·수갑을 풀어 주어야 할 자인데 풀어 주지 않은 때에는 장60에 처하고, (b) 이 때문에 사망하게 되었다면 도1년에 처한다.
2. (a) 만약 죄수의 음식을 덜어 절취한 때에는 태50에 처하며, (b) 이 때문에 사망하게 되었다면 교형에 처한다.

(1) 개설

옥관령(습유791쪽)에 따르면, 죄수가 집에서 매우 멀리 떨어져 있어 음식을 보낼 수 없는 때에는 관에서 의·식을 지급하고 가족이 오는 날 그 수량만큼 거두어들인다. 또한 죄수에게 질병이 있으면 주사는 문서로 알리고 장관은 친히 검험하여 사실을 파악하고 의약을 지급하여 치료하고, 병이 무거우면 목칼·쇠사슬·수갑을 벗겨주고 가족 1인이 들어가 돌보는 것을 허락해야 한다. 이와 같이 영에 죄수에 대한 최소한의 처우가 정해져 있는데 이를 위반한 관사는 아래에서 보는 바와 같은 처벌을 받는다. 이 밖에도 만약 죄수가 옥관에게 가혹한 대우를 받은 경우 고소를 허용한다(투51.1)는 조문이 있다.

(2) 요건 및 처벌

1) 의·식·의약을 요청하지 않은 경우

죄수가 의·식과 의약을 요청해서 지급해야 할 자인데 요청하지 않거나 요청했는데 지급하지 않은 담당 관사는 장60에 처하고, 이 때문에 사망하게 되었다면 도1년에 처한다. 요청하는 관사는 감옥의 주사이고, 지급하는 관사는 의·식·의약 담당 관사이다.

2) 죄수가 중병인 경우

죄수가 병이 중한데도 가족이 들어가 돌보는 것을 허락하지 않거나 목칼·쇠사슬·수갑을 풀어 주지 않은 감옥의 주사는 장60에 처하고, 이 때문에 사망하게 되었다면 도1년에 처한다.

3) 죄수의 음식을 줄인 경우

죄수의 음식을 줄인 경우 그 양의 많고 적음을 구분하지 않고 처벌하는데, ① 단지 죄수의 음식을 덜어 절취한 때에는 태50에 처한다. ② 만약 죄수의 음식을 줄여 절취함으로써 그 죄수가 사망하게 된 경우 음식을 줄여 절취한 자는 교형에 처한다.

II. 죄수에게 날붙이 및 다른 물건을 준 죄

단옥률2(470조)

1. (a) 죄수가 자살할 수 있거나 형구를 풀 수 있는 날붙이 및 그 밖의 물건을 준 자는 장100에 처한다. (b) 만약 죄수가 그것으로 도망하거나 스스로 상해하거나 타인을 상해한 때에는 도1년에 처하고, (c) 자살하거나 살인한 때에는 도2년에 처한다. (d) 만약 죄수가 본래 유죄 이상을 범하였는데 그것으로 인해 도망할 수 있었다면, 비록 살상이 없더라도 역시 이에 준한다.
2. 만약 죄수가 그것으로 인해 도망하였으나 흉기를 준 자가 자신의 죄가 아직 단죄되기 전에 도망한 죄수를 직접 체포하거나 또

는 타인이 체포하거나, 혹은 죄수가 자수하거나 이미 사망한 때
에는 모두 물건을 준 자의 죄를 1등을 감한다.

3. 자·손이 형구를 풀 수 있는 물건을 조부모·부모에게 주거나 부
곡·노비가 주인에게 준 때의 죄도 역시 같다.

1. 죄수에게 날붙이나 다른 물건을 준 죄

(1) 요건과 처벌

자살하거나 형구를 풀 수 있는 날붙이나 다른 물건을 죄수에게 준
경우 설령 죄수가 이 물건을 사용하지 않았더라도 준 자는 곧 장100
에 처한다. 죄의 주체는 죄수의 친속 및 타인이 모두 포함되며, 설령
자·손이 조부모·부모에게 주거나 부곡·노비가 주인에게 준 때에도
죄는 역시 같다. 자손은 본래 부·조를 숨겨줄 수 있고 부곡·노비는
주인을 숨겨줄 수 있지만(명46.1), 단 죄수로 구금된 뒤에는 형구를
벗거나 탈옥할 수 있는 물건을 제공할 수 없다.

(2) 특별죄명

1) 날붙이나 다른 물건을 얻어 죄수가 도망한 때의 죄
① 죄수가 도망할 수 있게 된 경우 준 자는 도1년에 처한다.
② 죄수의 본죄가 유죄 이상이면 죄수 자신이나 타인에 대한 살상
이 없더라도 도2년에 처한다.

2) 날붙이나 다른 물건을 얻어 죄수가 살상한 때의 죄
① 죄수가 스스로 상해하거나 타인을 상해한 경우 준 자는 도1년
에 처한다.

② 죄수가 자살하거나 타인을 살해한 경우 준 자는 도2년에 처한다.

2. 추후 체포 및 죄수의 자수 또는 사망으로 인한 감형

죄수가 날붙이·다른 물건 등을 얻어 도망한 뒤 준 자의 죄가 판결되지 않은 기간에 준 자가 직접 도망한 죄수를 체포하거나 타인이 체포하거나, 혹은 죄수가 자수하거나, 혹은 죄수가 사망하거나 타인이 죄수를 살해한 때에는 죄를 1등 감한다. 즉 도망한 죄수의 본죄가 도죄 이하이면 도1년에서 1등 감하여 장100에 처하고, 유죄·사죄이면 도2년에서 1등 감하여 도1년반에 처한다. 단 다음과 같은 사유가 있으면 죄를 감할 수 없다.

① 자·손이 부·조를 또는 부곡·노비가 주인을 체포·압송한 때에는 죄를 감하지 않는다. 즉 이와 같은 상황에서도 자·손이 조부모·부모를 혹은 부곡·노비가 주인을 직접 체포해서는 안 된다. 단 만약 관사에서 파견해서 체포하여 압송한 경우에는 무죄이고, 스스로 체포하여 관에 보낸 경우에는 관에 고한 것과 같은 법(투44, 48)으로 처벌한다.

② 죄수가 사람을 살상하고 도망한 때에는 감하지 않는다. 즉 죄수가 사람을 살상하고 도망한 경우 날붙이·다른 물건 등을 준 자는 자신의 죄가 단죄되기 전에 스스로 체포했더라도 도망한 죄수가 살상한 경우의 죄에 따르며, 죄를 감하지 않는다.

제4절 죄수의 도망과 겁탈에 관한 죄

Ⅰ. 구금된 죄수의 도망죄

1. 죄수의 도망죄

포망률15(465조)

1. (a) 죄수로 구금되어 있는 자가 관사에게 항거하고 달아난 때에는 유2000리에 처하고, (b) 사람을 상해한 때에는 가역류에 처하며, (c) 사람을 살해한 때에는 참형에 처하고, 종범은 교형에 처한다.
2. 만약 몰래 도망한 때에는 복역하다가 도망한 것으로 논한다.
3. 〈사건이 발각되고 아직 구금되지 않은 자가 도망한 것도 역시 같다〉.

(1) 개설

① 본죄는 죄를 범하고 형이 집행되기 전에 도망한 것으로, 아래의 도·유죄수가 복역 기간 내에 도망한 것과 같지 않다. 비단 죄수로 구금된 자만이 아니라 사건이 발각되고 수감되지 않은 상태에서 도망한 경우도 이 죄를 적용한다. 범한 죄가 발각되면 몰래 도망하는 것이 인지상정이지만 율은 이 역시도 처벌하는 것이다. 또한 범한 바의 본죄에 대해 율은 한정하지 않고 있어 도망죄가 때로는 도리어 그 본죄보다 무겁게 되기도 한다. 또 본죄와 도망죄는 반드시 병과된다.

② 율은 범죄자가 설령 수감되지 않았어도 처벌한다. 만약 관사에게 저항하다가 사람을 살상한 경우 중벌에 처한다.

③ 율은 죄수의 도망을 용서하지 않으므로 각종의 제재를 가한다. 즉 도망자는 사면의 범위에 포함되지 않고(명25.3), 또 자수로 그 죄가 용서되지 않으며, 그 도주죄에서 2등을 감할 뿐이다(명37.5b의 소). 함께 도망한 자는 수범·종범으로 구분하지 않는다(명43.3).

④ 다만 타인이 고하려는 것을 알고 돌아와 자수한 자는 도망죄에서 2등을 감해 처벌하는데(명37.5a), 이는 자수를 유도하기 위한 것이다.

(2) 요건

1) 정황적 요건

죄수로 구금되거나 추격당하고 있는 것이 정황적 요건이다. 죄수로 구금되었다는 것은 죄의 유·무를 한정하지 않고 단지 정황에 비추어 구금된 것을 말하며, 형구를 채우지 않고 구속하는 산금도 역시 같다. 즉 혐의가 있어 구금된 경우 설령 본래 죄가 없더라도 만약 안건이 판정되어 구금된 경우 역시 본조를 적용한다. 여기서 안건을 판정하여 구금하였다는 것은 강제처분이 장관의 동판을 거쳤음을 가리킨다(단8.1). 반대로 본죄가 구금해서는 안 되는데 억울하게 구금·구류된 자는 구금 중에 도망한 죄를 적용하지 않는다(포15.2의 문답). 사건이 발각되어 추격당하여 관사에게 항거하고 도주하였거나 몰래 도망한 경우는 역시 구금 중에 도망한 것과 죄가 같다.

2) 행위

관사에게 항거하고 달아난 것이 행위요건이다. 그로 인해 사람을 살상한 경우 가중 처벌한다. 즉 항거로 인하여 주사 및 체포하려는 사람을 살상한 경우를 말한다.

(3) 처벌

① 단지 항거만 한 자는 유2000리에 처한다. 종범은 1등을 감해 도3년에 처한다.

② 항거하다가 사람을 상해한 자는 가역류에 처한다. 종범은 1등을 감해 도3년에 처한다.

③ 항거하다가 사람을 살해한 자는 참형에 처하고, 종범은 교형에 처한다.

이상은 도망죄는 수범·종범으로 나누지 않는다는 원칙(명43.3)의 특례이다.

(4) 구금된 죄수가 몰래 도망한 죄

구금된 죄수가 몰래 도망한 때에는 유·도죄수가 복역 기간 내에 도망한 경우의 처벌 규정(포9.1)에 따라 1일에 태40에 처하고, 3일마다 1등을 더하며, 장100을 초과하면 5일마다 1등을 더한다. 이는 단지 미결수의 도망에 대한 것으로 본죄와 별도의 처벌이다.

2. 주수가 죄수를 잃은 죄

포망률16(466조)

1. (a) 주수가 감시소홀로 죄수를 잃은 때에는 죄수의 죄에서 2등을 감하고, (b) 만약 죄수가 항거하며 도주하였다면 또 2등을 감한다.

2. (a) 모두 100일 안에 추격하여 체포하는 것을 허락하며, 기한 안에 자신이 체포한 경우나 타인이 체포한 경우, 또는 죄수가 이미 사망하거나 자수했다면 그 죄를 면제한다. (b) 만약 기한이 지난 뒤에 체포하거나 죄수가 이미 사망 또는 자수한 때에는 각각 소급하여 또 1등을 감한다.

3. 감독·주관하는 관은 각각 주수의 죄에서 3등을 감한다.

4. (a) 고의로 방임한 때에는 체포 기한을 주지 않고 곧 죄수의 죄로 죄를 주되, (b) 아직 단죄·집행되지 않은 사이에 자신이 직접 체포하거나 타인이 체포하거나 또는 죄수가 이미 사망하거나 자수했다면 각각 1등을 감한다. 〈이 편 안에서 감림·주사가 마땅히 처벌되어야 하는데 해당 조항에 체포·수색의 기한 및 감시를 소홀히 한 것과 고의로 방임한 것에 대한 규정이 없는 경우 모두 이 법에 준한다는 것을 말한다.〉

(1) 요건

죄수를 지키는 일을 전적으로 담당하거나 감옥을 주관하는 주수가 감시소홀로 죄수가 도망친 것이다.

(2) 처벌

1) 주수

① 주수는 죄수의 죄에서 2등을 감해서 처벌한다. 이 때 죄수의 죄는 죄수의 본죄이고 도망죄가 아니다. 가령 사죄를 지은 죄수가 도망했으면 주수는 도3년에 처한다. 이는 복역하고 있는 도죄·유죄수가 감시소홀로 도망한 것을 적발하지 못한 때 3등을 감하는 것(포9.2a)에 비해 1등을 무겁게 처벌하는 것이다. 이는 아마도 도죄·유죄수가 복역 중에 도망한 경우 통상 이미 형의 일부분이 집행된 상태이기 때문에 구금된 상태의 감시소홀로 죄수가 도망한 죄보다 가볍기 때문일 것이다.

② 만약 항거하며 도망하는 죄수를 힘으로 제압하지 못한 주수는 감시소홀로 죄수가 도망한 경우의 죄에서 또 2등을 감한다. 즉 죄수의 죄에서 4등을 감한다.

2) 감독·주관하는 관의 죄

감독·주관하는 관은 각각 주수의 죄에서 3등을 감한다. 즉 감시소홀로 죄수가 도망한 경우에는 죄수의 죄에서 5등을 감하고, 죄수가 항거하며 도망한 때에는 죄수의 죄에서 7등을 감한다. 감독·주관하는 관은 죄수의 관리를 전적으로 관장하는 자를 말한다. 만약 당직하는 관인이 당직하고 있고 그 판관이 영에 준하여 퇴근했는데 죄수가 도망한 경우 죄는 당직하는 관에게 있다. 이로 보면 감독·주관하는 관은 감독관 및 당직관을 가리킨다.

(3) 면형·감형되는 체포 시한

1) 형을 면하는 추후 체포
두 종류로 나눈다.

① 모두 100일 안에 추격하여 도망한 죄수를 체포하는 것을 허락하여 기한 안에 자신이 체포하거나 타인이 체포한 경우 감시소홀로 죄수가 도망한 죄를 면제한다. 타인은 친소에 제한이 없다.

② 죄수가 이미 사망하거나 자수한 때에는 주수의 죄수를 잃은 죄를 면제한다.

2) 형을 감하는 추후 체포
100일 기한이 지난 뒤에 체포한 때 및 기한이 지난 뒤 죄수가 이미 사망하거나 자수한 때에는 각각 감시소홀로 죄수가 도망한 죄를 소급하여 1등 감한다. 단 이미 상주하여 황제의 재가를 거친 때에는 추가로 감하는 법례를 적용하지 않는다.

(4) 주수 및 감독·주관하는 관이 죄수의 도망을 고의로 방임한 죄

1) 요건과 처벌

주수 및 감독·주관하는 관이 고의로 죄수의 도망을 방임한 때에는 체포 기한을 주지 않고 그 죄수의 죄로 죄준다. 따라서 사죄수를 놓아주었다면 사죄를 받고, 유죄수·도죄수를 놓아주었다면 유죄·도죄를 받는다.

2) 감형

아직 단죄·집행되지 않은 사이에 자신이 직접 체포하거나 타인이 체포한 때, 혹은 죄수가 이미 사망하거나 자수한 때에는 각각 1등을 감한다. 단죄·집행되지 않은 사이란 관당하거나 속동을 징수할 자가 아직 처분되지 않았거나 사형 및 태형·장형에 처할 자가 아직 집행되지 않은 기간을 말한다.

II. 복역하는 죄수의 도망죄

포망률9(459조)

1. 유·도죄수가 복역 기간 내에 도망한 때에는, 〈유·도죄를 범하여 복역할 곳에 배속될 사람 및 이향해야 될 사람이 배속될 곳에 이르기 전에 도망한 것도 역시 같다.〉 1일이면 태40에 처하고, 3일마다 1등을 더하며, 장100이 넘으면 5일마다 1등을 더한다.

2. (a) 주수가 감시소홀로 유·도죄수를 잃었다면 죄수의 죄에서 3등을 감한다. 만약 도망한 죄수의 남은 형기가 반년 미만인 경우 1인이면 태30에 처하고, 3인마다 1등을 더하되, 죄는 장100에

그친다. (b) 감독·주관하는 관사는 또 3등을 감한다. (c) 고의로 방임한 자는 각각 더불어 같은 죄를 준다[與同罪].

1. 개설

죄수의 도망죄는 단죄되기 전의 수감상태에서 도망한 죄(포15)와 단죄된 뒤 유죄수 및 도죄수가 복역할 곳에 배속되는 시점부터 시작하여 역의 기한이 만료되기 전에 도망한 죄(포9)가 있다. 단죄되기 전의 도망죄는 다시 관사에게 저항하고 도주한 죄와 몰래 도망한 죄로 구분하는데, 후자는 단죄된 뒤 배속된 죄수의 도망죄와 같다. 배속된 죄수의 도망죄는 유죄수·도죄수에 대한 것만 있고, 사죄수와 태·장죄수에 대한 규정은 없다. 아마도 사죄수와 태·장죄수는 처결되어 복역하지 않기 때문일 것이다. 수감되어 단죄되기 전에 도망한 자는 포망률 15.2조의 규정에 의거하되 도죄수가 도망한 것으로 논한다.

2. 유·도죄수의 복역 기한 내 도망죄

(1) 구성요건

유죄수·도죄수가 복역 기한 내에 도망한 것이 죄의 요건이다. 유죄·도죄를 범하고 단죄되어 복역할 곳에 배속될 사람 및 살인을 범하고 사면되어 이향 처분될 사람이 배속될 곳에 도착하기 전에 도망한 것도 같다.

(2) 처벌

위의 요건에 해당하는 자는 1일이면 태40에 처하고, 3일마다 1등을 더하여 19일이면 장100에 처한다. 장100이 넘으면 5일마다 1등을 더하여 59일이면 유3000리에 이른다. 이 도망죄는 갱범(명29.1)이므로 본죄와 함께 과한다.

3. 주수·감독하는 관사가 유·도죄수의 도망을 적발하지 못한 죄

(1) 주수가 유·도죄수를 잃은 죄 및 고의로 도망을 방임한 죄

① 주수가 감시소홀로 유·도죄수를 잃은 때에는 죄수의 죄에서 3등을 감해서 처벌한다. 잃어버린 죄수가 많은 경우 그 중 가장 무거운 죄수의 죄에서 감한다. 주수는 복역하는 도죄수를 간수하거나 유죄수·이향인(적18) 등을 인솔하는 책임을 맡은 사람을 말한다. 100일 기한 내에 체포하거나 죄수가 자수·사망한 때에는 죄를 면제한다(포16.2a의 주).

② 만약 도망한 죄수의 남은 형기가 반년 미만인 경우 도망자가 1인이면 태30에 처하고, 3인마다 1등을 더하여 22인이면 최고형인 장100에 처한다. 즉 죄수의 남은 형기가 반년 미만인 때에는 도망자의 도망 일수를 계산하여 처벌하지 않고 오직 도망자의 수에 의거하여 처벌한다.

③ 고의로 도망을 방임한 때에는 도망한 죄수가 본래 범한 죄와 같은 죄로 처벌한다.

(2) 감독·주관하는 관사의 죄

① 감독·주관하는 관사는 주수의 죄에서 3등을 감한다(포16.3). 즉 죄수의 죄에서 6등을 감하여 형을 과한다. 100일 기한 내에 체포하거나 죄수가 자수·사망한 때에는 죄를 면제한다(포16.2a의 주).

② 도망한 죄수의 남은 형기가 반년 미만인 경우 4인이면 태10, 3인마다 1등을 더하여 22인이면 최고형인 장70에 처한다.

③ 고의로 도망을 방임한 때에는 도망한 죄수가 본래 범한 죄와 같은 죄로 처벌한다.

III. 죄수 탈취죄

적도율10(257조)

1. (a) 죄수를 탈취한 자는 유3000리에 처한다. (b) 죄수를 탈취하다가 사람을 상해한 자 및 사형수를 탈취한 자는 교형에 처한다. (c) 죄수를 탈취하다가 사람을 살해한 자는 모두 참형에 처한다. 〈단지 탈취하려 하였다면 바로 죄가 되고 반드시 죄수를 확보해야 처벌하는 것은 아니다.〉
2. (a) 만약 죄수를 절취해서 도망시킨 자는 죄수와 같은 죄를 주고, 〈타인이나 친속이나 마찬가지이다.〉 (b) 절취했지만 아직 도망시키지 못했으면 2등을 감하며, (c) 그로 인하여 사람을 살상한 자는 죄수를 탈취한 법에 따른다.

1. 죄수 탈취죄

구금되어 있는 범죄인을 탈취한 자는 유3000리에 처한다. 경범의 죄수를 탈취하다가 사람을 상해하거나, 사죄수를 탈취하였다면 사람을 상해하지 않았더라도 각각 교형에 처하며, 역시 수범·종범을 구분해서 처벌한다. 죄수를 탈취하면서 사람을 살해하였다면 모두 참형에 처해야 하며, 수범·종범의 구분이 없다. 죄수 탈취죄는 탈취 행위를 한 것으로 바로 죄가 되며, 반드시 죄수를 확보해야 죄가 되는 것은 아니다. 즉 위세나 폭력을 행사하여 죄수를 강제로 탈취하려 하였다면 곧 이 죄에 따라 처벌해야 하므로 반드시 죄수를 탈취해야 죄가 성립되는 것은 아니다.

2. 죄수를 절취해서 도망시킨 죄

(1) 죄수를 절취해서 도망시킨 죄

몰래 죄수를 절취하여 이로 인해서 곧 도망하게 한 자는 죄수와 같은 죄로 처벌한다. 즉 사죄수를 절취하였다면 역시 사죄가 되며, 유·도죄수를 절취하였다면 또한 유·도죄가 된다. 설령 서로 숨겨줄 수 있는 관계(명46.1)라도 역시 죄수를 절취하는 것은 허용되지 않는다. 절취하려는 계획을 이미 실행하였지만 아직 수감된 장소를 벗어나지 못하였다면 죄수를 절취한 죄에서 2등을 감한다. 따라서 사죄수를 절취했지만 아직 도망시키지 못하였다면 도3년, 유죄수를 절취했지만 아직 도망시키지 못하였다면 도2년반에 처한다. 만약 죄수를 절취하는 과정에서 사람을 살상하였다면 곧 위의 죄수를 탈취한 법에 따라 처벌한다.

(2) 특별죄명

1) 친속을 절취하다가 착오로 살상한 경우

구속되어 있는 부조·자손을 탈취하려다가 착오로 부조·자손을 살상한 때에는 과실로 살상한 법(투38)에 따른다.

2) 죄수를 절취하다가 타인을 과실 살상한 경우

죄수를 절취하다가 타인을 과실로 살상한 때에는 절도하다가 과실로 사람을 살상한 것(적42.1)과 같이 투살상으로 논한다. 사죄에 이른 때에는 가역류에 처한다. 단 절도하다가 착오로 사람을 살상한 죄의 형이 죄수를 절취했지만 아직 도망시키지 못한 경우의 죄보다 가볍다면 곧 무거운 쪽에 따라서 처벌한다.

3) 절취한 죄수를 버리고 도망하다가 사람을 살상한 경우

절도 행위가 발각되어 재물을 버리고 도주하다가 재물의 주인이 잡으려고 쫓아와 그로 인해 서로 저항한 것은 사건에 원인이 있는 것으로 강도는 아니다(적34.1a①의 주). 죄수를 절취해서 도망하다가 죄수를 버리고 도주한 것은 이치상 절도 행위가 발각되어 재물을 버리고 도주한 것과 뜻이 같으므로, 다만 체포에 저항한 것(포2.4)에 의해 처벌할 수 있을 뿐이며, 죄수를 탈취한 죄와는 같지 않다.

제5절 죄인의 신문(訊問)에 관한 죄

Ⅰ. 고문하여 신문하는 것 및 추국하는데 위법한 죄

1. 고문해서는 안 되는 자를 고문한 죄

단옥률6(474조)

1. (a) 의·청·감할 수 있는 자 또는 나이 70세 이상과 15세 이하 및 폐질자는 모두 고문해서는 안 되며, 모두 중증(衆證)에 의거하여 죄를 정한다. 위반한 자는 고의·과실로 사람의 죄를 증감한 것으로 논한다. (b) 만약 증인이 부족하더라도 고한 자는 반좌하지 않는다.

(1) 구성요건

1) 주체
행위주체는 신문을 담당하는 주사이다.

2) 객체
행위객체는 의·청·감할 수 있는 자와 노·소 및 폐질자이다.

① 의할 수 있는 자란 팔의에 해당하는 사람을 말한다(명7).

② 청할 수 있는 자란 의할 자격이 있는 자의 기친 이상 친속 및 손자와 관·작이 5품 이상인 자를 말한다(명9).

③ 감할 수 있는 자란 7품 이상 관 및 5품 이상의 조부모·부모·형제·자매·처·자손을 말한다(명10).

④ 노는 나이 70세 이상이고, 소는 15세 이하이다.

⑤ 폐질자는 팔·다리 하나를 못 쓰는 사람, 허리·척추가 부러진 사람, 지적장애·발성장애·왜소증이 있는 사람 따위이다.

3) 행위
행위요건은 위에 적시한 자들을 고문한 것이다. 이들은 모두 고문해서는 안 되며 3인 이상의 증언[衆證]에 의거하여 죄를 정해야 한다. 이들이 범한 죄는 관당하거나 속동을 징수할 수 있다. 속의 자격만 있는 8~9품(명11.1a)은 관품이 낮기 때문에 이 범위에 포함되지 않는다. 노·소 및 폐질자를 고문하지 않는 것은 그들의 신체가 허약하여 고문을 감당할 수 없기 때문이다.

(2) 처벌
관사가 위반한 때에는 고의 또는 과실로 사람의 죄를 덜거나 더한 죄로 논한다. 즉 고문해서는 안 되는 자를 고의·과실로 고문하여 죄가 덜어지거나 더해진 경우는 곧 고의로 사람의 죄를 덜거나 더한 법 혹은 과실로 사람의 죄를 덜거나 더한 법(단19)에 따라 처벌한다. 이들에 대해 법을 왜곡하여 고문한 경우 죄가 덜어지거나 더해지지 않았더라도 매를 쳐서 고문해서는 안 되는 자를 매를 친 법(단15.3)에 따라 투살상으로 논하되 사죄에 이른 경우 가역류에 처한다.

(3) 증인이 부족한 경우의 처리

본조의 규정에 따르면 고문할 수 없는 자는 반드시 중증에 의거하여 죄를 정해야 한다. 중증에 의거하여 죄를 정한다는 것은 3인 이상이 그 사실을 명확히 증언한 뒤에 비로소 죄를 정한다는 것이다. 통상 절차에서는 죄를 정할 수 없으면 고한 자를 반좌한다. 그러나 고문해서는 안 죄는 자가 범한 죄에 대한 증인이 부족하여 죄를 확정할 수 없더라도 고한 자를 반좌하지 않는다(투41). 고문할 수 없는 사람의 죄에 대해 중증을 얻을 수 없어 죄를 줄 수 없게 된 경우 율은 피고자의 무죄를 단정할 수 없기 때문에 고한 자에 대해서도 무고죄로 다스릴 수 없는 것이다.

2. 죄수를 함부로 고문한 죄

단옥률8(476조)

1. 죄수를 신문할 때에는 반드시 먼저 실정에 의거하고, 진술의 조리를 상세히 살피며 반복해서 검증하는데, 그래도 여전히 판결할 수 없어 반드시 고문해야 할 사안이면, 문안을 만들어 장관이 동판(同判)한 연후에 고문한다. 위반한 자는 장60에 처한다.
2. 만약 장물이 드러나고 죄의 실상이 검증되어 의심할 여지가 없

으면, 비록 승복하지 않더라도 곧 실상을 근거로 판결한다.

3. 만약 사건이 이미 사면되었다면, 비록 후속 처분을 위해 반드시 실상을 추구해야 하더라도 결코 고문해서는 안 된다. 〈은사령이 내리더라도 이향 및 제명·면관 처분해야 하는 사안 따위를 말한다.〉

(1) 개설

① 관사는 통상 정형에서 죄수를 고문해서 공술을 받아 죄를 정할 수 있는데 단 일정한 요건과 절차가 있고(단8.1), 고문의 방법에도 제한이 있다(단9). 관사가 이를 위반하면 응당 형사책임을 진다. 죄수를 한도까지 고문했는데 자수하지 않는 경우 고한 자를 반고하는데(단10) 이는 함부로 고소·고발하는 것을 방지하기 위한 것이다.

② 함부로 죄수를 고문한다는 것은 고문할 수 있더라도 위법해서 고문한 것이다. 고문해서는 안 되는데 고문한 경우 단옥률 6조 및 15조를 적용해서 죄를 준다. 이 조항에는 사안이 이미 사면된 뒤에는 비록 반드시 추구해야 할 것이라도 고문해서는 안 된다고 규정되어 있고, 그 주에서는 은사령이 내려 사형을 면제하고 이향해야 하거나 제명·면관하는 경우를 예로 들었다. 즉 살인한 자는 사면되어도 그대로 이향하여야 하고, 십악·고살인·반역연좌의 죄를 범한 자는 사면되어도 여전히 제명해야 하며(명18.1), 감림·주수가 감림·주수하는 대상에 대해 간·도·약인 또는 수재왕법의 죄를 범한 때에는 사면되어도 그대로 면소거관한다(명18.2). 또한 고독을 조합하거나 소지한 자(적15.3) 및 소공존친이나 4촌형·누나를 살해하거나 모반·대역을 범한 자는 은사령이 내려도 여전히 유형에 처하며(단21.2), 도·사기·왕법한 자는 은사령이 내려도 여전히 정장을 추징한다(명33.3a). 이러한 자들이 범한 행위가 추구하는 범위에 포함되는데, 추구하더라도 고문해서는 안 된다. 단 본조와 그 소에는 이를 위반한 자에 대

한 처벌 규정이 전혀 없는데, 응당 단옥률 6.1a조에 비부하여 죄를 과해야 한다고 생각된다.

③ 만약 장물과 실상이 드러나 증명되었고 사리가 의심할 수 없는데도 승복하지 않는 자는 곧 실상을 근거로 하여 판결한다. 예컨대 장죄의 경우 실제 장물이 확보되고 살인의 경우 실상이 확인되어 사리가 의심할 수 없는데도 피고가 승복하지 않는 때에는 실상에 근거하여 단죄하며, 이 경우 죄인을 고문하여 공술을 받을 필요가 없다. 이 경우 고문했다면 고문할 필요가 없는데 고문한 것으로 논해서 처벌한다.

(2) 요건과 처벌

옥관령(습유779쪽)에 따르면, 범죄 사건을 심리하는 관이 먼저 오청(五聽)9)의 방법을 다하고 또 모든 증인과 증거를 증험했는데도 사안의 실상이 명확하지 않고 죄수가 여전히 사실을 자백하지 않는 때에 고문한다. 그러므로 죄수를 신문하는 올바른 절차는, 먼저 그 정을 보고 그 말의 조리를 살피며, 사건의 정상을 반복해서 살피고 시비를 조사해 밝혀야 한다. 그래도 시비가 명확하게 가려지지 않고 판결할 수 없어 반드시 고문해야 할 경우에는 문안을 만들어 현임 장관의 동판을 받은 연후에 고문한다. 이러한 절차를 무시하고 함부로 죄수를 고문한 자는 장60에 처한다. 비록 반드시 실상을 추구해야 할 경우라도 결코 고문해서는 안 되는데 고문한 경우 마땅히 이 법례에 따른다. 단 사인으로 충임되어 추국할 경우 및 동판할 관이

---

9) 오청이란 辭聽, 色聽, 氣聽, 耳聽, 目聽을 말한다. 죄수가 바르지 못하면 그 말이 번다하고 조리가 떨어지며, 그 낯빛이 붉어지고, 그 숨을 헐떡이며, 말을 또렷이 알아듣지 못하고, 그 눈빛이 흐릿해진다. 즉 피의자의 말과 안색, 호흡, 신문하는 관사의 말을 듣는 태도, 눈의 움직임을 관찰하여 죄의 유무를 종합적으로 판단하는 것을 말한다(『주례』권35, 1073쪽).

없는 경우에는 직접 별도로 고문을 할 수 있다.

3. 죄수에 대한 고문을 적법하지 않게 한 죄

단옥률9(477조)

1. (a) 죄수의 고문은 3차를 넘어서는 안 되고, 고문하는 장의 수는 모두 합해서 200대를 초과해서는 안 되며, 장죄 이하는 범한 바의 태·장형의 수를 초과할 수 없다. (b) 고문의 수가 찼는데 승복하지 않으면 보증인을 세워 석방한다.

2. (a) 만약 3차를 넘겨 고문하거나 장 이외의 다른 방법으로 고문한 자는 장100에 처하고, (b) 장의 수를 초과한 때에는 초과된 만큼 반좌하며, (c) 이 때문에 사망하게 되었다면 도2년에 처한다.

3. (a) 만약 죄수에게 외상이나 병이 있는데 차도가 있을 때까지 기다리지 않고 고문한 자 역시 장100에 처하고, (b) 만약 장·태형을 집행한 자는 태50에 처하며, (c) 이 때문에 사망하게 되었다면 도1년반에 처한다.

4. (a) 만약 법에 따라 고문하거나 장·태형을 집행하다가 뜻하지 않게 사망하게 된 때에는 논하지 않으며, (b) 그대로 장관 등으로 하여금 과실 여부를 검증하게 한다. 위반한 자는 장60에 처한다. 〈고문 또는 장·태형을 집행하다가 범한 과실은 문안을 만들었든 문안을 만들지 않았든 같다.〉

(1) 개설

① 죄수를 고문하는 것은 심문 과정상의 일이고 장·태형을 치는 것은 형을 집행하는 것으로, 의미는 다르지만 신체에 타격을 가한다는 점에서는 같다. 그 때문에 율에서는 고문과 태·장형의 집행을 같은 조항에서 언급한 것이다. 즉 고문과 태·장형의 집행에는 제한이

있고, 이를 위반한 경우 벌하는데 단옥률 9조, 14조, 27조의 규정이 그것이다. 단옥률 9조는 죄수의 고문이 한도를 넘은 경우와 법으로 정한 장 외의 것으로 고문한 경우 및 병든 죄수를 고문하거나 태·장형을 집행한 경우에 대한 규정이다. 단옥률 14조는 고문장과 태·장형을 법대로 집행하지 않은 경우에 대한 규정이다. 단옥률 27조는 잉태한 부인에 대해 고문장 및 태·장형을 집행한 경우에 대한 규정이다.

② 율에 의하면 고문의 차수와 장의 수에는 각각 제한이 있고 한도가 찼는데 자인하지 않으면 보증인을 두고 석방한다(단10.1c). 옥관령(습유779쪽)에 따르면, 죄수의 고문은 매번 20일의 간격을 두고 해야 한다. 만약 신문을 마치기 전에 다른 관사로 옮겨 계속 고문해야 하는 경우, 곧 이전의 신문까지 통산하여 3차례에 포함한다. 고문장의 수는 3차를 합해서 범한 죄가 도죄 이상이면 200을 초과할 수 없고(명29.4b), 장죄 이하는 범한 죄의 태·장수를 초과할 수 없다. 다시 말하면 본래 범한 죄가 장100 이하 태10 이상인데 죄를 인정하지 않아 고문해야 하는 경우 그가 본래 범한 죄의 태·장의 수를 초과할 수 없다. 예컨대 본래 장100에 해당하는 죄를 범한 자가 고문장 100대를 맞고도 죄를 인정하지 않으면 보증인을 세워 석방한다. 도죄 이상은 죄가 비록 도1년에 해당하더라도 200대까지 고문장을 가할 수 있다. 만약 죄의 해악이 무겁지 않아서 가벼운 형에 처해질 경우는 반드시 모두 3번을 채울 필요가 없다. 만약 죄수가 고문으로 인해 사망에 이른 경우 모두 해당 관사의 장관에게 보고해야 하며, 장관은 직접 검증해야 한다.

(2) 요건과 처벌

① 죄수를 3차 이상 고문한 자는 장100에 처하고, 이 때문에 죄수

가 사망에 이른 때에는 도2년에 처한다.

② 법에 정한 장 이외의 다른 장으로 고문한 자는 장100에 처하고, 이 때문에 죄수가 사망에 이른 때에는 도2년에 처한다.

③ 법에 정한 고문장의 수를 초과하여 고문한 때에는 초과된 만큼 반좌한다. 예컨대 죄수가 본래 장100에 해당하는 죄를 범했는데 고문장 200대를 가했다면 관사는 초과된 장100의 죄를 받는다. 관사가 명례율(명8~11)에 따라 감하거나 속할 수 있는 자이면 여기서 감하거나 속동을 징수한다. 초과된 고문장 때문에 죄수가 사망에 이른 때에는 도2년에 처한다.

④ 죄수에게 외상이나 병이 있는데 차도가 있을 때까지 기다리지 않고 고문한 자는 장100에 처하고, 장·태형을 집행한 자는 태50에 처하며, 이 때문에 죄수가 사망에 이른 때에는 각각 도1년반에 처한다.

⑤ 이상을 과실로 범한 때에는 죄를 3등 감하는 것(직2.3a)을 허용한다.

(3) 특별죄명

고문하거나 장·태형을 집행하다가 뜻하지 않게 죄수가 사망에 이르렀는데 즉시 과실 여부를 검증하지 않은 자는 장60에 처한다. 적법하게 고문하거나 장·태형을 집행하는데 뜻하지 않게 죄수가 사망에 이른 경우 집행자는 무죄이지만, 이 때 장관 이하는 즉시 고문·형 집행의 과실 여부를 확인하여 죄수의 사망에 다른 까닭이 없다는 사실을 문안으로 갖추어 두어야 한다. 만약 장관 등이 즉시 확인하지 않은 때에는 장60에 처한다. 이는 공죄이므로 차례로 연좌한다고 해석해야 한다(명40.1).

4. 고문반좌에 관한 법을 위반한 죄

단옥률10(478조)

1. (a) 한도가 찰 때까지 고문했는데도 죄수가 자백하지 않을 때에는 고한 사람을 반고한다. (b) 단 피살되거나 도둑맞은 자의 가인 및 친속이 고한 때에는 반고하지 않는다. 〈방화의 피해자도 역시 같다.〉 (c) 고한 사람을 고문하여 고문의 한도가 찼는데 자백하지 않으면, 죄수와 고한 자 모두 보증인을 세우게 하고 석방한다.
2. 위반한 자는 고의·과실로 죄를 덜거나 더한 것으로 논한다.

(1) 개설

1) 고한 사람을 반고하는 경우

죄수를 고문하는데 허용된 한도에 이르렀는데도 죄수가 죄를 자백하지 않는 때에는 고한 사람을 반고한다. 즉 죄수를 3차에 걸쳐 고문했고 고문한 장의 수가 200이 찼거나 또는 범한 죄가 장죄 이하여서 그 범한 만큼의 장·태의 수를 다 쳤는데도 죄수가 자백하지 않을 때에는 피고인은 보증인을 세우게 하고 석방하고, 피고인이 받은 고문 장의 수에 준하여 고한 사람을 반고한다. 고한 사람을 피고인이 받은 수만큼 반고했으나 무고임을 인정하지 않을 경우 피고인과 같이 보증인을 세우게 하고 석방한다.

2) 반고하지 않는 경우

반고하지 않는 경우는 두 종류로 나누는데 하나는 범죄에 따른 것이고 다른 하나는 신분에 따른 것이다.

① 피살되거나 강·절도를 당한 사람의 가족이나 친속이 고한 때에

는 반고하지 않는다. 결수·방화로 손해를 입은 자가 고한 때에도 역시 같다. 결수는 몰래 제방을 터뜨리는 것을 말한다. 즉 피살되거나 도둑맞은 집에서 가족이나 친속이 고한 경우, 피고인이 고문의 한도에 이르도록 자백하지 않더라도 고한 사람을 반고하지 않는다. 살인 및 강·절도는 사안이 중대하고 대체로 숨김이 많아서 고한 사람을 반고한다면 감히 고하지 못하기 때문이다. 또한 타인이 제방을 터뜨려 물이 집에 들어오거나(잡37.1) 방화하여 집을 불태운 것과 같은 경우(잡44.1) 피해자의 가족 및 친속이 고한 경우 역시 고한 사람을 반고하지 않는다.

② 고한 사람이 의·청·감할 수 있는 사람이면(명8~10) 반고해서는 안 되며, 대신 피고인이 받은 고문장 수만큼 속동을 징수한다. 대개 고문장10마다 속동 1근으로 보면, 장100이면 동 10근이 되고, 장200이면 동 20근이 된다.

(2) 요건 처벌

반고해야 하는데 반고하지 않거나, 반고하지 않아야 하는데 반고한 자는, 만약 고의라면 고의로 죄를 덜거나 더한 법에 따르고, 과실인 경우 과실로 죄를 덜거나 더한 법(단19)에 따라서 죄를 논한다. 단 본법에 고문해서는 안 되는 자를 반고한 때에는 단옥률 15.3조에 의거하되 역시 고의나 과실로 논한다.

단 보증인을 세우게 하고 방면해야 할 자를 방면하지 않은 경우에는 구금해야 하는데 구금하지 않은 죄(단1.1)에 따르며, 보증인을 세우지 않고 방면한 경우 '마땅히 해서는 안 되는데 행한' 죄(잡62)에 의거하되, 유죄 이상이면 무거운 쪽에 따라 장80에 처하고 도죄 이하면 가벼운 쪽에 따라 태40에 처한다.

5. 국문하여 고한 죄상 이외의 죄를 찾아낸 죄

단옥률12(480조)
죄수를 국문하는 자는 모두 반드시 고장(告狀)에 의거하여 국문해야 한다. 만약 본래의 고장 외에 별도로 다른 죄를 찾아낸 자는 고의로 사람의 죄를 더한 것으로 논한다.

(1) 개설

본조의 취지는 고하지 않으면 심리하지 않는다는 원칙을 밝히는데 있으며, 이를 위반한 관사는 처벌한다. 죄수를 국문하는 자는 모두 반드시 고장에 의거하여 국문해야 하며, 본래의 고장 외에서 다른 죄를 추국할 수 없다.

(2) 요건과 처벌

추국하는 관은 고장에 적시된 것 외에 다른 죄를 들어 심문할 수 없다. 위반한 자는 죄를 더한 것으로 논한다. 고장에 적시된 것 외에 별도로 다른 죄를 찾아냈다는 것은 신문하여 별도로 죄를 찾아낸 것을 말한다. 만약 기왕에 고한 죄상 때문에 행해진 엄습체포·수색·검사로 인하여 다른 죄를 찾아낸 경우에는 역시 추국할 수 있다. 이 점에 관해서 투송률 42조는 "고한 사소한 사안이 거짓인데 옥관이 그로 인해 더 무거운 사안 및 경중이 같은 사안을 조사하여 찾아낸 경우, 만약 그 사안과 유사하다면 그 죄를 면제한다."고 규정하고 있으며, 그 소 역시 "이 조항은 고장에 의거하여 장물을 조사하는 것을 위해 만든 율문이고, 옥관이 고장 외의 죄를 찾아낸 것에 대한 예(단12)와는 다르다."고 해석하였다. 그러나 단옥률 12조의 소에는, "단감림·주사가 관할범위 내에서 고장에 있는 것 외에 별도의 죄가 있는 것을 안 경우 즉시 반드시 공문을 올려 별도로 다시 규탄해서 논할 수 있지만, 전의 고장으로 인해 함부로 추국할 수는 없다."고 해석했다. 이에 의하면 국옥관은 고장에 의거하지 않고 곧바로 다른 죄를 추문할 수 없지만 별도의 첩을 올리면 추국할 수 있는 것이다.

6. 죄를 범한 지방장관 및 사인을 추국한 죄

직제율40(130조)
지방에 있는 장관이 죄를 범하거나 사인이 사행 간 곳에서 죄를 범한 경우, 관할하는 바의 속관 등이 곧장 추국할 수 없고, 모두 상부에 보고하여 재가를 받아야 한다. 만약 범한 것이 사죄에 해당하면 죄인을 억류하고 답을 기다린다. 위반한 자는 각각 장관 및 사인이 범한 죄에서 4등을 감한다.

(1) 개설
이 죄는 형사 절차법으로 이치상 단옥률 내에 두어야 할 것 같으나, 직제율 내에 있다. 지방장관 및 사인이 범함이 있으면 속관은 곧 함부로 추국할 수 없는데, 이 절차를 위배한 경우 처벌한다.

(2) 구성요건
① 지방에 있는 장관은 도독·자사·절충도위·과의도위·진장·현령·관령·목감 등을 말한다. 이들 장관이 죄를 범한 경우 소속 관사의 차관 이하가 함부로 추국할 수 없다. 만약 장관이 없고 차관이 어부·관인을 관장하는 경우 역시 장관과 같다. 사인이 죄를 범한 경우 사행을 간 곳의 관부의 관속이 결코 함부로 추국할 수 없다.
② 모두 반드시 먼저 상부 관사에 아뢰어 재가를 얻어야 한다. 만약

죄를 범한 것이 사죄에 해당할 경우 죄인을 억류하고 답을 기다린다. 규찰하여 고한 문서에 의거하여 사죄에 해당하는 것을 말하며, 이 경우 그 죄인을 형구를 채우지 않고 억류하고 상부의 답을 기다린다.

③ 장관의 몸을 억류하는 경우 관인 및 자물쇠·열쇠를 장관의 일을 대행할 차관에게 넘겨주지만, 동어부는 그대로 가지고 신문을 기다리게 한다. 칙·부는 비록 몸이 억류되었더라도 반납해서는 안 된다.

(3) 처벌

위반한 자는 각각 장관 및 사인이 범한 죄에서 4등을 감한다.

7. 감림관이 공적인 일로 장을 쳐서 사람을 살상한 죄

단옥률15(483조)

1. (a) 감림관이 공적인 일[公事]로 인하여 직접 장으로 쳐서 사람이 사망에 이르게 하거나 공갈·협박해서 사람을 사망에 이르게 한 때에는 각각 과실로 사람을 살해한 법에 따른다. (b) 만약 큰 장 및 손·발로 구타·가격하여 상해한 것이 골절상 이상이면 투살상죄에서 2등을 감한다.
2. 비록 감림·주사라도 법에 매를 치는 벌을 행할 수 없거나 매를 쳐서 고문해서는 안 되는 사람을 매를 쳐서 고문한 때에는 투살상으로 논하되, 사망에 이른 때에는 가역류에 처한다.
3. 만약 날붙이를 사용한 때에는 각각 투살상의 법에 따른다.

(1) 개설

감림관은 마땅히 법조가 아닌 다른 부서의 관사라고 해석해야 한다. 만약 법조 관사라면 태죄 이상의 일체 범죄에 대해 모두 죄수를 고문할 수 있으며, 만약 위법이 있다면 단옥률 6조 및 8·9조 등을 적용하니 이 조항을 적용할 필요가 없다. 이 조항에서 죄수를 고문했다고 하지 않고 매를 쳤다라고 한 것은 바로 이 때문이다. 따라서 감림관은 재판과 무관한 업무를 통섭하고 안험하는 관인을 말하며(명 54.1), 이정·방정·촌정 및 주전은 포함되지 않는다. 이정·방정·촌정 등은 단지 재촉할 수 있을 뿐이므로 함부로 태나 장을 쳐서는 안 된다. 따라서 이들이 공적인 일로 구타한 경우에는 당연히 일반 투구죄로 죄준다. 주전은 조사해서 판결을 청하는 관사로 그 직책이 형벌을 집행하는 것이 아니므로, 공사로 인하여 사람을 때린 경우 역시 이정 등과 죄가 같다.

이 조항의 소에 공적인 일에 대해 구체적인 설명이 전혀 없다. 다만 명청률(決罰不如法條 2절)에는 공적인 일에 대한 여러 해석이 있는데, 세금을 최촉하여 징수하는 것, 공적인 일을 캐묻는 것, 영조·제작을 관할하는 것, 공정을 감독하는 것 등이라고 했다. 대개 이 같은 일을 담당하는 감림·주사는 설령 법조의 관사가 아니더라도 위법의 정황을 구명하기 위하여 장으로 사람을 쳐서 벌할 수 있다. 물론 도죄 이상의 죄를 범한 사람이 있으면 법조 관사로 이송해야 하며, 법조로 이송하지 않고 감림·주사가 곧 스스로 형벌을 집행하는 것은 허용되지 않는다. 요컨대 감림·주사는 그가 관장하는 범위 내에서 장·태죄에 한하여 매를 칠 수 있지만, 도죄 이상의 죄라면 그렇지 않다.

(2) 요건과 처벌

1) 감림·주사가 직접 장으로 사람을 때려 사망에 이르게 한 경우

감림·주사가 공적인 일로 인하여 직접 장으로 사람을 때려 사망에 이르게 한 한 때에는 각각 과실로 사람을 살해한 법(투38)에 따라 속동 120근을 징수하여 사망자의 집에 준다. 사람을 상해한 때에는 죄를 논

하지 않는다. 만약 죽은 사람이 비천하여 가해한 관사의 죄가 사형에 이르지 않을 때에는 각각 본조의 살해한 경우 처벌하는 법에 따라 속동을 징수한다. 이는 법조 관사가 법에 따라 고문하다가 우연히 사망에 이른 경우 논하지 않는 것(단9.4)에 비하면 비교적 무거운 편이다.

2) 감림·주사가 공갈·협박해서 사람을 사망에 이르게 한 경우

감림·주사가 공갈·협박해서 사람을 사망에 이르게 한 때에는 마찬가지로 각각 과실로 사람을 살해한 법(투38)에 따라 처벌한다. 공적인 일의 실정을 밝히고자 공갈 혹은 협박했는데, 사람이 겁을 먹고 스스로 사망에 이른 경우를 말한다.

3) 감림·주사가 큰 장이나 손·발로 사람을 때려 골절상 및 사망에 이르게 한 경우

감림·주사가 공적인 일로 인하여 큰 장이나 손·발로 사람을 골절상 및 사망에 이르게 한 때에는 투살상죄에서 2등을 감해서 처벌한다. 예를 들어 죄가 사형에 해당하면 감림관은 도3년에 처한다. 스스로 때렸거나 타인으로 하여금 때리게 했거나 같다.

4) 감림·주사가 공적인 일로 인하여 날붙이로 쳐서 사람을 살상한 경우

이 죄는 위 죄들의 가중죄명이다. 즉 감림·주사가 공적인 일로 인하여 날붙이를 사용하여 살상한 경우 각각 고살상법(투5.1b)에 따라 참형에 처한다. 즉 날붙이 또는 무기를 사용하여 사람을 살인한 자는 고의로 살인한 자와 같이 역시 참형에 처한다.

8. 임산부를 고문하거나 장·태를 친 죄

단옥률27(495조)

1. (a) 부인이 임신 중에 죄를 범해 고문하거나 태를 쳐야 하더라
   도, 만약 출산 전에 고문하거나 매를 친 자는 장100에 처하고,
   (b) 상해가 무거운 때에는 고문해서는 안 되는 사람을 고문한 죄
   에 의거하며, (c) 출산 후 100일이 되지 않았는데 고문하거나 매
   를 친 자는 1등을 감한다.
2. 과실이면 각각 2등씩 감한다.

(1) 구성요건

죄를 지은 부인이 임신 중인데 고문해야 하거나 장·태를 쳐야 할 때라도, 모두 다 출산 후 100일을 기다린 연후에 고문을 하거나 매를 쳐야 한다. 이를 위반한 것이 죄의 요건이다.

(2) 처벌

1) 임신 중 고문하거나 장·태를 친 경우

① 임신한 부인을 고문하거나 장·태를 친 자는 장100에 처한다. 이는 상해가 없는 경우를 말한다.

② 고문이나 매를 친 결과 상해가 무거운 때에는 고문해서는 안 되는 사람을 고문한 죄(단15)에 따라 투살상으로 논한다. 단 투살상의 죄가 장100보다 무거운 경우가 이에 해당하며, 그 이하인 경우 상해가 없는 경우와 마찬가지로 장100에 처한다.

③ 고문이나 매를 친 결과 부인이 낙태한 때에는 도2년에 처한다 (투3.2). 부인이 이로 인하여 사망한 때에는 가역류에 처한다(단15.3).

2) 출산 후 100일이 되지 않은 때에 고문이나 장·태를 친 경우

이 요건에 해당하는 자는 임신 중에 고문이나 장·태를 친 죄에서 각각 1등을 감하여 처벌한다.

3) 과실로 위의 죄들을 범한 경우

① 출산 전에 과실로 고문하거나 매를 친 자는 장100에서 2등을 감하여 장80에 처하고, 고문하거나 매를 친 결과 상해한 죄가 투상죄로 환산하여 장100보다 무거운 때에는 각각 그 죄에서 2등을 감해 처벌한다.

② 출산 후 100일이 되지 않았는데 고문을 하거나 매를 친 자는 장90에서 2등을 감하여 장70에 처하고, 상해가 무거운 때에는 투상죄에서 3등을 감하여 처벌한다.

II. 공범 신문에 관한 규정을 위반한 죄

1. 추섭(追攝)의 공문에 따르지 않은 죄

단옥률11(479조)

국옥관이 죄수를 붙잡아 놓고 공범을 기다려 대질심문할 경우 비록 직무가 서로 관할하는 바가 아니더라도 모두 직접 공문을 보내 추섭하는 것을 허락한다. 〈하급 관사라도 역시 허락한다.〉 공문이 이르렀는데도 즉시 보내지 않은 자는 태50에 처하고 3일 이상이면 장100에 처한다.

(1) 개설

이 조항은 한 사건의 공범이 다른 관할에 있는 경우 안건을 신속하게 처리하기 위하여 정한 규정이다. 다시 말하면 죄수의 공범이 현재 다른 곳에 있어 데려와서 대질심문해야 하는 경우 직무상 서로 관할하는 바가 아니더라도 모두 직접 공문으로 보내줄 것을 요구할 수 있으며, 관할의 상급 관사를 거치지 않고 해당 관사에 직접 요구할 수 있다. 가령 대리시 및 주·현의 관사도 상서성·어사대에 있는 공범을 보내줄 것을 요구할 수 있다. 공문을 받은 곳에서는 공문이 이르면 모두 반드시 공범을 즉시 보내야 한다.

(2) 요건과 처벌

죄수의 공범을 보내줄 것을 요구하는 문서가 이르렀는데도 즉시 보내지 않은 때에는, 3일 이내는 태50에 처하고, 3일 이상이면 장100에 처한다.

2. 공범 이송 규정을 위반한 죄

단옥률13(481조)

1. 국옥관은 죄수의 공범이 다른 곳에 있을 경우 앞서 붙잡아두고 있는 곳으로 이송하여 함께 논하는 것을 허용해야 한다. 〈가벼운 쪽이 무거운 쪽을 따름을 말한다. 만약 가볍고 무거움이 같으면 적은 쪽이 많은 쪽을 따르고, 많고 적음이 같으면 뒤의 것이 앞의 것을 따른다. 만약 구금된 곳이 서로 100리 이상 떨어진 경우 각각 사건이 발각된 곳에서 처단한다.〉 위반한 자는 장100에 처한다.
2. 만약 위법하게 이송한 죄수는 이송된 곳에서 받아 추국하되, 관할하는 바의 상급 관사에 추국해서 핵실한 것을 보고한다. 만약

죄수가 이르렀는데도 받지 않거나 받고 보고하지 않은 경우는 역시 죄수를 이송한 것과 죄가 같다.

(1) 개설

본죄의 취지는 죄수의 이송의 절차에 관한 규정을 위반한 관사를 처벌하기 위한 것이다. 죄수 이송의 절차를 위반한 것은 크게 두 종류로 나누는데, 하나는 위법한 죄수 이송이고, 둘은 위법하여 이송된 죄수를 받지 않는 것 및 받고 보고하지 않은 것이다.

(2) 죄수 이송에 관한 규정을 위반한 죄

죄수 이송에 관한 규정을 위반한 자는 장100에 처한다. 그 규정은 다음과 같다.

가령 동현에 먼저 붙잡아 둔 죄수가 있고 이후 서현에서 죄수를 체포하였는데, 두 현 사이의 거리가 100리 이내이고 사안이 서로 연관이 있어 반드시 대질해서 국문해야 하면, 뒤에 발각된 죄수를 먼저 계류한 곳으로 이송하여 함께 논하는 것을 허용한다. 단 비록 먼저 발각된 죄수의 죄가 가볍고 뒤의 죄수의 죄가 무거운 때에는 무거운 쪽으로 이송한다. 만약 가볍고 무거움이 같다면 죄수의 수가 적은 쪽을 많은 쪽으로 이송한다. 만약 죄수의 수가 같다면 곧 뒤에 체포한 죄수를 먼저 붙잡아 둔 곳으로 이송한다. 그러나 거리가 100리 이상인 때에는 각각 사건이 발각된 곳에서 별도로 단죄한다. 이는 죄수의 무리를 놓쳐버릴 것이 걱정되고 또 죄의 정상이 누설될 것을 염려하여 정한 규정이다.

(3) 위법하게 이송된 죄수를 받지 않는 죄 및 받고 보고하지 않은 죄

위법하게 이송된 죄수를 받지 않는 자 및 받고 상급 관사에 보고하지 않은 자는 장100에 처한다. 위법하게 죄수를 이송했다는 것은 죄가 무거운 쪽의 죄수를 가벼운 쪽으로 이송하거나 많은 쪽에서 적은 쪽으로 이송한 것 따위를 말한다. 이렇게 위법하게 이송된 죄수라도 죄수가 이른 곳에서는 받아서 심문하고, 곧 관할하는 주에 보고해서 위법한 일을 조사하여 밝히도록 해야 한다. 즉 동일한 주에 속하는 두 현의 죄수라면 주에 보고하고, 상이한 두 주의 죄수라면 상서성에 보고하여 모두 위법하게 이송한 죄상을 조사하여 밝히도록 한다. 만약 함부로 죄수를 이송한 현이 각각 다른 주에 속하는 경우 죄수를 받은 현은 관할 주에 보고해서 죄수를 보낸 현이 속한 주로 문서를 보내 법에 따라 조사하여 밝히도록 한다. 요컨대 두 현 또는 두 주는 그 공동 상급 관사를 경유하여 위법하게 죄수를 이송한 죄를 심문해야 한다.

III. 증인과 검증에 관한 죄

1. 증인으로 삼을 수 없는 사람을 증인으로 세운 죄

단옥률6(474조)
2. 율에서 서로 숨겨주는 것이 허용된 사람이거나 80세 이상과 10세 이하 및 독질은 모두 증인으로 삼을 수 없다. 위반한 자는 죄인의 죄에서 3등을 감한다.

증인으로 세울 수 없는 사람을 증언하게 한 관사는 죄인의 죄에서 3등을 감해서 처벌한다. 가령 도1년에 해당하는 죄를 증언하게 했다면 관사는 장80에 처한다. 증인으로 세울 수 없는 사람은 서로 숨겨줄 수 있는 관계의 사람과 노·소 및 장애인이다.

① 율에서 서로 숨겨줄 수 있는 관계의 사람은, 동거자 또는 대공 이상 친속 및 외조부모·외손 또는 손부, 남편의 형제 및 형제의 처이다. 부곡·노비는 주인을 위해 숨겨줄 수 있다(명46.1). 이들은 죄인을 숨겨줄 수 있는 사람들이므로 죄를 증언하게 할 수 없으며, 또한 그 친속이나 주인에 대해 증언하는 것을 거절할 수 있다.

② 80세 이상과 10세 이하 및 독질은 어떤 죄인에 대해서도 증인이 될 수 없다. 대개 증인은 고문을 받을 수도 있고(투43.2), 또 위증인 경우 처벌을 받을 수도 있는데(사26), 이들은 형을 감당할 수 없기 때문이다.

2. 보증 부실의 죄

사위율25(386조)
1. 보증한 것이 보증한 바와 같지 않으면 보증한 죄에서 2등을 감해서 처벌한다.
2. 만약 보증한 장죄가 절도죄보다 무거우면 절도죄에서 감해서 처벌한다.
3. 만약 가공의 인명이나 타인의 명의를 빌려 보증한 자는 태50에 처한다.

(1) 사실대로 보증하지 않은 죄

보증이라 함은 어떤 사실의 유무나 진위, 발생 여부 및 행위 여부를 보증하는 것이다. 오직 여기서 말하는 보증은 원래 범죄에 관련해서 해석되어야 하며, 타인이 범죄사실이 없음 및 도피하지 않을 것임을 보증하는 것이다. 보증인은 모두 보증한 일을 자세하게 알고 있는 자로 간주하기 때문에, 보증한 것이 본래의 죄상과 어긋난 때

에는 보증한 바의 죄에서 2등을 감해서 처벌하는 것이다. 단 수범·
종범에 따라 처벌한다. 가령 다섯 사람이 함께 하나의 일을 보증한
경우, 이는 먼저 공동으로 계획한 것이므로 반드시 주동자를 수범으
로 하고 나머지는 종범으로 하여 처벌한다. 각각 독자적으로 동시에
보증을 선 경우는 수범·종범의 구분이 없다.

(2) 보증한 장물이 보증한 바와 같지 않은 경우의 죄

장물을 보증한다는 것은 마땅히 장물의 추징을 보증한 것이라고
해석해야 한다(명33). 다시 말하면 장물의 추징을 보증했으므로, 만
약 추징할 장물이 부족한 경우 보증한 장물이 어떤 장죄에 속하는가
를 막론하고 모두 장물의 수에 준해서 절도죄에서 2등을 감해서 처
벌한다는 것을 말한다. 예컨대 강도·왕법수재·공갈 등의 장죄는 절
도죄보다 무겁지만, 추징을 보증한 장물이 부족해서 죄를 받더라도
다 같이 절도죄에서 2등을 감해서 처벌한다. 이는 보증인의 죄가 원
래 피보증인의 죄와 정이 같지 않고 또 장물을 보증했지 죄를 보증
한 것은 아니기 때문이다.

(3) 가공의 인명이나 타인의 명의를 빌려 보증한 죄

타인의 명의를 빌려서 보증하거나 혹은 함부로 가공의 성명으로
보증한 자는 태50에 처한다. 죄를 보증한 것이나 장물을 보증한 것
을 모두 포괄한다.

3. 위증과 허위 통역의 죄

사위율26(387조)
증인이 실정을 말하지 않거나 통역인이 거짓으로 통역하여 죄에 덜

고 더함이 있게 한 경우, 증인은 덜고 더한 죄에서 2등을 감하고, 통역인은 같은 죄를 준다. 〈외국인이 죄가 있으면 그의 진술을 통역하여 전하는 것을 말한다.〉

(1) 증인이 실정을 말하지 않은 죄

증인이 실정을 말하지 않아 죄에 덜하고 더함이 있게 된 것이 요건이다. 즉 의·청·감할 자이거나 나이 70세 이상 15세 이하 및 폐질인 자는 모두 3인 이상의 증언에 근거해서 죄를 정해야 하는데(단6.1), 증인이 정상을 사실대로 말하지 않음으로써 죄에 증감이 있게 한 것을 말한다. 이 요건에 해당하는 증인은 증감된 죄에서 2등을 감해서 처벌하는데, 마땅히 고의만 처벌하고 과실에 의한 경우 벌하지 않는다고 해석해야 한다. 만약 형이 확정되기 전에 증언이 거짓임이 발각된 때에는 도죄 이상인 경우 '마땅히 해서는 안 되는데 행한' 죄(잡62)의 무거운 쪽에 따라 장80에 처하고, 장죄 이하인 경우에는 가벼운 쪽에 따라 태40에 처한다.

(2) 통역인이 거짓으로 통역한 죄

외국인이 죄를 지었는데 그 진술을 통역하는 사람이 거짓으로 통역하여 죄에 덜고 더함이 있게 한 때에는 증감된 죄와 같은 죄로 처벌한다. 가령 외국인이 도1년의 죄를 인정했는데 통역인이 도2년을 인정했다고 전달했다면 통역인은 더한 1년의 도죄를 받게 되고, 만약 외국인이 유죄를 인정했는데 통역인이 도2년의 죄를 인정했다고 통역했다면 유죄는 도4년으로 간주하므로(명17.2) 통역인은 감한 2년의 도죄를 받게 된다. 위의 법례는 부분적으로 덜고 더한 때의 처벌법이고, 죄의 전부를 덜고 더한 때에는 형벌도 전부를 과한다.

제6절 재판에 관한 죄

I. 법률 적용 원칙과 재판 절차를 위반한 죄

1. 율·명·격·식의 정문을 인용하지 않고 재판한 죄

단옥률16(484조)

1. 죄를 판결할 때에는 모두 반드시 율·영·격·식의 정문을 완정하
   게 인용해야 한다. 위반한 자는 태30에 처한다.
2. 만약 한 조항에 여러 일이 포함되어 있으면 단지 범한 죄에 관한
   부분만 인용하는 것을 허용한다.

(1) 구성요건

판결할 때는 율·영·격·식의 정문을 완정하게 인용해야 하는데 그
렇게 하지 않은 것이 요건이다. 죄를 판결할 때는 바로 해당하는 조
문을 완정하게 인용하지 않으면 틀리게 되는 경우가 있으므로, 이를
위반한 자는 처벌한다. 단 한 조문 안에 여러 개의 일이 규정되어 있
을 경우는 단지 범한 죄의 율만을 인용하는 것을 허용한다. 예를 들
면 명례율 45.1조에는, "두 개 이상의 죄가 함께 발각된 때에는 중죄
로 논한다(명45.1a①). 만약 장죄를 여러 번 범한 때에는 모두 누계
하여 죄준다(명45.1b②)."고 규정되어 있는데, 가령 어떤 사람이 두
개의 죄를 범했더라도 모두 장죄가 아닐 경우 사건을 판결하는 관사
는 "두 가지 이상의 죄가 함께 발각된 때에는 중죄로 논한다."는 율
문만을 인용하고, "만약 장죄를 여러 번 범한 때에는 모두 누계하여
죄준다."는 율문은 인용하지 않는 것을 허용한다는 것이다.

(2) 처벌

위 요건에 해당하는 관사는 태30에 처한다. 주의해야 할 것은, 이는 형식범으로 단죄에 정문을 인용하지 않은 것만으로 죄가 성립한다는 점이다. 만약 이로 인해 죄에 덜고 더함이 있게 되면 그대로 고의·과실로 죄를 덜고 더한 죄(단19)로 논한다.

2. 상부에 보고하지 않거나 회답을 기다리지 않고 재판한 죄

단옥률17(485조)
죄를 판결하고, 위에 보고해야 하는데 위에 보고하지 않거나 답을 기다려야 하는데 답을 기다리지 않고 함부로 직접 판결을 집행한 경우, 각각 고의·과실로 죄를 덜고 더한 죄에서 3등을 감한다.

(1) 개설

각급 관사는 태죄·장죄는 스스로 집행할 수 있지만, 도죄 이상 및 관인의 제면·관당은 스스로 집행할 수는 없으며, 반드시 상급 관사로 보내 복심하거나 황제에게 상주해서 재가를 받아야 한다. 위반한 경우 처벌하는데 이는 대개 심급제를 보호하기 위해 설정된 제도이다. 옥관령(습유757쪽)에 규정된 심급제를 정리해 보면 다음과 같다.

1) 초급심

(a) 현

태죄·장죄는 스스로 처결한다. 도죄 이상의 죄는 판결한 뒤 주로 보내 복심한다(옥관령, 습유757쪽).

(b) 시

태죄·장죄는 스스로 처결한다. 도죄 이상의 죄 및 음·속에 해당하는 경우, 일반 시는 현으로 보내고, 경사의 시는 경조부로 보내지 않고 모두 대리시로 보낸다(옥관령, 습유758쪽).

(c) 모든 재경 관사

태죄·장죄는 스스로 처결한다. 도죄 이상의 죄는 대리시로 보낸다. 금오위가 포획한 죄인은 모두 대리시로 보낸다(옥관령, 습유757쪽).

2) 중급심

(a) 주

도죄 및 유죄 가운데 장형으로 대체해서 집행할 것과 속할 것은 스스로 처결하거나 속동을 징수한다. 유배에 처할 유죄와 사죄는 판결한 후에 판결문을 베껴서 상서성에 상신한다. 관인을 제면·관당해야 할 것도 역시 같다(옥관령, 습유757쪽).

(b) 대리시·경조부·하남부

태죄·장죄는 스스로 처결한다. 도죄 및 관인의 죄와 아울러 뒤에 신원해서 죄를 감할 것은 판결 후에 상서성 형부에 보고한다. 서인의 유죄·사죄 및 관인의 제면·관당에 해당하는 것은 황제가 행행할 때는 주의 예와 같고 황제가 경사에 있을 때는 판결문을 봉해서 상서성으로 보낸다(옥관령, 습유757쪽).

3) 상급심

상서성 형부는 주 및 대리시에서 보내온 안건을 복심한 연후에 판결이 합당하면 상주하고, 판결이 합당하지 못한 경우 외주의 것은 사인을 파견해서 복심하여 정하고, 경사의 것은 형부에서 바로 복심해서 정한다(옥관령, 습유757쪽).

(2) 구성요건

요건은 상급 관사에 보고해야 하는데 상급 관사에 보고하지 않은 것과 상급 관사의 답을 기다려야 하는데 답을 기다리지 않고 처결하거나 판결한 것의 두 가지로 나눈다. 사건을 상급 관사에 보고했다면 마땅히 답을 기다려야 하는데 답을 기다리지 않고 함부로 직접 처결하거나 판결한 경우 고의와 과실에 따라 형을 달리해서 처벌한다.

(3) 처벌

각각 고의·과실로 죄를 덜거나 더한 죄에서 3등을 감한다.

① 고의로 상급 관사에 보고하지 않거나 고의로 상급 관사의 답을 기다리지 않은 자는 판결한 죄에서 3등을 감하여 처벌한다.

② 과실로 상급 관사에 보고하지 않거나 과실로 상급 관사의 답을 기다리지 않은 경우 또 3등을 감하여 처벌한다.

③ 만약 사죄를 상급 관사의 회답을 기다리지 않고 함부로 직접 처결했다면 단옥률 29.1조에 따라 유2000리에 처한다.

3. 임시 처분한 제·칙으로 죄를 재판한 죄

단옥률18(486조)

제·칙으로 죄를 판결한 것이 임시적인 처분일 뿐 영구적인 격으로 삼지 않은 경우에는 뒤에 선례로 인용할 수 없다. 만약 함부로 인용하여 죄에 덜거나 더함이 있게 된 경우 고의·과실로 죄를 덜고 더한 것으로 논한다.

황제는 율에 의거하지 않고 제서나 조칙으로 죄를 판결할 수 있다. 이 제서·조칙은 뒤에도 인용해서 판결할 수 있다는 단서가 있지 않는 한 뒤에 일어난 범죄를 판결하는데 인용할 수 없다. 이를 위반한 자는 고의인가 과실인가에 따라 고의·과실로 죄를 덜고 더한 것(단19)으로 논한다.

4. 은사 전의 부당한 재판의 처분에 관한 법을 위반한 죄

단옥률20(488조)

1. (a) 은사 전에 죄를 판결한 것이 부당한 경우, 가벼운 것을 무겁게 처단했다면 마땅히 고쳐 가벼운 것에 따르고, (b) 무거운 것을 가볍게 처단했다면 곧 가벼운 법에 의거한다.
2. 단 통상의 은사령으로 면제되지 않는 것은 일반적인 율에 의거한다. 〈통상적인 은사로 면제되지 않는 것은 은사령이 내려도 여전히 사형 및 유형에 처하거나 또는 제명·면소거관 및 이향하는 것을 말한다.〉
3. 만약 사서(赦書)에 죄명을 지정하여 마땅히 경죄에 따르도록 한 때에는 율을 인용하거나 유추해서 중죄를 적용해서는 안 된다.
4. 위반한 자는 각각 고의·과실로 죄를 덜고 더한 것으로 논한다.

(1) 개설

은사는 황제의 명령으로 죄를 일부 또는 전부를 면제하는 것이다. 은사 전의 부당한 판결이 고쳐지지 않으면 은전을 받지 못하는 경우도 발생할 수 있고, 통상의 은사령으로 사면될 수 없는 자를 사면할 수도 있으며, 판관이 은사령을 따르지 않고 율을 인용하거나 비부하여 중죄에 처할 수도 있다. 이 같은 행위는 황제의 은혜가 미칠 수 없게 하는 것이므로 처벌한다.

(2) 은사 전에 부당하게 무겁게 판결한 것을 경정하지 않은 죄

은사 전의 판결이 부당하여 가벼운 죄를 무겁게 처단한 경우 가벼운 형으로 고쳐 은전을 입게 해야 하는데, 이를 위반한 판관은 고의이면 고의로, 과실이면 과실로 사람의 죄를 더한 것으로 논한다. 또한 무거운 죄를 가벼운 죄에 처한 경우는 그대로 가벼운 죄로 은전을 입게 해야 하는데, 이를 위반한 판관은 역시 사람의 죄를 더한 것으로 논한다.

① 가령 사촌형과 싸우다 살해했는데 친형을 살해했다고 판단하고 악역죄(명6.4)로 부당하게 단죄된 경우가 있다면, 판관은 사촌형을 살해한 것으로 바로잡아 불목죄(명6.8)로 판결하고 은사령을 적용해야 한다. 왜냐하면 악역죄는 원래 은사령이 내려도 사면되지 않으므로 부당한 판결을 바로잡지 않으면 은사의 특전을 누릴 수 없기 때문이다. 다만 사촌형과 싸우다 살해한 경우 적용되는 불목죄는 은사령이 내리면 유2000리로 감형되는데, 이는 일반 은사령으로는 면할 수 없으므로 그대로 유형에 처한다(단21.2). 따라서 이 경우 부당한 단죄를 경정해주지 않은 판관은 유2000의 죄를 사죄로 더한 것으로 논하며, 유죄에서 사죄로 더한 것은 전죄를 더한 것으로 간주하므로 판관의 죄는 사죄에 해당한다.

② 일반인과 싸우다 살해하였는데 시마친 존장을 살해한 죄로 부당하게 단죄된 경우, 시마친 존장 살해죄는 십악에 해당하여 은사령이 내려도 죄를 면할 수 없으므로, 잡범 사죄로 바로잡아 판결해서 사형을 면하고 이향(적18.1a) 처분해야 한다. 이를 위반한 판관은 이향 처분을 사죄로 더한 것으로 논하므로 죄는 사형에 해당한다.

③ 수소감림죄에 해당하는 장물이 50필인데 부당하게 왕법한 죄에 의거해서 사형으로 단죄된 경우, 수소감림죄로 바로잡아 판결하고 은사령에 따라 죄를 면하고 장물도 추징하지 않아야 한다(명 33.3b). 이를 위반한 판관은 사죄를 더한 것으로 논하므로 죄는 사형에 해당한다.

④ 가까운 거리의 유죄를 범했는데 부당하게 먼 거리의 유죄로 처단한 경우 이미 유배지에 도착한 뒤에 은사령이 내렸다면 가까운 거리의 유죄로 바로잡고, 유배지에 도착하기 전에 은사령이 내렸다면 그대로 사면한다(명25.2). 1관으로 당하는 도죄를 범했는데 2관 이상으로 당하는 도죄로 처단한 경우 만일 상주하여 황제가 재가했다면 부당하게 환수한 임명장을 돌려주고, 상주하여 황제가 재가하지 않았다면 그대로 사면한다. 이를 위반한 판관은 유죄·도죄를 더한 것으로 논하므로 죄는 각각 유죄·도죄에 해당한다.

⑤ 동을 징수하고 속면해야 하는 죄의 속동 수를 무겁게 처단했는데 은사령이 내린 경우, 동을 완납했다면 더 낸 만큼은 돌려주고 미납한 경우는 모두 면제해야 한다. 이를 위반한 판관의 죄는 더한 만큼의 속동의 수에 해당한다.

(3) 은사 전에 부당하게 가볍게 한 판결에 대한 조치를 법대로 하지 않은 죄

① 은사 전에 무거운 것을 가벼운 것으로 판결했다면 곧 가벼운 것에 의거하여 은사령을 적용한다. 가령 통상의 은사령으로 면할 수 없는 것이 아닌 십악을 범했는데 이를 가벼운 죄나 방면이 아닌 것으로 잘못 판결한 경우 모두 이 판결에 따라 은사령을 적용해야 한다. 이를 위반한 판관은 추론해 보면 십악에 해당하는 죄를 더하거나 더한 죄를 논하게 될 것이다.

② 단 은사 전에 가벼운 것으로 판결한 죄가 통상의 은사령으로 면제되지 않는 것이면 통상의 율에 의거한다. 통상의 은사령으로 면제되지 않는 죄란 은사령이 내려도 여전히 사형 및 유형에 처하거나 또는 제명·면소거관(명20) 및 이향(적18.1a) 처분하는 것을 말한다. 다시 말하면 통상의 은사령으로 면제되지 않는 것은, 사서에 "죄에 경중의 구별 없이 모두 사면한다."고 했더라도 특별히 통상의 은사령으로 면제되지 않는 것까지 면제한다고 말하지 않은 때에는 역시 면제의 범위에 속하지 않는다. 바꾸어 말하면 모종 범죄의 주형 또는 특별처분이 율문 내에 비록 은사령이 내려도 역시 사면되지 않는다고 규정되어 있는 경우 만약 사서에서 적극적으로 그것이 사면된다는 것을 언급하지 않았다면 완전히 사면될 수 없다. 예컨대 악역(명6.4)을 범했다면 은사령이 내려도 여전히 사형에 처해야 한다. 모반·대역(명6.1, 적1)을 범하거나 사촌형이나 누나 및 소공존속을 살해하거나(명6.8, 투26) 혹은 고독을 조합했다면(명6.5, 적15) 은사령으로 사형은 면하지만 여전히 유형에 처해야 한다. 이상은 십악 중 통상의 은사령으로 면제되지 않는 죄들인데, 이것들을 제외한 십악과 고의살인을 범하거나 모반·대역에 연좌되어 죄가 성립된 경우에는 은사령으로 주형은 면하지만 여전히 제명 처분하고, 감림·주수하는 구역 안에서 범한 간·도·약취·수재왕법죄의 죄가 성립되었다면 은사령으로 주형은 면하지만 면소거관 처분하며, 사람을 살해하여 사형에 해당하는 자는 은사령이 내리더라도 이향 처분해야 한다. 이를 위반한 판관의 죄를 추론하기는 쉽지 않지만, 일단 통상의 은사령으로 면제될 수 없는 죄를 모두 면제해준 판관은 사람의 죄를 덜거나 면제해 준 죄로 논하게 될 것이다.

(4) 은사령에 따르지 않은 죄

통상의 은사령으로 사면될 수 없는 죄라도 사서에 죄명을 지정하여 마땅히 가볍게 처분하도록 한 경우, 본죄의 율을 인용하거나 비부해서 중죄에 처할 수 없다. 가령 정관9년(635) 3월 16일의 사서에 "대벽죄 이하는 모두 면제한다. 단 통상의 은사령으로 면할 수 없는 것이거나, 십악을 범하거나 요언으로 무리를 미혹하게 하거나, 모반하여 이미 길을 나선 자 등은 모두 사면하는 예에 포함하지 않는다."고 하였다. 이 사서에는 십악의 죄는 사면의 예에 포함하지 않는다고 하면서도 사면되지 않는 것으로 다시 모반하여 이미 길을 나선 자를 들고 있는데, 이는 모반이 비록 십악에 해당하지만 아직 길을 나서지 않은 자는 특별히 용서한다는 뜻을 담고 있다. 다시 말하면 모반은 길을 나서지 않았더라도 중죄이지만 사서에 죄명을 지정해 두었으므로 마땅히 사면해야 하고, 모반의 율을 인용하여 판결하거나 혹은 비부해서 중죄에 처해서는 안 된다는 것이다. 이를 위반한 판관은 고의·과실로 사람의 죄를 더한 것으로 논한다.

5. 의죄 처단의 원칙

단옥률34(502)

1. 의죄(疑罪)는 각각 범한 바에 의거하여 속으로 논한다. 〈의(疑)는 허·실의 증인 수가 같거나, 유·무죄의 이유가 대등하거나, 혹은 일이 혐의는 있지만 곁에서 보았다고 증언하는 자가 없거나, 혹은 곁에서 들었다고 증언하는 자는 있지만 일이 혐의를 둘 바가 아닌 것 따위를 말한다.〉
2. 만약 죄안[獄]에 의문이 있어 법관이 견해를 가지고 동의하지 않을 경우에는 이의를 제기할 수 있으나, 이의의 제기는 3번을 넘을 수 없다.

(1) 개설

이 조항은 의죄를 속으로 논한다는 원칙과 죄안에 의문이 있을 경우 법관은 3번 이의를 제기할 수 있다는 원칙만을 정하고, 처벌에 관해서는 아무런 규정이 없다. 그렇지만 이러한 원칙들을 위반한 경우 일정한 제재와 견책이 따른다고 보아야 할 것이다.

(2) 의죄의 처단 원칙

1) 의죄

의죄란 일에 혐의는 있지만 처단을 명확히 하기 어려운 것을 말한다. 의죄는 세 가지가 있다.

① 혐의에 대해서 부정하는 증인과 인정하는 증인의 수가 같은 경우이다. 예컨대 2인이 증언하는데 1인은 거짓이라고 증언하고 1인은 사실이라고 증언한 경우나, 증인이 2인 이상인데 거짓이라는 증인과 사실이라는 증인 수가 각각 같은 경우가 이에 해당한다. 특히 7품 이상이면 모두 중증(衆證)에 근거하여 죄를 정하는데(단6.1) 역시 거짓이라는 증인과 사실이라는 증인의 수가 같은 경우 의죄가 된다.

② 유·무죄의 이유가 대등한 경우이다. 다시 말하면 유죄의 측면이 있는가 하면 무죄인 측면도 있는데, 그 이유가 대등하다는 것을 말한다.

③ 장물과 실상은 혐의가 있지만 곁에 보았다고 증언하는 사람이 없거나 혹은 곁에 듣고 본 사람이 있으나 그 일이 전혀 혐의를 둘 바가 아닌 경우나 또한 행적으로 보면 죄가 있는 듯한데 실상을 조사하니 그렇지 않거나, 혹은 들은 것과 증언은 같은데 정황과 이치가 다른 경우 등이다.

2) 의죄의 처단 원칙

의죄는 혐의가 있는 바의 죄에 따라 속하는 법으로 속동을 징수한다.

(3) 의문이 있는 죄안에 대한 이의 제기 원칙

죄안에 의심스러운 바가 있어 법관이 이견을 가지고 동의하지 않으면, 율을 의논하고 정상을 논하여 각각 다른 견해를 펴서 이의를 제기할 수 있으며, 다른 죄안을 작성하는 것을 허락한다. 단 이의의 제기는 3번을 넘을 수 없다. 예컨대 승상 이하 통판자가 5인이거나 대리경 이하가 5인인 경우와 같이 동판자가 많더라도 각각 이의를 제기할 수 없으므로, 이의의 제기는 3번을 넘을 수 없게 한 것이다.

II. 관사가 사람의 죄를 더하거나 던 죄

단옥률19(487조)

1. (a) 관사가 사람의 죄를 더한 경우 〈고의로 정상을 증감하여 내용을 변동한 것, 또는 은사가 있을 것을 듣고 알아서 고의로 논하여 집행하거나 암시적으로 사실을 진술하지 못하게 유도한 것 따위를 말한다.〉 만약 전죄(全罪)를 더했다면 전죄로 논하고, 〈비록 죄를 더했더라도, 단 죄인이 본래 속동을 징수하거나 장형으로 대체해야 할 자이면 관사도 속동을 징수하거나 장형으로 대체하는 법에 따르는데 그친다.〉 (b) 가벼운 죄를 무거운 죄로 더했으면 더한 만큼으로 논한다.

2. (a) 형벌의 종류를 바꾼 경우, 태죄를 장죄로 더하거나 도죄를 유죄로 더했으면 역시 잘못 더한 만큼으로 논하고, 〈도죄에서 유죄로 더한 경우 세 가지 유죄는 다 같이 도1년을 더한 것으로 견주고, 가까운 유죄에서 먼 유죄로 더한 것은 모두 도반년을

더한 것으로 견주며, 만약 가역류로 더했다면 각각 역을 더한 년을 더한 것으로 한다.〉 (b) 태죄·장죄를 도죄·유죄로 더하거나 도죄·유죄를 사죄로 더했으면 또한 전죄로 논한다.

3. 죄를 던 때에도 각각 이와 같다.

4. (a) 만약 죄를 판결하는데, 과실로 더한 때에는 각각 고의로 더한 죄에서 3등을 감하고, (b) 과실로 던 때에는 각각 5등을 감한다.

5. 만약 잘못 판결했으나 형의 집행 또는 석방을 하지 않았거나, 석방했더라도 다시 붙잡았거나, 만약 죄수가 자신이 사망하였다면, 각각 1등을 감하는 것을 허용한다.

6. (a) 만약 별도의 사인이 사건을 추국했는데 죄상을 파악함에 실정을 잃은 경우 각각 또 2등을 감하고, (b) 담당자가 사인의 착오를 받아 판결했다면 과실로 죄를 덜거나 더한 법에 따른다.

7. 비록 죄를 덜거나 더함이 있더라도 집행된 형벌이 다르지 않은 경우에는 논하지 않는다.

1. 개설

① 본 조항은 본래 과해야 할 형보다 무겁게 또는 가볍게 처단한 관사를 처벌하는 규정이다.

② 이 죄는 전적으로 재물을 받지 않은 경우를 위해 설정한 것이다. 만약 관사가 재물을 받은 때에는 직제율 48조의 수재왕법죄를 적용한다. 그렇지만 관사가 설령 재물을 받지 않았더라도 만약 사람의 죄를 덜거나 더했다면 이 조항을 적용하여 처벌한다. 즉 본 조항은 사람의 죄를 잘못 판결한 것에 대해 관사에게 책임을 지우기 위한 규정이다.

③ 본죄와 무고는 피고자의 억울함을 방지한다는 점은 같다. 다만 무고는 고한 자의 범죄이고, 사람의 죄를 고의·과실로 덜고 더한 것

은 사건을 판결하는 관사에 대한 죄이다.

④ 본조는 사람의 죄를 덜거나 더한 경우에 관한 보통규정이다. 이 밖에 사람의 죄를 덜거나 더한 것으로 논하는 경우나, 또는 고의·과실로 사람의 죄를 덜거나 더한 경우가 매우 많다.

2. 관사가 고의로 사람의 죄를 덜거나 더한 죄

(1) 구성요건

① 관사가 고의로 사람의 죄를 덜거나 더한 것이 이 죄의 요건이다. 고의로 사건의 본래의 정상을 증감하였는데 사안에 영향을 주기에 족한 경우를 말하는 것으로, 예컨대 허위의 증거를 내세우거나 혹은 허위로 다른 단서를 날조하여 법을 버리고 사사로운 감정으로 죄를 씌우는 것이 그것이다. 또한 장차 국가에서 은사가 있음을 들어서 알고 고의로 서둘러 죄수의 죄를 논하여 형을 집행하거나, 죄수를 유도해서 사실과 어긋나게 진술하도록 만든 것도 이에 포함된다. 이 밖에 비록 은사가 아니더라도 격·식의 개정이 있음을 알고 고의로 죄수의 죄를 논하여 형을 집행하거나, 죄수를 유도하지는 않았더라도 공갈하여 그 진술을 고치게 한 것 등도 죄의 요건에 해당하며, 이와 유사한 정상은 많이 있을 수 있다. 이상을 종합하면 사람의 죄를 덜고 더한 것은 범죄사실의 증감 및 법률적용의 위법을 포괄한다.

② 단 형을 집행함에 차이가 있어야 죄의 요건이 완성된다. 즉 죄를 덜거나 더함이 있더라도 실제 형벌의 집행이 다르지 않은 때에는 논하지 않는다. 가령 관호·부곡·관사노비가 본래 도3년에 해당하는 죄를 범했는데 관사가 유죄로 더하거나 혹은 이들이 유죄에 해당하는 죄를 범했는데 도3년으로 줄여 판결한 경우, 세 가지 유죄든 도3

년이든 실제로 형을 집행할 때는 다 같이 장200으로 대체해서 집행하게 되는데(명47.2), 이 같이 형벌의 종류나 등급을 덜거나 더함이 있더라도 실제로 집행한 형이 다르지 않다면 죄를 묻지 않는다.

(2) 처벌

1) 고의로 더한 경우
고의로 죄를 더한 때의 처벌은 다시 고의로 전죄를 더한 것과 가벼운 죄를 무거운 죄로 더한 것으로 나눈다.

(a) 고의로 전죄를 더한 경우
고의로 전죄를 더한 때에는 전죄로 논한다. 죄를 받은 사람이 본래 죄가 없는데 허위로 죄를 만들어 내거나 또는 허위로 법을 위반하고 죄를 준 것을 전죄를 더했다고 하는데, 이 경우 관사는 그 전죄로 논한다. 다만 비록 관사가 죄를 더했더라도 죄인이 본래 죄를 속할 수 있는 자이거나 장형으로 대체할 자이면 관사의 죄도 그에 따라 속동을 징수한다. 가령 관인이나 음이 있는 자 및 폐질자에게 유죄를 더했다면 이들은 죄를 속할 수 있는 사람이므로 관사의 죄 역시 속동으로 논한다. 또한 관호·부곡·노비 및 단정(單丁)인 사람에게 죄를 더했다면 그들은 반드시 장형으로 대체 집행해야 할 자들이므로 관사도 그 장형의 수에 따라 속동을 징수하며 관당 및 유배·거작하는 예를 적용하지 않는다.

(b) 가벼운 죄를 무거운 죄로 더한 경우
가벼운 죄를 무거운 죄로 더한 것은 다시 형명이 바뀐 경우와 바뀌지 않은 경우로 나눈다.

(가) 형명이 바뀌지 않은 경우

형명이 바뀌지 않은 경우는 더한 바로써 논한다. 상세히 말하면, 태형·장형·도형의 각 형 내에서 가벼운 것에서 무거운 것으로 더한 때에는 그 차액으로 형을 과한다. 가령 태10을 태30으로 더했다면 곧 부당하게 태20을 더한 것이므로 관사는 태20에 처하고, 도1년을 도1년반으로 더했다면 곧 반년의 도죄를 잘못 더한 것이므로 관사는 반년의 도죄로 처벌한다.

(나) 형명이 바뀐 경우

형명이 바뀐 경우는 여러 가지 정형이 있다.

Ⓐ 형명이 바뀌었더라도 더한 바로써 논하는 경우가 있다.

ⓐ 태죄를 장죄로 더한 경우, 태와 장은 같이 신체형에 속하고 각각 10대를 하나의 등급으로 하며 장의 대소 구분만 있으므로, 단지 더한 태·장형만으로 논한다.

ⓑ 도죄를 유죄로 더한 경우, 유죄 세 가지 모두 도4년으로 환산하므로 다 같이 도1년을 잘못 더한 것에 비한다. 유죄는 2000리·2500리·3000리의 세 가지로 비록 유배지의 거리는 다르지만 유배지에서 복역 기간은 다 같이 1년이므로(명24) 도죄를 유죄로 더했다면 다 같이 도1년을 더한 것에 비한다. 따라서 도1년을 세 가지 유죄 중 하나로 더했다면 도3년을 더한 것이 되고, 도3년을 유죄로 더했다면 도1년을 더한 것에 비한다.

ⓒ 가까운 유죄를 먼 유죄로 더한 경우 모두 도반년을 더한 것에 비한다. 즉 유2000리를 2500리로 더하거나 혹은 3000리로 더한 경우 모두 도반년을 더한 것에 비한다.

ⓓ 세 가지 유죄를 가역류로 더한 것은 각각 더하는 역 2년을 더한 것에 비한다. 가역류는 통상의 유죄에 2년의 역을 추가하는 것이

므로(명24.1 및 주) 추가된 2년의 역을 더한 것에 비한다.

ⓔ 도죄를 가역류로 더한 것은 도죄 3년을 더한 것에 비한다. 가령 죄수가 도1년의 도죄를 범했는데 관사가 고의로 부당하게 가역류로 판결했다면, 도1년과 도3년의 차가 도2년이고, 도죄가 유죄로 바뀐 것이 도1년, 통상적인 유죄를 가역류로 더한 것이 도2년이므로, 관사는 모두 합해 5년의 도죄를 잘못 더한 것으로 처벌한다.

Ⓑ 형명이 바뀌면 전죄로 논하는 경우도 여러 가지가 있다.

ⓐ 태죄·장죄를 도죄·유죄로 더한 때에는 더한 전죄로 논하는데, 대개 태·장죄는 신체형이고 도·유죄는 자유형으로 그 성질이 전혀 다르기 때문이다. 가령 장100을 도1년으로 더했다면 곧 1년의 도죄를 전부 더한 것으로 간주하여 도1년에 처한다.

ⓑ 도죄·유죄를 사죄로 더했다면 또한 전죄로 논한다. 즉 도1년 이상 유3000리 이하의 죄를 사죄로 더한 때에는 사죄를 전적으로 더한 것에 비해서 처벌한다. 도죄·유죄는 자유형이고 사형은 생명형이기 때문이다. 태죄·장죄에서 사죄로 더한 것 역시 사죄를 과하는 것은 말할 필요가 없다.

2) 고의로 죄를 던 경우

고의로 죄를 던 경우 역시 사건의 본래 정상을 증감한 것들이 사안에 영향을 주기에 족한 것과 같은 것을 말하는데, 고의로 전죄를 던 것과 무거운 것에서 가벼운 것으로 던 것으로 나누며, 관사의 처벌은 각각 위의 죄를 더한 경우와 같다.

(a) 고의로 전죄를 던 경우

고의로 전죄를 던 때에는 던 바의 전죄를 과한다.

(b) 무거운 죄에서 가벼운 것으로 던 경우

무거운 죄에서 가벼운 것으로 던 것은 다시 형명을 바꾼 경우와 바꾸지 않은 경우로 나눈다.

① 형명을 바꾸지 않은 경우는 던 바로 논한다. 무거운 죄를 가볍게 덜었으나 형명을 바꾸지 않았다면 관사는 줄인 만큼의 죄에 처한다.

② 형명을 바꿨으나 감한 바로써 논하는 경우가 있다. 예컨대 장죄를 태죄로 던 것은 던 바로 논한다. 세 가지 유죄에서 도죄로 던 것은 다 같이 도1년을 던 것에 비한다. 먼 거리 유죄에서 가까운 유죄로 던 것은 다 같이 반년을 던 것에 비한다. 가역류에서 세 가지 유죄로 던 것은 2년의 도죄를 던 것으로 한다. 가역류에서 도죄로 던 것은 3년의 도죄를 던 것에 비한다. 예를 들면 가역류에서 도1년으로 덜었다면 도5년을 던 것으로 한다. 단 도죄는 4년을 초과할 수 없으므로 관사는 도4년에 처한다.

③ 형명을 바꾼 경우 가운데 전죄로 논하는 것이 있다. 도죄·유죄에서 태죄·장죄로 던 때에는 던 도죄·유죄의 전부를 과한다. 사죄에서 도죄·유죄로 던 경우 관사의 죄는 모두 사형에 해당한다.

3. 관사가 과실로 사람의 죄를 덜거나 더한 죄

관사가 과실로 사람의 죄를 더한 때에는 고의로 더한 죄에서 3등을 감하고, 과실로 던 때에는 고의로 던 죄에서 5등을 감한다.

(1) 과실로 더한 경우
① 가령 태죄를 과실로 장100으로 더했다면 더한 만큼에서 3등을 감해서 처벌한다.

② 만약 태죄를 과실로 도1년으로 더했다면 관사는 도1년에서 3등

을 감해서 장80에 처한다. 고의의 경우 태죄에서 도죄로 더한 것은 형명을 바꾼 것으로 전죄로 처벌하기 때문이다.

(2) 과실로 던 경우

① 가령 과실로 사죄를 유죄 이하로 던 경우 사형에서 5등을 감하여 도1년반에 처한다.

② 과실로 가역류를 장죄·태죄 또는 및 무죄로 던 경우 역시 가역류에서 5등을 감하여 도1년에 처한다. 가역류에서 감할 때는 세 가지 유죄와 함께 한 등급으로 간주해서 감하기 때문에 가역류에서 5등을 감하면 도1년이 된다.

(3) 잘못된 재판이 집행·방면되지 않은 때의 감형

율은 실해주의를 채택하고 있기 때문에 만약 실해가 없거나 실해가 이미 제거되었다면 대개 죄를 감경한다. 그 사유는 다음과 같다.

1) 판결된 것을 집행하지 않은 경우

(a) 형이 집행되지 않은 경우

고의나 과실로 더해진 사죄 및 장죄가 아직 집행되지 않은 때에는 죄를 1등 감해서 처벌한다. 대개 사형 및 장·태형이 이미 집행되었다면 보구할 수 없으므로 감등하지 않는 것이다. 도죄·유죄를 더한 판결이 집행되지 않은 경우 죄수는 그대로 보구할 수 있으므로 더한 바의 형이 만약 개정되었다면 관사 역시 죄를 면제한다.

(b) 면죄로 판결하였으나 석방하지 않았거나 석방했다가 다시 포획한 경우

고의·과실로 사죄 이하를 감면하였으나 아직 죄수를 방면하지 않앉거나, 방면했더라도 다시 포획했거나, 만약 죄수 자신이 사망한 때에는 죄를 1등 감해서 처벌한다. 죄수가 사망했다면 사망 이유를 불문한다.

2) 감형의 등수

죄수의 죄를 덜어서 방면했다가 다시 체포한 때에는 관사의 죄를 1등 감하는 것을 허용한다. 그런데 죄를 감하는 등급의 수를 계산하는데 고려할 점이 있다. 예컨대, 본래 가역류를 범한 사람의 죄를 덜어 도1년으로 판결한 관사가 석방했다가 다시 체포한 때와 같은 경우 그 셈법이 자못 복잡한 점이 있다.

일단 가역류를 전부 덜었다면 관사는 전죄를 받아야 하는데, 석방했다가 다시 잡았다면 1등을 감하여 도3년에 처해야 한다. 그런데 여기서는 가역류를 덜어 도1년으로 판결했으므로 던 것을 계산하면, 가역류-3류=도2년, 3류-도3년=도1년, 도3년-도2년=도2년, 합계 도5년이 되어 관사의 죄는 도5년이 되며, 석방했다가 다시 체포했으니 1등을 감해 4년반의 도형에 해당한다. 그렇지만 죄의 일부를 던 죄가 전부를 던 죄보다 무거워서는 안 되고, 또한 죄가 무거운 쪽의 처벌이 가벼운 점을 들어 보면 가벼워져야 하는 것이 분명하니, 도3년으로 처벌하는데 그친다.

4. 사인의 추국이 죄의 실정을 잃은 죄

(1) 개설

본 죄명은 순행하면서 죄수를 복심하는 사인이 과실로 사람의 죄를 덜거나 더한 것에 관한 것이다. 만약 고의로 덜거나 더한 것은 위조항(단19)의 법례에 따른다. 과실로 덜거나 더한 것은 사인이 죄상의 실정을 잃은 경우와 담당 관사에서 그 잘못을 받아 그에 따라 판결한 것으로 나눈다. 사인의 복심에 대해서는 『당육전』(권6, 191쪽; 『역주당육전』상, 613~614쪽)에 다음과 같은 기사가 있다.

모든 주에서 판결한 죄 가운데 복심해야 하는 사안은, 매년 정월 이부와 함께 역임한 직무가 청근하고 법리에 밝은 자를 사인으로 택하여 중서문하를 거쳐 확정한 뒤 상주하며, 도로 나누어 순행하며 복심케 한다. 만약 관물을 회계감사(句會)해야 할 경우에는 판관 및 전(典)을 더한다. 형부는 죄수가 범한 죄상을 기록하여 사인에게 주며, 영남사는 9월 상순에 먼저 파견한다.

복심의 결과 사인의 안이 주의 안과 같으면 다시 형부로 보낸다. 만약 주의 관사가 잘못 판결하였고, 사인이 추국한 결과 무죄이며, 주의 관사도 승복하여 무죄가 분명한 경우, 사인이 판정하여 방면한다. 유·도죄로 죄를 감할 경우에도 역시 같다. 만약 사인과 주의 견해가 다른 경우에는 각각 사유를 적어 상신한다. 만약 주의 판결이 충분하여 판결 처단할 만한데도 사인이 함부로 트집 잡으며 비준하지 않는 경우, 주의 관사는 사유를 기록하여 시비를 가려줄 것을 상신하며, 장죄의 정황이 드러나 검증된 경우에는 처결하고 사인의 복심을 기다려서는 안 된다. 나머지 죄는 모두 사인의 복심을 기다려 판정한다.

(2) 구성요건

황제에 의해 사인으로 임명되어 별도로 복심하는데 본래 죄상의 실정을 제대로 파악하지 못하여 죄를 덜거나 더한 것이 죄의 요건이다. 복심하는 사인은 비록 전적으로 사안을 추국하여 판결할 수는 없지만 지휘권을 가지는데, 만약 그 복심이 과실로 사람의 죄에 덜고 더함이 있게 된 경우 그 정형에 따라 처벌한다. 다만 원심 담당자도 역시 책임을 피할 수 없다.

(3) 처벌

1) 사인

① 사인이 죄상의 실정을 파악하지 못하여 죄를 덜거나 더한 때에는 원심관이 과실로 덜거나 더한 죄에서 2등을 감한다. 즉 원심관의 과실죄는 고의죄에서 3등을 감하므로, 복심사의 과실죄는 모두 합해 5등을 감하는 것이 된다. 만약 과실로 죄를 던 경우는 원심관의 과실죄가 고의죄에서 5등을 감하므로 합해서 7등을 감하게 된다.

② 담당 관사에서 복심사의 과실을 받아 그에 따라 판결을 마친 경우 복심사는 스스로 과실을 범해 사람의 죄를 덜거나 더한 법에 따라, 죄를 던 경우 고의죄에서 5등을 감하고 죄를 더한 경우 고의죄에서 3등을 감한다. 만약 형을 집행하거나 방면하지 않았거나, 혹은 방면했더라도 다시 체포했거나 죄수 자신이 사망한 때에는 1등 감하는 것을 허용한다.

2) 원심관

복심사가 본래 죄상의 실정을 살피지 못해 죄를 덜거나 더한 것에 대해 원심관이 불복하고 상서성에 보고했다면 죄주지 않지만, 담당 관사에서 복심사의 과실을 받아 그에 따라 판결을 마친 경우 담당 관사는 다른 관사에서 문안을 살폈으나 적발하지 못한 법(명40.3)과 같이 복심사의 죄에서 1등을 감한다.

5. 시사(市司)가 죄인의 장물 평가를 부실하게 하여 죄에 덜고 더함이 있게 한 죄

잡률31(419조)

2. 죄인의 장물을 평가하는데 부실하게 하여 죄에 덜고 더함이 있게 된 때에는 사람의 죄를 덜거나 더한 죄로 논한다.

시의 관사가 죄인의 장물을 평가하는데 사실대로 하지 않음으로써 죄에 덜거나 더함이 있을 때에는 사람의 죄를 덜거나 더한 죄로 논한다. 가령 훔친 장물을 평가하는데 상견 5필의 가치를 더하여 10필이라고 평가하거나, 10필의 가치를 감하여 5필이라고 평가하여, 이로 인해 반년의 도죄를 더하거나 덜었다면 시의 관사도 또한 반년의 도죄를 받는다. 그렇지만 만약 5필의 가치를 9필이라고 평가하거나 9필의 가치를 5필이라고 평가했다면, 죄가 늘이거나 줄지 않으므로 단지 가치 평가를 사실대로 하지 않은 것에 따라 좌장죄로 처벌한다. 이는 고의범이고, 그래서 착오로 범한 것이면 치죄하지 않는다고 해석해야 한다.

6. 방임하여 도망한 사죄수가 자수하거나 체포된 것을 즉시 보고하지 않은 죄

단옥률33(501조)

사죄수를 방임하여 도망갈 수 있게 하고 뒤에 다시 체포하거나, 죄수가 이미 사망하거나 혹은 자수하여 방임한 자의 사죄를 감해야 할 경우, 죄수를 체포하거나 죄수가 사망·자수한 곳에서는 곧 반드시 사인을 파견하여 죄를 감해야 할 곳에 신속히 알려야 하며, 역이 있는 곳에서는 역마를 파견하여 이를 알린다. 만약 알리는 것을 지체해서 감할 수 없게 한 때에는 고의·과실로 사람의 죄를 더한 것으로 논하되 1등을 감한다.

관사가 사죄수를 방임하여 도망가게 했으나 뒤에 체포하거나 죄수가 이미 사망하거나 혹은 자수하여 관사의 사죄를 감해야 할 경우, 그 죄수를 체포하거나 죄수가 사망하거나 자수한 곳에서는 곧 반드시 사인을 파견하여 감할 곳에 신속히 알려야 하는데 하지 않은 것이 이 죄의 요건이다.

사형에 해당하는 죄수가 구금되어 있는데 담당하는 관사가 방임하여 도망가게 했다면 고의로 놓아준 죄(포16.4a)에 의거하여 관사 역시 사죄에 해당한다. 단 그 후에 죄수를 다시 체포하거나 죄수가 이미 사망하거나 혹은 자수한 때에는 관사의 죄를 1등 감하므로 사형을 면할 수 있다(포16.4b). 따라서 그 죄수를 체포하거나 죄수가 사망하거나 자수한 곳에서는 관사의 사죄를 감할 수 있는 곳에 반드시 사인을 파견하여 신속히 보고해야 하며, 역이 있는 곳에서는 역마를 파견하여 그것을 보고해야 한다. 만약 보고를 지체해서 사죄를 감할 수 없어 형의 집행이 끝난 경우 사람의 죄를 고의·과실로 더한 것으로 논하되 1등을 감한다. 즉 고의로 지체했다면 고의로 더한 죄 사형에서 1등을 감하여 유3000리에 처하고, 만약 과실로 지체했다면 과실로 더한 경우 고의죄에서 3등을 감하므로 여기에 1등을 더 감하여 모두 합해 4등을 감해 도2년에 처한다.

Ⅲ. 판결 후의 조치에 관한 위법과 상신을 방해한 죄

1. 재판을 종결하는 절차에 관한 법을 위반한 죄

단옥률22(490조)

재판(獄)이 종결되면 도죄 이상은 각각 죄수와 그 가속을 불러 판결된 죄명을 상세히 알리고 이어서 죄수의 승복하는 말을 받는다. 만약 불복할 때에는 그 스스로 소(訴)하는 것을 허락하고 다시 상세히 심문한다. 위반한 자는 태50에 처하고, 죄수의 죄가 사죄이면 장100에 처한다.

도형 이상의 죄에 대한 판결의 안에 장관이 동판하여 재판이 끝났으면, 도죄·유죄 및 사죄 각각 죄수 및 그 가속을 불러 판결된 죄명을 상세히 알리고 이어서 죄수의 승복하는 진술을 받는다. 그 가인과 친속에게는 단지 죄명만을 알리며, 반드시 그 승복 여부를 물을 필요는 없다. 죄수가 만약 불복하면 스스로 소하는 것을 허락하며, 불복상(不服狀)에 의거하여 다시 상세히 심문한다. 만약 가속에게 판결된 죄명을 알리지 않거나, 죄수의 승복하는 진술을 받지 않거나, 죄수가 불복하여 스스로 소했는데 이에 의거하여 다시 상세히 심문하지 않은 경우 도죄·유죄이면 태50에 처하고, 사죄이면 장100에 처한다.

2. 소의 상신을 방해한 죄

위금률25(82조)

2. (a) 곧 억울하게 도죄(徒罪) 이상을 받았는데 억압되어 상신하지

못한 때 및 사인의 재심이 끝났는데 심리되지 못한 때에는 관에서 가까운 주·현에 문서를 갖추어 소하는 것을 허용하며, 그 지역의 관사는 곧 불복장에 준하여 상서성에 보고하고 그대로 소송인을 체송하여 경사에 이르게 한다. 만약 잘못 판결한 도형 이상의 죄가 없다고 거짓으로 진술한 자는 곧 거짓으로 진술한 그 죄로 죄준다. (b) 관사가 억류하고 보내지 않은 때에는 소하는 바의 죄에서 2등을 감한다.

(1) 개설

만약 억울하게 도죄 이상을 받은 사람이 압력을 받아 상신하지 못하거나 사인의 재심이 끝났으나 심리를 받지 못한 경우에는 관에서 가까운 주·현에 불복장을 갖추어 소하는 것을 허용한다. 소를 받은 관사는 즉각 소장에 준하여 상서성에 보고하고, 소하는 사람을 체송하여 경사에 이르게 한다. 여기서 도죄 이상이라고 했는데, 범한 죄가 제명·면관에 해당하면 본래 도죄에 해당하지 않아도 도죄의 법과 같다. 소하는 사람은 소한 죄에 의거하되 옥관령(습유-783쪽)에 준하여 형구를 채워 보내거나 채우지 않고 보낸다.

(2) 요건과 처벌

1) 거짓으로 소한 자

억울한 죄를 받은 일이 없는데 거짓으로 소한 자는 소한 그 죄로 죄준다. 즉 조사 결과 관사가 도죄 이상을 억울하게 판결한 것이 없는데 거짓으로 소한 경우, 도죄·유죄를 소했으면 도죄·유죄를 되돌려 받고, 사죄를 소했으면 사죄를 되돌려 받으며, 제명·면관에 해당하는 죄를 소했으면 모두 도죄에 비정해서 처벌한다. 만약 실제 범한 것을 판결함에 덜고 더함이 있어 공평하지 않음을 소한 것은 이러한 처벌에 해당되지 않는다.

2) 관사가 억눌러 상신치 못하게 한 경우

관사가 억눌러 상신치 못하게 한 때에는 소한 죄에서 2등을 감해서 처벌한다. 가령 억울하게 사죄를 받아 소하고자 하는데 억눌러 상신하지 못하게 한 관사는 사죄에서 2등을 감해서 도3년에 처한다.

제7절 형벌의 집행에 관한 죄

I. 형벌의 집행을 법대로 하지 않은 죄

1. 태·장형의 집행을 법대로 하지 않은 죄

단옥률14(482조)
1. (a) 태·장형을 집행하는 것을 법대로 하지 않은 자는 태30에 처하고, (b) 이 때문에 죄수가 사망하게 된 때에는 도1년에 처한다.
2. 장의 규격을 법대로 않은 자의 죄 역시 이와 같다.

(1) 구성요건

태·장을 치는 것을 법대로 하지 않은 것이 이 죄의 요건인데, 하나는 때리는 법에 관한 것이고, 다른 하나는 장의 대소에 관한 것이다. 태와 장은 태·장형을 집행할 때나 고문할 때 친다. 때리는 법에 관해서는 옥관령(습유793쪽)에, "태를 칠 때는 넓적다리·엉덩이로 나누어 받게 하고, 장을 칠 때는 등·넓적다리·엉덩이로 나누어 받게 하며, 나누는 수는 반드시 같아야 한다. 고문할 때도 역시 같다. 태죄 이하라도 등과 넓적다리로 나누어 받기를 원한다면 허용한다."는 규정이 있다.

장의 대소에 관해서는 옥관령(습유793쪽)에, "장은 모두 마디 부분을 제거하며, 길이는 3척5촌이다. 죄수를 고문하는 장은 굵은 부분의 굵기가 3분2리이고 가는 부분의 굵기는 2분2리이다. 통상 사용하는 장은 굵은 부분이 2분7리이고 가는 부분은 1분7리이다. 태형에 사용하는 장은 굵은 부분이 2분이고 가는 부분은 1분5리이다."라는 규정이 있다.

(2) 처벌

① 이 요건에 해당하는 자는 태30에 처한다. 이는 태50인 위령죄에 비하여 2등 가벼운 것이다.

② 법대로 시행하지 않은 이유로 태·장으로 죄수가 사망하게 된 때에는 도1년에 처한다.

2. 연좌인의 몰관·방면을 법대로 하지 않은 죄

단옥률23(491조)
연좌해서 몰관해야 하는데 방면하거나 몰관하지 않아야 하는데 몰관한 때에는 각각 유죄를 고의·과실로 덜거나 더한 것으로 논한다.

(1) 구성요건

이 죄의 주체는 담당 관사이다. 행위 요건은 몰관할 자를 방면하거나 방면할 자를 몰관한 것이다. 몰관할 자를 유형에 처하거나 유형에 처해야 할 자를 몰관한 때에도 죄를 얻는 것은 역시 같다. 따라서 행위 요건은 몰관 전부를 덜거나 더한 것과 몰관 일부를 덜거나 더한 것의 두 가지라고 할 수 있지만, 처벌은 같다.

1) 몰관의 전부를 덜거나 더한 경우

① 모반 및 대역 죄인의 15세 이하의 자 및 모·녀·처·첩과 자의 처첩, 조·손·형제·자매는 모두 몰관한다(적1.1c). 이처럼 몰관하도록 규정된 자를 방면한 관사는 죄를 받는다. 단 이들 중 타인의 양자가 되거나 도·불교에 입문한 자 및 빙례를 올렸으나 아직 혼인이 성립하지 않은 처는 모두 연좌하지 않는다.

② 몰관 대상자 가운데 남자는 80세 이상과 독질인 자, 여자는 60세 이상과 폐질인 자는 모두 방면한다(적1.1d). 이처럼 만약 방면하도록 규정된 자를 몰관한 관사는 죄를 받는다.

2) 몰관의 일부를 덜거나 더한 죄

모반 및 대역 죄인의 백부·숙부와 형·제의 자는 모두 유3000리에 처한다. 만약 이들을 몰관하거나 몰관할 자를 유3000리에 처했다면 몰관의 일부를 더하거나 던 것이 된다. 다만 몰관해야 할 자를 유형에 처했더라도 완전히 방면한 것과 다르지 않으며, 유형에 처해야 하는데 몰관한 경우도 죄는 역시 같다. 이를 다시 해석해 보면 몰관과 유3000리는 형명은 같지 않지만 등급의 차가 규정된 바가 없기 때문에 차등을 따져 더하거나 던 것으로 논할 수 없다(단19.2,3). 때문에 몰관을 유형으로, 또는 유형을 몰관으로 처했더라도 유3000리 전부를 덜거나 더한 것으로 처하는 것이다.

(2) 처벌

몰관의 전부를 덜거나 더한 때에는 각각 유죄를 고의·과실로 덜거나 더한 것으로 논한다. 원래 몰관은 모반·대역 죄인의 직계 근친에게만 과하는 형벌이므로 이를 덜거나 더한 관사에게 되돌려 적용하기 어렵다. 때문에 몰관의 전부를 덜거나 더한 관사에게는 죄인의 백부·숙부와 형·제의 자와 같은 방계 근친에게 과하는 유3000리를 적용한다. 다시 말하면 몰관은 관노비로 삼는 것으로 연좌인에게만 적용하는 형벌이므로 사람의 죄를 덜거나 더한 관사에게는 적용할 수 없다. 이 때문에 몰관을 고의로 덜거나 더한 경우 유3000리를 덜거나 더한 것으로 형을 정하는 것이다. 몰관을 과실로 더한 경우는 3등을 감해서 도2년에 처하고, 몰관을 과실로 던 때에는 5등을 감해서 도1년에 처한다(적19).

3. 도·유죄수의 배속을 지체한 죄

단옥률24(492조)
도죄·유죄수를 배소에 보내야 하는데 지체하며 보내지 않은 자는, 1일이면 태30에 처하고, 3일마다 1등을 더하며, 장100이 넘으면 10일마다 1등을 더하되, 죄는 도2년에 그친다. 〈지체한 자의 죄는 죄인의 죄를 초과할 수 없다.〉

(1) 구성요건

관사가 판결이 끝난 도죄·유죄수를 배소에 보내야 하는데 지체하며 보내지 않은 것이 죄의 요건이다. 옥관령(습유773쪽)에 따르면, 도죄를 범하면 배속하여 복역하게 하는데, 경사에서는 장작감으로 보내고 지방의 주에서는 해당 지역의 관역에 공급한다. 따라서 판결문이 완성되면 곧 죄인을 배속될 곳으로 보내야 하며, 이를 지체한 자는 이 처벌을 받는다. 단 유죄를 받은 사람은 옥관령(습유770쪽)에 따르면, 계절별로 1차례씩 보내며, 만약 공문이 계절말에서 30일이 안 되는 시기에 이른 경우에는 다음 계절의 사람과 같이 보내는 것을 허락한다. 따라서 계절 말에 일괄해서 보내므로 이에 따라 보내되, 공문의 도착 시점이 계절 말에서 30일이 안 되는 경우 다음 계절에 보낸다. 이상의 규정을 위반하고 보내지 않은 관사는 처벌한다.

(2) 처벌

위의 요건에 해당하는 자는, 1일이면 태30에 처하고 3일마다 1등씩 더하며, 장100을 초과하면 10일마다 1등을 더해 최고 도2년에 처한다. 따라서 52일이면 죄의 최고형인 도2년에 처한다. 단 지체한 관사의 죄는 죄인의 죄를 초과할 수 없다. 가령 죄인을 도1년에 처해야 하는 경우 지체한 관사도 역시 도1년에 처하는데 그친다.

4. 형도를 사역시키지 않은 죄

단옥률32(500조)
형도를 통솔하여 사역시켜야 하는데 하지 않거나, 형도의 병이 나은 뒤 병으로 인하여 노역하지 않은 날을 계산하여 역을 보충하게 하지 않은 자는, 3일을 초과하면 태30에 처하고 3일마다 1등씩 더하며, 장100을 넘으면 10일마다 1등씩 더하되, 죄는 도2년에 그친다. 〈죄인의 죄를 초과할 수 없다.〉

(1) 구성요건

형도를 통솔하여 복역시켜야 하는 자가 복역시키지 않고, 형도가 병이 들어 노역을 하지 못하다가 병이 나은 후 병으로 인하여 노역하지 않은 날 만큼의 노역을 보충하게 하지 않은 것이 죄의 요건이다.

(2) 처벌

이 요건에 해당하는 자는 만 3일이 지나면 태30에 처하고, 3일마다 1등을 더하며, 장100이 넘으면 10일마다 1등씩 더하여 최고 도2년에 처한다. 단 이 경우 관사의 죄는 죄인의 죄를 초과할 수 없다. 예컨대 죄인의 죄가 도1년에 해당할 경우, 비록 그를 복역시키지 않은 날 수가 많더라도 관사의 죄는 역시 도1년을 초과할 수 없다. 또한 죄인의 죄는 도2년 이하인 경우 모두 이에 준하며, 도2년보다 많은 경우 도2년에 준한다. 죄수의 수가 많은 경우에는 복역시키지 않은 날의 수가 가장 많은 죄수에 따라 죄를 정한다. 즉 복역시키지 않은 죄수 전체의 복역하지 않은 일 수를 누계하지 않고 다만 그 중 복역하지 않은 일수가 가장 많은 자를 기준으로 관사의 처벌을 정한다는 것이다.

5. 형벌을 부당하게 집행한 죄

단옥률30(498조)
1. (a) 판결한 죄에 대해, 형을 집행해야 하는데 속동 징수를 허락하거나, 속동을 징수해야 하는데 형을 집행하거나, 혹은 관당해야 하는데 관당하지 않거나, 관당해서는 안 되는데 관당한 자는 각각 본죄를 고의·과실로 덜거나 더한 죄에 의거해서 1등을 감한다. (b) 〈사죄는 감하지 않는다.〉
2. 만약 품관이 유외 및 잡임에 임용되어 본사 및 관할 구역 내에서 장형 이하의 죄를 범한 경우 장형·태형을 집행하는 예에 의거한다.

(1) 구성요건

죄를 부당하게 처단한 죄의 요건은 4종의 형태가 있다. 단 주의할 점은 품관이 유외·잡임으로 임용되어 본사 및 관할 구역 내에서 장형 이하의 죄를 범한 경우 유외·잡임과 마찬가지로 관당·수속하지 않고 장을 집행하는 법례에 따른다.

1) 실형에 처해야 하는데 속동 수납을 허락한 경우

관이나 음이 없는 자나 노·소나 폐질 따위가 아닌 자가 태죄·장죄를 범한 때에는 태형·장형을 집행해야 하며 도죄를 범한 때에는 역에 처해야 하고 유죄를 범한 때에는 유배해야 하는데, 이를 위반하고 속면을 허용한 것이다.

2) 속동을 징수해야 하는데 실형을 집행한 경우

관이나 음이 있는 자, 폐질 또는 70세 이상 15세 이하가 유죄 이하를 범한 때에는 원칙적으로 실형을 면하고 속동을 징수해야 하는데 실형을 집행한 것이다.

3) 관당해야 하는데 관당하지 않은 경우

유내 9품 이상의 관인이 도죄 이상의 죄를 범한 때에는 원칙적으로 관으로 죄를 당하게 해야 하는데 관사가 이를 위반하고 관으로 죄를 당하지 않은 것이다.

4) 관당해서는 안되는데 관당한 경우

관으로 죄를 당할 자가 죄가 가벼워 그 관품을 다 쓰지 못할 경우(명22) 및 과실로 죄를 범한 때에는 관으로 죄를 당하게 해서는 안 되는데 관사가 관으로 죄를 당하게 한 것이다.

(2) 처벌

① 이 요건에 해당하는 자는 각각 본죄를 고의·과실로 죄를 덜거나 더한 죄(단19)에서 1등을 감한다. 즉 관사는 그가 단죄한 사람이 범한 죄의 주형을 고의로 덜거나 더한 것에서 각각 1등을 감해서 처벌한다. 단 그 관사의 자격에 따라서 관당 또는 속동을 징수한다.

② 사죄는 감하지 않는다. 다시 말하면 만약 사형에 처해야 하는데 관당 또는 속동 징수를 허락하거나, 관당 또는 속동 징수해야 하는데 실제로 사형을 집행한 때에는 각각 1등 감하지 않고 고의·과실로 사죄를 덜거나 더한 죄를 적용하여 처벌한다.

6. 사면된 살인죄인의 이향을 법대로 하지 않은 죄

적도율18(265조)

1. (a) 살인해서 사형에 처해야 하는데 은사령이 내려 만나 죄가 면제된 자는 1000리 밖으로 이향한다. (b) 단 공호·악호·잡호 및 관호·관노·태상음성인은 이향하더라도 각각 본래의 신분에 따르게 한다. (c) 〈부곡 및 노는 1000리 밖의 사람에게 넘겨 섬기게 하거나 판다.〉 (d) 만약 무리를 지어 함께 살해하였다면 단지 손을 댄 자와 주동자만을 이향한다.

2. (a) 만약 사망자의 집에 기친 이상의 친속이 없는 경우, 또는 이미 가해자와 피해자가 서로 1000리 밖에 떨어져 있는 경우, 또는 천문의 학업을 이미 성취한 경우, 혹은 부인이 죄를 범한 경우, 또는 타인의 부곡·노비를 살해한 경우 등은 모두 이향시키는 범위에 넣지 않는다. (b) 〈부곡·노비가 같은 신분끼리 서로 살해한 경우에도 역시 같다.〉

3. 위반한 자는 도2년에 처한다.

(1) 요건과 처벌

이 죄의 요건은 관사가 은사령으로 사형이 면제된 살인죄인을 이향 처분하지 않거나 이향하지 않아야 하는데 이향한 것 및 이향 처분을 법대로 하지 않은 것이고, 그 처벌은 도2년에 처한다는 것이다.

(2) 이향 처분할 자

살인하고 은사령을 만나 사형이 면제된 자는 원칙상 반드시 이향한다. 단 살인죄인이라도 이향되는 자와 그렇지 않은 자가 있다.

① 만약 무리가 공동으로 살인한 때에는 단지 살인행위를 한 자와 주모자만을 이향한다. 즉 모의해서 살인한 경우 비록 행동하지 않았더라도 처음 계획을 발의하였거나 혹은 위력으로 타인에게 살인을 하게 한 경우에는 모두 이향 처분하고, 비록 수종해서 율에 따라 사형에 처해야 하더라도 애초에 직접 행위를 하여 함께 살해하지는 않은 자는 이향하지 않는다. 위력으로 사람을 시켜 살인한 경우는 다만 위력을 행사한 자만 이향한다. 같이 모의해서 함께 싸우다 살인한 때에는 행위가 무거운 자만을 이향한다.

② 천문의 학업이 이미 달성된 천문관생·천문생은 이향의 범위에 포함되지 않는다.

③ 부인은 남편이 있는 곳에 따라야 하기 때문에 이향하지 않는다.

④ 타인의 부곡·노비를 살해한 자 등은 모두 이향의 범위에 포함하지 않는다. 이들은 모두 이향시켜 복수를 피하게 하는 범위에 포함하지 않는다.

⑤ 부곡·노비가 같은 신분끼리 서로 살해한 때에도 역시 이향하는 범위에 포함하지 않는다.

(3) 이향 처분의 조건

① 살해된 자의 집에 기친 이상의 친속이 있어야 살인자를 이향한다. 대개 사망한 집에 기친 이상의 친속이 없다면 복수의 우려가 없는 까닭이다.

② 가해자와 피해자가 서로 1000리 내에 있어야 한다. 만약 본래 서로 1000리 밖에 있는 경우 이향이 필요하지 않기 때문이다.

(4) 이향의 집행

① 피살된 자의 집에 기친 이상의 친속이 있다면 1000리 밖으로 이주해서 호를 이루게 한다.

② 공호·악호·잡호 및 관호·관노·태상음성인은 이향하더라도 각각 본래의 신분에 따른다. 공호·악호 및 관호·관노는 모두 현에 호적이 없는 자들이다. 그러나 잡호·태상음성인은 현에 호적이 있지만 각각 해당 관사에 복역하며, 주·현에 부역을 부담하지 않는 자이다. 이들은 살인하여 복수를 피해서 이향시키더라도 모두 각각 본래의 신분에 따라서 복역하게 한다.

③ 부곡 및 노는 1000리 밖의 다른 사람에게 넘겨주거나 판다. 단 관비·사비 및 부녀 공·악 등은 이향의 범위에 포함되지 않는데, 이는 부인을 이향하지 않는 뜻과 같다.

II. 수납·징수할 물품의 납부 기한을 위반한 죄

단옥률25(493조)

1. 배상·속·몰관 또는 들여야 하는 물품 및 결손이 있어 추징하는 것을 수납해야 하는데, 기한을 위반하고 보내지 않은 자는 1일이

면 태10에 처하고, 5일마다 1등씩 더하되, 죄는 장100에 그친다.

2. 또한 제명·면관·관당 처분되어 응당 추탈되어야 하는 고신을, 기한을 위반하고 보내지 않은 자도 역시 이와 같다.

1. 수납·추징할 물품의 납부 기한을 위반한 죄

(1) 구성요건

물품을 수납하거나 추징해야 하는 것은 각각 기한이 있다. 기한 내에 수납하지 않은 것이 죄의 요건이다.

1) 수납해야 하는 물품

① 배상할 것 : 망실한 관·사의 기물을 배상하는 것을 말한다.

② 속할 것 : 법을 위반한 사람에게 죗값으로 징수하는 동을 말한다.

③ 몰관할 것 : 쌍방 모두에게 죄가 있는 장물이나 금령을 위반하고 개인이 소유한 물건을 관에 몰수하는 것을 말한다.

④ 들여야 하는 것 : 유실물을 취득했는데 기한이 지났는데도 자기 소유임을 주장하는 사람이 없는 경우 관에 넣거나 취득한 사람에 들이는 것 따위를 말한다.

⑤ 결손이 있어 추징하는 것 : 과실로 인해 결손이 있어 추징해야 하는 관물을 가리킨다.

2) 기한

물품을 수납해야 하는 기한에 대해 이 조항의 소는 옥관령(습유788쪽)을 인용하여, 속물은 형명에 따라, 관물은 그 가치에 따라 정해진 기한을 제시하고 있으며, 그 외의 물품에 대해서는 영문에 준해서 기한 내에 보내야 한다고 했으나, 그 영문은 산일되어 알 수 없다.

① 속물의 기한 : 사형 80일, 유형 60일, 도형 50일, 장형 40일, 태형 30일이다.

② 관물의 기한 : 관물을 견으로 환산한 가치에 따라 50필 이상이면 100일, 30필 이상이면 50일, 20필 이상이면 30일, 20필 이하이면 20일이다.

(2) 처벌

지체한 것이 1일이면 태10에 처하고, 5일마다 1등씩 더하여 최고 장100에 처한다.

2. 추탈할 임명장[告身]의 납부 기한을 위반한 죄

관인이 죄를 범해서 제명·면관·관당 처분될 경우 임명장을 추탈한다. 임명장의 추탈 대상인 자가 기한 내에 임명장을 납부하지 않을 경우, 1일을 지체하였다면 태10에 처하고, 5일마다 1등씩 더하되, 죄는 장100에 그친다. 단 납부할 기한은 영문이 산일되어 알 수 없다.

Ⅲ. 위법한 사형 집행의 죄

1. 임산부를 처형한 죄

단옥률26(494조)

1. (a) 부인이 사죄를 범하여 형을 집행해야 하는데 임신 중인 경우, 출산 후 100일이 지난 뒤 형의 집행을 허락한다. (b) 만약 출

산 전에 형을 집행한 자는 도2년에 처하고, (c) 출산하였으나 100일 기한이 차지 않았는데 형을 집행한 자는 도1년에 처한다.

2. 과실이면 각각 2등을 감한다.

3. 기한이 지났는데 형을 집행하지 않은 자는 복주하여 회답을 받고 형을 집행하지 않은 자에 대한 처벌법에 의거한다.

(1) 요건과 처벌

① 사죄를 범한 부인이 임신 중인데 형의 집행에 해당할 경우, 출산하기 전에 형을 집행한 관사는 도2년에 처한다.

② 사죄를 범한 부인이 임신 중인데 형의 집행에 해당할 경우, 출산일로부터 100일이 지난 뒤에 형의 집행을 허락한다. 이 기한이 차기 전에 형을 집행한 관사는 도1년에 처한다.

(2) 특별죄명

1) 과실로 범한 경우

과실인 경우 각각 2등을 감해서 처벌한다. 따라서 출산 전에 형을 집행한 관사는 도1년에 처하고, 출산 후 기한이 차지 않았는데 집행한 자는 장90에 처한다.

2) 기한이 지난 뒤에도 형을 집행하지 않은 관사

기한이 지난 뒤에도 형을 집행하지 않은 관사는 장100에 처하고, 2일마다 1등을 더한다. 이는 복주하여 재가를 받고 기한 내에 형을 집행하지 않은 자를 처벌하는 법(단29.3)에 따른 것이다.

2. 금지된 시기에 사형을 집행한 죄

단옥률28(496조)
1. 입춘 이후 추분 이전에 사형을 집행한 자는 도1년에 처한다.
2. (a) 만약 범한 바의 사죄가 비록 곧바로 집행해야 할 것이라도, 만약 단도월(斷屠月)이나 금살일(禁殺日)에 집행한 자는 각각 장60에 처하고, (b) 사형 집행 시기를 기다려야 하는데 위반한 때에는 2등을 더한다.

(1) 개설

고대의 법에도 사형 집행의 시기에 대한 제한이 있었다. 이와 관련된 사료는 많지만, 그 뜻을 잘 설명한 것으로는 남조 진 문제 천가 원년(560) 12월의 조(『진서』권3, 52쪽)를 들 수 있다. "옛날에 봄여름 두 절기에는 중죄를 처결하지 않았다. 대개 양화(陽和)가 두루 퍼지고 하늘의 질서가 넓어지는 때이니 법을 관대히 하고 형을 줄여야 그 함육(含育)하는 뜻에 부합할 수 있는 것이다. 이전의 왕들은 하늘을 본받고 땅을 본떠서 법을 세우고 교훈을 내렸다. … 이후로는 초봄부터 초여름까지 사형에 해당하는 죄가 확정되면 마땅히 보고하되 집행은 정지하라."고 한 것이 그것이다. 당률도 사형 금지시기를 위반한 자를 처벌하는 규정을 두었는데, 대개 입춘 이후 추분 이전을 중시하고 불교의 영향을 받아 단도월 및 금살일을 중시했다(옥관령, 습유765쪽). 다만 사죄는 시기를 기다려 집행하는 것과 시기를 기다리지 않고 집행하는 두 가지로 나누어 차이를 두었다. 사형 집행에 시기를 기다리지 않는 것은 다만 뒤의 금지 시기만 제한을 받고, 시기를 기다리는 집행은 모든 금지 시기의 제한을 모두 받는다.

(2) 입춘 이후 추분 이전에 사형을 집행한 죄

입춘 이후 추분 이전에 황제에게 사형 집행을 상주하여 처결한 자는 도1년에 처한다. 단 사죄수가 십악의 악역 이상을 범한 자이거나, 노비·부곡이 주인을 살해한 경우는 이 법을 적용하지 않는다. 악역 이상의 죄에는 모반·모대역·모반이 있다(명6). 주인은 호적을 같이 하는 양인 이상을 말한다(적7). 이들 사죄수는 입춘 이후 추분 이전이라도 사형을 집행할 수 있다. 이처럼 이 금지시기에 사형을 집행할 수 있는 자를 '때를 기다리지 않는 자[不待時者]'라고 한다. 이에 반해 사형을 집행할 수 있는 시기까지 기다려야 집행할 수 있는 자를 '때를 기다리는 자[待時者]'라고 한다.

(3) 단도월(斷屠月)이나 금살일에 사형을 집행한 죄

이 죄는 다시 때를 기다리지 않는 자에 대한 것과 때를 기다리는 자에 대한 것으로 나눈다.

1) 때를 기다리지 않는 자의 사형을 집행한 죄

범한 바 사죄가 비록 입춘 이후 추분 이전이라도 곧바로 집행해야 하는 것이지만 만약 단도월 및 금살일에 황제에게 사형을 상주하여 집행한 자는 장60에 처한다. 단도월은 정월·5월·9월이다. 정월·5월·9월의 윤월도 같다. 금살일은 매월 십직일(十直日), 즉 1일·8일·14일·15일·18일·23일·24일·28일·29일·30일이다. 비록 사형 집행이 허용된 추분 이후 입춘 이전이라도 이 월·일에는 사형을 상주해서 집행할 수 없다.

2) 시기를 기다리는 자의 사형을 집행한 죄

범한 바 사죄가 비록 입춘 이후 추분 이전에 집행할 수 없고 추분까지 기다려 집행해야 하는 자이지만, 추분 이후 입춘 이전의 단도월 및 금살일에 황제에게 사형을 상주하여 집행한 자는 장80에 처한다. 즉 추분 이후 입춘 이전의 9월 및 각 월의 살생을 금하는 십직일에는 형을 집행할 수 없는데 집행한 것을 말한다.

3. 복주에 대한 답을 기다리지 않고 사형을 집행한 죄

단옥29률(497조)
1. 복주에 대한 회답을 기다리지 않고 사죄수의 형을 집행한 자는 유2000리에 처한다.
2. 복주에 대한 회답을 받고 형을 집행해야 할 경우 3일이 지난 뒤에 형을 집행할 것을 허용한다. 만약 기한이 아직 되지 않았는데 형을 집행한 자는 도1년에 처한다.
3. 만약 기한을 초과하여 1일을 위반하였다면 장100에 처하고, 2일마다 1등을 더한다.

(1) 복주에 대한 답을 기다리지 않고 사형을 집행한 죄

복주에 대한 답을 기다리지 않고 사죄수의 형을 집행한 자는 유2000리에 처한다. 사죄수는 황제가 재가하여 사형 집행에 해당하는 자를 말한다. 이들에 대한 사형은 다시 3번의 복주를 마친 연후에 비로소 처결할 수 있다. 만약 3번의 복주에 대한 답이 내리기를 기다리지 않고 함부로 형을 집행한 자는 이 처벌을 받는다.

(2) 복주에 대한 답이 내리고 3일이 되기 전에 사형을 집행한 죄

복주에 대한 답이 내리고 3일이 되기 전에 사죄수의 형을 집행한 자는 도1년에 처한다. 사형은 복주에 대한 답을 전하는 공문이 도착하고 3일 뒤에 처결해야 하며, 3일이 되기 전에 형을 집행한 자는 이 처벌을 받는다. 1일은 100각으로 계산한다(명55.1).

(3) 사형 집행의 기한을 넘긴 죄

복주에 대한 회답이 내린지 3일이 지났는데 사형을 집행하지 않은 자는, 1일을 위반한 때에는 장100에 처하고, 2일마다 1등을 더하는데, 마땅히 유3000리까지 더한다고 해석해야 한다(명56.3). 3일이 지난 뒤 만 1일이 차면 비로소 죄를 주고 위반한 일수에 의해 죄를 더한다. 지방에는 물시계가 없으므로 단지 해가 한번 도는 시각을 만 하루로 간주한다.

4. 교형과 참형을 바꿔 집행한 죄

단옥률31(499조)
1. (a) 죄는 응당 교형에 처해야 한다고 판결했는데 참형에 처하거나, 참형에 처해야 한다고 판결했는데 교형에 처했다면 도1년에 처한다. (b) 자진(自盡)도 역시 이와 같다.
2. 과실이면 2등을 감한다.
3. 만약 교형이 집행한 뒤 별도로 해를 가한 자는 장100에 처한다.

(1) 요건과 처벌

범한 죄가 교형에 처해야 할 것인데 참형으로 처결하고 참형에 처해야 할 것인데 교형으로 처결한 자는 도1년에 처한다. 그 형벌의 종류를 바꾸었기 때문에 그 죄를 적용하여 처벌하는 것이다.

(2) 특별죄명

1) 자진형과 교형·참형을 바꿔 집행한 죄

자진형에 처해야 할 것인데 교·참형에 처하거나 교·참형에 처해야 할 것인데 자진형에 처한 자는 역시 도1년에 처한다. 옥관령(습유 764쪽)에 "5품 이상이 악역 이상이 아닌 죄를 범하였다면 집에서 자진하는 것을 허락한다."고 규정되어 있다. 따라서 이에 따라 자진에 해당하는 자를 교·참형에 처하거나, 이 밖에 교·참형에 처해야 하는 자를 자진하게 한 자도 도1년에 처한다. 또 같은 옥관령에 "대벽죄의 집행은 모두 저자에서 시행한다. … 7품 이상 및 황족 또는 부인은 범한 것이 참형이 아니면 모두 은밀한 곳에서 교형에 처한다."는 규정도 있는데, 이를 위반한 자는 마땅히 위령죄를 과해서 태50에 처해야 한다.

2) 과실로 범한 경우

과실로 사형의 종류를 바꾸어 시행한 자는 2등을 감해서 장90에 처한다.

3) 교형 후에 시체에 가해한 죄

교형을 집행한 뒤 별도로 시체에 가해한 자는 장100에 처한다. 교수하여 이미 사망했는데 별도로 늑골을 부러뜨리거나 허리를 꺾는 것과 같은 것을 말한다.

당률각론 I (황제·국가법익편)

초판 인쇄 | 2021년 09월 09일
초판 발행 | 2021년 09월 16일

지 은 이   김택민
발 행 인   한정희
발 행 처   경인문화사
편　　집   유지혜 김지선 박지현 한주연 이다빈
마 케 팅   전병관 하재일 유인순
출판번호   406-1973-000003호
주　　소   경기도 파주시 회동길 445-1 경인빌딩 B동 4층
전　　화   031-955-9300　팩　스　031-955-9310
홈페이지   www.kyunginp.co.kr
이 메 일   kyungin@kyunginp.co.kr

ISBN 978-89-499-4983-3　94360
　　　978-89-499-4982-6　（세트）

값 45,000원